Dominik Tschinkl

Der Einfluss von Steuern auf Ersparnisbildung und Altersvorsorge

Studien zu Rechnungslegung, Steuerlehre und Controlling
Studies in financial, managerial and tax accounting

Herausgeber
Michael Ebert, Dirk Kiesewetter, Urska Kosi, Hansrudi Lenz,
Caren Sureth-Sloane und Andrea Szczesny

Band 5

Die Schriftenreihe Studien zu Rechnungslegung, Steuerlehre und Controlling bietet eine Plattform für herausragende Arbeiten aus diesen Themengebieten. Sie wird von den Professorinnen und Professoren der Lehrstühle für Rechnungslegung, Steuerlehre und Controlling der Julius-Maximilians-Universität Würzburg und der Universität Paderborn herausgegeben.

Dominik Tschinkl

Der Einfluss von Steuern auf Ersparnisbildung und Altersvorsorge

Experimentelle und qualitative Untersuchungen

Dissertation, Julius-Maximilians-Universität Würzburg
Wirtschaftswissenschaftliche Fakultät, 2020
Gutachter: Prof. Dr. Dirk Kiesewetter, Prof. Dr. Hansrudi Lenz

Impressum

Julius-Maximilians-Universität Würzburg
Würzburg University Press
Universitätsbibliothek Würzburg
Am Hubland
D-97074 Würzburg
www.wup.uni-wuerzburg.de

Print on Demand

ISSN 2627-1281 (print)
ISSN 2627-129X (online)
ISBN 978-3-95826-150-1 (print)
ISBN 978-3-95826-151-8 (online)
DOI 10.25972/WUP-978-3-95826-151-8
URN urn:nbn:de:bvb:20-opus-216798

Vorwort

Die vorliegende Dissertation befasst sich mit dem Einfluss der steuer- und sozialversicherungsrechtlichen Rahmenbedingungen auf die Entscheidung von Individuen zu sparen und freiwillig für den Ruhestand vorzusorgen. Im Fokus stehen dabei Arbeitnehmer mit geringem oder mittlerem Einkommen sowie der Rechtsrahmen in der Bundesrepublik Deutschland vor und nach dem Betriebsrentenstärkungsgesetz, das überwiegend zum 1.1.2018 in Kraft getreten ist.

Diese Frage ist von großer gesellschaftlicher Relevanz, da der genannte Personenkreis angesichts der demographischen Entwicklung nicht damit rechnen kann, allein aus seinen Ansprüchen aus der gesetzlichen Rentenversicherung den Lebensunterhalt im Rentenalter bestreiten zu können. Zusätzliche Renteneinkommen aus individueller Vorsorge oder betrieblicher Versorgung wären gerade hier wünschenswert. Andererseits erwirbt dieser Personenkreis weit seltener derartige Ansprüche als Arbeitnehmer mit höheren Einkommen. Die Gründe hierfür wurden und werden in der Fachöffentlichkeit zwar intensiv diskutiert. Empirische Untersuchungen zur Sparbereitschaft wurden bislang allerdings lediglich von interessierter Seite wie Versicherungsunternehmen oder Fondsgesellschaften vorgelegt.

Herr Tschinkl schließt diese Lücke mit einer bemerkenswert breit angelegten Arbeit zu dieser wirtschaftspolitisch aktuellen und hoch relevanten Fragestellung. Ausgehend von einer Bestandsaufnahme der Situation in der Bundesrepublik bei Beginn der Forschungsarbeit, über die Sichtung einschlägiger politiknaher Studien und die Darstellung der Rechtslage stellt er eigene empirische Untersuchungen zur Identifikation von Hemmnissen an, formuliert Reformvorschläge und testet deren Kern wiederum empirisch. Dazu werden Interviews mit Experten und mit zufällig ausgewählten Arbeitnehmern geführt.

Hinzu kommt ein Laborexperiment zur Klärung der Grundsatzfrage, ob vor- und nachgelagerte Besteuerung wirklich als äquivalent wahrgenommen werden, sowie eine elegante modelltheoretische Untersuchung zur Äquivalenz von Zillmerung und linearer Verprovisionierung von Versicherungsbeiträgen.

Die Fragestellung ebenso wie Herrn Tschinkls Befunde sind wirtschaftspolitisch sowohl hoch relevant als auch aktuell und verdienen daher Beachtung. Ich wünsche der Arbeit eine entsprechende Resonanz.

Würzburg, im Januar 2021

Prof. Dr. Dirk Kiesewetter

Danksagung

Mein besonderer Dank gilt meinem Doktorvater Prof. Dr. Dirk Kiesewetter. Er hat mich bereits während meines Studiums gefördert und mich nach meinem Abschluss in sein Team aufgenommen. Die Arbeit an seinem Lehrstuhl bereitete mir stets große Freude und die Herausforderungen in Forschung und Lehre trugen positiv zu meiner persönlichen Entwicklung bei. Ich danke ihm für das in mich gesetzte Vertrauen sowie für die mir gewährten wissenschaftlichen und persönlichen Freiheiten. In der Zeit am Lehrstuhl konnte ich mir seiner Unterstützung zu jeder Zeit sicher sein.

Außerdem danke ich Prof. Dr. Hansrudi Lenz, der sich bereit erklärte, meine Dissertation in der Rolle des Zweitgutachters zu betreuen.

Bedanken möchte ich mich auch bei meinen ehemaligen Kollegen an der Universität Würzburg, ausdrücklich bei Moritz Menzel, Michael Grom, Johannes Manthey, Nathalie Weikert, Kristina Hemmerich, Johannes Günther, Ulf Völker und Michael Brähler. Neben den fachlichen Gesprächen sind es vor allem die durch die gemeinsame Zeit an unserer Alma Mater entstandenen Freundschaften, die mich durchweg positiv auf meine Promotionszeit zurückblicken lassen. Außerdem bedanke ich mich herzlich bei Frau Kunz; mit ihrer strukturierten und gleichzeitig fröhlichen Art hat sie entscheidend dazu beigetragen, dass die Arbeit am Lehrstuhl so viel Spaß gemacht hat.

Diese Dissertation und mein gesamtes Promotionsvorhaben wären ohne meine Familie nicht denkbar gewesen. Die Unterstützung meiner Eltern und das Vertrauen, das sie mir seit jeher entgegenbringen, empfinde ich als großes Geschenk. Danke für alles! Auch meinen Großeltern möchte ich an dieser Stelle danken. Sie waren immer meine größten „Fans“. Ihnen widme ich diese Dissertation.

Würzburg, im Februar 2021

Dominik Tschinkl

Danksagung

Inhaltsverzeichnis

Abkürzungsverzeichnis

a.F.	alte Fassung
Abs.	Absatz
AG	Aktiengesellschaft
AltEinkG	Alterseinkünftegesetz
AltZertG	Altersvorsorgeverträge-Zertifizierungsgesetz
Art.	Artikel
AV	Arbeitslosenversicherung
AVmG	Altersvermögensgesetz
Az.	Aktenzeichen
BaFin	Bundesanstalt für Finanzdienstleistungsaufsicht
BAG	Bundesarbeitsgericht
bAV	betriebliche Altersversorgung
BetrAVG	Betriebsrentengesetz
BFH	Bundesfinanzhof
BGBl.	Bundesgesetzblatt
BMA	Bundesministerium für Arbeit und Sozialordnung
BMAS	Bundesministerium für Arbeit und Soziales
BMF	Bundesministerium der Finanzen
BMGS	Bundesministerium für Gesundheit und Soziale Sicherung
BR	Bundesrat
BRSG	Betriebsrentenstärkungsgesetz
BSG	Bundessozialgericht
BT	Bundestag
BVerfG	Bundesverfassungsgericht
bzgl.	bezüglich
bzw.	beziehungsweise
ca.	circa
CTA	Contractual Trust Arrangement
DKK	Dänische Kronen
Dr.	Doktor
EFS	Enterprise Feedback Suite
EGHGB	Einführungsgesetz zum Handelsgesetzbuch
EST	Treatment *Klassische Einkommensteuer*
EStG	Einkommensteuergesetz
EStR	Einkommensteuerrichtlinien

et al.	et alii
f.	folgende
ff.	fortfolgende
Fn.	Fußnote
GE	Geldeinheiten
gem.	gemäß
ggf.	gegebenenfalls
GmbH	Gesellschaft mit beschränkter Haftung
GRV	gesetzliche Rentenversicherung
HGB	Handelsgesetzbuch
HZvNG	Hüttenknappschaftliches Zusatzversicherungs-Neuregelungs-Gesetz
i.d.F.	in der Fassung
i.V.m.	in Verbindung mit
KMU	Kleine und mittlere Unternehmen
KS	Treatment *Keine Steuer*
KV	Krankenversicherung
KVdR	Krankenversicherung der Rentner
lit.	litera
LStDV	Lohnsteuer-Durchführungsverordnung
n.F.	neue Fassung
NB	Treatment *Nachgelagerte Besteuerung*
Nr.	Nummer
Opt.	Option
p.a.	per annum
Prof.	Professor
PV	Pflegeversicherung
PVdR	Pflegeversicherung der Rentner
PwC	PricewaterhouseCoopers
RV	Rentenversicherung
RRG	Rentenreformgesetz
Rz.	Randziffer
S.	Seite
SGB	Sozialgesetzbuch
StÄndG	Steueränderungsgesetz
sublit.	sublitera
SV	Sozialversicherung

SVBezGRV	Sozialversicherungs-Rechengrößenverordnung
SvEV	Sozialversicherungsentgeltverordnung
VAG	Versicherungsaufsichtsgesetz
VB	Treatment *Vorgelagerte Besteuerung*
VBL	Versorgungsanstalt des Bundes und der Länder
vgl.	vergleiche
vs.	versus
z.B.	zum Beispiel

Symbolverzeichnis

€	Euro
§	Paragraph
%	Prozent
A	Bruttoanlagebetrag
b^A	Beitragssatz zur Sozialversicherung in der Anwartschaftsphase
b^A_{2018}	Beitragssatz zur Sozialversicherung in der Anwartschaftsphase für das Jahr 2018
b^R	Beitragssatz zur Sozialversicherung in der Rentenphase
b^R_{2018}	Beitragssatz zur Sozialversicherung in der Rentenphase für das Jahr 2018
$bw[\cdot]$	Barwert der Alternative [·]
B^{tat}_t	Tatsächliche Höhe der jährlich geleisteten Beiträge zur bAV
B^{vor}_t	Voraussichtliche Höhe der jährlich geleisteten Beiträge zur bAV
γ	Verwaltungskostensatz bei Zillmerung
γ'	Modifizierter Verwaltungskostensatz ohne Zillmerung (Nominalbetrachtung); Zurechnung des Vorteils zu Versichertem
γ''	Modifizierter Verwaltungssatz ohne Zillmerung (Barwertbetrachtung)
γ'''	Modifizierter Verwaltungskostensatz ohne Zillmerung (Barwertbetrachtung); Erhebung gerechtfertigter Gebühren; Vorteil bei Versichertem
γ^*	Modifizierter Verwaltungskostensatz ohne Zillmerung (Nominalbetrachtung); Zurechnung des Vorteils zu Versicherung
γ^{***}	Modifizierter Verwaltungskostensatz ohne Zillmerung (Barwertbetrachtung); Erhebung gerechtfertigter Gebühren; Vorteil bei Versicherung
$\Delta D'$	Periodischer Ansparbetrag ohne Zillmerung
ΔD_μ	Periodischer Ansparbetrag in Perioden mit Zillmerung
ΔD_τ	Periodischer Ansparbetrag in Perioden nach Zillmerung
ΔD_t	Periodischer Ansparbetrag vor Zinsen allgemein
D	Deckungsstock am Ende der Ansparphase bei Zillmerung
D'	Deckungsstock am Ende der Ansparphase ohne Zillmerung (Nominalbetrachtung)
D''	Deckungsstock am Ende der Ansparphase bei Zillmerung (Barwertbetrachtung)
D'''	Deckungsstock am Ende der Ansparphase bei Zillmerung (Barwertbetrachtung); bei Erhebung gerechtfertigter Gebühren
$ewf[\cdot]$	Endwertfaktor

i	Sicherer Bruttozins
i_S	Sicherer Zins nach Steuern (Nettozins)
K_v	Kapitalstock am Ende der Erwerbsphase bei rein vorgelagerter Besteuerung
K_n	Kapitalstock am Ende der Erwerbsphase bei rein nachgelagerter Besteuerung
μ	Dauer der Rentenphase
m	Dauer der Ansparphase
n	Dauer der Auszahlungsphase
N	Anzahl
p	p-Wert
ΔP	Veränderung der Provision
P^{ge}	Gerechtfertigte Provision
P_t	Provision in Periode t
r	Bruttorendite
R_{EST}	Nettorente bei klassischer Einkommensteuer
R_n	Nettorente bei nachgelagerter Besteuerung
R_v	Nettorente bei vorgelagerter Besteuerung
s_{KAP}	Steuersatz auf Kapitalerträge
s_n	Steuersatz in Rentenphase
s_v	Steuersatz in Anwartschaftsphase
S^{EST}	Nettoauszahlung bei Entscheidung für Sparen im Treatment *Klassische Einkommensteuer*
S^{KS}	Nettoauszahlung bei Entscheidung für Sparen im Treatment *Keine Steuer*
S^{NB}	Nettoauszahlung bei Entscheidung für Sparen im Treatment *Nachgelagerte Besteuerung*
S^{VB}	Nettoauszahlung bei Entscheidung für Sparen im Treatment *Vorgelagerte Besteuerung*
τ	Dauer der Ansparphase
t_i	Zeitpunkt i
U	Wert der Teststatistik bei Mann-Whitney-U-Test
v	Verwaltungskostensatz
$V^{(\cdot)}$	Verwaltungskosten der Versicherung bei Alternative (·)
V_{EST}	Vermögen in zweiperiodigem Modell bei klassischer Einkommensteuer
V_n	Vermögen in zweiperiodigem Modell bei nachgelagerter Besteuerung
V_R	Vermögen in zweiperiodigem Modell bei nachgelagerter Verbeitragung mit dem vollen Beitragssatz

$V_{R/2}$	Vermögen in zweiperiodigem Modell bei nachgelagerter Verbeitragung mit dem halben Beitragssatz
V_{RR}	Vermögen in zweiperiodigem Modell bei Doppelverbeitragung der Riester-bAV
V_v	Vermögen in zweiperiodigem Modell bei vorgelagerter Besteuerung
V_{WV}	Vermögen in zweiperiodigem Modell bei Weitergabeverpflichtung des Arbeitgebers und nachgelagerter Verbeitragung
$wgf[\cdot]$	Wiedergewinnungsfaktor
X	Gesamteinnahmen der Versicherung
X^{ge}	Gesamteinnahmen der Versicherung bei Erhebung gerechtfertigter Gebühren
X^2	Wert der Teststatistik bei Chi2-Test
Z	Sofortauszahlung
$Z^{(\cdot)}$	Sofortauszahlung bei Alternative (·)
Z^{EST}	Sofortauszahlung im Treatment *Klassische Einkommensteuer*
Z^{KS}	Sofortauszahlung im Treatment *Keine Steuer*
Z^{NB}	Sofortauszahlung im Treatment *Nachgelagerte Besteuerung*
Z^{VB}	Sofortauszahlung im Treatment *Vorgelagerte Besteuerung*
Zu	Jährliche Riester-Zulage

Abbildungsverzeichnis

Tabellenverzeichnis

A Überblick

1 Motivation und Ergebnisse

Individuen treffen während ihres Lebens zahlreiche Entscheidungen, die sich auf ihre finanzielle Situation auswirken. Man denke hierbei beispielsweise an die Arbeit-Freizeit-Entscheidung, die maßgeblichen Einfluss auf das gesamte Lebenseinkommen einer Person nimmt. Neben der absoluten Höhe des Lebenseinkommens ist offensichtlich auch dessen Verteilung über die Lebenszeit von Bedeutung. Folgt man der neoklassischen Lebenszyklustheorie, ist ein Individuum bestrebt, seinen Lebensstandard, sprich sein Konsumpotential, während seines Lebens konstant zu halten. Typischerweise wird dabei unterstellt, dass in frühen Phasen des Lebens nur geringes Einkommen vorhanden ist, dieses während der Erwerbsphase ansteigt und in der Ruhephase wieder abnimmt. Um konstanten Konsum zu ermöglichen, ist daher Sparen und auch Entsparen notwendig. Grundlegend wird in dieser Theorie angenommen, dass sich Sparen und Entsparen am Ende des Lebens gerade aufheben. Das Sparmotiv liegt bei dieser Betrachtung demnach allein darin, eine Konsumglättung über die Lebenszeit zu erreichen.[1] Insbesondere Altersvorsorge als eine spezielle Form von Ersparnisbildung lässt sich mit diesem Modell in Einklang bringen, da hierbei während der Erwerbsphase für die Lebensstandardsicherung im Alter gespart wird. Jedoch stehen empirische Ergebnisse teilweise im Widerspruch zu der Lebenszyklustheorie.[2] Daher wurde diese weiterentwickelt, sodass nunmehr verschiedene Sparmotive als belegt gelten, darunter beispielsweise das Sparen zum Ausgleich von unerwarteten Einkommensschwankungen oder altruistisches Sparen, um Erbschaften zu ermöglichen.[3] Unabhängig davon, welchem Sparmotiv man letztlich folgen mag, bleibt die Erkenntnis, dass die Entscheidung für oder wider Ersparnisbildung eine zentrale ist.

Auch im politischen Kontext sind Ersparnisbildung sowie Altersvorsorge seit jeher und gerade auch aktuell in der Diskussion. Die hinlänglich bekannten Probleme des Umlagesystems der gesetzlichen Rentenversicherung (GRV) haben den deutschen Gesetzgeber immer wieder dazu veranlasst, die private, kapitalgedeckte Ersparnisbildung und Altersvorsorge zu fördern. Hierfür bedient sich der Gesetzgeber vorrangig des Steuer- und Sozialversicherungsrechts.

Nun gibt es ganz unterschiedliche Möglichkeiten, sich mit (steuer-)rechtlichen Rahmenbedingungen auseinanderzusetzen. So stellen Makroökonomen im Zusammenhang mit wirtschafts- bzw. finanzpolitischen Eingriffen häufig die Frage nach Verteilungseffekten, welche sie in Simulationsrechnungen zu bestimmen versuchen. Demgegenüber wird in der betriebswirtschaftlichen Forschung oftmals aus einzelwirtschaftlicher Sicht analysiert,

---

1 Das Grundmodell der Lebenszyklustheorie geht auf Modigliani/Brumberg (1954) und Ando/Modigliani (1963) zurück.

2 Insbesondere wurde gezeigt, dass angespartes Vermögen im Alter gerade nicht verrentet wird. Vielmehr werden in der Ruhephase teilweise noch hohe Sparquoten festgestellt, vgl. Börsch-Supan (1991, 1994, 1998).

3 Beispielsweise berücksichtigen Auerbach et al. (1989) das Erbschaftmotiv in ihrem Modell.

wie sich bestimmte steuerliche Regelungen auf die Vermögensposition von Individuen auswirken. Dabei erfreut sich die Modelltheorie traditionell großer Beliebtheit. Bedient man sich dieser Methodik, sind Annahmen unumgänglich, damit es gelingt, die Realität zumindest vereinfachend in einem Modell abbilden zu können. Eine zentrale Annahme ist dabei meist, dass die im Modell betrachteten Individuen rational entscheiden. Oftmals wird diesbezüglich ein homo oeconomicus unterstellt. Die Beschränkungen der Modelltheorie liegen darin, dass die getroffenen Annahmen teilweise nicht realitätsnah sind. Forschungsrichtungen wie die Verhaltensökonomik und die experimentelle Steuerforschung untersuchen daher empirisch, wie sich Individuen in bestimmten Situationen tatsächlich verhalten und wie sich dieses Verhalten erklären lässt. Diese Studien legen oftmals Erkenntnisse der Modelltheorie als Annahmen zugrunde. Dabei zeigt sich, dass tatsächliches und theoretisch vorhergesagtes Entscheidungsverhalten häufig nicht übereinstimmen. Daher haben sich neue, verhaltensökonomische Ansätze zur Erklärung bestimmter Entscheidungsmuster herausgebildet. Berühmtes Beispiel ist die Prospect-Theorie nach Kahneman/Tversky (1979), die abweichend von der klassischen Erwartungsnutzentheorie Entscheidungen unter Risiko erklärt.[4] In anderen experimentalökonomischen Analysen wird der Einfluss von Steuern auf individuelle, finanzielle Entscheidungen untersucht. Auch hier liegen Ergebnisse dahingehend vor, dass tatsächliches und modelltheoretisch vorhergesagtes Entscheidungsverhalten unterschiedlich sein können. Dies wurde bislang insbesondere für den Einfluss von Steuern auf Investitions- und Arbeitsangebotsentscheidungen gezeigt und mit einer Fehlwahrnehmung bestimmter steuerlicher Regelungen, wie zum Beispiel der steuerlichen Verlustverrechnung, begründet.

Derartige Erkenntnisse sind Motivation für den ersten Teil der vorliegenden Arbeit, Teil B. Es wird untersucht, wie bestimmte steuerliche Regelungen auf die Entscheidung für oder wider Ersparnisbildung wirken. Auch diesbezüglich liefert die (Modell-)Theorie, ähnlich zum Einfluss von Steuern auf riskante Investitionsentscheidungen, grundsätzlich eindeutige Ergebnisse. Jedoch ist es denkbar, dass Individuen die steuerlichen Regelungen nicht korrekt wahrnehmen und daher nicht im Sinne der Theorie rational entscheiden. Bereits Pigou (1932) stellte fest, dass Menschen ihre Ressourcen zwischen der Gegenwart, der nahen und der fernen Zukunft auf der Grundlage einer irrationalen Präferenz verteilen.[5]

Mittels eines Laborexperiments wird deshalb untersucht, wie unterschiedliche Besteuerungsformen auf die Entscheidung für oder gegen Sparen wirken. Dabei zeigt sich, dass theoretisch erwartetes und tatsächliches Entscheidungsverhalten nicht immer übereinstimmen. Vor allem wird festgestellt, dass eine rein nachgelagerte Besteuerung die Ersparnisbildung negativ verzerrt. Ein solcher Effekt stellt sich bei rein vorgelagerter Besteuerung hingegen nicht ein, sodass die Individuen bei dieser Besteuerungsform rational zu entscheiden scheinen.

---

4 Dabei wird unter anderem berücksichtigt, dass Individuen Gewinne und Verluste unterschiedlich wahrnehmen. Den Gewinnen und Verlusten werden entsprechend einer Wertfunktion bestimmte Werte zugewiesen, die dies berücksichtigen. So wird davon ausgegangen, dass die Wertfunktion für Gewinne in der Regel konkav, für Verluste hingegen konvex ist und außerdem für Verluste steiler verläuft als für Gewinne, vgl. Kahneman/Tversky (1979), S. 277 ff.

5 Vgl. Pigou (1932), S. 24 f.

Der zweite Teil der Arbeit, Teil C, beschäftigt sich detailliert mit dem bisher und künftig geltenden Recht in Bezug auf die betriebliche Altersversorgung (bAV) als eine Form der staatlich geförderten Alterssicherung. Der Fokus liegt dabei auf den steuerlichen Regelungen, es wird jedoch auch auf das Sozialversicherungsrecht eingegangen, da dieses oftmals mit dem Steuerrecht korrespondiert. Auch arbeitsrechtliche Grundlagen werden erörtert, denn diese bestimmen die Rahmenbedingungen der bAV entscheidend mit. Die bAV bietet sich als Untersuchungsgegenstand aus mehreren Gründen an. So stand sie in der jüngeren Vergangenheit wiederholt im Zentrum grundlegender Rechtsänderungen.[6] Ziel des Gesetzgebers war dabei stets, die Attraktivität der bAV zu erhöhen und dadurch deren Verbreitungsgrad zu steigern. Trotz dieser Änderungen haben sich zwei Gruppen herauskristallisiert, bei denen die bAV nach wie vor unterdurchschnittlich verbreitet ist: auf Seiten der Arbeitgeber sind dies kleine und mittlere Unternehmen (KMU) und auf Seiten der Arbeitnehmer[7] Gering- sowie Niedrigverdiener.[8]

In Teil C wird daher herausgearbeitet, ob steuer- und sozialversicherungsrechtliche Regelungen bestehen, die eine weitere Verbreitung der bAV unter Arbeitnehmern, insbesondere bei Gering- und Niedrigverdienern, verhindern. Dazu werden qualitative Methoden verwendet, darunter sowohl Experteninterviews als auch teilstandardisierte, leitfadengestützte Interviews mit Arbeitnehmern aus den Zielgruppen. Ausgehend von diesen Erkenntnissen wird der Frage nachgegangen, ob und wie durch eine Änderung der steuer- und sozialversicherungsrechtlichen Rahmenbedingungen der Verbreitungsgrad der bAV unter Gering- und Niedrigverdienern erhöht werden kann. Es werden dabei konkrete Maßnahmen erarbeitet, die dieser Zielsetzung gerecht werden können. In erneut teilstandardisierten Interviews mit experimentalökonomischen Elementen werden diese möglichen Maßnahmen auf ihre Wirksamkeit überprüft. Es zeigt sich, dass vor allem ein auf Geringverdiener zugeschnittenes Fördermodell für eine weitere Verbreitung der bAV sorgen kann. Aber auch bereits bestehende Förderregelungen können durch entsprechende Anpassungen für Geringverdiener attraktiv gemacht werden.

Die in Teil C dargestellten Analysen fanden vor Verabschiedung und demnach vor Inkrafttreten des Betriebsrentenstärkungsgesetzes (BRSG)[9] statt. Demnach beziehen sich die Ausführungen zu Rechts- und Ausgangslage auf den Stand zum 31.12.2017. Teil C schließt mit einer Zusammenfassung der im Zuge des BRSG eingeführten Änderungen in Bezug auf die bAV. Einige der dort umgesetzten Anpassungen beruhen auf den in Teil C diskutierten Reformmaßnahmen.

---

6 Hierauf wird in Abschnitt C 1.2 ausführlich eingegangen.

7 Aus Gründen der besseren Lesbarkeit wird in dieser Arbeit auf eine geschlechterspezifisch differenzierende Schreibweise verzichtet. Entsprechende Begriffe gelten im Sinne der Gleichbehandlung für alle Geschlechter.

8 Zur Abgrenzung der Zielgruppen Niedrig- und Geringverdiener siehe Abschnitt C 1.3.

9 Gesetz zur Stärkung der betrieblichen Altersversorgung und zur Änderung anderer Gesetze (Betriebsrentenstärkungsgesetz), BGBl. I 2017, S. 3214.

2 Aufbau der Arbeit

Die vorliegende Arbeit gliedert sich in zwei grundsätzlich voneinander unabhängige Teile. Der erste Teil, Teil B, beinhaltet eine experimentalökonomische Analyse zum Einfluss von Steuern auf individuelle Sparentscheidungen. Nach einem Überblick über den Stand der experimentalökonomischen Literatur wird zunächst der theoretische Hintergrund der Analyse beleuchtet. Dort werden Möglichkeiten der Besteuerung von Ersparnissen allgemein erläutert sowie deren Wirkungsweise dargestellt. In dem Experiment wird sodann untersucht, wie unterschiedliche Besteuerungsformen auf individuelle Sparentscheidungen wirken. Dabei werden eine rein vorgelagerte, eine rein nachgelagerte und eine klassische Einkommensteuer miteinander sowie mit einer Welt ohne Steuern verglichen.

Während die Ausführungen in Teil B den Einfluss von Steuern auf individuelle Ersparnisbildung allgemein, das heißt ohne genauere Spezifikation der Art von Ersparnisbildung, betrachtet, wird im zweiten Teil der Arbeit, Teil C, die steuerliche Behandlung der bAV in Deutschland umfassend analysiert. Die bAV stellt eine Möglichkeit eigenverantwortlicher Altersvorsorge dar, die über ihre steuer- und sozialversicherungsrechtlichen Rahmenbedingungen gefördert werden soll. In Teil C wird daher zunächst das geltende Recht der bAV dargestellt,[10] wobei der Fokus auf den steuerlichen und sozialversicherungsrechtlichen Rahmenbedingungen liegt. Mittels qualitativer Methoden werden sodann Problembereiche bei diesen Regelungen identifiziert, die einer weiteren Verbreitung der bAV unter Arbeitnehmern entgegenstehen. Hierauf aufbauend werden Überlegungen angestellt, wie diese Hemmnisse durch eine Anpassung des geltenden Rechts beseitigt werden können. Daran schließt sich eine qualitative Analyse bestimmter Elemente dieser Reformüberlegungen an. Teil C schließt mit einer Darstellung und ersten kritischen Würdigung der Änderungen, die im Zuge des BRSG umgesetzt wurden.

Teile der vorliegenden Arbeit sind bereits als Aufsatz, Working Paper oder Monografie veröffentlicht. Teil B beruht auf Tschinkl (2018). Wesentliche Teile aus Teil C dieser Arbeit sind in das im Vorfeld des BRSG vom Bundesministerium der Finanzen (BMF) in Auftrag gegebene Gutachten Optimierungsmöglichkeiten bei den bestehenden steuer- und sozialversicherungsrechtlichen Förderregelungen der betrieblichen Altersversorgung (sogenanntes BMF-Gutachten) eingeflossen.[11] Ferner wird in vorliegender Arbeit auf Kiesewetter et al. (2016b, 2016c), Menzel/Tschinkl (2017) sowie Menzel/Tschinkl (2018) verwiesen. Zur besseren Lesbarkeit wird auf eine stetige Zitierung der einzelnen Grundwerke verzichtet. Zu Beginn einzelner Abschnitte wird jedoch angegeben, sofern diese bereits in eine der genannten Veröffentlichungen eingegangen sind.

---

[10] An dieser Stelle sei erneut darauf hingewiesen, dass der Rechtsstand vor BRSG erläutert wird. Die Änderungen, die durch das BRSG erfolgten, sind in Kapitel C 8 ausführlich beschrieben.

[11] Nachfolgend stets zitiert als Kiesewetter et al. (2016a).

B Experimentalökonomische Untersuchung des Einflusses von Steuern auf Sparentscheidungen[12]

1 Fragestellung und Methodik

Eine Entscheidung für bzw. gegen das Betreiben von Altersvorsorge als eine besondere Art des Sparens ist immer auch eine Frage von Zeitpräferenzen: Altersvorsorge sowie Sparen allgemein bedeuten einen Konsumverzicht in der Gegenwart zugunsten eines erhöhten Konsumpotentials in der Zukunft. Es wird in der Regel davon ausgegangen, dass ein Individuum einen frühen Konsum einem späteren vorzieht. Umgekehrt werden Ausgaben oder auch unangenehme Tätigkeiten lieber in die Zukunft verlagert.

Die Theorie der Discounted-Utility-Modelle zeigt, dass sich der Nutzen (oder auch die Last bzw. der Disnutzen) eines Ereignisses, das in der Zukunft liegt, bei gegebener Nutzenfunktion in Gegenwartswerten ausdrücken lässt, indem eine „Diskontierung“ mit der Zeitpräferenzrate vorgenommen wird. Im Fall einer positiven Zeitpräferenz wirkt der Faktor Zeit dann entwertend, das heißt, in Gegenwartswerten ist der Nutzen geringer als in Zukunftswerten. Grundsätzlich herrscht Einigkeit darüber, dass Individuen bei monetären Zuflüssen in aller Regel eine positive Zeitpräferenzrate aufweisen, frühe Einnahmen folglich späteren vorziehen.[13]

Dieses Konzept lässt sich auf die Spar- bzw. Altersvorsorgeentscheidung übertragen. Argumentiert man unter Sicherheit und bei ausschließlicher Betrachtung von monetären Gesichtspunkten, kann die Zeitpräferenzrate einer Person als deren individueller Diskontierungszins bzw. Diskontrate interpretiert werden.[14] Ein Individuum wird nur dann sparen, wenn die dadurch resultierende zukünftige Zahlung, diskontiert mit der individuellen Zeitpräferenzrate, die mögliche sofortige Zahlung bei Nicht-Sparen übersteigt. Je höher die individuelle Diskontrate ist, desto höher muss schließlich auch die Rendite bei Sparen sein, damit sich diese Person für Sparen entscheidet. Die individuelle Zeitpräferenzrate ist folglich ganz entscheidend dafür, ob und inwieweit eine Person bereit ist, zu sparen bzw. Altersvorsorge zu betreiben oder nicht.

Neben der Zeitpräferenzrate können auch steuerliche Regelungen die Spar- und Vorsorgeentscheidung beeinflussen. In Deutschland versucht der Gesetzgeber seit geraumer Zeit, eine Förderung der eigenverantwortlichen Altersvorsorge über deren steuerliche Behandlung zu erreichen. Dabei verfolgt er weitgehend das Ziel, Alterseinkünfte nachgelagert

---

12 Die in Teil B dargestellte experimentalökonomische Untersuchung ist bereits in älterer Version als Diskussionspapier veröffentlicht, vgl. Tschinkl (2018).

13 Auch empirische Arbeiten liefern für diese Annahme Evidenz. Vgl. beispielsweise die Arbeiten von Hausman (1979) und Landsberger (1971), die empirisch versucht haben, individuelle Diskontraten zu messen. Auch die Studie von Olson/Bailey (1981), die diese Annahme zunächst explizit in Frage stellt, kommt zu dem Ergebnis, dass die Annahme positiver Diskontraten überzeugend ist.

14 Daher werden nachfolgend die Begriffe Zeitpräferenzrate und Diskontrate synonym verwendet.

zu besteuern. Als Begründung wird angeführt, dass die nachgelagerte Besteuerung für die Vorsorgenden vorteilhaft sei.[15] Da die Rendite bei rein nachgelagerter Besteuerung steuerfrei gestellt ist, stellt diese im Vergleich zur klassischen Einkommensteuer eine Begünstigung dar. Bezieht man die Tatsache mit ein, dass im Rentenalter meist geringere Einkünfte vorliegen und damit aufgrund des progressiven Einkommensteuertarifs in der Regel ein niedrigerer Steuersatz zur Anwendung kommt als während des Erwerbslebens, lässt sich ein zusätzlicher steuerlicher Vorteil der nachgelagerten Besteuerung ausmachen. Das entsprechende Pendant ist die vorgelagerte Besteuerung. Hier wird aus steuerpflichtigem Einkommen gespart, die Auszahlungen werden sodann jedoch nicht besteuert. Wird auch hier die Rendite steuerfrei gestellt, sind vor- und nachgelagerte Besteuerung bei Annahme eines zeitlich konstanten Steuersatzes ökonomisch äquivalent.

Nachfolgend wird mittels einer experimentalökonomischen Untersuchung analysiert, ob und inwieweit die Art der Besteuerung die Präferenz von Individuen für das Sparen beeinflusst. Es werden dadurch die experimentalökonomischen Forschungsstränge zu Zeitpräferenzen und zum Einfluss von Steuern auf individuelle Entscheidungen verbunden. Die experimentellen Studien zu Zeitpräferenzen befassen sich insbesondere damit, wie individuelle Zeitpräferenzraten beobachtet und eruiert werden können, um damit Entscheidungsmuster von Personen zu erklären. In den experimentalökonomischen Untersuchungen zum Einfluss von Steuern stehen bisher vor allem die Auswirkungen der Besteuerung auf Investitions- und Arbeitsangebotsentscheidungen im Fokus. Für die vorliegende Untersuchung sind beide Themenbereiche relevant. So ist die Zeitpräferenzrate eines Individuums ein entscheidender Faktor bei der Entscheidung für oder gegen Ersparnisbildung. Um den Einfluss der Besteuerung isoliert analysieren zu können, ist es daher notwendig, die Zeitpräferenzen der Individuen zu kennen. Sodann kann untersucht werden, ob und wie die Besteuerung die Entscheidungen für oder gegen Sparen beeinflusst und gegebenenfalls verzerrt. Bisherige experimentalökonomische Beiträge haben herausgefunden, dass Personen steuerliche Regelungen oftmals nicht korrekt in ihre Entscheidungen integrieren und es deshalb zu theoretisch nicht zu erwartenden Verzerrungen im Entscheidungsverhalten kommt. Es stellt sich daher die Frage, ob derartige, durch die Besteuerung ausgelöste Verzerrungen auch bei Sparentscheidungen auftreten.

In nachfolgender Untersuchung dient als Referenzpunkt eine Welt ohne jegliche Besteuerung. Sodann werden die vorgelagerte und nachgelagerte Besteuerung gegenübergestellt. Dadurch kann beobachtet werden, ob die Besteuerungsvarianten der rein vor- und nachgelagerten Besteuerung trotz ökonomisch äquivalenter Wirkungsweise zu unterschiedlichen Entscheidungen für oder gegen das Sparen führen und demnach die Sparentscheidung der Individuen gegebenenfalls verzerren. Zusätzlich wird die klassische Einkommensbesteuerung in die Untersuchung miteinbezogen. Damit kann der Frage nachgegangen werden, ob die oben genannten Vorteile einer rein vor- bzw. nachgelagerten Besteuerung von den Individuen erkannt werden.

Teil B ist wie folgt aufgebaut. Zunächst wird in Kapitel B 2 ein Überblick über den Stand der Literatur gegeben. Dort wird sowohl auf die Erkenntnisse experimentalökonomischer Untersuchungen zur Messung individueller Zeitpräferenzen als auch zum Einfluss von

[15] Beispielsweise in der Gesetzesbegründung zum Alterseinkünftegesetz; BT-Drucksache 15/2150 vom 09.12.2003, S. 22.

Steuern auf individuelle Entscheidungen eingegangen. In Kapitel B 3 wird der theoretische Hintergrund dargestellt. Insbesondere wird allgemein gezeigt, wie die unterschiedlichen Besteuerungsformen ökonomisch wirken. Kapitel B 4 beschreibt ausführlich Aufbau, Ablauf sowie Parametrisierung des Experiments. Auch die zu überprüfenden Hypothesen werden dort formuliert. Kapitel B 5 beinhaltet schließlich die Ergebnisse des Experiments. Mittels deskriptiver sowie inferenzstatistischer Methoden werden die im Experiment gewonnenen Daten ausgewertet und aufbereitet. Teil B schließt mit einer Zusammenfassung.

2 Stand der experimentalökonomischen Literatur

2.1 Zeitpräferenzen

Da auch in vorliegendem Experiment eine Messung der individuellen Zeitpräferenzen der Teilnehmer erfolgt, werden an dieser Stelle experimentalökonomische Literaturbeiträge, die sich mit dieser Thematik auseinandersetzen, zusammengefasst. Vor den experimentellen Analysen gab es bereits einige empirische Versuche, individuelle Zeitpräferenzraten aus tatsächlichen Entscheidungen von Personen abzuleiten, die Tradeoffs zwischen naher und ferner Zukunft beinhalten.[16] Wie unter anderem Loewenstein (1987) anmerkt, ist dieses Vorgehen durchaus problematisch, da das Entscheidungsverhalten in der „wirklichen Welt“ von zahlreichen Faktoren neben der Zeitpräferenz abhängt, für welche oftmals nicht oder nur schwer kontrolliert werden kann. Beispielhaft zu nennen sind hier das erwartete zukünftige Einkommen, die erwarteten persönlichen Lebensumstände und dergleichen mehr. Der alleinige Effekt der Zeitpräferenzen ist daher empirisch nur schwer isolierbar.[17]

Aufgrund dieser Schwierigkeiten sind vor allem Verhaltensökonomen dazu übergegangen, sich der Fragestellung mittels kontrollierten (Labor-)Experimenten zu nähern. Dabei werden vier Methoden regelmäßig genutzt, um individuelle Diskontraten zu messen: Auswahl („choice tasks“), Ausgleich („matching tasks“), Preisbemessung („pricing tasks“) und Bewertung („rating tasks"). Am weitesten verbreitet sind choice tasks. Dabei werden die

[16] Vgl. beispielsweise Hausman (1979), Ruderman et al. (1987) und Gately (1980), die Konsumentscheidungen hinsichtlich verschiedener Elektrogeräte untersuchen, wobei die Käufer vor dem Tradeoff zwischen sofortiger Anschaffungsauszahlung und den langfristigen Kosten bzw. Einsparungen der Geräte, z.B. Stromkosten, stehen. Daneben wird in einer Reihe von Studien der Trade-off zwischen einem Beruf mit höherer Entlohnung aber gefährlicherer Tätigkeit untersucht. Je mehr der Nutzen eines langen Lebens diskontiert wird, desto höher ist folglich die Bereitschaft, einen riskanteren Job anzunehmen, da die Lebensdauer weniger nutzenstiftend ist; vgl. unter anderem Viscusi/Moore (1989). Warner/Pleeter (2001) untersuchen ein Event in den USA, als dort über 65.000 Stellen des Militärs gestrichen wurden. Die Personen, deren Stellen gestrichen wurden, hatten die Möglichkeit, zwischen einer sofortigen, einmaligen Abfindungszahlung und jährlichen Zahlungen (für einen vorgegebenen Zeitraum) zu wählen. Die jährlichen Zahlungen waren so kalkuliert, dass sie bei einem Diskontierungssatz von 17,5 Prozent barwertig äquivalent zur Sofortauszahlung waren. Obwohl der Marktzins zu der damaligen Zeit nur etwa sieben Prozent betrug, wählten mehr als die Hälfte der Offiziere und sogar über 90 Prozent der übrigen Angestellten die einmalige Abfindungszahlung. Dies impliziert, dass die individuellen Diskontraten mindestens 17,5 Prozent betragen und damit weit über dem Marktzins liegen.

[17] Vgl. Loewenstein (1987), S. 680. Ähnliche Probleme solcher empirischer Arbeiten und von Feldexperimenten werden von Frederick et al. (2002), S. 386 herausgestellt.

Probanden vor die Entscheidung gestellt, zwischen einer kleineren, aber früheren Entlohnung und einer höheren, aber späteren Entlohnung zu wählen. In aller Regel werden hier Serien von mehreren Entscheidungen präsentiert, um die Diskontrate möglichst präzise bestimmen zu können.[18] In der Regel wird die frühe Auszahlung hierbei auf einen bestimmten (Geld-)Betrag fixiert und die späte Auszahlung Schritt für Schritt erhöht. Aus dem Punkt, an dem ein Teilnehmer von der frühen zur späten Auszahlung wechselt, lässt sich dessen Diskontrate bestimmen. Choice tasks ist es damit jedoch immanent, dass sich die Diskontrate nicht exakt bestimmen lässt, sondern lediglich ein Intervall festgelegt werden kann, in dem die Diskontrate liegt. Je feiner die Abstände zwischen den einzelnen Auszahlungsbeträgen gewählt werden, desto genauer lässt sich die Zeitpräferenzrate bestimmen.

Hinsichtlich der detaillierten experimentellen Vorgehensweise gibt es wiederum Unterschiede. So können sowohl die Reihenfolge, in der die Entscheidungen präsentiert werden, als auch die Art und Weise der Darstellung Einfluss auf die Ergebnisse nehmen, da es zu Ankereffekten („anchoring“) kommen kann: Es ist denkbar, dass jemand eher 120 Euro in einem Jahr 100 Euro heute vorzieht, wenn dieser Person zunächst die Wahl zwischen 102 Euro in einem Jahr und 100 Euro heute gelassen wird. Umgekehrt würde dieselbe Person gegebenenfalls die 100 Euro heute den 120 Euro in einem Jahr vorziehen, wenn dieser Person zuvor die Entscheidung zwischen 100 Euro heute und 200 Euro in einem Jahr präsentiert wurde. Um dieses Problem einzudämmen, hat sich die Titrationsmethode etabliert. Hier werden die Entscheidungen derart präsentiert, dass entgegengesetzte Anker entstehen.[19] Die am häufigsten vorgebrachte Kritik an choice tasks ist, dass sie den Probanden eine Diskontierung „vorschreiben“ und dadurch zu nach oben verzerrten Diskontraten führen.

Derartige Probleme treten bei matching tasks nicht auf. Hier werden die Probanden beispielsweise vor folgende Aufgabe gestellt: Wie hoch müsste ein Geldbetrag, den Sie in einem Jahr erhalten, sein, damit Sie heute auf 100 Euro verzichten? Damit haben matching tasks zwei Vorteile gegenüber choice tasks. Erstens geben die Probanden einen exakten Wert an, der sie zwischen einer frühen und einer späten Auszahlung indifferent stellt. Daraus lässt sich die Diskontrate genau bestimmen, während bei choice tasks stets nur ein Intervall angegeben werden kann. Zweitens tritt das Problem des anchoring nicht auf, da den Teilnehmern keine Werte vorgegeben werden, sondern diese „von sich aus“ einen Wert nennen, der sie indifferent stellt. Allerdings führen matching tasks zu anderen Problemen. So scheinen die Antworten der Probanden häufig von der Anwendung einer einfachen Regel (Heuristik) anstelle der Zeitpräferenzrate geleitet zu sein. Beispielsweise geben Personen bei der Frage, wie hoch der Geldbetrag in *n* Jahren sein muss, der sie im Vergleich zu 100 Euro heute indifferent stellt, als Antwort häufig *n x 100 Euro* an. Daneben sind die Antworten

---

18 Wenn eine Person beispielsweise bei der Entscheidung zwischen 100 Euro heute und 120 Euro in einem Jahr die 100 Euro heute wählt, kann aus dieser einen Entscheidung lediglich gefolgert werden, dass die Diskontrate mindestens 20 Prozent pro Jahr beträgt. Eine genauere Aussage ist auf Basis einer einzigen solchen Entscheidung nicht möglich.

19 Beispielsweise lautet die erste Entscheidung: 100 Euro heute oder 101 Euro in einem Jahr; die zweite Entscheidung: 100 Euro heute oder 1.000 Euro in einem Jahr; die dritte Entscheidung sodann: 100 Euro heute oder 105 Euro in einem Jahr.

meist relativ grob. Das heißt, der zukünftige Geldbetrag wird oftmals als ganzzahliges Vielfaches der sofortigen Zahlung angegeben, was den Schluss zulässt, dass die Probanden über die Entscheidung nur bedingt nachdenken (können). Schließlich führen matching tasks zu großen Differenzen bezüglich der unterstellten Diskontraten, je nachdem welche Art von matching in dem Experiment durchgeführt wird. Insgesamt sind vier Fragestellungen für die Probanden denkbar: (1) Angabe einer zukünftigen Zahlung, die bei gegebener Sofortauszahlung und vorgegebenem Zeithorizont zu Indifferenz führt; (2) Angabe der Höhe einer Sofortzahlung bei gegebener zukünftiger Zahlung und vorgegebenem Zeithorizont; (3) Angabe der maximalen Zeit, die ein Proband auf eine höhere, späte Auszahlung warten würde, um auf eine gegebene Sofortauszahlung zu verzichten; (4) Angabe des frühesten Zeitpunkts, zu dem eine geringere Zahlung akzeptiert würde, um auf eine spätere, vorgegebene Auszahlung zu verzichten. Die am häufigsten verwendete Art ist Methode (1). Obwohl bei entsprechender Parameterwahl alle vier Methoden äquivalent dargestellt werden können, sind unterschiedliche Ergebnisse sehr wahrscheinlich. So zeigt unter anderem Roelofsma (1994), dass es einen erheblichen Unterschied macht, ob die Probanden Geldbeträge oder einen Zeithorizont angeben müssen. Frederick/Read (2002) finden heraus, dass Diskontraten deutlich höher sind, wenn die Probanden die zukünftige Auszahlung und nicht die frühe Auszahlung einzutragen haben.

Die beiden übrigen Möglichkeiten, Zeitpräferenzraten zu messen, sind rating und pricing tasks. Bei rating tasks beurteilen die Probanden ein gewisses Ergebnis zu einem bestimmten Zeitpunkt, indem sie dessen Attraktivität bzw. Unattraktivität bewerten. Bei pricing tasks werden die Teilnehmer danach gefragt, wie hoch ihre Zahlungsbereitschaft für den Erhalt bestimmter Dinge (z.B. Gutscheine) oder auch für die Abwendung bestimmter Ereignisse (z.B. Bestrafung) zu einem bestimmten Zeitpunkt ist. Diese Methoden sind weniger verbreitet. Sie eignen sich für die im vorliegenden Experiment zu untersuchenden Fragestellungen nicht, weshalb weitere Ausführungen an dieser Stelle unterbleiben.

Neben der Wahl der Methode ist eine weitere zentrale Frage in allen experimentellen Untersuchungen, ob hypothetische oder tatsächliche Auszahlungen verwendet werden. Generell scheint es wünschenswert, reale Auszahlungen zu verwenden, da sich die Experimentteilnehmer eher so verhalten, wie sie es auch in der „wirklichen Welt" in entsprechenden Entscheidungen machen würden. Bei hypothetischen Auszahlungen bleibt stets die Frage bestehen, ob sich die im Experiment getroffenen Entscheidungen überhaupt auf die Wirklichkeit übertragen lassen.[20] Allerdings bringen hypothetische Auszahlungen auch einige Vorteile mit sich. So können hierbei hohe Auszahlungen unterstellt werden, was bei tatsächlicher Entlohnung meist wegen Budgetrestriktionen des Forschers nicht möglich ist. Ferner lassen sich problemlos Verluste in das Experiment integrieren, da die Teilnehmer diese Verluste nicht tatsächlich hinnehmen müssen. Bezogen auf die experimentalökonomische Literatur zu Zeitpräferenzen gibt es nur wenige Untersuchungen, die hypothetische und tatsächliche Auszahlungen vergleichen. Eine dieser Studien ist diejenige von Kirby/Ma-

[20] Ganz allgemein, und unabhängig von dem Thema Zeitpräferenzen, wird in der experimentalökonomischen Literatur diskutiert, ob hypothetische Auszahlungen geeignet sind, um Entscheidungen mit tatsächlichen ökonomischen Konsequenzen abzubilden. Meist wird geschlussfolgert, dass die beiden Methoden ähnliche Ergebnisse liefern (vgl. beispielsweise Camerer/Hogarth (1999) für eine Übersicht).

rakovic (1995). Sie verwenden ein Between-Subjects-Design, in dem eine Gruppe von Probanden tatsächliche Auszahlungen und die andere Gruppe nur hypothetische Auszahlungen erhalten. Die verwendete Methode ist in beiden Gruppen oben genannte matching task (2). Die Experimentteilnehmer sollen demnach eine Sofortauszahlung angeben, die sie zu einer bestimmten späteren Auszahlung indifferent stellt. Die Ergebnisse zeigen, dass die Diskontraten bei hypothetischen Auszahlungen geringer sind. Auch Coller/Williams (1999) finden niedrigere Diskontraten bei hypothetischen Auszahlungen. Sie verwenden in ihrem Experiment eine choice task, in der die Probanden zwischen 500 Dollar in einem Monat und *500 + X Dollar* in drei Monaten wählen können, wobei X in 15 Entscheidungen von 1,67 bis 90,94 erhöht wird.[21]

Eine ausführliche Zusammenstellung der bis zum Jahr 2002 erschienenen Literaturbeiträge, in welchen individuelle Diskontraten empirisch oder experimentell untersucht werden, findet sich in Frederick et al. (2002). Anhand dieser Übersicht wird deutlich, wie unterschiedlich die einzelnen Analysen sind, was sich auch an der Spannweite der eruierten Diskontraten zeigt. So reichen diese von null Prozent bis teilweise über 100 Prozent.[22] Die Diskontraten bei choice tasks scheinen dabei am konstantesten. Auch werden choice tasks am häufigsten verwendet, weshalb im Rahmen dieser Arbeit ebenfalls auf diese Methodik zurückgegriffen wird.

2.2 Einfluss der Besteuerung auf individuelle Entscheidungen

In der experimentalökonomischen Literatur zeigen zahlreiche Arbeiten, dass Individuen nicht immer so entscheiden, wie es theoretische Modelle erwarten lassen. Auch dafür, dass Steuern Entscheidungen von Personen verzerren, gibt es mittlerweile Evidenz.[23] Ein in diesem Bereich stetig wachsender Literaturzweig beschäftigt sich mit dem Einfluss der Besteuerung auf Investitionsentscheidungen unter Risiko. Aus der Theorie liegen weitgehend eindeutige Ergebnisse vor. So liefern bereits Domar/Musgrave (1944) den Beweis, dass eine proportionale Steuer mit vollständigem Verlustausgleich die Risikobereitschaft eines Investors im Vergleich zu einer Situation ohne Verlustausgleich erhöht. Tobin (1958) bestätigt dieses Ergebnis für den Fall, dass von einer Welt ohne Steuern zu einer proportionalen Steuer mit vollständigem Verlustausgleich übergegangen wird. Einen ersten Beitrag zur empirischen Überprüfung dieser Ergebnisse liefert Swenson (1989). Er bedient sich dafür eines Laborexperiments, in dem er Investitionsentscheidungen in vier unterschiedlichen Steuersystemen untersucht, die sich unter anderem hinsichtlich der steuerlichen Behandlung von Verlusten unterscheiden.[24] Entgegen der Erwartungen lässt sich kein signifikanter Anstieg der Investitionen in das risikoreiche Investment beobachten, wenn ein Steuersystem mit

[21] Coller/Williams (1999) weisen jedoch darauf hin, dass der Effekt statistisch nicht mehr signifikant ist, wenn für intervallzensierte Daten, demografische Unterschiede und Heteroskedastizität kontrolliert wird.

[22] Vgl. Frederick et al. (2002), S. 378 f. Die Autoren diskutieren die Gründe hierfür ausführlich; vgl. Frederick et al. (2002), S. 377-384.

[23] Vgl. für einen Überblick Chetty (2015).

[24] Vgl. Swenson (1989), S. 61.

linearem Steuersatz implementiert wird.[25] King/Wallin (1990) gelangen zu einem ähnlichen Ergebnis. Aufbauend auf der Arbeit von Berg et al. (1986) ordnen sie den Teilnehmern zunächst eine Nutzenfunktion zu, die deren Risikoeinstellung abbilden soll. Sie erwarten, dass eine proportionale Steuer mit vollständigem Verlustabzug die Risikobereitschaft erhöht, während eine progressive Steuer diese verringert. Die Autoren finden in ihrem ersten Experiment Unterstützung für letztere Hypothese, wenn auch schwächer als prognostiziert. Für den Fall des linearen Tarifs hingegen beobachten sie keinen signifikanten Anstieg der risikoreichen Investitionen. Trotz des unterschiedlichen Aufbaus der Experimente decken sich die Ergebnisse mit jenen von Swenson (1989), wobei man bei King/Wallin (1990) vergeblich eine Erklärung für die festgestellten Unterschiede zwischen Theorie und Empirie sucht.

In aktuelleren Studien zeigen beispielsweise Fochmann et al. (2012) ebenfalls in Laborexperimenten Unterschiede zwischen theoretisch zu erwartenden und im Experiment tatsächlich getroffenen Investitionsentscheidungen. Sie argumentieren, dass dies an einer verzerrten Wahrnehmung der Steuerbelastung liegt.[26] Die Autoren setzen sich insbesondere mit dem Einfluss verschiedener Verlustabzugsmöglichkeiten auseinander. Sie stellen fest, dass die Experimentteilnehmer die Möglichkeit eines Verlustabzugs überbewerten. Die Individuen empfinden die Möglichkeit eines Verlustausgleichs anscheinend positiver als dessen tatsächliche Wirkung.[27]

Ebenfalls anhand eines Laborexperiments untersuchen Fochmann/Hemmerich (2018) die unter anderem von Domar/Musgrave (1944) theoretisch nachgewiesenen Effekte der Besteuerung auf riskante Investitionsentscheidungen experimentalökonomisch. Sie legen den Fokus auf den durch eine Besteuerung hervorgerufenen Wahrnehmungseffekt und versuchen, diesen von einem Realsteuereffekt zu isolieren. Bei der Auswertung der im Experiment generierten Daten zeigen sich für beide Steuer-Treatments signifikant geringere Investitionen in die risikobehaftete Anlage im Vergleich zur Situation ohne Steuern. Während dieses Ergebnis für den Fall ohne Verlustausgleich erwartet wird, sollte der Effekt im Treatment mit vollständigem Verlustabzug in die entgegengesetzte Richtung gehen. Daneben wollen die Verfasser die in vorhergehenden Studien festgestellten verzerrenden Wahrnehmungseffekte einer Besteuerung näher untersuchen. Dafür passen sie für die (andere) Hälfte der Entscheidungssituationen die möglichen Bruttoauszahlungen so an, dass sie nach Steuern für alle drei Treatments identisch sind (Nettoäquivalenz). Die Hypothese der Autoren lautet daher, dass die Probanden in diesen Fällen in allen Situationen dasselbe Investitionsverhalten zeigen. Diese Hypothese muss anhand der Ergebnisse des Experiments verworfen werden. Denn der Anteil, der in die risikoreiche Anlage investiert wird, nimmt im Vergleich

[25] Der Autor erklärt dies anhand eines Effekts, der durch den Handel auf einem Markt entsteht. So werden in einem preiselastischen Markt die Vorteile, die sich durch die Besteuerung in Bezug auf das Risiko ergeben, durch höhere Preise kompensiert; vgl. Swenson (1989), S. 69.

[26] Vgl. Fochmann et al. (2012), S. 239.

[27] Ackermann et al. (2013) untersuchen in Laborexperimenten neben Steuern auch den Einfluss von Subventionen auf Investitionsentscheidungen. Sie zeigen, dass die von den Teilnehmern im Experiment getroffenen von den theoretisch erwarteten Entscheidungen sowohl bei Besteuerung als auch bei Subventionen abweichen.

zur Situation ohne Steuern in den beiden Steuer-Treatments signifikant ab. Dieser Effekt wird Wahrnehmungseffekt genannt.[28]

Wie vorstehender Überblick zeigt, existieren bereits einige experimentalökonomische Beiträge, die den Zusammenhang von Steuern und Investitionsentscheidungen beleuchten. Zum Einfluss von Steuern auf Spar- und Altersvorsorgeentscheidungen gibt es hingegen bislang nur wenige Arbeiten, in welchen experimentelle Methoden Anwendung finden. Eine der ersten derartigen Untersuchungen stammt von Meade (1995). Sie verwendet ein experimentelles Design, um zu untersuchen, wie sich Einkommens- und Konsumsteuersysteme sowie zukünftige Unsicherheiten in Bezug auf den Steuersatz auf Sparen und Risikobereitschaft auswirken. Für das Experiment werden den Probanden Zertifikate ausgestellt, die für Waren und Dienstleistungen zu zwei Zeitpunkten einlösbar sind. Sie werden sodann gebeten, den Zeitpunkt festzulegen, zu dem sie die Zertifikate einlösen wollen. Zusätzlich sollen sie angeben, wie sie nicht eingelöste Zertifikate zwischen sicheren und risikoreichen Investmentfonds aufteilen wollen. Für das Experiment werden 90 Studierende einer von zwei Gruppen zugeordnet, die ein Einkommens- bzw. Konsumsteuerregime simulieren. Die Teilnehmer treffen ihre Spar- und Risikoentscheidungen für drei verschiedene Treatments. Im ersten Treatment ist der Steuersatz für gegenwärtige und zukünftige Transaktionen sicher, im zweiten ist er nur für gegenwärtige sicher, für zukünftige Transaktionen jedoch unsicher, und im dritten Treatment wird eine Welt ohne Steuern unterstellt.[29]

Die Ergebnisse der Studie zeigen, dass ein Konsumsteuersystem in Bezug auf proportionale Ersparnisbildung und Risikobereitschaft neutral ist, wenn sowohl die gegenwärtigen als auch die zukünftigen Steuersätze sicher sind. Ein Einkommensteuersystem verringert hingegen die relative Ersparnisbildung und erhöht die Risikobereitschaft. Wenn hingegen zukünftige Steuersätze unsicher sind, sind die Auswirkungen komplexer. Sie deuten jedoch darauf hin, dass die zukünftige Unsicherheit der Steuersätze die Spar- und Risikoneutralität eines Konsumsteuersystems beeinträchtigt und gleichzeitig den Risikoanreiz eines Einkommensteuersystems verringert. Diese Erkenntnisse sind weitgehend mit den zugrundeliegenden Theorien konform.[30]

Beshears et al. (2017) führen eine Umfrage mit experimentalökonomischem Charakter durch, in der die Befragten für ein fiktives Ehepaar Sparentscheidungen treffen sollen. Sie sollen einen Anteil des Verdienstes des Ehemanns angeben, den die Eheleute sparen sollten, damit diese ihr finanzielles Ziel, einen Lebensstandard zu haben, der sich für den Rest ihres Lebens nicht ändert, erreichen können. Den Teilnehmern stehen dabei entweder nur eine vorgelagert besteuerte Alternative, nur eine nachgelagert besteuerte Alternative oder beide Alternativen zur Verfügung. Die Ergebnisse zeigen, dass kaum Unterschiede zwischen den Gruppen bestehen. Die Autoren hätten jedoch erwartet, dass die Teilnehmer bei vorgelagerter Besteuerung eine geringere relative Sparquote empfehlen. Dies begründen sie anhand

[28] Vgl. Fochmann und Hemmerich (2014), S. 23 f. In Fochmann et al. (2016) werden diese Erkenntnisse zum Anlass genommen, den Wahrnehmungseffekt genauer zu untersuchen. Dabei gelangen die Autoren zu dem Ergebnis, dass eine positive Korrelation zwischen kognitiver Belastung der Experimentteilnehmer und dem steuerbedingten Wahrnehmungseffekt besteht. Dennoch bleibt der Effekt auch bei sehr geringer kognitiver Belastung bestehen.

[29] Vgl. Meade (1995), S. 636.

[30] Vgl. Meade (1995), S. 651 f.

folgenden Beispiels. Angenommen, ein Individuum weist in Periode 1 einen Bruttoverdienst in Höhe von 100 GE auf und spart hiervon zehn Prozent. Bei nachgelagerter Besteuerung sind Ersparnisse bemessungsgrundlagenmindernd, dafür werden die Auszahlungen in Periode 2 besteuert. Damit werden bei einem Steuersatz von 20 Prozent Steuern in Periode 1 in Höhe von 18 GE fällig, sodass dem Individuum Konsumpotential von 72 GE (= 100 – 10 – 18) verbleibt. In Periode 2 resultiert bei einer Rendite r Konsumpotential in Höhe von $10 \cdot (1+r) \cdot (1-0{,}2) = 8 \cdot (1+r)$ GE. Bei vorgelagerter Besteuerung müssen die Ersparnisse aus versteuertem Einkommen gebildet werden. Wenn das Individuum in Perioden 1 und 2 das gleiche Konsumpotential anstrebt, so muss es hierfür lediglich 8 GE seines Nettoverdiensts sparen. In Periode 1 fallen unabhängig von der Höhe der Ersparnisse 20 GE Steuern an. Durch Sparen von 8 GE resultiert erneut ein Konsumpotential von 72 GE. In Periode 2 kommt es aufgrund der Steuerfreiheit des Rückflusses ebenfalls zu einem Konsumpotential von $8 \cdot (1+r)$ GE. Die Teilnehmer in der Umfrage von Beshears et al. (2017) scheinen diesen Zusammenhang jedoch nicht zu erkennen. Die Autoren begründen dies hauptsächlich damit, dass die Befragten die steuerlichen Regeln nicht verstehen und / oder sie (deshalb) ignorieren.

Während die Erkenntnisse von Meade (1995) weitgehend mit den zugrundeliegenden Theorien konform sind, finden Blaufus/Milde (2020) Hinweise auf Fehlwahrnehmungen gewisser steuerlicher Regelungen in Bezug auf Ersparnisbildung. In ihrer Arbeit untersuchen sie verschiedene Besteuerungsformen in einem Laborexperiment. Als Setup wählen sie ein abstraktes Zwei-Phasen-Lebenszyklusmodell. Die erste Phase repräsentiert die Erwerbsphase, die zweite die Rentenphase. In der Erwerbsphase führen die Teilnehmer eine Aufgabe aus, wodurch sie Geld verdienen. Sodann entscheiden die Teilnehmer, wie viel dieses Geldes sie sparen möchten. Je nachdem, welchem Treatment ein Teilnehmer zugeordnet ist, werden die Ersparnisse rein vor- oder nachgelagert besteuert. Es zeigt sich dabei, dass eine nachgelagerte Besteuerung zu ineffizient niedriger Ersparnisbildung im Vergleich zu einer ökonomisch äquivalenten vorgelagerten Besteuerung führt. Dies begründen die Autoren mit einer Fehlwahrnehmung der nachgelagerten Besteuerung.

Zusammenfassend lässt sich festhalten, dass in den experimentalökonomischen Untersuchungen häufig Entscheidungsmuster festgestellt werden, die nicht dem aus theoretischer Sicht rationalem Verhalten entsprechen. Insbesondere integrieren die Individuen bestimmte steuerliche Regelungen oftmals nicht korrekt in ihre Entscheidungen. Ein Erklärungsansatz ist der von Fochmann/Hemmerich (2018) eingeführte Wahrnehmungseffekt.

3 Theoretischer Hintergrund

3.1 Allgemeine Möglichkeiten eines Besteuerungszugriffs bei Ersparnisbildung[31]

In nachfolgendem Experiment werden drei verschiedene Besteuerungsformen und deren Einfluss auf die Ersparnisbildung von Individuen untersucht: die klassische Einkommensteuer, die rein vorgelagerte Besteuerung und die rein nachgelagerte Besteuerung. In diesem Abschnitt werden diese Besteuerungsformen zunächst allgemein dargestellt. Dazu wird erläutert, an welchen Stellen bei Sparen grundsätzlich ein Besteuerungszugriff erfolgen kann. Sparen wird dazu als Investition einer Person interpretiert.[32] Zulasten des Sofortkonsums und zugunsten der Ersparnisbildung werden Auszahlungen geleistet.[33] Über die Ansparphase erzielen die Ersparnisse eine bestimmte Rendite; es entstehen folglich (Kapital-) Erträge. Bei Entsparen werden die Ersparnisse aufgelöst und dem Sparer fließen Einzahlungen zu. Ihm steht nun folglich erhöhtes Konsumpotential zur Verfügung. Anhand dieser Betrachtungsweise wird deutlich, dass die Besteuerung an drei Punkten anknüpfen kann: (1) Auszahlungen (für Ersparnisbildung), (2) Erträge (aus Ersparnisbildung) und (3) Einzahlungen (bei Entsparen). Unter Einbezug dieser drei Aspekte sind damit folgende Besteuerungsvarianten möglich:[34]

	ffp	pff	fpp	ppf
Auszahlungen	Steuerfrei	Steuerpflichtig	Steuerfrei	Steuerpflichtig
Erträge	Steuerfrei	Steuerfrei	Steuerpflichtig	Steuerpflichtig
Einzahlungen	Steuerpflichtig	Steuerfrei	Steuerpflichtig	Steuerfrei

Tabelle 1: Mögliche Besteuerungsvarianten bei Ersparnisbildung[35]

31 Dieser Abschnitt ist modifiziert in Kiesewetter et al. (2019) eingegangen.

32 Bei kapitalgedeckten Vorsorgeformen ist dies auf den ersten Blick einleuchtend. Es wird durch Beiträge bzw. Einzahlungen ein Kapitalstock gebildet, welcher nach Verzinsung zur Auszahlung (Verrentung) verwendet werden kann. Etwas schwieriger fällt die Interpretation als Investitionsobjekt bei einem Umlageverfahren, wie in der GRV. Denn hier werden laufende Einzahlungen nicht zur Bildung eines Kapitalstocks des „Einzahlers" verwendet. Vielmehr werden hieraus die Renten für die bereits im Bestand befindlichen Rentner finanziert. Dennoch erwirbt der „Einzahler" ein Rentenrecht, sprich Ansprüche auf eine spätere Rente. Die GRV lässt sich daher analog zu privater oder betrieblicher Altersvorsorge als Investitionsobjekt interpretieren, so beispielsweise auch Kiesewetter/Niemann (2002).

33 Nachfolgend wird aus Sicht des Sparers argumentiert. Für diesen stellen Zahlungen, die er für Ersparnisbildung aufwendet, Auszahlungen dar. Bei späterer Auflösung der Ersparnisse liegen aus Sicht des Sparers korrespondierend Einzahlungen vor.

34 Die nicht in Tabelle 1 aufgeführten Besteuerungsvarianten („fff", „fpf", „pfp", „ppp") sind zwar theoretisch denkbar, widersprechen jedoch grundlegenden Prinzipien der Besteuerung, vgl. hierzu Fuest/Brügelmann (2003), S. 339.

35 Quelle: Modifiziert entnommen aus Fuest/Brügelmann (2003), S. 339.

Die Auszahlungen gelten dabei als steuerfrei, wenn sie im Zeitpunkt bzw. in der Periode des Mittelabflusses von der steuerlichen Bemessungsgrundlage abziehbar sind. Die Rendite und die Leistungen bei Auszahlung sind steuerfrei, wenn sie jeweils nicht in die steuerliche Bemessungsgrundlage eingehen.

Die rein nachgelagerte Besteuerung entspricht folglich der Besteuerungsform „ffp", denn die Auszahlungen eines Steuerpflichtigen sind dabei im Zeitpunkt der Verausgabung in voller Höhe von dessen einkommensteuerlicher Bemessungsgrundlage abziehbar. Im Zeitpunkt des Zuflusses der auf diesen Vorsorgeaufwendungen beruhenden Einnahmen sind diese sodann in voller Höhe steuerlich zu erfassen. Eine Besteuerung der während der Ansparphase anfallenden Kapitalerträge findet nicht statt.[36] Nach geltendem deutschen Recht gilt für die meisten Alterseinkünfte das Konzept der nachgelagerten Besteuerung.[37]

Das entsprechende Pendant stellt die rein vorgelagerte Besteuerung dar, bei der die Besteuerungsvariante „pff" vorliegt. Bei dieser Form der Besteuerung wirken sich (Vorsorge-) Auszahlungen gerade nicht steuermindernd aus, der Steuerpflichtige leistet diese folglich aus versteuertem Einkommen. Die Kapitalerträge und späteren Leistungen sind hingegen steuerfrei. Nach diesem Prinzip sind nach aktuellem deutschen Recht keine (Alters-)Einkünfte besteuert.[38] Die rein vorgelagerte Besteuerung wirkt ökonomisch analog zur rein nachgelagerten Besteuerung, wie untenstehend gezeigt wird. Sie unterscheidet sich von der klassischen Einkommensteuer[39] insbesondere dadurch, dass die Kapitalerträge während der Ansparphase nicht besteuert werden. Denn im System der klassischen Einkommensteuer werden die in einer Periode realisierten Wertzuwächse der Besteuerung unterworfen. Folglich sind die Auszahlungen zur Ersparnisbildung nicht bemessungsgrundlagenmindernd zu berücksichtigen, da lediglich eine Vermögensumschichtung („Aktivtausch") vorliegt. Korrespondierend werden die Einzahlungen bei Entsparen nicht besteuert, weil wiederum eine bloße Vermögensumschichtung gegeben ist. Die während der Erwerbsphase generierten Kapitalerträge sind jedoch der Steuer zu unterwerfen, sodass die klassische Einkommensteuer dem Typ „ppf" entspricht. Der Typ „fpp" ist für die vorliegende Untersuchung irrelevant.[40]

---

[36] Diese Interpretation von nachgelagerter Besteuerung folgt weitestgehend der Präzisierung in Söhn/Müller-Franken (2000), S. 443.

[37] Insbesondere die GRV (nach einer Übergangsphase) sowie Beamtenpensionen sind nachgelagert besteuert. Auch die bAV folgt weitgehend dem System einer nachgelagerten Besteuerung. Hinsichtlich der privaten Altersvorsorge ist die Rürup-Rente analog zur GRV nachgelagert besteuert. Bei der Riester-Rente kommt es zur nachgelagerten Besteuerung in obigem Sinne, wenn aufgrund der Günstigerprüfung ein Abzug der Beiträge als Sonderausgaben erfolgt, da der Steuervorteil hieraus den Zulagenanspruch übersteigt.

[38] Bei Zerobonds gilt zwar, dass sie aus versteuertem Einkommen erworben werden und aufgrund ihrer Natur während der Laufzeit mangels Zinsen keine laufende Besteuerung stattfindet. Bei Auszahlung unterliegt jedoch die insgesamte erwirtschaftete Rendite, gemessen als Unterschiedsbetrag zwischen Emissions- und Einlösepreis, der Besteuerung, sodass die Auszahlungen nicht vollständig steuerfrei sind.

[39] Unter klassischer Einkommensteuer wird eine Besteuerung nach dem sogenannten Schanz-Haig-Simons-Typ verstanden, die auf der Reinvermögenszugangstheorie beruht.

[40] Ferner sind keine Einkünfte bekannt, die in Deutschland nach der Systematik „fpp" besteuert werden. Sie würde darüber hinaus zu einer Doppelbesteuerung der Erträge führen, sodass Zweifel an der Verfassungsmäßigkeit einer solchen Besteuerungsvariante bestehen dürften.

3.2 Wirkungsweise verschiedener Besteuerungsformen

Nach den allgemeinen Ausführungen wird in diesem Abschnitt anhand eines einfachen Modells gezeigt, wie die oben erläuterten Besteuerungsformen auf die Ersparnisbildung wirken. In einem zunächst lediglich zweiperiodigen Modell mit den Zahlungszeitpunkten t_0 und t_1 wird eine Person betrachtet, deren Einkommen in t_0 dem Steuersatz s_v unterliegt. In t_1 unterliegt ihr Einkommen dem Steuersatz s_n. Es sei A der Bruttobetrag, den das Individuum in t_0 für Ersparnisbildung aufwendet. Dieser erwirtschaftet die sichere Rendite i.

Bei rein vorgelagerter Besteuerung ist der Anlagebetrag aus versteuertem Einkommen zu leisten, das heißt, der Bruttobetrag A wird der Besteuerung mit dem Steuersatz s_v unterworfen. Der nach Steuern verbleibende Betrag erwirtschaftet die Rendite i. Es ergibt sich sodann V_v als der Betrag, den der Arbeitnehmer in t_1 zur Verfügung hat:

$$V_v = A \cdot (1 - s_v) \cdot (1 + i) \quad (1)$$

Erfolgt dagegen eine rein nachgelagerte Besteuerung, kann der Bruttobetrag A zunächst in voller Höhe angelegt werden, da eine Besteuerung in t_0 insoweit nicht stattfindet. Er erwirtschaftet die Rendite i. Der resultierende Betrag wird in t_1 sodann mit s_n besteuert, sodass sich nach Steuern der Betrag

$$V_n = A \cdot (1 + i) \cdot (1 - s_n) \quad (2)$$

ergibt.

Aus dieser einfachen formalen Darstellung ist ersichtlich, dass vor- und nachgelagerte Besteuerung genau für den Fall $s_v = s_n$ äquivalent wirken, da sich das Ergebnis $V_v = V_n$ einstellt. Der Zeitpunkt der Besteuerung ist demnach irrelevant für die Rentabilität, wenn die Steuersätze in Anspar- und Leistungsphase gleich hoch sind und die Rendite steuerfrei gestellt ist.

Auch bei Aufgabe der vereinfachenden Annahme von Zweiperiodigkeit ergibt sich dieses Ergebnis. Es sei in diesem Fall m die Dauer der Ansparphase und n die Dauer der Auszahlungsphase. Während der Ansparphase findet die Ersparnisbildung statt, während der Auszahlungsphase wird das gesparte Kapital konsumiert. Bei rein vorgelagerter Besteuerung ist am Ende der Ansparphase der Kapitalstock K_v aufgebaut, wenn annahmegemäß der gleichbleibende Betrag A in jeder Periode gespart wird und die Rendite konstant i beträgt:[41]

$$K_v = \sum_{t=1}^{m} A \cdot (1 - s_v) \cdot (1 + i)^t = A \cdot (1 - s_v) \cdot \underbrace{\frac{(1 + i)^m - 1}{i}}_{ewf[i;m]} \quad (3)$$

Unter der Annahme, dass in der n-periodigen Auszahlungsphase in jeder Periode ein gleich hoher Betrag konsumiert wird und das Kapital am Ende exakt aufgezehrt ist, ergibt sich eine Nettoauszahlung R_v pro Periode in Höhe von:[42]

41 *ewf[i;m]* steht für den Endwertfaktor bei Rendite i und Laufzeit m.

42 *wgf[i;n]* steht für den Wiedergewinnungsfaktor bei Rendite i und Laufzeit n.

$$R_v = K_v \cdot \underbrace{\frac{(1+i)^n \cdot i}{(1+i)^n - 1}}_{wgf[i;n]} = A \cdot (1 - s_v) \cdot ewf[i;m] \cdot wgf[i;n] \quad (4)$$

Exakt diese Nettoauszahlung ergibt sich auch bei nachgelagerter Besteuerung. In diesem Fall wird am Ende der Ansparphase der Kapitalstock K_n aufgebaut, der offenbar höher ist als bei vorgelagerter Besteuerung, da der Anlagebetrag aus nichtversteuertem Einkommen geleistet werden kann:

$$K_n = \sum_{t=1}^{m} A \cdot (1+i)^t = A \cdot ewf[i;m] \quad (5)$$

Wird dieses Kapital analog zu oben periodisch konstant über die Laufzeit der Auszahlungsphase ausgezahlt und die jeweilige Zahlung dem Steuersatz s_n unterworfen, ergibt sich eine Nettoauszahlung R_n pro Periode in Höhe von:

$$R_n = K_n \cdot wgf[i;n] \cdot (1 - s_n) = A \cdot ewf[i;m] \cdot wgf[i;n] \cdot (1 - s_n) \quad (6)$$

Anhand der Formeln (4) und (6) ist zu erkennen, dass bei identischen Steuersätzen in Anspar- und Auszahlungsphase die Nettoauszahlungen pro Periode identisch sind. Für $s_v = s_n$ gilt folglich $R_v = R_n$. Vor- und nachgelagerte Besteuerung wirken daher aus Sicht des Sparers analog auf die Ersparnisbildung.

Demgegenüber steht die klassische Einkommensteuer, bei der die während der Erwerbsphase generierten Erträge periodisch zu besteuern sind. Im zweiperiodigen Modell führt dies dazu, dass zunächst der Bruttobetrag A der Besteuerung mit dem Steuersatz s_v unterliegt. Der danach verbleibende Betrag erwirtschaftet die Rendite i. Der entstehende Kapitalertrag ist nun noch mit dem Steuersatz auf Kapitalerträge s_{Kap} zu versteuern, sodass sich ein Nettobetrag in t_1 in Höhe von

$$V_{EST} = A \cdot (1 - s_v) \cdot (1+i) - s_{Kap} \cdot i \cdot A \cdot (1 - s_v) = A \cdot (1 - s_v) \cdot (1 + i_s) \quad (7)$$

$$\text{mit } i_s = i \cdot (1 - s_{Kap})$$

ergibt. Dieser Nettobetrag ist offenbar geringer als derjenige bei rein vor- bzw. nachgelagerter Besteuerung, wenn $s_{Kap} > 0$ ist. Für das mehrperiodige Kalkül gilt dies gleichermaßen. Formal ermitteln sich die periodischen Nettozahlungen in diesem Fall dadurch, dass anstelle des Bruttozinses i der Nettozins i_s zu setzen ist. Dadurch wird der periodischen Besteuerung der Kapitalerträge bei klassischer Einkommensteuer Rechnung getragen:

$$R_{EST} = A \cdot ewf[i_s;m] \cdot wgf[i_s;n] \cdot (1 - s_v) \quad (8)$$

Im Ergebnis wirken also rein vorgelagerte und rein nachgelagerte Besteuerung äquivalent, wenn die Steuersätze in Anspar- und Auszahlungsphase identisch sind. Die klassische Einkommensteuer, in der Kapitalerträge periodisch besteuert werden, führt im Vergleich dazu zu geringeren Nettozahlungen.

4 Aufbau, Hypothesen und Protokoll

4.1 Allgemeiner Aufbau des Experiments

Zunächst werden Aufbau und Ablauf des Experiments grob skizziert, bevor in den folgenden Abschnitten detailliert auf die einzelnen Komponenten eingegangen wird. Die zu beantwortende Frage lautet ganz allgemein, ob und inwieweit die Besteuerung Spar- bzw. Vorsorgeentscheidungen beeinflusst. Ganz unabhängig von der Besteuerung nehmen individuelle Zeitpräferenzraten Einfluss auf diese Entscheidung. Deshalb wird in Teil 1 des Experiments basierend auf dem Beitrag von Harrison et al. (2002) eine Messung der Zeitpräferenzen vorgenommen.[43] Dadurch ist es bei der späteren Datenauswertung möglich, die Effekte der Besteuerung zu isolieren.

Die für die zentralen Fragestellungen relevanten Entscheidungssituationen werden in Teil 2 des Experiments präsentiert. Hier entscheiden sich die Teilnehmer zwischen einer frühen Auszahlung, die für Sofortkonsum steht, und einer späten Auszahlung, die Ersparnisbildung repräsentiert. Dieser Teil bestimmt auch die Entlohnung der Teilnehmer, wobei diese von den getroffenen Entscheidungen während des Experimentes (und vom Zufall) abhängt. Um die Möglichkeit dieser zusätzlichen Entlohnung zu erhalten, müssen die Probanden zuvor eine Aufgabe erfüllen („real effort task"). Dadurch wird gewährleistet, dass sich die Teilnehmer die zusätzliche Entlohnung erarbeiten und diese nicht lediglich bereitgestellt bekommen.[44] Nach Teil 2 des Experiments folgt ein Fragebogen, in dem soziodemographische und -ökonomische Daten der Teilnehmer erhoben werden, die in die spätere Auswertung eingehen. Nachfolgende Abbildung skizziert Aufbau und Ablauf des Experiments.

---

43 In diesem Teil des Experiments treffen die Teilnehmer lediglich hypothetische Entscheidungen. Eine monetäre Incentivierung findet in diesem Teil daher nicht statt.

44 Siehe zur Diskussion um den Einfluss einer real effort task Abschnitt B 4.3.

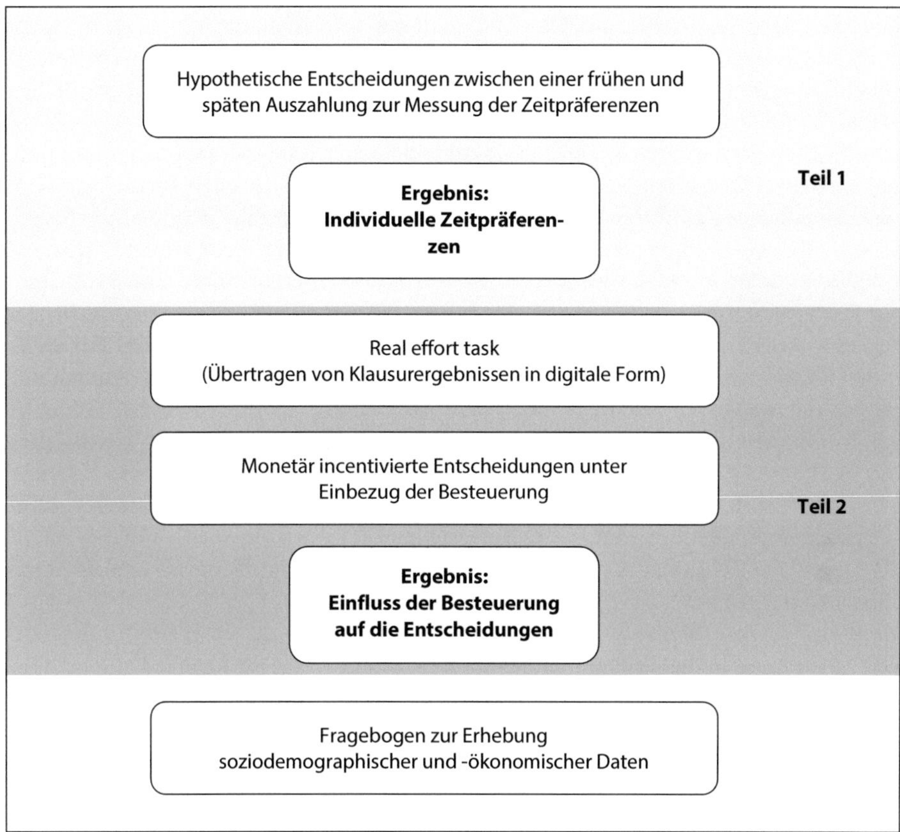

Abbildung 1: Aufbau des Experiments – Übersicht[45]

4.2 Messung der Zeitpräferenzen

In dem ersten Teil des Experiments werden die individuellen Zeitpräferenzraten der Teilnehmer gemessen. Diese sind ein entscheidender Faktor bei der Entscheidung für Ersparnisbildung. Deshalb muss für diese kontrolliert werden, um den Einfluss steuerlicher Regelungen isolieren zu können.

Wie in Abschnitt B 2.1 erläutert, sind in der experimentalökonomischen Literatur verschiedene Methoden zur Messung der Zeitpräferenzen verwendet worden. In vorliegendem Experiment wird die Methode binary choice angewandt. Dies bedeutet, den Teilnehmern wird eine Reihe von Entscheidungen vorgelegt, in denen sie sich entweder für eine frühe Auszahlung oder eine späte Auszahlung entscheiden müssen. Die beiden Möglichkeiten

[45] Quelle: Eigene Darstellung.

schließen sich dabei gegenseitig aus. Der Aufbau dieses Teils ist an das Vorgehen in Harrison et al. (2002) angelehnt,[46] mit dem Unterschied, dass in diesem Teil des Experiments ausschließlich hypothetische Entscheidungen getroffen werden. Die Teilnehmer erhalten für diesen Teil folglich keine gesonderte Entlohnung.

Allen Teilnehmern werden in Teil 1 insgesamt 60 Entscheidungssituationen präsentiert, wobei diese in drei Teile mit je 20 Entscheidungen aufgeteilt sind. In jedem dieser Teile wird ein unterschiedlicher Zeithorizont für die späte Auszahlung gewählt. Während die (hypothetische) frühe Auszahlung stets einen Monat nach dem Experiment erfolgt[47], wird die (hypothetische) späte Auszahlung entweder in sieben Monaten (entspricht einem sechsmonatigen Zeithorizont zwischen früher und später Auszahlung), in 13 Monaten (einjähriger Zeithorizont) oder in 25 Monaten (zweijähriger Zeithorizont) vorgenommen. Für jeden dieser drei Zeithorizonte treffen die Teilnehmer 20 Entscheidungen. Die frühe Auszahlung beläuft sich dabei stets auf 3.000 Euro, die späte Auszahlung auf einen höheren Betrag als 3.000 Euro. Zur Bestimmung der späten Auszahlung werden nominale Renditen zwischen 2,5 und 50 Prozent p.a. herangezogen, was in einer Effektivverzinsung zwischen 2,52 und 60,18 Prozent resultiert.[48] Nachfolgende Tabelle 2 zeigt die 20 Entscheidungssituationen für den sechsmonatigen Zeithorizont.[49] Die unterstellten Renditen sind auch für den zwölf- und 24-monatigen Zeithorizont gleich hoch. Im Experiment sind Nominal- und Effektivrendite nicht angegeben.[50]

Der Binary-Choice-Methode ist immanent, dass sich keine exakten Werte für die individuellen Diskontraten der Teilnehmer bestimmen lassen. Vielmehr kann lediglich ein Intervall angegeben werden, in dem die Zeitpräferenzrate liegt. Bezogen auf die Auszahlungsmöglichkeiten, die in Tabelle 2 dargestellt sind, soll dies ein Beispiel verdeutlichen. Angenommen, ein Experimentteilnehmer wählt in den Entscheidungssituationen 1 bis 9 die frühe Auszahlung und wechselt dementsprechend ab Entscheidungssituation 10 zur späten Auszahlung. Daraus kann geschlussfolgert werden, dass seine individuelle Diskontrate[51] in

---

[46] Dem Beitrag von Harrison et al. (2002) liegt ein Feldexperiment zugrunde. Das Vorgehen kann aber analog für ein Laborexperiment angewandt werden. Ferner ist anzumerken, dass das Design bereits in Coller/Williams (1999) verwendet wird, wobei letztere nur 15 Entscheidungen je Zeithorizont vorgeben und außerdem höhere Renditen der späten Auszahlung unterstellen. Die Renditeintervalle zwischen den jeweiligen Entscheidungssituationen sind damit größer, wodurch die Messung der individuellen Zeitpräferenzen ungenauer wird, da durch die binary choice-Methode lediglich ein Intervall für die Zeitpräferenzrate eines Teilnehmers angegeben werden kann. Je geringer die Intervalle der Renditen sind, desto genauer lässt sich folglich die Zeitpräferenzrate eines Individuums bestimmen.

[47] Auch die frühe Auszahlung liegt damit in der Zukunft („front end delay"). Damit wird vermieden, dass die Teilnehmer unterschiedliche Transaktionskosten mit den beiden Zahlungsalternativen verbinden. So könnte ein Teilnehmer einer zukünftigen Zahlung höhere Transaktionskosten und gegebenenfalls auch ein höheres Risiko beimessen als einer Sofortauszahlung. Diese Effekte würden die Zeitpräferenzrate dieses Teilnehmers möglicherweise verzerren. Vgl. zu diesem Problem auch Harrison et al. (2002), S. 1607.

[48] Für den Zusammenhang zwischen Nominal- und Effektivverzinsung wurden analog zu Harrison et al. (2002), S. 1610 vierteljährliche Zinszahlungszeiträume unterstellt.

[49] Die Tabellen mit den Werten für den ein- und zweijährigen Zeithorizont finden sich in Anhang B1.

[50] Für einen Screenshot der Entscheidungssituationen im ersten Teil des Experiments siehe Anhang B2.

[51] Ausgedrückt in effektiven Renditen p.a.

dem Intervall [24,47 %; 27,44 %] liegt. Die Ergebnisse dieses Teils des Experiments finden sich in Abschnitt B 5.1.

Nr.	OPTION A: Frühe Auszahlung (in einem Monat)	OPTION B: Späte Auszahlung (in sieben Monaten)	Zins p.a. (nominal)	Zins p.a. (effektiv)
1	3.000 €	3.038 €	2,50 %	2,52 %
2	3.000 €	3.075 €	5,00 %	5,09 %
3	3.000 €	3.114 €	7,50 %	7,71 %
4	3.000 €	3.152 €	10,00 %	10,38 %
5	3.000 €	3.190 €	12,50 %	13,10 %
6	3.000 €	3.229 €	15,00 %	15,87 %
7	3.000 €	3.268 €	17,50 %	18,68 %
8	3.000 €	3.308 €	20,00 %	21,55 %
9	3.000 €	3.347 €	22,50 %	24,47 %
10	3.000 €	3.387 €	25,00 %	27,44 %
11	3.000 €	3.427 €	27,50 %	30,47 %
12	3.000 €	3.467 €	30,00 %	33,55 %
13	3.000 €	3.507 €	32,50 %	36,68 %
14	3.000 €	3.548 €	35,00 %	39,87 %
15	3.000 €	3.589 €	37,50 %	43,11 %
16	3.000 €	3.630 €	40,00 %	46,41 %
17	3.000 €	3.671 €	42,50 %	49,77 %
18	3.000 €	3.713 €	45,00 %	53,18 %
19	3.000 €	3.755 €	47,50 %	56,65 %
20	3.000 €	3.797 €	50,00 %	60,18 %

Tabelle 2: Messung Zeitpräferenzen – Auszahlungen bei sechsmonatigem Zeithorizont[52]

[52] Quelle: Eigene Darstellung. Die Werte sind analog zu Harrison et al. (2002), S. 1610, wobei diese Dänische Kronen (DKK) als Währung verwenden.

4.3 Real effort task

Nachdem im ersten Teil des Experiments die individuellen Zeitpräferenzraten der Teilnehmer gemessen werden, folgt in einem zweiten Schritt eine real effort task. Die Probanden müssen hier eine Aufgabe erfüllen, die ein gewisses Maß an tatsächlicher Arbeitsanstrengung verursacht. Dadurch „verdienen" sich die Teilnehmer die Möglichkeit, im weiteren Verlauf des Experiments eine zusätzliche Entlohnung zu erhalten. Derartige real effort tasks werden in Laborexperimenten häufig verwendet. Sie haben unter anderem den Vorteil, dass der sogenannte „house money effect" vermieden werden kann. Dieser beschreibt das Phänomen, dass Individuen in bestimmten Situationen ein anderes Verhalten zeigen, wenn sie Entscheidungen nicht mit „geschenktem", sondern mit durch Arbeitsanstrengung verdientem Geld treffen.[53] Der house money effect wird zwar meist bei Investitionsentscheidungen unter Risiko festgestellt.[54] Es ist jedoch auch denkbar, dass sich ein ähnlicher Effekt bei Entscheidungen zwischen einer frühen und einer späten Auszahlung einstellt, sodass er Relevanz für das vorliegende Experiment gewinnen könnte. So könnte ein Teilnehmer eher bereit sein, eine längere Zeit auf seine Auszahlung zu warten, wenn er diese Auszahlung von vornherein als „geschenkt" betrachtet.

Neben der Vermeidung des house money effect werden in der experimentalökonomischen Literatur zusätzliche Vorteile einer real effort task herausgestellt. So führen Charness/Kuhn (2011) an, dass real effort tasks die Experimente weniger abstrakt und künstlich machen.[55] Bezogen auf die beispielsweise in Falk/Heckman (2009) genannte Kritik, Laborexperimente würden unrealistische Ergebnisse liefern und damit nur wenig zum Verständnis der „echten Welt" beitragen,[56] argumentieren Corgnet et al. (2011), dass ebendieses Problem durch real effort tasks überwunden werden kann. Real effort tasks tragen folglich dazu bei, dass die externe Validität von Ergebnissen, die mittels eines kontrollierten Laborexperiments gewonnen werden, zunimmt.[57] Aus diesen Gründen wird auch in diesem Experiment eine real effort task verwendet.

Die Aufgabe bei der eingesetzten real effort task besteht darin, Klausurergebnisse aus einer Liste am Computer einzutragen.[58] Die Liste wird den Teilnehmern in ausgedruckter

---

53 Vgl. zum house money effect bei riskanten Investitionsentscheidungen insbesondere Thaler/Johnson (1990), S. 657, welche zeigen, dass „geschenktes" Geld riskanter investiert wird als „verdientes" Geld.

54 Die Ergebnisse der Literatur in Bezug auf den house money effect werden beispielsweise in Clark (2002) und Weber/Zuchel (2005) zusammengetragen.

55 Vgl. Charness/Kuhn (2011), S. 235.

56 Falk/Heckman (2009) führen an, dass diese Kritik an Laborexperimenten zwar weit verbreitet ist, ihres Erachtens jedoch auf dem Missverständnis einer impliziten Hierarchie in Bezug auf die Qualität empirisch gewonnener Daten beruht. So sei die Annahme, dass Daten aus Laborexperimenten den im „Feld" gesammelten Daten unterlegen sind, irreführend; Falk/Heckman (2009), S. 535.

57 So argumentieren beispielsweise Gill/Prowse (2013), dass sich die durch eine real effort task gewonnenen Ergebnisse besser auf Situationen außerhalb des Labors übertragen lassen. Eine ausführliche und allgemeine Diskussion zur externen Validität von Experimenten findet sich bereits in Bracht/Glass (1968).

58 Es handelt sich dabei nicht um reale, sondern um fiktive Klausurergebnisse. Den Experimentteilnehmern wird dies jedoch nicht mitgeteilt. Sie gehen folglich davon aus, dass sie eine „sinnvolle" real effort task ausführen. Sinnvoll bedeutet in diesem Zusammenhang, dass die Aufgabe nicht nur „um des Experiments Willen" auszuführen ist, sondern darüber hinaus Nutzen stiftet. Eine derartige real effort task scheint besser geeignet, die externe Validität des Experiments zu steigern. Kritisch hierzu äußern sich Dutcher et al. (2015), die in einem

Form vorgelegt. Darin sind die von den Klausurteilnehmern erreichten Punkte (bei sieben einzelnen Klausuraufgaben) sowie deren Sitzplatznummern handschriftlich erfasst. Die Probanden im Experiment müssen die Punkte zunächst aufsummieren und sodann die Sitzplatznummer und die aufsummierten Punkte am Computer eintragen. Jeder Experimentteilnehmer erhält eine solche Liste mit insgesamt 43 Sitzplatznummern und Klausurergebnissen.[59] Diese Aufgabe hat den Vorteil, dass keinerlei spezielle Kenntnisse vorausgesetzt werden müssen, aber dennoch eine gewisse mentale und reale Arbeitsanstrengung verursacht wird. Außerdem hängt die Entlohnung, die die einzelnen Teilnehmer im weiteren Verlauf des Experiments verdienen können, nicht von den Ergebnissen der real effort task ab. Dadurch haben alle Teilnehmer dieselbe Ausgangssituation bzw. Anfangsausstattung für die danach folgenden Entscheidungssituationen.[60]

4.4 Aufgabe der Teilnehmer im Experiment

Im Rahmen des Experiments wird eine klassische Konsum-Spar-Entscheidung eines Individuums nachempfunden. Die Probanden verdienen durch die oben erläuterte real effort task einen bestimmten (fixen) (Geld-)Betrag. Nun kann dieser Gelbetrag ausgezahlt oder stattdessen gespart werden. Bei Entscheidung für das Sparen verzinst sich der angesparte Betrag und bei Auszahlung erhält das Individuum den gesparten Betrag zuzüglich der Rendite. Eine Spar- oder Vorsorgeentscheidung umfasst in der Realität meist mehrere Jahre oder Jahrzehnte. Ein solch langer Zeithorizont lässt sich in einem Experiment jedoch kaum abbilden. Bezieht man sich auf Altersvorsorgeentscheidungen, sind in der Regel auch wiederkehrende Ein- und Auszahlungen gegeben. Auch derartige Zahlungsströme sind in einem Experiment nur schwer umsetzbar. Um die zeitliche Komponente einer Sparentscheidung jedoch auch im Experiment integrieren zu können, wird Zweiperiodigkeit angenommen. Bei Wahl der Sofortauszahlung[61] erfolgt die Auszahlung zu einem frühen Zeitpunkt, bei Wahl der Ersparnisbildung zu einem späteren Zeitpunkt. Sowohl bei Wahl der Sofortauszahlung als auch bei Ersparnisbildung werden Einmalzahlungen unterstellt.[62]

In dem Experiment treffen die Teilnehmer jeweils 20 unabhängige Entscheidungen zwischen Sofortauszahlung und Ersparnisbildung. Die Höhe der Sofortauszahlung sowie die sichere Rendite bei Ersparnisbildung sind dabei in jeder Situation vorgegeben, wobei deren Höhe variiert wird. Je nach Treatment (siehe unten) sind noch Angaben zur Besteuerung

Experiment zeigen, dass es keinen Unterschied macht, ob eine „sinnvolle" oder lediglich „triviale" real effort task auszuführen ist.

59 Die Instruktionen für die Teilnehmer bezüglich der real effort task finden sich in Anhang B3.

60 Dadurch können Effekte, die auf unterschiedliche Anfangsausstattungen zurückzuführen sind, ausgeschlossen werden. Das Vorliegen derartiger Effekte zeigen verschiedene experimentelle Studien. Beispielsweise sei hierfür Torgler (2002) genannt, der nachweist, dass eine höhere Anfangsausstattung in einer höheren Steuermoral resultiert.

61 Auch bei Wahl der Sofortauszahlung durften die Teilnehmer ihr verdientes Geld nicht direkt mitnehmen. Vielmehr wurde ein sogenannter „front end delay" integriert, um keine Verzerrungen hervorzurufen. Siehe dazu ausführlich Abschnitt B 4.6.

62 Zu den Auszahlungsmodalitäten siehe ausführlich Abschnitt B 4.6. Der zeitliche Abstand zwischen den beiden Zahlungszeitpunkten beträgt ca. 3,5 Monate.

gegeben.[63] Die Reihenfolge der 20 Entscheidungen wird für jeden Teilnehmer randomisiert, um Ordereffekte zu vermeiden. Den Teilnehmern ist es durchgehend gestattet, Berechnungen mithilfe eines Taschenrechners anzustellen.

4.5 Beschreibung der Treatments und Herleitung der Hypothesen

Jeder Teilnehmer wird zufällig einem von vier Treatments zugeteilt, sodass ein Between-Subjects-Design vorliegt.[64] Da die Teilnehmer im Experiment zwischen zwei Einmalzahlungen entscheiden, die zu verschiedenen Zeitpunkten erfolgen, kann auf die Erläuterungen in Abschnitt B 3.2, insbesondere die Formeln (1), (2) und (7) verwiesen werden. Entweder ein Teilnehmer entscheidet sich für die Sofortauszahlung $Z^{(\cdot)}$ oder aber für Sparen, wodurch die spätere Zahlung $S^{(\cdot)}$ resultiert.[65] Je nach Treatment gelten die nachfolgend beschriebenen Zusammenhänge zwischen $Z^{(\cdot)}$ und $S^{(\cdot)}$

In dem Treatment Keine Steuer (KS) wird eine Welt ohne Steuern unterstellt. Es werden demnach keinerlei Steuern erhoben. Deshalb gilt für den Zusammenhang zwischen der Sofortauszahlung Z^{KS} und der Auszahlung bei Entscheidung für Sparen (S^{KS}) bei Annahme der Rendite i:

$$S^{KS} = Z^{KS} \cdot (1+i) \tag{9}$$

In dem Treatment Nachgelagerte Besteuerung (NB) werden Steuern erhoben. Dabei unterliegt die Sofortauszahlung der Besteuerung mit dem Steuersatz s. Der im Experiment angegebene Wert Z^{NB} entspricht daher einem Bruttobetrag. Auch bei Entscheidung für Ersparnisbildung fallen Steuern an. Unter Bezugnahme auf Formel (2) ergibt sich die Nettoauszahlung bei Sparen (S^{NB}) zu:

$$S^{NB} = Z^{NB} \cdot (1+i) \cdot (1-s) \tag{10}$$

Demgegenüber steht das Treatment *Vorgelagerte Besteuerung* (VB). Die Sofortauszahlung ist auch hier steuerpflichtig. Unter Verweis auf Formel (1) beträgt die Nettoauszahlung bei rein vorgelagerter Besteuerung (S^{VB}):

$$S^{VB} = Z^{VB} \cdot (1-s) \cdot (1+i) \tag{11}$$

Wie in Abschnitt B 3.2 bereits gezeigt, erkennt man hier nochmals, dass die rein nachgelagerte und die rein vorgelagerte Besteuerung zu identischen Nettoauszahlungen bei Ersparnisbildung führen, da in beiden Treatments identische Steuersätze angenommen werden.

---

63 Ein Screenshot, der die Darstellung der Entscheidungssituation für die Teilnehmer zeigt, ist in Anhang B4 zu finden.

64 Die Instruktionen der einzelnen Treatments sind in Anhang B5 zu finden.

65 Es stehen dabei $Z^{(\cdot)}$ bzw. $S^{(\cdot)}$ für die in den jeweiligen Treatments mögliche Sofortauszahlung bzw. Auszahlung bei Sparen.

Das Treatment *Klassische Einkommensteuer* (EST) entspricht zunächst dem Treatment *Vorgelagerte Besteuerung*. Zusätzlich wird bei Ersparnisbildung jedoch auch die Rendite besteuert. Die Nettoauszahlung S^{EST} ergibt sich unter der Annahme, dass auch die Rendite dem Steuersatz s unterliegt, und unter Anwendung von Formel (7) zu:

$$S^{EST} = Z^{EST} \cdot (1-s) \cdot (1 + \underbrace{i \cdot (1-s)}_{i_s}) = Z^{EST} \cdot (1-s) \cdot (1 + i_s) \tag{12}$$

Basierend auf diesen Ausführungen können die Hypothesen, die im Rahmen dieser Untersuchung überprüft werden, hergeleitet werden. Grundsätzlich wird ein Individuum unterstellt, das seinen Nutzen maximiert. Dieser Nutzen hängt im Experiment lediglich von zwei Komponenten ab: Höhe des Geldzuflusses (monetäre Komponente) und Zeitpunkt dieses Geldzuflusses (temporäre Komponente). Dabei wird angenommen, dass der Nutzen umso höher (niedriger) ist, umso höher (niedriger) der Geldzufluss ist. Und weiter: der Nutzen ist umso höher (niedriger), umso früher (später) der Geldzufluss stattfindet. Es wird nachfolgend unter Sicherheit argumentiert, sodass die Risikoeinstellung des Individuums nicht entscheidungsrelevant ist.

Um die zu überprüfenden Hypothesen herleiten zu können, bedarf es einer Spezifizierung der bislang lediglich in allgemeiner Form dargestellten Auszahlungsmöglichkeiten. Es wird untersucht, wie die Besteuerung auf die Entscheidungen der Individuen wirkt. Denkbar ist, dass die Besteuerung von den Probanden über- oder auch unterschätzt wird und es deshalb zu verzerrenden Effekten kommt.[66] Um Aussagen hierzu treffen zu können, werden die drei Treatments *Keine Steuer, Nachgelagerte Besteuerung* und *Vorgelagerte Besteuerung* herangezogen. Dabei wird die Parametrisierung im Experiment derart vorgenommen, dass die möglichen Auszahlungen in diesen drei Treatments nettoäquivalent sind. Im Ergebnis sind die Teilnehmer damit mit den gleichen Nettowerten konfrontiert. Die einzigen Unterschiede liegen darin, dass ein anderer Betrag der Sofortauszahlung vorgegeben ist und abweichende Besteuerungsregeln gelten.

Die Nettoäquivalenz wird über folgende Zusammenhänge gewährleistet. Es steht dabei $Z^{(\cdot)}$ wiederum für den im jeweiligen Treatment angegebenen Wert der möglichen Sofortauszahlung:

$$Z^{NB} = Z^{VB} = \frac{Z^{KS}}{1-s} \tag{13}$$

Die Sofortauszahlung ist damit brutto in den beiden Treatments *Vorgelagerte Besteuerung* und *Nachgelagerte Besteuerung* höher als im Treatment *Keine Steuer*, netto hingegen gerade gleich. Durch diese Anpassung gilt auch für die möglichen Auszahlungen bei Ersparnisbildung Nettoäquivalenz in diesen drei Treatments, da die gegebene Bruttorendite i gleich hoch ist. Dies zeigt nachfolgende Formel, wobei $S^{(\cdot)}$ wiederum für die im jeweiligen Treatment resultierende Nettozahlung bei Sparen steht:

[66] Auf die in Abschnitt B 2.2 dargestellten Erkenntnisse der experimentalökonomischen Literatur zu möglichen Perzeptionseffekten sei an dieser Stelle nochmals verwiesen.

$$S^{NB} = S^{VB} = Z^{NB} \cdot (1+i) \cdot (1-s) = \frac{Z^{KS}}{1-s} \cdot (1+i) \cdot (1-s) = Z^{KS} \cdot (1+i) = S^{KS} \qquad (14)$$

Integrieren die Experimentteilnehmer in den Treatments *Nachgelagerte Besteuerung* und *Vorgelagerte Besteuerung* die jeweils geltenden steuerlichen Regelungen korrekt in ihre Entscheidungen, sollten sie die gleiche Präferenz für bzw. wider der Ersparnisbildung offenbaren wie die Teilnehmer im Treatment *Keine Steuer*, da sie vor der Wahl zwischen identischen Nettozahlungen stehen. Die Präferenz für Sparen wird in der absoluten Anzahl an Entscheidungen, in denen sich ein Teilnehmer für Ersparnisbildung entscheidet, ausgedrückt. Da jeder Teilnehmer 20 Entscheidungen trifft, kann die Anzahl der Entscheidungen für Sparen maximal 20 sein. Außerdem sollten sich auch im paarweisen Vergleich der Treatments *Nachgelagerte Besteuerung* und *Vorgelagerte Besteuerung* keine abweichenden Präferenzen für Ersparnisbildung ergeben. Dies gilt, da ein Between-Subjects-Design gewählt wird, so nur, wenn die Teilnehmer zwischen den jeweiligen Treatments keine signifikant abweichenden Zeitpräferenzen aufweisen. Für diese wird im Experiment kontrolliert.[67] Demnach werden folgende Hypothesen gebildet:

Hypothese 1a: Zwischen den Treatments **Keine Steuer** und **Vorgelagerte Besteuerung** unterscheiden sich die Präferenzen für Ersparnisbildung jeweils nicht, sofern die Zeitpräferenzen der jeweiligen Teilnehmer nicht signifikant voneinander abweichen.

Hypothese 1b: Zwischen den Treatments **Keine Steuer** und **Nachgelagerte Besteuerung** unterscheiden sich die Präferenzen für Ersparnisbildung jeweils nicht, sofern die Zeitpräferenzen der jeweiligen Teilnehmer nicht signifikant voneinander abweichen.

Hypothese 2: Zwischen den Treatments **Nachgelagerte Besteuerung** und **Vorgelagerte Besteuerung** unterscheiden sich die Präferenzen für Ersparnisbildung nicht, sofern die Zeitpräferenzen der jeweiligen Teilnehmer nicht signifikant voneinander abweichen.

Bestätigen sich Hypothesen 1a und 1b, so integrieren sowohl die Teilnehmer im Treatment *Nachgelagerte Besteuerung* als auch diejenigen im Treatment *Vorgelagerte Besteuerung* die jeweiligen steuerlichen Regelungen zutreffend in ihre Entscheidungen. Sollten sich jedoch Unterschiede im Entscheidungsverhalten ergeben, obwohl die Zeitpräferenzen nicht signifikant abweichen, würde die jeweilige Besteuerungsform bzw. deren Wirkung von den Teilnehmern über- oder unterschätzt. Bestätigt sich Hypothese 2, so wird die Äquivalenz von vor- und nachgelagerter Besteuerung von den Teilnehmern erkannt. Weder die eine noch die andere Besteuerungsform führt dann dazu, dass die Präferenz für Ersparnisbildung signifikant höher ist.

Zusätzlich soll durch das Experiment festgestellt werden, ob der Vorteil einer rein vor- bzw. nachgelagerten Besteuerung im Vergleich zu einer klassischen Einkommensteuer auch

---

[67] Siehe zur Messung der Zeitpräferenzen Abschnitt B 4.2.

tatsächlich erkannt wird.[68] Um dies zu überprüfen, wird die Auszahlungsstruktur im Treatment *Klassische Einkommensteuer* derart gewählt, dass die dortigen Bruttowerte mit denjenigen in den Treatments *Nachgelagerte Besteuerung* und *Vorgelagerte Besteuerung* übereinstimmen. Es gilt diesbezüglich folglich Bruttoäquivalenz, das heißt:

$$Z^{EST} = Z^{NB} = Z^{VB} = \frac{Z^{KS}}{1-s} \tag{15}$$

Daraus ergibt sich, dass bei einer Entscheidung für das Sparen im Treatment *Klassische Einkommensteuer* eine geringere Nettoauszahlung resultiert als in den übrigen drei Treatments, in denen, wie oben dargelegt, identische Nettozahlungen gegeben sind. Denn es gilt unter der Annahme von $s > 0$:

$$S^{EST} = Z^{EST} \cdot (1-s) \cdot (1+i_s) = \frac{Z^{KS}}{1-s} \cdot (1-s) \cdot (1+i_s) = Z^{KS} \cdot (1+i_s) < S^{KS} = S^{VB} = S^{NB} \tag{16}$$

Dies zeigt erneut, dass rein vor- und nachgelagerte Besteuerung durch Steuerfreiheit der periodisch anfallenden Kapitalerträge im Vergleich zur klassischen Einkommensteuer eine Begünstigung darstellt. Folglich sollte die Präferenz der Teilnehmer für Ersparnisbildung im Treatment *Klassische Einkommensteuer* geringer sein als in den übrigen Treatments. Daher wird folgende Hypothese 3 formuliert:

Hypothese 3: In dem Treatment **Klassische Einkommensteuer** weisen die Teilnehmer eine schwächere Präferenz für Ersparnisbildung auf als in den übrigen Treatments, sofern die Zeitpräferenzen der jeweiligen Teilnehmer nicht signifikant voneinander abweichen.

Findet sich Bestätigung für Hypothese 3, so führt die in der Theorie eindeutige Begünstigung einer rein vor- bzw. nachgelagerten Besteuerung im Vergleich zu einer klassischen Einkommensteuer tatsächlich zu einer gesteigerten Präferenz für Ersparnisbildung bzw. umgekehrt die Steuerpflicht der Rendite zu einer geringeren Präferenz für Sparen. Tritt dieses Ergebnis hingegen nicht ein, ist zu hinterfragen, welche Effekte hierfür verantwortlich sind.

Nachfolgende Tabelle 3 gibt einen Überblick über die vier Treatments und fasst die erläuterte Auszahlungsstruktur zusammen.

[68] Der Vorteil liegt, wie bereits erläutert, in der Steuerfreiheit der Rendite.

Treatment	Steuerliche Charakteristik	Auszahlungsstruktur		
		Sofortauszahlung	Ersparnisbildung	
KS	Keine Steuer	Z^{KS}	$S^{KS} = Z^{KS} \cdot (1+i)$	
NB	Besteuerung der Sofortauszahlung mit Steuersatz s Steuerfreiheit des Anlagebetrags und der Rendite bei Sparen Besteuerung der Auszahlung bei Sparen mit Steuersatz s	$Z^{NB} = \frac{Z^{KS}}{1-s}$	$S^{NB} = Z^{NB} \cdot (1+i) \cdot (1-s)$ $= \frac{Z^{KS}}{1-s} \cdot (1+i) \cdot (1-s)$ $= S^{KS}$	**Nach**-Steuer-Zahlungen äquivalent zum KS-Treatment
VB	Besteuerung der Sofortauszahlung mit Steuersatz s Besteuerung des Anlagebetrags mit Steuersatz s Steuerfreiheit der Auszahlung sowie der Rendite bei Sparen	$Z^{VB} = \frac{Z^{KS}}{1-s}$	$S^{VB} = Z^{VB} \cdot (1-s) \cdot (1+i)$ $= \frac{Z^{KS}}{1-s} \cdot (1-s) \cdot (1+i)$ $= S^{KS}$	**Nach**-Steuer-Zahlungen äquivalent zum KS-Treatment
EST	Besteuerung der Sofortauszahlung mit Steuersatz s Besteuerung des Anlagebetrags sowie der Rendite bei Sparen mit Steuersatz s Steuerfreiheit der Auszahlung bei Sparen	$Z^{EST} = \frac{Z^{KS}}{1-s}$	$S^{EST} = Z^{EST} \cdot (1-s) \cdot (1+i_s)$ $= \frac{Z^{KS}}{1-s} \cdot (1-s) \cdot (1+i_s)$ $< S^{KS}$	**Vor**-Steuer-Zahlungen äquivalent zum KS-Treatment

Tabelle 3: Überblick über die einzelnen Treatments[69]

[69] Quelle: Eigene Darstellung.

4.6 Entlohnung der Teilnehmer

Die Entlohnung ist für jeden Probanden von seinen Entscheidungen während Teil 2 des Experiments und vom Zufall abhängig. Denn einerseits werden die Teilnehmer zufällig einem der vier Treatments zugeordnet und andererseits bestimmt nur eine der 20 Entscheidungen aus Teil 2 die zusätzliche Entlohnung. Welche Entscheidungssituation dies jeweils ist, wird dadurch bestimmt, dass jeder Proband nach dem Experiment mit einem 20-seitigen Würfel würfelt. Die erwürfelte Zahl repräsentiert sodann die Entscheidungssituation, die für die zusätzliche Auszahlung relevant ist.

Der Art, wie diese zusätzliche Auszahlung erfolgt, kommt in dem Experiment eine besondere Bedeutung zu, da die zusätzliche Auszahlung je nach Entscheidung der Teilnehmer zu verschiedenen Zeitpunkten erfolgt. Es wird hierfür auf Banküberweisungen zurückgegriffen. Die Teilnehmer erhalten ihre zusätzliche Entlohnung also per Überweisung auf ein von ihnen vor dem Experiment angegebenes, deutsches Bankkonto ausgezahlt.[70] Dazu wird jedem Proband nach dem Experiment eine Bestätigung ausgehändigt, auf welcher der Betrag seiner zusätzlichen Auszahlung sowie das Datum, an dem die Überweisung getätigt wird, vermerkt ist. Um die Glaubhaftigkeit, dass die zusätzliche Auszahlung tatsächlich überwiesen wird, zu erhöhen, sind die Bestätigungen von Prof. Dr. Dirk Kiesewetter unterschrieben. Die Teilnehmer werden außerdem darauf hingewiesen, dass sie den Geldeingang auf ihrem Konto prüfen und sich im Fall, dass der Geldbetrag nicht eingehen sollte, unter Vorlage ihrer Bestätigung bei Prof. Dr. Kiesewetters Lehrstuhl melden sollten.

Für die spätere Auswertung ist es wichtig, dass die Auszahlung für beide Auszahlungsalternativen (Sofortauszahlung und Auszahlung bei Sparen) auf dem gleichen Weg erfolgt. Andernfalls könnten verzerrende Effekte eintreten. So wäre es beispielsweise auch möglich gewesen, den Teilnehmern ihre jeweilige Entlohnung direkt nach dem Experiment vollständig in bar auszuhändigen. Dies hätte den Probanden im Laufe des Experiments, insbesondere bevor sie die entsprechenden Entscheidungen zu treffen hatten, mitgeteilt werden müssen. Damit wären zwei zentrale Probleme einhergegangen. Zunächst hätte der sogenannte „immediacy effect“ eintreten können. Dieser besagt, dass Personen sofortige Auszahlungen gegenüber späteren derart übergewichten, dass sie nicht mehr ihrer tatsächlichen Zeitpräferenz entsprechend entscheiden. Teilnehmer hätten gegebenenfalls häufiger die frühe Auszahlung gewählt, nur weil sie in diesem Fall am Ende des Experiments direkt ihre gesamte Entlohnung bekommen hätten und damit keinerlei weitere Anstrengungen mit dem Experiment einhergegangen wären. Um diesen Effekt zu vermeiden, wird ein „front end delay“ integriert. Die frühe Auszahlung erfolgt also nicht direkt nach dem Experiment, sondern erst in der (sehr nahen) Zukunft.[71]

Damit in engem Zusammenhang steht der Aspekt, dass bei Barauszahlung unterschiedlich hohe Transaktionskosten für die Probanden entstanden wären. So hätten diejenigen, die bei Sofortauszahlung lediglich das Bargeld nach dem Experiment bekommen hätten, Transaktionskosten von (quasi) Null. Diejenigen hingegen, die sich für Ersparnisbildung entscheiden, hätten für den Erhalt ihrer zusätzlichen Entlohnung zu einem Zeitpunkt in der

70 Die Kontodaten wurden von den Teilnehmern im Vorfeld erfragt. Sie können natürlich nicht mit den späteren, im Experiment erhobenen Daten in Verbindung gebracht werden.

71 Dennoch wird diese Alternative weiterhin als Sofortauszahlung bezeichnet.

Zukunft erneut zur Universität kommen und dort ihr Geld abholen müssen. Es ist wahrscheinlich, dass dies einige Teilnehmer von der Entscheidung für Ersparnisbildung grundsätzlich abgehalten hätte. Daher wird für beide Auszahlungsalternativen die Überweisung als einheitlicher Weg zur Auszahlung der zusätzlichen Entlohnung gewählt. Aufgrund von verwaltungsinternen Abläufen der Universität kann die frühe Auszahlung frühestens 14 Tage nach dem Experiment an die Teilnehmer überwiesen werden.[72] Für den Fall der Ersparnisbildung liegt der Überweisungsstichtag hingegen genau vier Monate nach dem Experiment, sodass der Unterschied zwischen früher und später Auszahlung ca. 3,5 Monate beträgt. Bei den im Experiment gewählten Geldbeträgen sollte dieser Zeitraum als hinreichend lange gelten, damit die Teilnehmer in eine tatsächliche „Trade-off-Situation" zwischen einer frühen und einer späten Auszahlung gebracht werden.

4.7 Setup des Experiments

Das Experiment wurde im August 2018 im CIP-Pool der Julius-Maximilians-Universität Würzburg mit insgesamt 80 Studierenden[73] (30 Frauen und 50 Männer) in sieben Sessions durchgeführt.[74] Die Studierenden wurden über E-Mail-Verteiler angeschrieben und nach Rückmeldung mit Terminwunsch einer der sieben Sessions zugeordnet. Jeder Teilnehmer wurde bei Ankunft durch Ziehen einer Sitzplatznummer einem Arbeitsplatz mit Computer zugewiesen, sodass die Identifikation eines Teilnehmers ex post nicht möglich ist. Die Instruktionen des Experiments wurden über die Computer angezeigt. Zusätzlich wurden sie auch jedem Teilnehmer in ausgedruckter Form an seinem Platz zur Verfügung gestellt. Der Ablauf und die Kommunikation erfolgten ansonsten ausschließlich über den Computer. Das Experiment wurde mit der browsergestützten Anwendung *Enterprise Feedback Suite (EFS) Survey* erstellt.[75] Während des Experiments war es den Probanden durchgängig untersagt, miteinander zu kommunizieren. Auch der Gebrauch von Smartphones oder ähnlichen Geräten war nicht gestattet. Lediglich ein Taschenrechner durfte benutzt werden. Gelegentlich auftretende Fragen wurden individuell mit dem jeweiligen Teilnehmer geklärt. Die einzelnen Sessions dauerten im Schnitt ca. 75 Minuten.[76] Nach Abschluss einer Session

---

72 Der front end delay beträgt demnach ebendiese 14 Tage.

73 Ein häufiger Kritikpunkt an experimentellen Untersuchungen ist die Auswahl der Teilnehmer. Es wird dabei angemerkt, dass Studierende nicht repräsentativ für die gesamte Bevölkerung seien. Während dies grundsätzlich zutreffen mag, zeigen verschieden Studien, dass sich Studierende und Nichtstudierende hingegen ähnlich verhalten, vgl. zum Beispiel Alm et al. (2015), die für Experimente bezüglich Steuer-Compliance zeigen, dass Studierende und Nichtstudierende ein beinahe identisches Verhalten zeigen.

74 Ursprünglich hatten sich 87 Studierende verbindlich für eine Teilnahme am Experiment angemeldet. Sieben sind jedoch nicht erschienen, sodass das Gesamtsample aus 80 Teilnehmern besteht.

75 Dieses Programm wird von dem Unternehmen Questback GmbH entwickelt, das unter dem Namen Unipark ein Lizenzmodell für akademische Einrichtungen anbietet. An diesem Modell hat sich auch die Julius-Maximilians-Universität beteiligt, wodurch der Zugang zu diesem Programm möglich war.

76 Die Teilnehmerzahl in den einzelnen Sessions schwankte zwischen fünf und 21 Teilnehmern. Die Sessions mit einer größeren Anzahl an Teilnehmern dauerten länger als diejenigen mit weniger Teilnehmern. Die kürzeste Session mit nur fünf Teilnehmern dauerte 63 Minuten, die längste Session mit 21 Teilnehmern 95 Minuten. Der Grund für diese Unterschiede liegt vor allem darin, dass die Teilnehmer nach dem Experiment einzeln entlohnt wurden und dazu nochmals allein in den Raum des Experiments gebeten wurden, damit die Auszahlung bestimmt werden konnte.

erhielt jeder Proband eine Teilnahmeprämie („show-up-fee") in Höhe von fünf Euro in bar. Zusätzlich bestimmte lediglich eine zufällig ausgewählte Entscheidungssituation aus Teil 2 des Experiments die Höhe der Gesamtauszahlung eines Teilnehmers.[77] Der Mittelwert der zusätzlichen Auszahlung über die 80 Teilnehmer beläuft sich auf 14,89 Euro.[78] Der Mittelwert der Gesamtauszahlung inklusive Teilnahmeprämie beträgt damit 19,89 Euro. Bezogen auf die mittlere Sessiondauer von ca. 75 Minuten ergibt dies einen durchschnittlichen Stundenlohn von ca. 15,80 Euro.

Zusammenfassend wird mit dem Setup zentralen Anforderungen an den Ablauf und Aufbau eines ökonomischen Experiments entsprochen. Insbesondere nehmen die Teilnehmer durch ihre Entscheidungen Einfluss auf ihre Entlohnung. Im Experiment wird zwar in „GE" gerechnet, die tatsächliche Entlohnung erfolgt jedoch in Euro. Damit kann eine Sättigung ausgeschlossen werden. Dies gilt umso mehr vor dem Hintergrund, dass die Teilnehmer des Experiments ausschließlich Studierende waren, denen ein eher geringes Einkommen attestiert werden kann. Folglich kann auch der sich ergebende Stundenlohn (im Durchschnitt 15,80 Euro) als hinreichend hoch angesehen werden, um die Aufmerksamkeit der Teilnehmer während des Experiments zu garantieren. Daneben wurde stets darauf geachtet, dass jeder Teilnehmer lediglich Kenntnis über seine eigene Entlohnung erhalten hat.[79]

Nachfolgende Tabelle gibt einen Überblick über die Teilnehmer des Experiments getrennt nach Treatments. Die Daten basieren auf den Angaben der Teilnehmer, die diese in dem nach Teil 2 des Experiments geschalteten Fragebogen gemacht haben.[80] Die in der Tabelle enthaltenen Variablen gehen in die spätere Datenauswertung ein.[81]

---

77 Siehe Abschnitt B 4.6.

78 Minimum: 7,50 Euro; Maximum: 25,00 Euro; Median: 12,00 Euro; Standardabweichung: 5,94 Euro.

79 Durch Einhaltung dieser fundamentalen Grundlagen für die Konstruktion eines Experiments wird sichergestellt, dass ein möglichst hohes Ausmaß an Kontrolle über die Bedingungen im Experiment sowie die Präferenzen der Teilnehmer gewährleistet ist. Zu den Grundsätzen eines Experimentdesigns und zu beachtenden Grundsätzen siehe Smith (1976), S. 275 f., Smith (1982), S. 931 ff. und auch Davis/Holt (1993), S. 20 ff.

80 Der Fragebogen mit sämtlichen Fragen ist Anhang B6 zu entnehmen.

81 Vgl. insbesondere die Ausführungen zu den unabhängigen Variablen der Regressionsmodelle in Abschnitt B 5.3.

Treatment Variable		KS (N = 18)	EST (N = 22)	VB (N = 18)	NB (N = 22)	Total (N = 80)
Alter	*Mittelwert*	23,89	22,91	24,94	23,55	23,76
Geschlecht	*weiblich*	7 (38,9 %)	7 (31,8 %)	6 (33,3 %)	10 (45,5 %)	30 (37,5 %)
Familienstand	*Single*	11 (61,1%)	11 (50,0 %)	10 (55,6 %)	10 (45,5 %)	42 (52,5 %)
Einkommen[82]	*> 500 €*	4 (22,2 %)	5 (22,7 %)	13 (72,2 %)	6 (27,3 %)	28 (35,0 %)
Studiengang	*Wirtschafts-wissenschaft-lich*	14 (77,8 %)	18 (81,8 %)	14 (77,8 %)	17 (77,3 %)	63 (78,8 %)
Beurteilung Real Effort Task[83]	*Mittelwert (Skala 1-7)*	3,78	5,32	4,61	4,91	4,70
Beurteilung Komplexität[84]	*Mittelwert (Skala 1-7)*	2,06	2,09	2,17	1,50	1,94
Verständnis der Besteue-rung[85]	*Mittelwert (Skala 1-7)*	-	2,14	2,22	1,68	2,00
Einfluss der Besteuerung[86]	*Mittelwert (Skala 1-7)*	-	4,5	4,5	4,0	4,32
Steuerliche Kenntnisse[87]	*Vorhanden*	4 (22,2 %)	10 (45,5 %)	7 (38,9 %)	10 (45,5 %)	31 (38,8 %)
Kenntnisse bzgl. Altersvor-sorge[88]	*Vorhanden*	8 (44,4 %)	7 (31,8 %)	10 (55,6 %)	5 (22,7 %)	30 (37,5 %)

82 Die Teilnehmer wurden danach gefragt, wie viel Einkommen sie monatlich frei zur Verfügung haben, das heißt, nach Abzug aller fixen Kosten wie zum Beispiel Miete, Versicherungen.

83 Bei dieser Frage sollten die Teilnehmer beurteilen, wie unangenehm sie die real effort task empfanden (1 = sehr unangenehm bis 7 = sehr angenehm).

84 Bei dieser Frage sollten die Teilnehmer angeben, wie komplex sie die Fragestellungen und Berechnungen fanden (1 = sehr einfach bis 7 = sehr komplex).

85 Bei dieser Frage sollten die Teilnehmer angeben, wie schwierig sie die steuerlichen Regelungen empfanden (1 = sehr einfach bis 7 = sehr schwierig). Den Teilnehmern im Treatment *Keine Steuer* wurde diese Frage nicht gestellt.

86 Bei dieser Frage sollten die Teilnehmer angeben, wie sehr die Besteuerung die Entscheidungen beeinflusst hat (1 = gar nicht bis 7 = sehr stark). Den Teilnehmern im Treatment *Keine Steuer* wurde diese Frage nicht gestellt.

87 Bei dieser Frage sollten die Teilnehmer ihre steuerlichen Kenntnisse beurteilen (Selbsteinschätzung von 1 = gar keine Kenntnisse bis 7 = Expertenwissen). Für die Auswertung in der Tabelle sind Angaben größer 3 – da der Median 3 beträgt – als vorhandene Steuerkenntnisse gewertet worden.

88 Analog zu steuerlichen Kenntnissen sollten die Teilnehmer hier ihr Wissen in Bezug auf Altersvorsorge einschätzen (1 = gar keine Kenntnisse bis 7 = Expertenwissen; Angaben größer 3 – da der Median 3 beträgt – wurden erneut als Kenntnisse vorhanden gewertet).

Treatment Variable		KS (N = 18)	EST (N = 22)	VB (N = 18)	NB (N = 22)	Total (N = 80)
Zusätzliche Altersvorsorge[89]	*Ja*	5 (27,8 %)	4 (18,2 %)	8 (44,4 %)	9 (40,9 %)	26 (32,5 %)
Steueraversion[90]	*Wahl der steuerfreien Anlage*	44 %	55 %	61 %	36 %	49 %
Prokrastination[91]	Hoch	8 (44,4 %)	11 (50,0 %)	10 (55,6 %)	7 (31,8 %)	36 (45,0 %)

Tabelle 4: Auswertung Fragebogen – Deskriptive Statistik[92]

5 Ergebnisse

5.1 Individuelle Zeitpräferenzen der Teilnehmer

In einem ersten Schritt werden die Daten hinsichtlich der individuellen Zeitpräferenzen der Teilnehmer ausgewertet, zu deren Messung Teil 1 des Experiments dient. Neben einer deskriptiven Analyse werden auch inferenzstatistische Tests durchgeführt. Wie in Abschnitt B 4.2 beschrieben, ist für die Messung der Zeitpräferenz relevant, bei welcher Entscheidungssituation ein Teilnehmer zum ersten Mal die späte Auszahlung (Option B) wählt. Entsprechend werden die Antworten kodiert. Entscheidet sich ein Teilnehmer in allen Situationen für Option B, wird seine Antwort mit 1 kodiert. Seine individuelle Diskontrate liegt dann unter (nominal) 2,5 Prozent. Wählt ein Teilnehmer hingegen in allen 20 Situationen Option A, wird seine Antwort mit 21 kodiert. In letzterem Fall liegt die individuelle Diskontrate demnach über 50 Prozent.[93]

---

89 Die Teilnehmer sollten angeben, ob sie selbst bislang eigenverantwortliche, das heißt neben der GRV, Altersvorsorge betreiben.

90 Um für Steueraversion zu kontrollieren, wurden die Teilnehmer gefragt, ob sie lieber in eine steuerfreie oder eine steuerpflichtige Anlage gleichen Risikos und mit gleicher jährlicher Nettorendite investieren würden, vgl. hierzu das Experiment in Blaufus/Möhlmann (2014) oder die experimentelle Studie von Sussman/Olivola (2011), die zeigen, dass Individuen eine stärkere Präferenz zur Vermeidung von Steuern als zur Vermeidung anderer (gleich großer oder sogar größerer) Kosten haben.

91 Die Teilnehmer sollten für fünf Statements mit Bezug auf Prokrastination entscheiden, inwieweit diese Aussagen für sie charakteristisch sind (1 = sehr uncharakteristisch bis 7 = sehr charakteristisch). Für die Auswertung in der Tabelle wurde für jeden Teilnehmer die Summe der Werte bei diesen fünf Aussagen gebildet. Übersteigt diese Summe den Median über alle Teilnehmer, wird diesem Teilnehmer ein hohes Level an Prokrastination attestiert.

92 Quelle: Eigene Darstellung.

93 Einer der 80 Teilnehmer hat bei dem zwölfmonatigen Zeithorizont nicht in der erwarteten monotonen Art geantwortet, sondern ist teilweise zwischen Option A und B gewechselt. So hat er beispielsweise in Situationen drei bis sieben Option B gewählt, in Situationen acht und zehn jedoch wieder Option A. Daher werden diese Beobachtungen aus der Analyse ausgeschlossen.

In Tabelle 5 findet sich eine Übersicht über die Zeitpräferenzen für das gesamte Sample sowie nach Treatments getrennt. Angegeben ist jeweils der Median bezogen auf die Entscheidungssituation, in der zum ersten Mal Option B gewählt wird, sowie das dazugehörige Intervall, in dem die Zeitpräferenzrate liegt. Dies ist für die drei verschiedenen Zeithorizonte (sechs Monate, zwölf Monate und 24 Monate) analog dargestellt. Der Median eignet sich bei den vorliegenden Daten für eine Auswertung besser als das arithmetische Mittel, da die Verteilung der Daten rechtsschief ist. Zusätzlich gibt es Probanden, die in allen Situationen die frühe Auszahlung wählen. Zwar findet für diese, wie oben beschrieben, eine Kodierung mit dem Wert 21 statt. Dies gibt jedoch lediglich an, dass deren Diskontrate über 50 Prozent liegt, jedoch ist keine Aussage über die tatsächliche Höhe möglich. Um das arithmetische Mittel berechnen zu können, müsste für diese Personen demnach ein bestimmter Wert für die Diskontrate gegriffen werden. Die Wahl eines solchen Wertes erscheint willkürlich und das arithmetische Mittel könnte durch diese Wahl beeinflusst werden. Deshalb wird nachfolgend auf den Median zurückgegriffen, auf den die beschriebenen Besonderheiten der Daten geringere Auswirkungen haben. In nachfolgender Tabelle 5 sind die jeweiligen Mediane in Bezug auf die Nummer der Entscheidungssituation, bei der zum ersten Mal Option B gewählt wird. Dies erfolgt getrennt für die drei Zeithorizonte und nach Treatments. Das dazugehörige Intervall, in dem die (nominale) Diskontrate liegt, ist ebenfalls angegeben.

	6 Monate		12 Monate		24 Monate		
Treatment	Wahl Opt. B	Intervall (%)	Wahl Opt. B	Intervall (%)	Wahl Opt. B	Intervall (%)	N
Alle	4,5	7,5 - 10	4	7,5 - 10	5	10 - 12,5	80
KS	4,5	7,5 - 10	4,5	7,5 - 10	4,5	7,5 - 10	18
EST	4,5	7,5 - 10	5	10 - 12,5	5	10 - 12,5	22
VB	5	10 - 12,5	4	7,5 - 10	5,5	10 - 12,5	18
NB	4	7,5 - 10	4	7,5 - 10	6	12,5 - 15	22[94]

Tabelle 5: Zeitpräferenzen – Deskriptive Statistik[95]

Die deskriptive Analyse deutet darauf hin, dass nur geringe Unterschiede bei den Zeitpräferenzen zwischen den vier Treatments bestehen. Die Mediane liegen durchgehend in einem Intervall zwischen vier und sechs.[96] Auch bei Betrachtung der jeweiligen Treatments für sich fällt auf, dass die Zeitpräferenzen für die drei Zeithorizonte ähnlich sind. Dies ist

94 Bei dem zwölfmonatigen Zeithorizont hat ein Teilnehmer inkonsistente Entscheidungen getroffen (siehe dazu Fn. 93). Daher sind in diesem Fall nur 21 Beobachtungen in die Analyse eingegangen.

95 Quelle: Eigene Darstellung

96 Die Zeitpräferenzen bewegen sich damit weitgehend konstant um den „klassischen Lehrbuchzins" von 10 %. Ob entsprechende Entscheidungsheuristiken der Teilnehmer zu diesem Ergebnis führen, ist schwer zu beurteilen, für die folgenden Fragestellungen jedoch auch irrelevant. Anzumerken ist, dass sich Teilnehmer aus wirtschaftswissenschaftlichen Studiengängen nicht von den übrigen Probanden aus anderen Studiengängen zu unterscheiden scheinen.

auch so zu erwarten, da die Parameter derart gewählt waren, dass für die drei Zeithorizonte die gleichen Renditen gelten. Die Teilnehmer scheinen diesbezüglich also konsistent entschieden zu haben. Die resultierenden, individuellen Diskontraten können daher als weitgehend konstant angenommen werden. Abbildung 2 verdeutlicht dies.

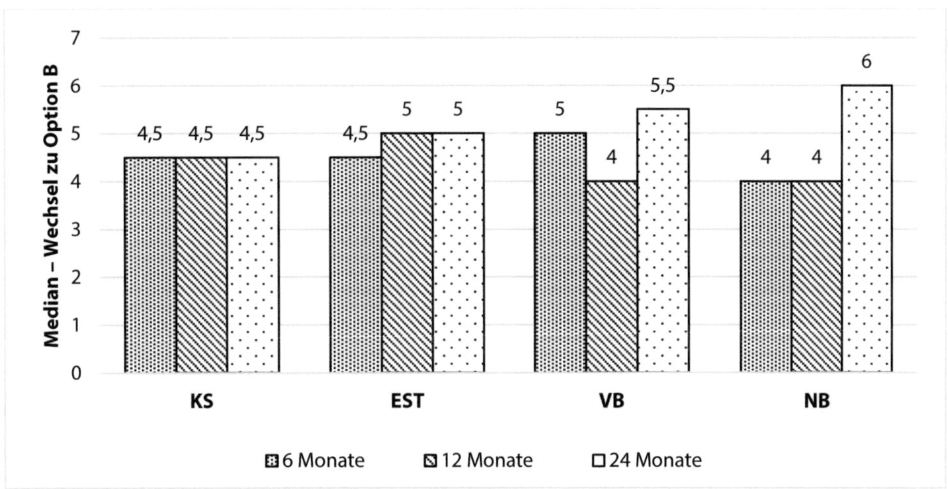

Abbildung 2: Zeitpräferenzen – Mediane nach Zeithorizont[97]

Lediglich in den Treatments *Vorgelagerte Besteuerung* und *Nachgelagerte Besteuerung* fallen die Mediane in Bezug auf die drei Zeithorizonte teilweise auseinander. Um zu untersuchen, ob signifikante Unterschiede innerhalb der Treatments vorliegen, wird für die vier Treatments jeweils ein nichtparametrischer Friedman-Test durchgeführt.[98] Dieser Test untersucht mehrere abhängige Stichproben auf Lageunterschiede und es kann die Nullhypothese getestet werden, ob die verschiedenen Stichproben aus derselben Population stammen.[99] Es ergeben sich folgende p-Werte:

	KS	EST	VB	NB
p-Wert	0,6778	0,4670	0,3338	0,2864

Tabelle 6: Zeitpräferenzen – Friedman-Tests[100]

Es zeigt sich für alle vier Tests, dass die Nullhypothese nicht verworfen werden kann. Die Teilnehmer offenbaren keine signifikant voneinander abweichenden Zeitpräferenzen für die unterschiedlichen Zeithorizonte.

---

97 Quelle: Eigene Darstellung.

98 Es wird auf einen nichtparametrischen Test zurückgegriffen, da die Daten nicht normalverteilt sind, was ein Normalverteilungsplot zeigt. Auch eine Logarithmierung führt nicht zu (transformierten) normalverteilten Daten, sodass die Rohdaten offenbar auch nicht lognormalverteilt sind.

99 Vgl. zur Anwendung des Friedman-Test Siegel (2001), S. 159 ff.

100 Quelle: Eigene Darstellung.

Aufgrund des Between-Subjects-Designs ist es von entscheidender Bedeutung für die spätere Analyse, ob die Zeitpräferenzen der Teilnehmer zwischen den jeweiligen Treatments voneinander abweichen. Abbildung 3 stellt die Mediane nach Treatments und für die drei verschiedenen Zeithorizonte grafisch gegenüber.

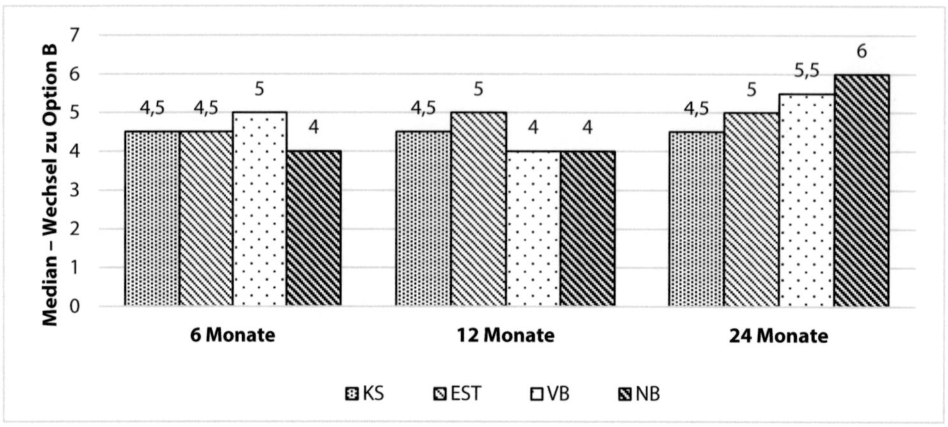

Abbildung 3: Zeitpräferenzen – Mediane nach Treatments[101]

Wie aus Abbildung 3 erkennbar ist, scheinen nur geringe Unterschiede zwischen den Treatments zu bestehen. Dies gilt für alle drei Zeithorizonte gleichermaßen, auch wenn bei der 24-monatigen Zeitspanne Abweichungen zu erkennen sind. Daher werden zusätzlich zu obiger deskriptiver Statistik inferenzstatistische Tests durchgeführt, um zu überprüfen, ob signifikante Abweichungen bei den Zeitpräferenzen der Teilnehmer vorliegen. Aufgrund des Between-Subjects-Designs stellen die vier Treatment-Gruppen unabhängige Stichproben dar. Diese werden hinsichtlich der Zeitpräferenzen verglichen. Hierzu eignet sich der nichtparametrische Kruskal-Wallis-Test für mehr als zwei unabhängige Stichproben.[102] Es wird für jeden der drei Zeithorizonte ein solcher Kruskal-Wallis-Test angewandt, wobei die Nullhypothese jeweils lautet, dass es zwischen den vier Treatment-Gruppen hinsichtlich der Zeitpräferenzen[103] keinen Unterschied gibt.[104] In nachfolgender Tabelle sind die Ergebnisse der Tests dargestellt.

---

101 Quelle: Eigene Darstellung.

102 Vgl. zur Anwendung des Kruskal-Wallis-Tests Siegel (2001), S. 176 ff.

103 Die Zeitpräferenz eines Probanden geht wiederum als die Nummer der Entscheidungssituation in die Analyse ein, bei der zum ersten Mal die späte Auszahlung (Option B) gewählt wurde.

104 Anders formuliert lautet die Nullhypothese, dass die unabhängigen Stichproben in Bezug auf ihre Verteilung aus derselben Population stammen (vgl. Siegel (2001), S. 176).

Treatment	6 Monate Rang-summe	6 Monate p-Wert	12 Monate Rang-summe	12 Monate p-Wert	24 Monate Rang-summe	24 Monate p-Wert	N [105]
KS	732,00		767,50		617,50		18
EST	860,00	0,9123	860,50	0,9378	954,50	0,2172	22
VB	788,50		730,00		630,00		18
NB	859,50		802,00		1.038,00		22

Tabelle 7: Zeitpräferenzen – Kruskal-Wallis-Tests[106]

Die Testergebnisse zeigen, dass für keinen der Tests die zugrundeliegende Nullhypothese verworfen werden kann. Es scheinen daher zwischen den Treatments für keinen der drei Zeithorizonte signifikante Unterschiede zu bestehen. Zusätzlich werden noch paarweise Vergleiche der Treatments mittels des Mann-Whitney-U-Tests (zweiseitig) durchgeführt.[107] Mit Hilfe dieses Tests wird überprüft, ob zwei unabhängige Stichproben dieselbe Verteilung aufweisen.[108] Die Ergebnisse (p-Werte) dieser Tests sind nachfolgender Tabelle zu entnehmen.

Zeit-hori-zont[109]	EST			VB			NB		
	6	12	24	6	12	24	6	12	24
KS	0,881	0,590	0,753	0,702	0,886	0,750	0,795	0,505	0,584
EST	-	-	-	0,520	0,795	0,566	0,962	0,797	0,723
VB	-	-	-	-	-	-	0,511	0,887	0,493

Tabelle 8: Zeitpräferenzen – Mann-Whitney-U-Tests (zweiseitig)[110]

Auch diese Tests bestätigen die Erkenntnisse der deskriptiven Statistik und belegen, dass keine signifikanten Unterschiede hinsichtlich der Zeitpräferenzen der Teilnehmer zwischen den vier Treatments bestehen. Für keinen der paarweisen Mann-Whitney-U-Tests ergibt sich ein p-Wert, der zu einem Verwerfen der zugrundeliegenden Nullhypothese auf einem anerkannten Niveau führt. Es kann daher im weiteren Verlauf der Analyse davon ausgegangen werden, dass die Zeitpräferenzen in den vier Treatment-Gruppen ähnlich sind.

---

105 Bei dem zwölfmonatigen Zeithorizont hat ein Teilnehmer, der dem Treatment *Nachgelagerte Besteuerung* zugeordnet wurde, inkonsistente Entscheidungen getroffen (siehe dazu Fn. 93). Daher sind in diesem Fall nur 21 Beobachtungen in die Analyse eingegangen.

106 Quelle: Eigene Darstellung.

107 Bei vier Treatments und drei Zeithorizonten führt dies zu insgesamt 18 paarweisen Vergleichen.

108 Vgl. zur Methodik des Mann-Whitney-U-Tests Siegel (2001), S. 112 ff.

109 Angabe in Monaten.

110 Quelle: Eigene Darstellung.

5.2 Der Einfluss der Besteuerung auf die Präferenz für Sparen

Nach der Auswertung der Zeitpräferenzen mit dem Ergebnis, dass die Teilnehmer in den verschiedenen Treatments ähnliche individuelle Diskontraten aufweisen, folgt nun die Analyse des zweiten und zentralen Teils des Experiments. Es wird untersucht, ob und inwieweit die verschiedenen Besteuerungsvarianten Einfluss auf die Entscheidungen der Probanden für oder gegen Ersparnisbildung nehmen.

5.2.1 Überprüfung von Hypothesen 1a, 1b und 2

Zunächst werden die in Abschnitt B 4.5 formulierten Hypothesen 1a und 1b überprüft. Diese lauten:

Hypothese 1a: Zwischen den Treatments **Keine Steuer** und **Vorgelagerte Besteuerung** unterscheiden sich die Präferenzen für Ersparnisbildung jeweils nicht, sofern die Zeitpräferenzen der jeweiligen Teilnehmer nicht signifikant voneinander abweichen.

Hypothese 1b: Zwischen den Treatments **Keine Steuer** und **Nachgelagerte Besteuerung** unterscheiden sich die Präferenzen für Ersparnisbildung jeweils nicht, sofern die Zeitpräferenzen der jeweiligen Teilnehmer nicht signifikant voneinander abweichen.

Für Zwecke der deskriptiven Statistik wird für jeden Teilnehmer die absolute Anzahl an Entscheidungen für Ersparnisbildung ermittelt. Wie bereits erläutert, treffen die Teilnehmer in Teil 2 des Experiments 20 unabhängige Entscheidungen, sodass die Anzahl der Entscheidungen für Ersparnisbildung maximal 20 sein kann. Die Treatments werden dahingehend verglichen, ob sie sich in Bezug auf die absolute Anzahl für Ersparnisbildung unterscheiden. In Tabelle 9 sind wesentliche Größen hierzu enthalten.

Treatment	Mittelwert	Median	Standard-abweichung	Anzahl Teilnehmer	Anzahl Beobachtungen
Alle	12,50	12,5	5,28	80	1600
KS	13,89	14,5	5,64	18	360
EST	12,05	12	5,90	22	440
VB	13,44	15	4,47	18	360
NB	11,05	12	4,43	22	440

Tabelle 9: Anzahl der Entscheidungen für die späte Auszahlung[111]

Es zeigt sich, dass Mittelwert und Median im Treatment *Keine Steuer* nur gering von den jeweiligen Werten im Treatment *Vorgelagerte Besteuerung* abweichen. Aufgrund der Nettoäquivalenz der Zahlungen und der Tatsache, dass die individuellen Diskontraten der

[111] Quelle: Eigene Darstellung.

Teilnehmer nicht signifikant verschieden sind, sollte die Präferenz für die späte Auszahlung in diesen beiden Treatments gleich hoch sein. Die deskriptive Statistik deutet darauf hin, dass dies gegeben ist, weshalb sich Hypothese 1a zu bestätigen scheint.

Demgegenüber fällt auf, dass sowohl Mittelwert als auch Median im Treatment *Nachgelagerte Besteuerung* geringer sind als im Treatment *Keine Steuer.* Da auch hier Nettoäquivalenz gilt und keine signifikant abweichenden Diskontraten der Probanden herausgefunden wurden, entspricht dieses Ergebnis nicht den Erwartungen. Vielmehr hätte nach Hypothese 1b auch hier die Präferenz für Ersparnisbildung in den beiden Treatments ähnlich hoch sein müssen. Auf Basis der deskriptiven Statistik ist Hypothese 1b damit abzulehnen.

Diese Erkenntnisse werden mittels Mann-Whitney-U-Tests (zweiseitig) für unabhängige Stichproben überprüft. Die zugrundeliegende Nullhypothese lautet jeweils: Die Wahrscheinlichkeit einer Beobachtung aus den beiden Treatments ist für jedes der beiden Treatments gleich. Oder anders formuliert: Im Vergleich zweier Treatments ist die Präferenz für Ersparnisbildung gleichverteilt. Wird diese Nullhypothese abgelehnt, weisen die Teilnehmer in den verglichenen Treatments ein unterschiedliches Entscheidungsverhalten auf. Für den Mann-Whitney-U-Test, der die Treatments *Keine Steuer* und *Vorgelagerte Besteuerung* vergleicht, ergibt sich ein p-Wert in Höhe von $p = 0{,}6227$. Das Entscheidungsverhalten der Teilnehmer in den Treatments *Keine Steuer* und *Vorgelagerte Besteuerung* ist hinsichtlich der Präferenz für Ersparnisbildung nicht signifikant unterschiedlich, sodass Hypothese 1a als bestätigt anzusehen ist.

Für den Test, der die Treatments *Keine Steuer* und *Nachgelagerte Besteuerung* vergleicht, resultiert ein p-Wert von $p = 0{,}0719$. Es zeigt sich demnach ein auf dem 10 %-Niveau signifikanter Unterschied zwischen den Treatments *Keine Steuer* und *Nachgelagerte Besteuerung.* Der Eindruck aus der deskriptiven Statistik wird dadurch bestätigt. Die Teilnehmer im Treatment *Nachgelagerte Besteuerung* entscheiden sich tatsächlich seltener für Sparen, obwohl die Nettoauszahlungen gleich hoch sind und die Zeitpräferenzen der Teilnehmer in diesen Treatments nicht signifikant verschieden sind. Dementsprechend wird die Nullhypothese dieses Mann-Whitney-U-Tests verworfen, was auch zu einer Ablehnung von Hypothese 1b führt.

Analog zu der Überprüfung der Hypothesen 1a und 1b wird für Hypothese 2 verfahren. Diese lautet:

> **Hypothese 2:** Zwischen den Treatments Nachgelagerte Besteuerung und Vorgelagerte Besteuerung unterscheiden sich die Präferenzen für Ersparnisbildung nicht, sofern die Zeitpräferenzen der jeweiligen Teilnehmer nicht signifikant voneinander abweichen.

Anhand von Tabelle 9 ist zu erkennen, dass sowohl Mittelwert als auch Median im Treatment *Nachgelagerte Besteuerung* geringer sind. Ein Mann-Whitney-U-Test (zweiseitig) weist den Unterschied als auf dem 10-%-Niveau signifikant aus ($p = 0{,}0881$). Was bereits auf Basis der Erkenntnisse zu den Hypothesen 1a und 1b zu vermuten war, bestätigt sich für den paarweisen Vergleich der Treatments *Vorgelagerte Besteuerung* und *Nachgelagerte Besteuerung.* Dementsprechend muss Hypothese 2 abgelehnt werden.

An dieser Stelle werden diese Ergebnisse in den Kontext des Experiments eingeordnet. Es zeigt sich, dass sich die Teilnehmer trotz nettoäquivalenter Parametrisierung sowie ähnlicher Zeitpräferenzen im Treatment *Nachgelagerte Besteuerung* seltener für Sparen entscheiden. Es kann daher davon gesprochen werden, dass die nachgelagerte Besteuerung im Experiment die Entscheidungen der Teilnehmer verzerrt. In Anlehnung an die in Fochmann/Hemmerich (2018) verwendete Terminologie liegt ein Wahrnehmungseffekt (oder auch: Perzeptionseffekt) der Besteuerung vor. Die Probanden gehen offenbar davon aus, dass die nachgelagerte Besteuerung die Ersparnisse mehr belastet als dies tatsächlich der Fall ist. Sie wählen deshalb seltener die Ersparnisbildung, weshalb von einem negativen Wahrnehmungseffekt der nachgelagerten Besteuerung gesprochen werden kann. Dahingegen gibt es im Entscheidungsverhalten zwischen den Treatments *Keine Steuer* und *Vorgelagerte Besteuerung* keine relevanten Unterschiede. Der Median für die Anzahl an Entscheidungen für die späte Auszahlung ist im Treatment *Vorgelagerte Besteuerung* sogar leicht höher als im Treatment Keine Steuer. Die Unterschiede zwischen diesen Treatments sind jedoch statistisch nicht signifikant. Daher scheinen die Experimentteilnehmer die vorgelagerte Besteuerung rational wahrzunehmen. Wie zu erwarten war, nimmt diese Art der Besteuerung keinen Einfluss auf die Präferenz für Ersparnisbildung. Ein Wahrnehmungseffekt der vorgelagerten Besteuerung liegt daher nicht vor.

5.2.2 Überprüfung von Hypothese 3

In der bisherigen Analyse wurden die Treatments untersucht, deren Zahlungen nettoäquivalent gehalten waren. Nun wird das Treatment *Klassische Einkommensteuer* in die Auswertung einbezogen. In diesem Treatment sind die Zahlungen bruttoäquivalent zum Treatment *Keine Steuer*. Da jedoch die Rendite bei Sparen ebenfalls der Besteuerung unterliegt, ergeben sich geringere Nettorenditen bei Ersparnisbildung und dementsprechend geringere Nettoauszahlungen. Daher wurde Hypothese 3 wie folgt formuliert:

Hypothese 3: In dem Treatment Klassische Einkommensteuer weisen die Teilnehmer eine schwächere Präferenz für Ersparnisbildung auf als in den übrigen Treatments, sofern die Zeitpräferenzen der jeweiligen Teilnehmer nicht signifikant voneinander abweichen.

Die deskriptive Statistik (vgl. Tabelle 9) zeigt bereits, dass Median und Mittelwert der Entscheidungen für Sparen geringer sind als in den Treatments *Keine Steuer* und *Vorgelagerte Besteuerung*. Allerdings gilt dies nicht für das Treatment *Nachgelagerte Besteuerung*, in dem die Präferenz für Ersparnisbildung insgesamt am geringsten ist. Anhand paarweiser Mann-Whitney-U-Tests (zweiseitig)[112] wird nachfolgend überprüft, ob diese Unterschiede statistisch signifikant sind. Es ergeben sich dabei die in nachfolgender Tabelle dargestellten Ergebnisse (p-Werte).

[112] Hypothese 3 ist zwar gerichtet formuliert. Dennoch werden die Mann-Whitney-U-Tests zweiseitig durchgeführt, da auch Abweichungen in die andere als die erwartete Richtung vorkommen können und von Relevanz sind. Vgl. allgemein zur Anwendung ein- bzw. zweiseitiger Tests Kimmel (1957), S. 352 f.

	KS	VB	NB
EST	0,3117	0,5392	0,6209

Tabelle 10: Überprüfung Hypothese 3 – Mann-Whitney-U-Tests (zweiseitig)[113]

Die deskriptive Statistik legt zwar nahe, dass die Teilnehmer des Treatments *Klassische Einkommensteuer* seltener die Ersparnisbildung wählen als in den Treatments *Keine Steuer* und *Vorgelagerte Besteuerung*, was auch so erwartet worden ist (Hypothese 3). Jedoch sind die Unterschiede statistisch nicht signifikant. Bei dem Vergleich der Treatments *Klassische Einkommensteuer* und *Nachgelagerte Besteuerung* ist hervorzuheben, dass Median und Mittelwert im Treatment *Nachgelagerte Besteuerung* sogar geringer sind, obwohl die Nettorenditen im Vergleich zum Treatment *Klassische Einkommensteuer* höher sind. Der Mann-Whitney-U-Test (zweiseitig) weist diesen Unterschied jedoch ebenfalls als nicht signifikant aus.

Die Teilnehmer im Treatment *Klassische Einkommensteuer* wählen folglich nicht seltener die Ersparnisbildung, obwohl die Nettorendite bei Sparen in diesem Treatment geringer ist als in den übrigen Treatments. Bemerkenswert ist, dass sogar häufiger Sparen gewählt wird als im Treatment *Nachgelagerte Besteuerung*. Der oben erwähnte negative Wahrnehmungseffekt der nachgelagerten Besteuerung wird hier umso deutlicher. Dieser Effekt führt sogar dazu, dass trotz höherer Nettorenditen seltener gespart wird als bei klassischer Einkommensteuer.

Eine denkbare Erklärung für diese Beobachtungen ist, dass die Unterschiede zwischen den möglichen Nettoauszahlungen nicht groß genug waren. Untenstehende Tabelle 11 dient zur Erläuterung dieser Vermutung.

Dort ist zu erkennen, dass der maximale Unterschied in der Nettorendite zwischen den drei nettoäquivalent ausgestalteten Treatments (*Keine Steuer*, *Vorgelagerte Besteuerung* und *Nachgelagerte Besteuerung*) und dem Treatment *Klassische Einkommensteuer* 20 Prozent beträgt (in Entscheidungssituation 20). Dies spiegelt einen Unterschied in der Nettoauszahlung in Höhe von 30 GE[114] bzw. drei Euro wider. In den übrigen Entscheidungssituationen sind die Unterschiede geringer. Daher ist es vorstellbar, dass die Teilnehmer der Besteuerung der Rendite kein großes Gewicht beigemessen bzw. diese ausgeblendet haben. Bei vollständigem Ignorieren der Renditebesteuerung entspricht die Besteuerung im Treatment *Klassische Einkommensteuer* gerade derjenigen im Treatment *Vorgelagerte Besteuerung*. Wie oben bereits gezeigt, verzerrt die vorgelagerte Besteuerung die Entscheidungen der Teilnehmer offenbar nicht. Daher wäre ohne Beachtung der Renditebesteuerung wiederum eine identische Präferenz für die späte Auszahlung bei den Treatments *Keine Steuer* und *Klassische Einkommensteuer* zu erwarten. Der paarweise Vergleich mittels zweiseitigem Mann-Whitney-U-Test hat ebendies gezeigt, denn ein signifikanter Unterschied zwischen den Treatments *Keine Steuer* und *Klassische Einkommensteuer* konnte nicht nachgewiesen

---

113 Quelle: Eigene Darstellung.

114 In dem Experiment wurden die Auszahlungen in Geldeinheiten (GE) angegeben. Dadurch waren die Teilnehmer mit größeren Beträgen konfrontiert und es ergaben sich meist ganze Zahlen als Nettowerte. Den Teilnehmern wurde der Umrechnungskurs Euro mit 1 GE = 0,10 Euro natürlich mitgeteilt und in den Instruktionen wurde explizit darauf hingewiesen.

werden. Ebenso sind die Abweichungen zwischen den Treatments *Klassische Einkommensteuer* und *Vorgelagerte Besteuerung* nicht statistisch signifikant. Da die deskriptive Statistik dennoch eine Tendenz zu einer geringeren Präferenz für die späte Auszahlung zeigt, scheint die Renditebesteuerung nicht vollständig ignoriert worden zu sein, ihre Wirkung wurde aber zumindest unterschätzt.

Diese Aussagen bedürfen jedoch einer Relativierung. Während in der einen Hälfte der Entscheidungssituationen in den drei Steuer-Treatments mit 20 Prozent ein niedriger Steuersatz vorgegeben war, galt in den übrigen Situationen ein hoher Steuersatz (40 Prozent). Im Treatment *Klassische Einkommensteuer* galt der jeweilige Steuersatz sowohl auf die möglichen Auszahlungen als auch auf die Rendite bei Sparen. Folglich sind die Unterschiede in Bezug auf Nettorendite und Nettoauszahlung zwischen dem Treatment *Klassische Einkommensteuer* und den übrigen drei Treatments in den Situationen mit hohem Steuersatz größer als in den Situationen mit niedrigem Steuersatz. Werden nur die Situationen mit hohem Steuersatz betrachtet, liegt der Mittelwert in Bezug auf die absolute Anzahl an Entscheidungen für Ersparnisbildung im Treatment *Klassische Einkommensteuer* um 1,41 unter demjenigen im Treatment *Keine Steuer*. Für den Median ergibt sich ein Unterschied in Höhe von 1,5. Vor dem Hintergrund, dass bei zehn Situationen das Maximum an Entscheidungen für die späte Auszahlung gerade zehn beträgt, erscheinen diese Unterschiede nicht unwesentlich. Daher wird erneut auf einen Mann-Whitney-U-Test (zweiseitig) zurückgegriffen, um die Unterschiede statistisch zu überprüfen. Es ergibt sich hierbei ein p-Wert von $p = 0{,}0328$. Für die Entscheidungssituationen mit hohem Steuersatz liegt daher ein signifikanter Unterschied zwischen den Treatments *Keine Steuer* und *Klassische Einkommensteuer* vor.[115] Zusätzlich wurde das Treatment *Klassische Einkommensteuer* auch mit den übrigen beiden Steuer-Treatments verglichen. Es zeigt sich, dass für die Situationen mit hohem Steuersatz ein signifikanter Unterschied zum Treatment *Vorgelagerte Besteuerung* besteht.[116] Zum Treatment *Nachgelagerte Besteuerung* sind hingegen keine statistisch signifikanten Abweichungen gegeben.[117]

Für die Entscheidungssituationen mit hohem Steuersatz findet sich damit weitgehend Bestätigung für Hypothese 3. Die Teilnehmer entscheiden sich im Treatment *Klassische Einkommensteuer* wie erwartet seltener für Sparen als in den übrigen drei Treatments. In diesen Entscheidungssituationen wirkt sich die Besteuerung der Rendite im Treatment *Klassische Einkommensteuer* stärker aus. Somit kommt es zu größeren Unterschieden in Bezug auf Nettorendite und Nettoauszahlung. Dies scheinen die Teilnehmer zu erkennen, wohingegen sie in den Entscheidungssituationen mit geringem Steuersatz die Renditebesteuerung beinahe vollständig ignorieren.

---

[115] Zusätzlich wurde ein Mann-Whitney-U-Test (zweiseitig) für die Entscheidungssituationen mit niedrigem Steuersatz durchgeführt. Es ergibt sich ein p-Wert von 0,7629, sodass kein signifikanter Unterschied vorliegt. Dieses Ergebnis war auch in dieser Form zu erwarten, da sich für alle 20 Situationen kein signifikanter Unterschied ergibt, für die zehn Situationen mit hohem Steuersatz hingegen schon.

[116] p-Wert eines Mann-Whitney-U-Tests (zweiseitig): 0,0736.

[117] p-Wert eines Mann-Whitney-U-Tests (zweiseitig): 0,2406.

Nr.	Späte Auszahlung – Netto			Rendite – Netto		
	KS / VB / NB	EST	Delta	KS / VB / NB	EST	Delta
1	105 GE (10,50 €)	104 GE (10,40 €)	1 GE (0,10 €)	5 %	4 %	1 %
2	110 GE (11,00 €)	108 GE (10,80 €)	2 GE (0,20 €)	10 %	8 %	2 %
3	115 GE (11,50 €)	112 GE (11,20 €)	3 GE (0,30 €)	15 %	12 %	3 %
4	120 GE (12,00 €)	116 GE (11,60 €)	4 GE (0,40 €)	20 %	16 %	4 %
5	125 GE (12,50 €)	120 GE (12,00 €)	5 GE (0,50 €)	25 %	20 %	5 %
6	97,5 GE (9,75 €)	88,5 GE (8,85 €)	9 GE (0,90 €)	30 %	18 %	12 %
7	101,25 GE (10,13 €)	90,75 GE (9,08 €)	10,5 GE (1,05 €)	35 %	21 %	14 %
8	105 GE (10,50 €)	93 GE (9,30 €)	12 GE (1,20 €)	40 %	24 %	16 %
9	108,75 GE (10,88 €)	95,25 GE (9,53 €)	13,5 GE (1,35 €)	45 %	27 %	18 %
10	112,5 GE (11,25 €)	97,5 GE (9,75 €)	15 GE (1,50 €)	50 %	30 %	20 %
11	210 GE (21,00 €)	208 GE (20,80 €)	2 GE (0,20 €)	5 %	4 %	1 %
12	220 GE (22,00 €)	216 GE (21,60 €)	4 GE (0,40 €)	10 %	8 %	2 %
13	230 GE (23,00 €)	224 GE (22,40 €)	6 GE (0,60 €)	15 %	12 %	3 %
14	240 GE (24,00 €)	232 GE (23,20 €)	8 GE (0,80 €)	20 %	16 %	4 %
15	250 GE (25,00 €)	240 GE (24,00 €)	10 GE (1,00 €)	25 %	20 %	5 %
16	195 GE (19,50 €)	177 GE (17,70 €)	18 GE (1,80 €)	30 %	18 %	12 %
17	202,5 GE (20,25 €)	181,5 GE (18,15 €)	21 GE (2,10 €)	35 %	21 %	14 %
18	210 GE (21,00 €)	186 GE (18,60 €)	24 GE (2,40 €)	40 %	24 %	16 %
19	217,5 GE (21,75 €)	190,5 GE (19,05 €)	27 GE (2,70 €)	45 %	27 %	18 %
20	225 GE (22,50 €)	195 GE (19,50 €)	30 GE (3,00 €)	50 %	30 %	20 %

Tabelle 11: Übersicht der Nettoauszahlungen und Nettorenditen nach Treatments[118]

[118] Quelle: Eigene Darstellung.

Auf Basis der deskriptiven Statistik und der nichtparametrischen Tests kann an dieser Stelle festgehalten werden, dass die Teilnehmer

- die Belastung einer rein vorgelagerten Besteuerung weitestgehend rational beurteilen (kein Wahrnehmungseffekt der Besteuerung),
- die Belastung einer rein nachgelagerten Besteuerung überschätzen (negativer Wahrnehmungseffekt der Besteuerung) und
- die Renditebesteuerung im Treatment *Klassische Einkommensteuer* teilweise ignorieren bzw. unterschätzen, in Situationen mit hohem Steuersatz jedoch beachten.

Dies bedeutet, dass auf Basis der deskriptiven Statistik und der nichtparametrischen Tests

- Hypothese 1a angenommen wird,
- Hypothesen 1b und 2 abgelehnt werden und
- Hypothese 3 für das gesamte Sample abgelehnt, für die Situationen mit hohem Steuersatz jedoch angenommen wird.

5.3 Logistische Regressionsanalysen

Zur Kontrolle der bisherigen Ergebnisse werden nun, zusätzlich zu den nicht-parametrischen Tests, mehrere logistische Regressionsanalysen durchgeführt. Die abhängige Variable ist dabei stets die Entscheidung für Ersparnisbildung. Die abhängige Variable ist demnach dichotom, sodass eine herkömmliche, multivariate OLS-Regression zu Verzerrungen führen kann.[119] Es wird daher das Logit-Modell verwendet. Ziel der Analysen ist es, den Einfluss der unterschiedlichen Treatments auf die abhängige Variable zu untersuchen. Daher werden für die Treatments Dummy-Variablen gebildet. Diese nehmen den Wert 1 an, wenn ein Teilnehmer dem jeweiligen Treatment zugeordnet ist, und den Wert 0, wenn ein Teilnehmer diesem Treatment gerade nicht angehört. Zunächst werden stets die Entscheidungen aus dem Treatment *Keine Steuer* als Referenzwerte herangezogen, sodass die ermittelten Regressionskoeffizienten der Treatment-Dummys den Unterschied zu diesem Treatment angeben. Während in Modell (1) lediglich die Treatment-Variablen als unabhängige Variablen verwendet werden, werden in Modell (2) weitere unabhängige Variablen als Kontrollvariablen aufgenommen. Es handelt sich dabei zum einen um Variablen, die die Entscheidungssituation betreffen. Die Variable *Rendite* gibt die in der jeweiligen Situation gegebene Rendite der späten Auszahlung an. *Steuersatz* ist eine Dummy-Variable, die den Wert 1 annimmt, wenn in der Entscheidung ein hoher Steuersatz gilt, und 0, wenn ein niedriger Steuersatz vorgegeben ist. Zum anderen werden die mittels Fragebogen[120] erhobenen, indi-

119 Die nachfolgend beschriebenen Modelle wurden dennoch auch als multivariate OLS-Regression geschätzt. Die grundsätzlichen Ergebnisse sind dabei ähnlich zu denjenigen der logistischen Modelle. Betrachtet man jedoch den vorhergesagten Wertebereich der abhängigen Variablen, liegt dieser bei den OLS-Regressionen nicht immer zwischen 0 und 1, was jedoch bei einer dichotomen, abhängigen Variablen der Fall sein müsste, da deren wahrer Wertebereich offenbar zwischen 0 und 1 liegt. Daher werden lediglich die logistischen Regressionsmodelle dokumentiert und beschrieben.

120 Siehe zu den einzelnen Fragen des Fragebogens Anhang B6 und zu der deskriptiven Statistik Tabelle 4.

viduellen Charakteristika der Teilnehmer in das Modell integriert. Die folgenden Variablen werden dabei aufgenommen.

- *Zeitpräferenz*: Gibt unter Bezugnahme auf Teil 1 des Experiments die individuelle Zeitpräferenz eines Teilnehmers an. Da in Teil 2 des Experiments ca. vier Monate zwischen der frühen und der späten Auszahlung liegen, wird auf die Ergebnisse für den sechsmonatigen Zeithorizont aus Teil 1 zurückgegriffen, da dieser dem Zeithorizont in Teil 2 am nächsten kommt.[121]
- *Alter*: Die Teilnehmer gaben im Fragebogen ihr exaktes Alter an, sodass dieses direkt als unabhängige Variable verwendet werden kann.
- *Geschlecht*: Dummy-Variable, die den Wert 1 annimmt, wenn der Teilnehmer weiblich ist, und 0, wenn der Teilnehmer männlich ist.
- *Einkommen*: Dummy-Variable, die den Wert 1 annimmt, wenn der Teilnehmer mehr als 500 Euro an monatlichem Einkommen frei zur Verfügung hat, andernfalls 0.
- *Studiengang*: Dummy-Variable, die den Wert 1 annimmt, wenn der Teilnehmer zum Zeitpunkt des Experiments in einem wirtschaftswissenschaftlichen Studiengang eingeschrieben war, andernfalls 0.
- *Steuerwissen*: Dummy-Variable, die den Wert 1 annimmt, wenn der Teilnehmer sein steuerliches Wissen auf einer Skala von 1 bis 7 mit mehr als 3 bewertet hat, andernfalls 0.
- *Altersvorsorgewissen*: Dummy-Variable, die den Wert 1 annimmt, wenn der Teilnehmer sein Wissen in Bezug auf Altersvorsorge auf einer Skala von 1 bis 7 mit mehr als 3 bewertet hat, andernfalls 0.
- *Steueraversion*: Dummy-Variable, die den Wert 1 annimmt, wenn der Teilnehmer eine steuerfreie Anlagemöglichkeit einer steuerpflichtigen mit identischer Nettorendite vorzieht, andernfalls 0.[122]
- *Prokrastination*: Mit dieser Variablen wird für Prokrastination kontrolliert, da diese ein wichtiger Faktor bei individuellen Sparentscheidungen sein kann.[123] Es wird eine Dummy-Variable generiert, die den Wert 1 annimmt, wenn einem Teilnehmer ein hohes Level an Prokrastination attestiert wird, andernfalls beträgt sie 0.[124]

Die Ergebnisse der beiden Regressionsmodelle sind Tabelle 12 zu entnehmen (Standardfehler in Klammern). Die Interpretation der Koeffizienten der Logit-Regression beschränkt sich auf Signifikanz sowie Richtung. Aussagen zur absoluten Höhe der Koeffizienten sind in diesen Modellen nicht ohne weiteres möglich.[125] Die Regressionsergebnisse der Modelle

---

[121] Wie in der Auswertung von Teil 1 festgestellt, sind die Zeitpräferenzen der Teilnehmer über die drei verschiedenen Zeithorizonte konstant, weshalb nur eine Kontrollvariable für die Zeitpräferenz aufgenommen wird.

[122] Siehe ausführlicher zur Steueraversion Fn. 90.

[123] Vgl. Madrian/Shea (2001), die für die amerikanischen „401(k) plans“ (eine Form betrieblicher Altersversorgung in den USA) zeigen, dass Prokrastination ein Grund dafür ist, dass sogenannte Opt-Out-Systeme zu einer höheren Verbreitung derartiger Vorsorgealternativen führen als Systeme, in denen die Individuen sich aktiv für eine bestimmte Altersvorsorge entscheiden müssen.

[124] Siehe zur Messung des Prokrastinationslevels Fn. 91.

[125] Vgl. zur Interpretation der Ergebnisse von Logit-Modellen Kohler/Kreuter (2012), S. 340 ff.

(1) und (2) bestätigen die bisherigen Erkenntnisse. In beiden Modellen sind die Treatment-Dummys *Klassische Einkommensteuer* sowie *Nachgelagerte Besteuerung* hochsignifikant und der jeweilige Koeffizient ist negativ. Dies bedeutet, dass die Zugehörigkeit eines Teilnehmers zu diesen beiden Treatments dazu führt, dass seltener die Ersparnisbildung gewählt wird als in dem Referenztreatment *Keine Steuer*. Die deskriptive Statistik hat gezeigt, dass im Treatment *Nachgelagerte Besteuerung* sogar seltener die Ersparnisbildung gewählt wird als bei *Klassischer Einkommensteuer*. Diese Erkenntnis wird durch Modell (1) bekräftigt, da der Koeffizient des Treatment-Dummys *Nachgelagerte Besteuerung* betragsmäßig größer ist als derjenige des Treatment-Dummys *Klassische Einkommensteuer*. In Modell (2) hingegen sind die beiden Koeffizienten ähnlich hoch.

Der Treatment-Dummy für *Vorgelagerte Besteuerung* ist nicht signifikant. Dementsprechend wird auch hier das Ergebnis der nichtparametrischen Tests bestätigt, dass zwischen der Zugehörigkeit zu diesem Treatment und der Entscheidung für Ersparnisbildung kein signifikanter Zusammenhang nachgewiesen werden kann. Die Logit-Modelle (1) und (2) liefern insgesamt weitere Bestätigung dafür, dass Hypothese 1a anzunehmen, Hypothese 1b hingegen abzulehnen ist. Anzumerken ist, dass die nichtparametrischen Tests bei Betrachtung des gesamten Samples keinen signifikanten Unterschied zwischen den Treatments *Keine Steuer* und *Klassische Einkommensteuer* ausweisen, der Treatment-Dummy *Klassische Einkommensteuer* in den Regressionsanalysen jedoch hochsignifikant ist. Diese Erkenntnis wird untenstehend vertieft.

Entscheidung für Ersparnisbildung	Modell (1)	Modell (2)
EST	-0,406***	-0,973***
	(0,150)	(0,199)
VB	-0,103	0,071
	(0,160)	(0,218)
NB	-0,611***	-0,918***
	(0,149)	(0,193)
Rendite		12,257***
		(1,012)
Steuersatz		-0,529**
		(0,250)
Zeitpräferenz		-0,161***
		(0,015)
Alter		-0,055**
		(0,025)
Geschlecht		0,194
		(0,149)
Einkommen		-0,181
		(0,153)
Studiengang		0,520***
		(0,168)
Steuerwissen		0,548***
		(0,158)
Altersvorsorgewissen		-0,246
		(0,156)
Prokrastination		-0,015
		(0,141)
Steueraversion		0,373***
		(0,135)
Konstante	0,821***	-0,480
	(0,114)	(0,633)
Anzahl Beobachtungen	1600	1600
Pseudo-R-Quadrat	0,0103	0,3180
p-Wert des Modells	0,0001	< 0,0001

Dabei gilt: *** $p \leq 0,01$, ** $p \leq 0,05$, * $p \leq 0,1$

Tabelle 12: Logit-Regressionen – Überprüfung der Hypothesen 1a und 1b[126]

126 Quelle: Eigene Darstellung.

An dieser Stelle lassen sich Aussagen zu einigen Kontrollvariablen aus Modell (2) machen. So zeigt sich, dass die Rendite einen signifikant positiven Effekt auf die Wahl der späten Auszahlung hat. Dieses Ergebnis ist annähernd trivial, da eine hohe Rendite offensichtlich auch zu einer höheren Präferenz für Ersparnisbildung führen sollte. Der Koeffizient der Variable Steuersatz hingegen ist signifikant negativ. Ein hoher Steuersatz geht für das Gesamtsample daher mit einer geringeren Präferenz für Ersparnisbildung einher. Wie oben bereits dargelegt, ist der Steuersatz in den drei nettoäquivalent ausgestalteten Treatments bei rationaler Betrachtung entscheidungsirrelevant. Jedoch führt ein hoher Steuersatz dazu, dass die Nettoauszahlungen im Treatment *Klassische Einkommensteuer* geringer sind als in den übrigen Treatments. Wie die bisherige Auswertung gezeigt hat, wählen die Teilnehmer in den Situationen mit hohem Steuersatz im Treatment *Klassische Einkommensteuer* auch seltener die späte Auszahlung. Das Regressionsmodell (2) liefert hierfür zusätzliche Bestätigung.

Daneben weist Modell (2) die Zeitpräferenz als signifikant negativ aus. Auch dies ist so zu erwarten, denn Teilnehmer mit einer höheren individuellen Diskontrate sollten sich seltener für Ersparnisbildung entscheiden als Teilnehmer mit einer niedrigeren Diskontrate. Die Zugehörigkeit zu einem wirtschaftswissenschaftlichen Studiengang scheint positiv auf die Präferenz für Sparen zu wirken. Eine mögliche Erklärung ist, dass die Renditen bei der Entscheidung für Sparen im Experiment im Vergleich zum aktuellen, tatsächlichen Marktzinsniveau relativ hoch gewählt wurden. Es ist denkbar, dass Studierenden der Wirtschaftswissenschaften diese Tatsache bewusster ist als beispielsweise Studierenden aus anderen Studiengängen und erstere daher häufiger Ersparnisbildung wählen. Insgesamt zeigt sich, dass auch bei Kontrolle für individuelle Charakteristika der Teilnehmer die beiden Treatment-Dummys *Nachgelagerte Besteuerung* und *Klassische Einkommensteuer* signifikant bleiben. Das höhere Pseudo-R-Quadrat von Modell (2) deutet auf einen höheren Erklärungsgehalt von Modell (2) gegenüber Modell (1) hin.[127]

Zusätzlich werden nun noch Regressionsmodelle präsentiert, in denen nicht das Treatment *Keine Steuer* als Referenzgruppe herangezogen wird. So werden in Modellen (3) und (4) die Treatments *Vorgelagerte Besteuerung* und *Nachgelagerte Besteuerung* genauer untersucht (Hypothese 2). Die abhängige Variable ist weiterhin die Entscheidung für Ersparnisbildung. Es werden deshalb wiederum Logit-Modelle verwendet. Als Referenzgruppe dient das Treatment *Vorgelagerte Besteuerung.* In Modell (3) wird nur der Einfluss des Treatment-Dummys *Nachgelagerte Besteuerung* untersucht, während in Modell (4) erneut die oben erläuterten Kontrollvariablen als unabhängige Variablen aufgenommen werden. Wie die Ergebnisse der Regressionen in Tabelle 13 zeigen, ist der Einfluss des Treatment-Dummys *Nachgelagerte Besteuerung* in beiden Modellen signifikant negativ. Da das Treatment *Vorgelagerte Besteuerung* als Referenzgruppe herangezogen wird, bestätigt dies die Ergebnisse der nichtparametrischen Tests. Die nachgelagerte Besteuerung führt dazu, dass seltener die Ersparnisbildung gewählt wird als bei vorgelagerter Besteuerung, obwohl die Aus-

---

127 Eine Interpretation des Pseudo-R-Quadrats gestaltet sich schwierig. Insbesondere darf es nicht analog zu dem R-Quadrat einer OLS-Regression interpretiert werden. Daher beschränkt sich die Aussage hier darauf, dass Modell (2) anscheinend einen höheren Erklärungsgehalt aufweist als Modell (1), die integrierten Kontrollvariablen demnach sinnvoll gewählt sind.

zahlungen nettoäquivalent ausgestaltet sind. Damit ist Hypothese 2 auch auf Basis der logistischen Regressionsanalysen abzulehnen.

Die Modelle (5) und (6) dienen der Überprüfung von Hypothese 3. Dementsprechend wird das Treatment *Klassische Einkommensteuer* als Referenzgruppe herangezogen. Der Einfluss der übrigen Treatments wird erneut über Treatment-Dummys gemessen. Während in Modell (5) nur die Treatment-Dummys einbezogen werden, wird in Modell (6) wiederum für die oben erwähnten Variablen kontrolliert. Auch Modelle (5) und (6) sind in Tabelle 13 dargestellt (Standardfehler jeweils in Klammern).

Entscheidung für Ersparnisbildung	Modell (3)	Modell (4)	Modell (5)	Modell (6)
KS			0,406***	0,973***
			(0,150)	(0,199)
VB			0,303**	1,044***
			(0,149)	(0,225)
NB	-0,508***	-1,205***	-0,205	0,055
	(0,148)	(0,267)	(0,137)	(0,186)
Rendite		12,659***		12,257***
		(1,534)		(1,012)
Steuersatz		0,157		-0,529**
		(0,367)		(0,250)
Zeitpräferenz		-0,159***		-0,161***
		(0,024)		(0,015)
Alter		-0,015		-0,055**
		(0,033)		(0,025)
Geschlecht		-0,247		0,194
		(0,237)		(0,149)
Einkommen		-0,105		-0,181
		(0,270)		(0,153)
Studiengang		0,026		0,520***
		(0,248)		(0,168)
Steuerwissen		0,513*		0,548***
		(0,270)		(0,158)
Altersvorsorge-wissen		-0,394*		-0,246
		(0,226)		(0,156)
Prokrastination		-0,265		-0,015
		(0,214)		(0,141)

Entscheidung für Ersparnisbildung	Modell (3)	Modell (4)	Modell (5)	Modell (6)
Steueraversion		0,748***		0,373***
		(0,222)		(0,135)
Konstante	0,718***	-0,580	0,415***	-1,453**
	(0,112)	(0,921)	(0,097)	(0,609)
Anzahl Beobachtungen	800	800	1600	1600
Pseudo-R-Quadrat	0,0112	0,3930	0,0103	0,3180
p-Wert des Modells	0,0005	< 0,0001	0,0001	< 0,0001

Dabei gilt: *** $p \leq 0{,}01$, ** $p \leq 0{,}05$, * $p \leq 0{,}1$

Tabelle 13: Logit-Regressionen – Überprüfung der Hypothesen 2 und 3[128]

Der Zusammenhang zwischen den Treatments *Keine Steuer* und *Klassische Einkommensteuer* ist bereits in den Regressionsmodellen (1) und (2) ersichtlich, da dort das Treatment *Keine Steuer* die Referenzgruppe bildet. Dennoch wird das Treatment *Keine Steuer* zur Vollständigkeit auch in Modellen (5) und (6) als unabhängige Variable einbezogen.[129] Dabei fällt auf, dass der Treatment-Dummy *Keine Steuer* jeweils signifikant positiv ist. Die Koeffizienten sind vom Betrag identisch mit denjenigen aus Modellen (1) bzw. (2), nur mit umgedrehten Vorzeichen. Dies ist der Tatsache geschuldet, dass nunmehr das Treatment *Klassische Einkommensteuer* die Referenzgruppe bildet, während dies in Modellen (1) und (2) das Treatment *Keine Steuer* war. Die Interpretation ist jedoch analog zu oben.

Anders als noch in den nichtparametrischen Tests zeigen die Regressionsanalysen, dass auch für das gesamte Sample das Treatment *Klassische Einkommensteuer* negativ auf die Wahl der späten Auszahlung wirkt.[130] Auch der Treatment-Dummy *Vorgelagerte Besteuerung* ist in den Modellen (5) und (6) signifikant positiv. Die klassische Einkommensteuer führt demnach dazu, dass seltener die Ersparnisbildung gewählt wird als bei keiner bzw. vorgelagerter Besteuerung. Dieses Ergebnis ist so erwartet worden (Hypothese 3), widerspricht jedoch teilweise den Erkenntnissen der nichtparametrischen Tests. Demgegenüber ist der Treatment-Dummy *Nachgelagerte Besteuerung* in beiden Modellen nicht signifikant. Dies bestätigt die bisherige Erkenntnis, dass sich die Teilnehmer bei nachgelagerter Besteuerung nicht häufiger für Ersparnisbildung entscheiden als bei klassischer Einkommensteuer. Es wird damit wiederum gezeigt, dass die Wirkung einer nachgelagerten Besteuerung von den Teilnehmern überschätzt wird. Diese Fehlwahrnehmung führt dazu, dass

---

128 Quelle: Eigene Darstellung.

129 Dadurch, dass in Modell (6) auch dieselben Kontrollvariablen wie in Modell (2) einbezogen werden, ergeben sich für die Kontrollvariablen dieselben Koeffizienten. Auch die Modellspezifikation der Modelle (2) und (6) ist gleich. Dennoch lassen sich unterschiedliche Aussagen treffen, da sich die Referenzgruppen in beiden Modellen unterscheiden.

130 Bei den nichtparametrischen Tests stellte sich dieses Ergebnis lediglich für die Situationen mit hohem Steuersatz ein.

keine Unterschiede zwischen den Treatments *Nachgelagerte Besteuerung* und *Klassische Einkommensteuer* nachgewiesen werden können, obwohl in letzterem Treatment die Nettoauszahlungen geringer sind.

6 Zusammenfassung, Beschränkungen und Ansatzpunkte für weitere Untersuchungen

In diesem Experiment wurde gezeigt, wie verschiedene Formen der Besteuerung Einfluss auf die Entscheidung zwischen Sofortkonsum und Ersparnisbildung nehmen können. Die Parameter waren so gewählt, dass in den Treatments *Keine Steuer*, *Vorgelagerte Besteuerung* und *Nachgelagerte Besteuerung* trotz unterschiedlicher steuerlicher Regelungen identische Nettozahlungen resultieren. Daher wurde erwartet, dass die Teilnehmer in diesen Treatments ein gleiches Entscheidungsverhalten zeigen. Sowohl nichtparametrische Tests als auch logistische Regressionsanalysen zeigen jedoch, dass sich diese Erwartungen nur für den Vergleich der Treatments *Keine Steuer* und *Vorgelagerte Besteuerung* erfüllen. Die Teilnehmer im Treatment *Nachgelagerte Besteuerung* zeigen eine signifikant schwächere Präferenz für das Sparen. Dieser Effekt kann auf eine Fehlwahrnehmung dieser Besteuerungsform zurückgeführt werden. Die Teilnehmer schätzen deren Einfluss negativer ein, als sie tatsächlich wirkt. Ein solcher Effekt tritt bei vorgelagerter Besteuerung hingegen nicht ein. Dieses Ergebnis hat auch politische Implikationen, denn in Deutschland soll Ersparnisbildung und Altersvorsorge gerade über die nachgelagerte Besteuerung gefördert werden. Im Experiment führt diese Art der Besteuerung jedoch gerade dazu, dass seltener gespart wird. Dieses Ergebnis passt zu den Erkenntnissen aus Blaufus/Milde (2020), die zeigen, dass die nachgelagerte Besteuerung das Sparverhalten von Individuen verzerrt, die vorgelagerte Besteuerung hingegen nicht.

Außerdem hat das Experiment gezeigt, dass die Vorteile einer rein nach- bzw. vorgelagerten Besteuerung im Vergleich zu einer klassischen Einkommensteuer nur teilweise erkannt werden. Während bei rein vor- und nachgelagerter Besteuerung die periodische Rendite steuerfrei ist, ist diese im System einer klassischen Einkommensteuer steuerpflichtig. Letzteres sollte sich negativ auf die Präferenz für Sparen auswirken. Die Ergebnisse des Experiments legen nahe, dass dies lediglich für den Vergleich der klassischen Einkommensteuer mit der vorgelagerten Besteuerung eintritt. Da die nachgelagerte Besteuerung die Präferenz für Sparen negativ verzerrt, lässt sich kein Unterschied zur klassischen Einkommensteuer feststellen. Tabelle 14 fasst die Ergebnisse des Experiments zusammen.

Treatments	Hypothese	Ergebnisse des Experiments		
		Nicht parametrische Tests	Logistische Regressionsanalyse	
Keine Steuer vs. Vorgelagerte Besteuerung	1a: Identische Präferenz für Sparen	Angenommen	Angenommen	✓
Keine Steuer vs. Nachgelagerte Besteuerung	1b: Identische Präferenz für Sparen	Abgelehnt	Abgelehnt	X
Vorgelagerte vs. Nachgelagerte Besteuerung	2: Identische Präferenz für Sparen	Abgelehnt	Abgelehnt	X
Klassische Einkommensteuer vs. übrige Treatments	3: Geringere Präferenz für Sparen bei Klassischer ESt	Abgelehnt[131]	Teilweise angenommen[132]	(✓)

Tabelle 14: Zusammenfassung der Ergebnisse des Experiments[133]

An dieser Stelle wird noch auf bestimmte Einschränkungen hingewiesen, die mit dem Setup und den Annahmen des durchgeführten Experiments einhergehen. So ist festzuhalten, dass die tatsächliche (Steuer-)Rechtslage sowie der Trade-off zwischen Sofortkonsum und Ersparnisbildung im Experiment nur abstrakt abgebildet werden konnten. Insbesondere wird die im Experiment getroffene Annahme, dass der Steuersatz bei Sofortauszahlung und bei Ersparnisbildung gleich hoch ist, in der Realität zumindest dann selten erfüllt sein, wenn auf Altersvorsorge Bezug genommen wird. In der Regel wird der Steuersatz in der Auszahlungsphase geringer sein, wodurch die nachgelagerte im Vergleich zur vorgelagerten Besteuerung vorteilhaft wird. Daher könnte in einer weiteren Studie untersucht werden, ob die nachgelagerte Besteuerung zumindest bei einem Steuersatzgefälle einen Anreiz zur Ersparnisbildung darstellt oder dadurch zumindest der negative Wahrnehmungseffekt kompensiert werden kann.

Außerdem war das Setup des vorliegenden Experiments simpel gehalten. Auch der Zeithorizont zwischen früher und später Auszahlung war mit knapp vier Monaten recht kurz. In weiterführenden Untersuchungen könnte ein realitätsnäheres Setting gewählt werden. Denkbar wäre, den Zeithorizont auszudehnen und anstelle von Einmalzahlungen wiederkehrende Leistungen zu verwenden. Wenn derartige Modifikationen des vorliegenden Experiments möglich sind, könnte auch das Framing entsprechend angepasst werden. So könnten die beiden Alternativen anstelle von früher und später Auszahlung tatsächlich als

131 Werden nur die Entscheidungssituationen mit hohem Steuersatz betrachtet, zeigen die nichtparametrischen Tests hingegen einen signifikanten Unterschied zwischen dem Treatment *Klassische Einkommensteuer* und den Treatments *Keine Steuer* und *Vorgelagerte Besteuerung*.

132 Die linearen Regressionen zeigen, dass die klassische Einkommensteuer im Vergleich mit den Treatments *Keine Steuer* und *Vorgelagerte Besteuerung* zu einer geringeren Präferenz für Sparen führt. Im Vergleich zum Treatment *Nachgelagerte Besteuerung* sind hingegen keine Unterschiede gegeben.

133 Quelle: Eigene Darstellung.

„Sofortkonsum" und „Altersvorsorge" bezeichnet werden. Ein derartiges Framing war in vorliegendem Experiment nicht möglich, denn bei einem zeitlichen Abstand von nur ca. vier Monaten hätte die späte Auszahlung bei Ersparnisbildung kaum als Altersvorsorge bezeichnet werden können.

Unabhängig von diesen Einschränkungen sind die Ergebnisse des Experiments relevant. Es ist neben Blaufus/Milde (2020) die zweite Untersuchung, die belegt, dass die nachgelagerte Besteuerung eine verzerrende Wirkung haben kann. Dies ist umso bemerkenswerter, da der Aufbau des Experiments und auch die von den Teilnehmern zu treffenden Entscheidungen deutlich von denjenigen aus Blaufus/Milde (2020) abweichen. Sollten weiterführende Untersuchungen, in denen oben erwähnte Aspekte Beachtung finden, zusätzliche Evidenz für Fehlwahrnehmungen der nachgelagerten Besteuerung liefern, ist zu hinterfragen, ob nicht, zumindest teilweise, vom System der nachgelagerten Besteuerung abzurücken ist. In den USA beispielsweise gibt es ein Nebeneinander von vor- und nachgelagert besteuerten Altersvorsorgeformen. So sind die sogenannten „Roth retirement accounts" rein vorgelagert besteuert, das heißt, auch die periodische Rendite ist steuerfrei. Daneben gibt es auch traditionell nachgelagert besteuerte Altersvorsorgealternativen. Brown et al. (2017) zeigen, dass für einen Großteil der amerikanischen Haushalte ein Mix aus vor- und nachgelagert besteuerten Altersvorsorgeformen die optimale Vorsorgestrategie darstellt. In Deutschland hingegen gibt es aktuell keine rein vorgelagert besteuerten Vorsorgeformen.[134]

[134] Von der Vermögensanlage in bestimmte Gegenstände, die einer periodischen Wertsteigerung unterliegen, wie beispielsweise Oldtimer, sei abstrahiert, da diese keine klassischen, einer breiten Masse an Personen zugänglichen Altersvorsorgeformen darstellen.

C Die betriebliche Altersversorgung in Deutschland – Eine Analyse von Status Quo und möglichen Reformüberlegungen

1 Motivation

1.1 Das deutsche Alterssicherungssystem

Das Alterssicherungssystem in Deutschland wird gemeinhin durch das Drei-Säulen-Modell charakterisiert.[135] Dabei steht die erste Säule für die GRV, die zweite Säule für die bAV und die dritte Säule für die private Altersvorsorge. Durch das Bild der drei Säulen soll verdeutlicht werden, dass für eine ausreichende Sicherung des Lebensstandards im Alter neben der GRV eigenverantwortliche Altersvorsorge notwendig ist. Dies gilt umso mehr vor dem Hintergrund der Probleme, die aktuell und zukünftig mit dem Umlagesystem der GRV einhergehen werden. So führt der demographische Wandel dazu, dass das Sicherungsniveau[136] der GRV weiter abfallen wird,[137] da einer wachsenden Gruppe an Rentenbeziehern eine kleiner werdende Gruppe an Beitragszahlern gegenübersteht.[138] Der Gesetzgeber begegnet dieser Entwicklung dadurch, dass er einerseits versucht, das Sicherungsniveau zu stabilisieren, und andererseits die eigenverantwortliche Altersvorsorge zu fördern. Für die Förderung der Altersvorsorge bedient er sich vor allem des Steuer- und Sozialversicherungsrechts. In der jüngeren Vergangenheit erfolgte der erste große Eingriff in die steuerlichen Regelungen mit dem Altersvermögensgesetz (AVmG)[139], dessen Regelungen überwiegend zum 01.01.2002 in Kraft getreten sind. Zentrale Neuerungen waren die Einführung der sogenannten Riester-Rente als steuerlich geförderte Form privater, kapitalgedeckter Altersvorsorge sowie die gesetzliche Verankerung eines Anspruchs auf Entgeltumwandlung in der bAV, die seither steuer- und sozialversicherungsrechtlich gefördert wird.

Mit dem Alterseinkünftegesetz (AltEinkG)[140] im Jahr 2004 wurden die steuerlichen Regelungen bezüglich der Alterseinkünfte grundlegend neu geordnet. Seither lässt sich das deutsche Alterssicherungssystem auch nach dem Drei-Schichten-Modell einteilen. Dieses

---

135 Vgl. hierzu beispielsweise Kaltenbach (1990), S. 429 f. oder Kaempfe (2005), S. 77 f., der auch einen Vergleich zu Systemen in anderen Ländern vornimmt.

136 Das Sicherungsniveau vor Steuern wird in § 154 Abs. 3 Satz 1 Nr. 2 SGB VI bestimmt. Es ist definiert als der Verhältniswert aus einer jahresdurchschnittlichen Standardrente (bei Annahme von 45 Entgeltpunkten) und dem verfügbaren Durchschnittsentgelt, jeweils verringert um verpflichtende Sozialabgaben.

137 Laut dem Rentenversicherungsbericht 2017 wird das Sicherungsniveau vor Steuern von aktuell 48,2 Prozent (Stand 2017) bis auf 44,6 Prozent im Jahr 2031 sinken, vgl. BMAS (2017a), S. 39.

138 Begründet wird diese Entwicklung meist mit einer abnehmenden Geburtenrate sowie einem zunehmenden Durchschnittsalter.

139 Gesetz zur Reform der gesetzlichen Rentenversicherung und zur Förderung eines kapitalgedeckten Altersvorsorgevermögens, BGBl. I 2001, S. 1310.

140 Gesetz zur Neuordnung der einkommensteuerrechtlichen Behandlung von Altersvorsorgeaufwendungen und Altersbezügen, BGBl. I 2004, S. 1427.

geht auf das Gutachten der sogenannten Rürup-Kommission (2003) zurück, deren Vorschläge zu einer Neuordnung der Besteuerung von Alterseinkünften durch das AltEinkG weitgehend umgesetzt wurden. Die Einteilung richtet sich nach der steuerlichen Behandlung der jeweiligen Altersvorsorgeformen. Dabei zählt zur ersten Schicht die Basisabsicherung, die nach einer Übergangsphase nachgelagert besteuert wird.[141] Insbesondere die GRV, aber beispielsweise auch berufsständische Versorgungseinrichtungen sowie die sogenannte Rürup-Rente werden der ersten Schicht zugeordnet. Zur zweiten Schicht zählen steuerlich geförderte Altersvorsorgeformen, die eine Zusatzversorgung im Alter ermöglichen sollen. Hierunter sind die bAV sowie die Riester-Rente zu subsumieren. Die dritte Schicht beinhaltet schließlich übrige Kapitalanlageprodukte, die auch der Altersvorsorge dienen können, jedoch keiner besonderen steuerlichen Behandlung unterliegen, wie beispielsweise eine kapitalbildende Lebensversicherung.[142]

Die jüngste zentrale Änderung in Bezug auf die Altersvorsorgelandschaft in Deutschland ist mit dem BRSG erfolgt, das zum 01.01.2018 in Kraft getreten ist. Neben zahlreichen Neuerungen bezüglich der arbeits-, sozialversicherungs- und steuerrechtlichen Behandlung der bAV sind in diesem Zuge auch einige Änderungen bei der privaten Altersvorsorge eingeführt worden. Auf das BRSG wird noch ausführlich eingegangen.[143]

1.2 Ausgangssituation[144]

In Teil C der vorliegenden Arbeit stehen die steuerlichen Rahmenbedingungen der bAV im Fokus. Wie in obigem Abschnitt bereits angedeutet, gab es in der Vergangenheit mehrere Rechtsänderungen, die sich auf die bAV ausgewirkt haben. Ein zentraler Anknüpfungspunkt war dabei stets das Steuerrecht. Der Gesetzgeber verfolgte dabei das Ziel, die Verbreitung der bAV zu stärken.[145] In diesem Abschnitt werden diese gesetzgeberischen Maßnahmen sowie ihre Auswirkungen auf die Verbreitung der bAV knapp dargestellt, sodass ein übersichtliches Bild der Ausgangssituation für die im weiteren Verlauf der Arbeit folgenden Untersuchungen entsteht.

---

141 Die Übergangsphase ist derart ausgestaltet, dass die Beiträge zur GRV mit einem steigenden Prozentsatz als Sonderausgaben abziehbar sind. Erstmals im Kalenderjahr 2025 ist ein vollständiger Sonderausgabenabzug möglich. Analog, jedoch nicht gleichläufig, zur Abziehbarkeit der Beiträge wird der steuerpflichtige Anteil der GRV-Rente erhöht. Ab dem Kalenderjahr 2040 unterliegt die Rente aus der GRV der vollständigen Besteuerung als sonstige Einkünfte. Vgl. zur Übergangsregelung Rürup-Kommission (2003), S. 41 ff.

142 Vgl. ausführlich zum Drei-Schichten-Modell Rürup-Kommission (2003), S. 16 ff.

143 Vgl. insbesondere Kapitel C 8.

144 Dieser Abschnitt beruht weitgehend auf Kiesewetter et al. (2016a), S. 30-35, wurde jedoch gekürzt und aktualisiert.

145 Vgl. die Gesetzesbegründung zum AVmG, in dem die Steigerung der bAV-Verbreitung explizit genannt ist (BT-Drucksache 14/4595 vom 14.11.2000, S. 40). Auch im Gesetzentwurf zum AltEinkG findet sich eine entsprechende Zielsetzung (vgl. BT-Drucksache 15/2150 vom 09.12.2003, S. 1, 51 ff.). Ganz zentral ist diese Forderung im BRSG verankert (vgl. BT-Drucksache 15/2150 vom 09.12.2003, S. 1, 31 ff.).

Die ersten betrieblichen Sicherungssysteme wurden von Unternehmen in Deutschland in der Mitte des 19. Jahrhunderts eingeführt. Beispielsweise ermöglichte die Krupp AG bereits 1858 ihren Arbeitnehmern eine betriebliche Absicherung gegen Invalidität.[146] Die Fürsorgepflicht des patriarchalischen Arbeitgebers gegenüber seinen abhängigen Mitarbeitern stand dabei im Vordergrund.[147] Während die steuerliche Behandlung der bAV bereits zur Zeit des Nationalsozialismus gesetzlich geregelt war, hatte zu zivil- und arbeitsrechtlichen Fragestellungen lediglich die Rechtsprechung, insbesondere das Bundesarbeitsgericht (BAG), die Rahmenbedingungen der bAV bestimmt. Erst mit dem Betriebsrentengesetz (BetrAVG)[148] im Jahr 1974 wurde die bAV umfassend reglementiert.[149]

In der jüngeren Vergangenheit wurde der gesetzliche Rahmen der bAV stetig weiterentwickelt, sodass heute ein umfassender Regelungskomplex besteht. Vor allem die arbeits-, steuer- und sozialversicherungsrechtlichen Normen erfuhren zahlreiche Änderungen. Nachfolgend werden diese Maßnahmen und deren Auswirkungen auf die Verbreitung der bAV dargelegt. Als Grundlage dienen hierzu vor allem die von den zuständigen Bundesministerien in Auftrag gegebenen Studien zur Situation und Entwicklung der bAV in Deutschland, da diese in regelmäßigen zeitlichen Abständen erschienen sind und dadurch eine gezielte Analyse der Verbreitung der bAV im Zeitablauf ermöglichen. Außerdem weisen sie im Vergleich zu anderen Studien den größten Stichprobenumfang auf, weshalb die Belastbarkeit der Ergebnisse gewährleistet ist.[150]

Eine Untersuchung des damaligen Bundesministeriums für Arbeit und Sozialordnung (BMA) für das Jahr 1999 analysiert den damaligen Verbreitungsgrad der bAV in Deutschland. Demnach war in Westdeutschland Mitte der 1990er-Jahre in ca. einem Drittel aller Betriebe der Privatwirtschaft[151] eine bAV vorhanden. In den neuen Bundesländern war die Bedeutung der bAV noch deutlich geringer. Unterschiede wurden auch im Hinblick auf die Betriebsgröße festgestellt. So war die bAV insbesondere in KMU nur rudimentär verbreitet.[152] Allgemein wurde eine stagnierende und sogar teilweise rückläufige Entwicklung bei der Verbreitung der bAV konstatiert.

Eine Studie des Bundesministeriums für Gesundheit und soziale Sicherung (BMGS) aus dem Jahr 2005 untersucht die Entwicklung der bAV in den Jahren 2001 bis 2004. Im Jahr 2001 gab es laut dieser Studie in 31 Prozent aller Betriebsstätten[153] die Möglichkeit für Arbeitnehmer, eine bAV bei ihrem Arbeitgeber abzuschließen. Insgesamt hatten 38 Prozent aller sozialversicherungspflichtig Beschäftigten in jenem Jahr eine bAV.[154] Diese geringe

146 Vgl. Rathje (2007), S. 160.

147 Vgl. Cisch und Karst (2014), Einführung, Rz. 1.

148 Gesetz zur Verbesserung der betrieblichen Altersversorgung (Betriebsrentengesetz), BGBl. I 1974, S. 3610.

149 Vgl. Ahrend et al. (2017b), Einführung, Rz. 20 ff.

150 Für eine Übersicht über bestehende Studien zur Verbreitung der bAV in Deutschland siehe BMAS (2014), S. 43-49.

151 Es wird nachfolgend grundsätzlich auf die Privatwirtschaft abgestellt und der öffentliche Sektor ausgeblendet, wenn nicht explizit Anderweitiges angemerkt wird. Grund ist, dass die Regelungen zur bAV im öffentlichen Sektor von denen der Privatwirtschaft stark abweichen.

152 Vgl. BMA (2001), S. 15.

153 Betriebsstätten sind definiert als wirtschaftliche und lokale Einheiten, die jedoch nicht rechtlich selbständig sein müssen; vgl. BMGS (2005), S. 11.

154 Vgl. BMGS (2005), S. 14.

Verbreitung der bAV in Zusammenhang mit den Problemen der GRV waren ausschlaggebend, dass der Gesetzgeber im Zuge der Rentenreform 2001 Maßnahmen zur Stärkung der bAV ergriff.[155] Im Speziellen wurde das AVmG verabschiedet, welches zahlreiche Änderungen in Bezug auf die Regelungen zur bAV beinhaltete. Von besonderer Relevanz war hierbei der durch dieses Gesetz neu eingeführte Rechtsanspruch auf bAV durch Entgeltumwandlung.[156] Außerdem wurde der Pensionsfonds als fünfter Durchführungsweg der bAV eingeführt. Für diesen wurde durch das AVmG genauso wie für die Pensionskasse eine nachgelagerte Besteuerung beschlossen, steuersystematisch jedoch auf einem anderen Weg als bei den Durchführungswegen Direktzusage und Unterstützungskasse.[157] Bei der steuerlichen Behandlung der bAV über Direktversicherungen wurden keine Änderungen vorgenommen.[158] Daneben wurden noch weitere Regelungen der bAV angepasst. So wurden die Unverfallbarkeitsfristen von Anwartschaften gesenkt, die Beitragszusage mit Mindestleistung eingeführt und auch die Portabilität von Anwartschaften verbessert. Darüber hinaus wurde die ebenfalls mit dem AVmG eingeführte Zulagenförderung (sogenannte Riester-Förderung) in das System der bAV einbezogen.[159]

Zusammenfassend zielten die genannten Gesetzesänderungen darauf ab, die bAV attraktiver zu gestalten und damit deren Verbreitung zu erhöhen. Betrachtet man die Studie des BMGS aus dem Jahr 2005, ist festzuhalten, dass dies auch teilweise gelungen ist. Im Speziellen wurde für den Untersuchungszeitraum (Dezember 2001 bis Juni 2004) eine Zunahme des Anteils aller Betriebsstätten mit einer bAV von 31 auf 41 Prozent beobachtet. Bei der Betrachtung der Arbeitnehmer mit einer bAV ist die Entwicklung ähnlich. Während 2001 noch 38 Prozent der Arbeitnehmer über eine bAV verfügten, waren es im Juni 2004 ca. 46 Prozent.[160] Für den Zeitraum Dezember 2001 bis Juni 2004 lässt sich daher ein positiver Trend bei der Verbreitung der bAV in Deutschland erkennen, der sich mit den Maßnahmen des AVmG in Verbindung bringen lässt. Sowohl die Zahl der Betriebsstätten, die eine bAV anbieten, als auch die Zahl der Arbeitnehmer, die mit Hilfe der bAV vorsorgen, ist gestiegen. Insbesondere in kleinen Unternehmen konnten die Fördermaßnahmen aber nur beschränkt Wirkung erzielen. Somit konnte noch nicht von einer ausreichenden Verbreitung der bAV in Deutschland gesprochen werden. Dieser Auffassung war auch der Gesetzgeber,[161] weshalb er das AltEinkG verabschiedete, das zum 01.01.2005 in Kraft trat. Die-

[155] Vgl. BR-Drucksache 764/00 vom 23.11.2000, S. 1 f.

[156] Vgl. hierzu Abschnitt C 2.2.2.

[157] In den Durchführungswegen Direktzusage und Unterstützungskasse galt bereits die nachgelagerte Besteuerung. Zur steuerrechtlichen Behandlung der jeweiligen Durchführungswege siehe ausführlich Abschnitt C 2.3.

[158] Beiträge an Direktversicherungen konnten in der Anwartschaftsphase gem. § 40b EStG a.F. mit einem Pauschalsteuersatz von 20 Prozent besteuert werden. In der Auszahlungsphase waren die Leistungen nur mit dem Ertragsanteil zu versteuern. Siehe hierzu auch Abschnitt C 2.3. Diese Systematik galt vor dem AVmG auch für Pensionskassen. Für eine zusammenfassende Darstellung der Besteuerung der bAV vor dem AVmG und eine knappe Gegenüberstellung von vor- und nachgelagerter Besteuerung siehe Birk/Wernsmann (1999).

[159] Vgl. BT-Drucksache 16/906 vom 09.03.2006, S. 117.

[160] Vgl. BMGS (2005), S. 31-34.

[161] Im Gesetzentwurf der Bundesregierung zum AltEinkG (BR-Drucksache 2/04 vom 02.01.2004) ist als Ziel unter anderem genannt, dass das Besteuerungssystem der bAV transparenter gestaltet werden soll. Dadurch und durch Verbesserungen der Portabilität sollte sich die Stärkung der bAV weiter beschleunigen (vgl. BR-Drucksache 2/04 vom 02.01.2004, S. 2).

ses enthielt wiederum Änderungen der gesetzlichen Rahmenbedingungen der bAV, insbesondere in Bezug auf deren arbeitsrechtliche und einkommensteuerliche Behandlung.

Im Speziellen wurde die steuerliche Förderung von Pensionskasse, Pensionsfonds und Direktversicherung vereinheitlicht. Dies geschah durch Einbezug der Beiträge an eine Direktversicherung in § 3 Nr. 63 EStG, sodass auch diese Beiträge innerhalb der bekannten Grenzen steuerfrei gestellt wurden. Daneben wurde in § 3 Nr. 63 EStG der Höchstbetrag für die Steuerfreiheit um einen Festbetrag von 1.800 Euro pro Jahr erhöht.[162] Weitere Maßnahmen in Arbeits-[163] und Steuerrecht[164] trugen zu einer Verbesserung der Portabilität von Anwartschaften bei.[165] Außerdem wurde die Fortführung einer bAV mit eigenen Beiträgen des Arbeitnehmers auch während eines ruhenden Arbeitsverhältnisses, beispielsweise Elternzeit, ermöglicht.[166]

Inwieweit diese Änderungen auf die Verbreitung der bAV gewirkt haben, kann anhand der Studien des Bundesministeriums für Arbeit und Soziales (BMAS) analysiert werden.[167] Diese schreiben die bisherigen Ergebnisse bis Dezember 2007 fort. Während im Juni 2004 noch in 41 Prozent aller Betriebsstätten ein bAV-Angebot vorhanden war, stieg dieser Anteil auf 51 Prozent im Dezember 2007. Es ist festzuhalten, dass der Großteil dieses Anstiegs auf den Zeitraum zwischen Juni 2004 und Dezember 2005 entfällt. Danach wurde nur noch eine geringe Zunahme beobachtet. Ein ähnliches Bild zeigt die Entwicklung der Arbeitnehmer, die eine bAV abgeschlossen haben. Waren dies Mitte 2004 noch 46 Prozent, erhöhte sich dieser Anteil bis Ende 2007 auf 52 Prozent. Der Anstieg entfällt hier jedoch komplett auf die Zeit zwischen Juni 2004 und Dezember 2005. Danach stagniert dieser Wert.[168] Den Gesetzesänderungen des AltEinkG kann daher zumindest ein positiver Einmaleffekt zugesprochen werden. Die Tatsache, dass die Entwicklung ab 2006 ins Stocken geriet, macht jedoch deutlich, dass das Wirkungspotenzial der Änderungen ausgeschöpft scheint.

Mit dem Gesetz zur Förderung der zusätzlichen Altersvorsorge und zur Änderung des Dritten Buches Sozialgesetzbuch[169] wurden weitere Änderungen beschlossen. Zu nennen ist hier insbesondere die Fortsetzung der Sozialversicherungsfreiheit von Beiträgen aus Entgeltumwandlung über das Jahr 2008 hinaus.[170] Außerdem wurde das erforderliche Lebensalter für die Unverfallbarkeit einer arbeitgeberfinanzierten bAV-Anwartschaft auf 25 Jahre

162 Vgl. hierzu Abschnitt C 2.3.

163 Der § 4 BetrAVG wurde derart geändert, dass eine Übertragung von Anwartschaften bei Arbeitgeberwechsel für Arbeitnehmer leichter möglich ist.

164 Einführung des § 3 Nr. 55 EStG, der eine Übertragung von Anwartschaften auf einen neuen Arbeitgeber unter bestimmten Voraussetzungen steuerfrei stellt.

165 Vgl. Förster (2005), S. 10.

166 Vgl. BT-Drucksache 16/906 vom 09.03.2006, S. 117.

167 Vgl. BMAS (2007, 2008).

168 Vgl. BMAS (2007), S. 11.

169 Gesetz zur Förderung der zusätzlichen Altersvorsorge und zur Änderung des Dritten Buches Sozialgesetzbuch, BGBl. I 2007, S. 2838.

170 Die mit dem AVmG eingeführte Sozialversicherungsfreiheit der Entgeltumwandlung war ursprünglich nur bis einschließlich 2008 vorgesehen. Im Entwurf eines Gesetzes zur Förderung der bAV (BR-Drucksache 540/07 vom 10.08.2007, S. 1) wird das für das Jahr 2006 festgestellte Ende des Wachstums bei der Verbreitung der bAV unmittelbar mit diesem Wegfall der Beitragsfreiheit in Verbindung gebracht.

gesenkt.[171] Weiteren gesetzgeberischen Handlungsbedarf sah die Bundesregierung, wie sie im Alterssicherungsbericht 2008 festhielt, zu jener Zeit jedoch nicht.[172]

Die Verbreitung der bAV bis Dezember 2011 wurde in BMAS (2012b) untersucht. Die bereits für die Jahre ab 2006 festgestellte rückläufige Dynamik in der Entwicklung der bAV setzte sich bis 2011 fort. So bewegte sich der Anteil der Betriebsstätten mit bAV seit 2007 dauerhaft um 50 Prozent. Wird die Verbreitung nach Arbeitnehmer betrachtet, die Anwartschaften über die bAV aufbauen, lässt sich eine ähnliche Stagnation feststellen. So betrug der Anteil an Arbeitnehmern mit bAV Ende 2011 knapp über 50 Prozent.[173]

BMAS (2016) ist die jüngste Studie, die die Verbreitung der bAV in Deutschland darstellt. Sie enthält Daten bis zum 31.12.2015. Es wird dabei deutlich, dass sich im Vergleich zu 2011 kaum Veränderungen ergeben haben. Es ist sogar ein leicht negativer Trend zu erkennen. So beträgt der Anteil an Arbeitnehmern mit einer bAV zum 31.12.2015 nur noch 47 Prozent, während der Anteil an Betriebsstätten mit bAV-Angebot auf 49 Prozent beziffert wird.[174]

Nachfolgende Abbildung zeigt die Verbreitung der bAV anhand der Daten aus oben genannten Studien im Zeitablauf. Einerseits wird die Verbreitung nach Betriebsstätten mit bAV und andererseits nach Arbeitnehmern mit bAV dargestellt.

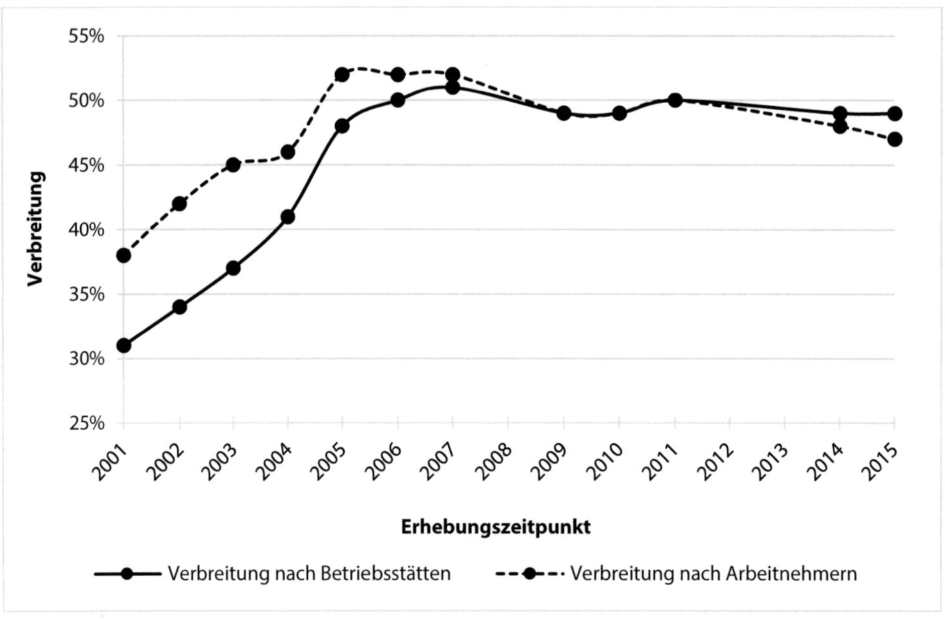

Abbildung 4: Verbreitung der bAV zwischen 2001 und 2015 nach Betriebsstätten und Arbeitnehmern[175]

171 Vgl. BT-Drucksache 16/11061 vom 21.11.2008, S. 71.

172 Vgl. BT-Drucksache 16/11061 vom 21.11.2008, S. 82.

173 Vgl. BMAS (2012b), S. 20, 22.

175 Quelle: Modifiziert entnommen aus Kiesewetter et al. (2016a), S. 35 und anhand der Daten aus BMAS (2016) und BMAS (2017b) bis 2015 fortentwickelt. Daten daneben entnommen aus BMGS (2005), BMAS (2007),

Die Abbildung verdeutlicht, dass die zunehmende Verbreitung der bAV zu einem Großteil auf den Zeitraum zwischen 2001 und 2005 entfällt. Diese Entwicklung lässt sich durch die Gesetzesänderungen im Rahmen des AVmG und AltEinkG erklären. Neben arbeitsrechtlichen Verbesserungen wurden vor allem steuerliche und sozialversicherungsrechtliche Fördermechanismen für die bAV geschaffen. Dies zeigt, dass derartige gezielte staatliche Eingriffe wirksam sein können. In der Zeit ab 2006 stagniert die Entwicklung jedoch und sowohl bei Betrachtung nach Betriebsstätten mit bAV als auch nach Arbeitnehmern mit bAV ändert sich der Verbreitungsgrad von seither knapp 50 Prozent kaum merklich.

1.3 Abgrenzung der Zielgruppen

Während im vorhergehenden Abschnitt die Verbreitung der bAV allgemein dargestellt wurde, wird nun eine Differenzierung nach Einkommensklassen der Arbeitnehmer vorgenommen. Dadurch lässt sich feststellen, in welchen Gruppen noch besonderes Verbreitungspotential besteht. Dazu werden erneut Studien im Auftrag des BMAS herangezogen, da in diesen, zumindest teilweise, eine Untergliederung nach Einkommensklassen vorgenommen wird. Eine entsprechende Übersicht findet sich in BMAS (2012a) sowie in BMAS (2017b), wenn auch jeweils nur für sozialversicherungspflichtig Beschäftigte ab 25 bis unter 65 Jahren.[176] Dort zeigt sich, dass in der Gruppe der Arbeitnehmer mit einem Bruttomonatslohn bzw. -gehalt[177] bis maximal 1.499 Euro im Jahr 2011[178] lediglich 17 Prozent eine bAV-Anwartschaft innehaben.[179] In dieser Einkommensklasse steigt der Anteil von Arbeitnehmern mit bAV bis 2015 lediglich um einen Prozentpunkt auf 18 Prozent.[180] In der Gruppe der sozialversicherungspflichtig Beschäftigten mit einem Bruttomonatsgehalt zwischen 1.500 Euro und 2.499 Euro liegt der Verbreitungsgrad im Jahr 2011 bzw. 2015 bei 29 Prozent bzw. 28 Prozent und ist damit weiterhin als gering zu bezeichnen. Ab einem Bruttomonatsverdienst über 2.500 Euro steigt die Verbreitung stetig an, bis sie in der Klasse ab 4.500 Euro 71 Prozent (im Jahr 2015) erreicht.

Anhand dieser Daten wird deutlich, dass die bAV in den unteren Einkommensklassen noch stark unterrepräsentiert ist. Gerade für diese Arbeitnehmergruppe ist eine zusätzliche Altersvorsorge, neben der GRV, jedoch zentral, um im Alter nicht auf soziale Sicherungs-

BMAS (2008) sowie BMAS (2012b). Anzumerken ist, dass für die Jahre 2008, 2012 und 2013 in diesen Studien keine Daten vorliegen. Für Zwecke der Darstellung wurde jedoch ein stetiger Verlauf der Verbreitung angenommen.

175 Quelle: Modifiziert entnommen aus Kiesewetter et al. (2016a), S. 35 und anhand der Daten aus BMAS (2016) und BMAS (2017b) bis 2015 fortentwickelt. Daten daneben entnommen aus BMGS (2005), BMAS (2007), BMAS (2008) sowie BMAS (2012b). Anzumerken ist, dass für die Jahre 2008, 2012 und 2013 in diesen Studien keine Daten vorliegen. Für Zwecke der Darstellung wurde jedoch ein stetiger Verlauf der Verbreitung angenommen.

176 Daten jeweils ausschließlich für die Privatwirtschaft, das heißt, ohne Betrachtung der Zusatzversorgung im öffentlichen Dienst.

177 Die Begriffe „Gehalt“ und „Lohn“ werden synonym verwendet.

178 In BMAS (2012a) ist angegeben, dass die Ergebnisse auf einer schriftlichen Befragung beruhen, die im Herbst 2011 durchgeführt wurde.

179 Vgl. BMAS (2012a), S. 21.

180 Vgl. BMAS (2017b), S. 27.

systeme angewiesen zu sein. Denn bei niedrigem Verdienst werden lediglich geringe Ansprüche in der GRV erworben. Daher wird die Gruppe von Arbeitnehmern mit einem regelmäßigen Monatsverdienst unter 2.500 Euro in den Fokus dieser Arbeit gerückt. Innerhalb dieser Gruppe wird eine Unterscheidung in Gering- und Niedrigverdiener vorgenommen, die wie folgt definiert werden:

Geringverdiener sind Arbeitnehmer mit einem monatlichen Bruttoverdienst von maximal 1.500 Euro.

Niedrigverdiener sind Arbeitnehmer mit einem monatlichen Bruttoverdienst zwischen 1.501 Euro und 2.500 Euro.

Als Arbeitnehmer werden sozialversicherungspflichtig Beschäftigte verstanden. Dies bedeutet, dass auch Angestellte in Teilzeit und Auszubildende in die Betrachtung einfließen. Außerdem werden geringfügig Beschäftigte[181] in die Untersuchungen miteinbezogen, da auch diese am System der bAV teilnehmen können. Explizit aus der Untersuchung ausgeschlossen werden Beschäftigte im öffentlichen Dienst, da für diese besondere Rahmenbedingungen gelten.[182] Es unterbleibt eine Einschränkung sowohl in Bezug auf bestimmte Altersgruppen als auch bezüglich bestimmter Branchen.

1.4 Forschungsfragen und Gang der Untersuchung

In Teil C dieser Arbeit werden die Ursachen für die unterdurchschnittliche Verbreitung der bAV in den oben definierten Zielgruppen aufgezeigt. Darauf aufbauend werden Ansätze erarbeitet, wie dieser Problematik begegnet werden kann. Der Fokus liegt auf den steuer- und sozialversicherungsrechtlichen Rahmenbedingungen der bAV.

Die zentralen Forschungsfragen, die in Teil C dieser Arbeit beantwortet werden, lauten:

1) Worin liegen die Ursachen, dass die bAV insbesondere bei Gering- und Niedrigverdienern nur unterdurchschnittlich verbreitet ist?
2) Bestehen insbesondere steuer- und sozialversicherungsrechtliche Regelungen, die einer weiteren Verbreitung der bAV in diesen Zielgruppen entgegenstehen?
3) Wie kann die bAV durch Anpassung der steuer- und sozialversicherungsrechtlichen Rahmenbedingungen für Gering- und Niedrigverdiener attraktiver gestaltet werden?

Zur Beantwortung dieser Fragen ist Teil C wie folgt untergliedert: In Kapitel C 2 werden die rechtlichen Grundlagen der bAV dargestellt. Dabei liegt der Fokus auf den steuer- und sozialversicherungsrechtlichen Regelungen. Um diese übersichtlich darstellen zu können, bedarf es zusätzlich einer kurzen Erläuterung arbeitsrechtlicher Grundlagen. Kapitel C 3 setzt sich intensiv mit bestehenden Hemmnissen in der bAV auseinander. Nach einer Auswertung bisheriger Studien werden durch leitfadengestützten Experteninterviews eigene empirische Erkenntnisse zu bestehenden Problemfeldern bei der bAV gewonnen (Abschnitt C 4.1). Daran schließen sich in Abschnitt C 4.2 teilstandardisierte Interviews mit

181 Die Definition der geringfügigen Beschäftigung ist § 8 SGB IV zu entnehmen. Ausgeschlossen werden geringfügig Beschäftigte, die lediglich in Privathaushalten angestellt sind.

182 Angestellte im öffentlichen Dienst sind in aller Regel in einer Zusatzversorgungseinrichtung, wie beispielsweise der Versorgungsanstalt des Bundes und der Länder (VBL), betrieblich abgesichert.

Arbeitnehmern an. Dadurch werden aus den Zielgruppen der Gering- und Niedrigverdiener weitere Einblicke in Bezug auf Hemmnisse bei der bAV gewonnen. Auf Basis der Ergebnisse aus den Kapiteln C 3 und C 4, die in Kapitel C 5 als Zwischenfazit zusammengefasst werden, werden in Kapitel C 6 Reformüberlegungen diskutiert, durch die den identifizierten Problemen bei der steuer- und sozialversicherungsrechtlichen Behandlung der bAV begegnet werden kann. In Kapitel C 7 werden Teile dieser Überlegungen empirisch überprüft, indem erneut teilstandardisierte Interviews mit Arbeitnehmern geführt werden.[183] In diese Interviews fließen auch experimentalökonomische Elemente mit ein. Durch dieses Vorgehen können wirksame Reformmaßnahmen herausgearbeitet werden. Abschließend wird in Kapitel C 8 auf die Änderungen durch das BRSG eingegangen, da hierin zahlreiche Änderungen der rechtlichen Rahmenbedingungen der bAV vorgenommen wurden. Teil C schließt mit einem Fazit, in dem die Antworten auf die Forschungsfragen zusammengefasst, das BRSG knapp gewürdigt sowie ein Ausblick bezüglich künftiger Forschungsmöglichkeiten gegeben wird.

2 Rechtliche Grundlagen der bAV vor Inkrafttreten des Betriebsrentenstärkungsgesetzes[184]

In diesem Abschnitt werden die rechtlichen Rahmenbedingungen der bAV beschrieben. Während der Fokus auf dem Steuerrecht liegt, werden auch arbeits- und sozialversicherungsrechtliche Grundlagen dargelegt. Es wird in diesem Kapitel der Rechtsstand zum 31.12.2017 zugrunde gelegt und erläutert. Denn basierend auf diesem Rechtsstand wurden die Untersuchungen in Teil C dieser Arbeit vorgenommen. Damit sind insbesondere die Neuerungen des BRSG noch nicht berücksichtigt. Diese werden in Kapitel C 8 ausführlich erläutert und erfahren in Abschnitt C 9.2 eine erste Würdigung.

Sofern sich Paragraphenangaben auf einen Rechtsstand beziehen, der sich durch das BRSG nicht geändert hat, erfolgt kein gesonderter Hinweis. Wenn die erläuterten Vorschriften eine Änderung durch das BRSG erfahren haben, wird mit der Abkürzung a.F. (alte Fassung) kenntlich gemacht, dass der Rechtsstand vor Inkrafttreten des BRSG angesprochen ist. Korrespondierend beziehen sich Paragraphenverweise mit dem Kürzel n.F. (neue Fassung) auf den Rechtsstand nach Inkrafttreten des BRSG.

2.1 Begriffsdefinition

Der Begriff der bAV wird in der Praxis nicht einheitlich verwendet, weshalb es zunächst einer Konkretisierung bedarf. Der Gesetzgeber kam der Notwendigkeit einer Definition im Rahmen des im Jahr 1974 eingeführten BetrAVG nach, welches bis heute die arbeitsrechtlichen Regelungen der bAV zum Gegenstand hat und vor allem dem Schutz des Arbeitnehmers dient. In § 1 Abs. 1 BetrAVG wird die bAV als eine Leistung der Alters-, Invaliditäts-

[183] Die interviewten Arbeitnehmer in Kapitel C 7 entsprechen nicht den interviewten Arbeitnehmern aus Abschnitt C 4.2.

[184] Dieser Abschnitt ist Kiesewetter et al. (2016a), S. 9-29 gekürzt und modifiziert entnommen. Außerdem ist er teilweise in Menzel/Tschinkl (2018) eingeflossen.

oder Hinterbliebenenversorgung definiert, die einem Arbeitnehmer aus Anlass seines Arbeitsverhältnisses vom Arbeitgeber zugesagt wird.[185] Somit sind unter der bAV alle betrieblichen Maßnahmen zu verstehen, die den Arbeitnehmer oder auch seine Hinterbliebenen im Falle eines Verlustes der Arbeitsfähigkeit und damit des Arbeitsentgelts absichern. Darunter fallen ausdrücklich und abschließend die Versorgungsfälle Alter, Invalidität und Tod. Die aufgezählten Fälle müssen jedoch nicht kumulativ abgedeckt werden, sondern können unabhängig und auch einzeln voneinander Berücksichtigung finden. Tritt der abgesicherte Verlust der Arbeitsfähigkeit ein, erbringt der Arbeitgeber Leistungen an den Arbeitnehmer bzw. an seine Hinterbliebenen, die zumeist in Form von regelmäßig wiederkehrenden Geldleistungen bestehen. Ob der Arbeitgeber diese Leistungen gegenüber dem Arbeitnehmer unmittelbar erbringt oder ob er dies unter Zuhilfenahme eines externen Versorgungsträgers mittelbar erfüllt, ist für das Vorliegen einer bAV im Sinne des Betriebsrentengesetzes ohne Bedeutung. Der Anwendungsbereich des Betriebsrentengesetzes bezieht sich somit neben den sogenannten internen auch auf die externen Durchführungswege der bAV.[186]

2.2 Arbeitsrecht

2.2.1 Zusagearten

Die konkrete Ausgestaltung der Zusage auf eine bAV obliegt grundsätzlich dem Arbeitgeber und kann entweder einzelvertraglich als Bestandteil des Arbeitsvertrages oder auch kollektivrechtlich wie beispielsweise durch Tarifverträge festgehalten werden. Als Rechtsgrundlage muss eine Zusage von Versorgungsleistungen gegeben sein und es sich somit um einen originären Versorgungszweck handeln. Ob die Erfüllung der zugesagten Leistungen direkt über den Arbeitgeber erfolgt oder von anderen Versorgungsträgern vorgenommen wird, ist dabei unerheblich.[187] In einer solchen Versorgungszusage[188] sind sämtliche inhaltlichen Ausgestaltungen und Vereinbarungen zu normieren.[189] Als Folge daraus wird eine Anwartschaft des Arbeitnehmers begründet. Als Versorgungsleistungen werden zumeist regelmäßig wiederkehrende Geldzahlungen vereinbart, wohingegen auch einmalige Kapitalzahlungen denkbar sind.[190]

Bei der Ausgestaltung der Zusageform kann zunächst grob in Leistungs- und Beitragszusage untergliedert werden. Die Leistungszusage stellt dabei die ursprüngliche Form der Zusage dar und liegt auch der Ausgangsbetrachtung des § 1 Abs. 1 BetrAVG zugrunde. Der

185 Als Arbeitnehmer zählen hierbei gem. § 17 Abs. 1 BetrAVG auch Auszubildende.

186 Vgl. zu den verschiedenen Durchführungswegen der bAV Abschnitt C 2.2.3.

187 Gem. § 1 Abs. 1 Satz 2 i.V.m. § 1b Abs. 2 bis 4 BetrAVG.

188 Der Begriff „Versorgungszusage" wird im Folgenden als Oberbegriff sowohl für die unmittelbare als auch für die mittelbare Versorgungszusage verstanden. Demgegenüber verwendet der Gesetzgeber den Begriff „Versorgungszusage", wenn er von unmittelbaren Direktzusagen ausgeht; vgl. Ahrend et al. (2017b), 1. Teil, Rz. 117.

189 Vgl. auch die Definition in Rolfs (2018c), Rz. 37 f., sowie die dortige Abgrenzung zu verwandten Begrifflichkeiten.

190 Ferner erfüllen auch Sach- bzw. Nutzungsleistungen die Voraussetzungen, sind jedoch weit weniger gebräuchlich; vgl. Ahrend et al. (2017b), 1. Teil, Rz. 10.

Arbeitgeber sagt hier eine nach geeigneten Kriterien ermittelte Leistung bei Eintritt des Versorgungsfalles zu. Diese kann sich beispielsweise an dem letzten Bruttogehalt orientieren und einen bestimmten Prozentsatz davon pro Jahr der Betriebszugehörigkeit garantieren.[191] Das Risiko dieser Zusageart trägt damit der Arbeitgeber, der für ausreichend Versorgungskapital sorgen muss. Für das Unternehmen ist dies mit großen Kalkulationsproblemen verbunden, weshalb zunehmend eine Abkehr von der Leistungszusage ersichtlich ist.

Seit 1999 kennt das Betriebsrentengesetz mit § 1 Abs. 2 Nr. 1 BetrAVG daneben die beitragsorientierte Leistungszusage.[192] Dabei werden vereinbarte Beiträge durch den Arbeitgeber in eine Anwartschaft umgewandelt. Der Arbeitgeber gibt lediglich an, welchen periodischen oder einmaligen Betrag er aufwenden möchte, womit für ihn keine Kalkulationsprobleme bestehen.[193] Letztendlich muss jedoch erneut eine tatsächliche Leistung zugesagt werden. Damit handelt es sich folglich nicht um eine reine Beitragszusage. Die Leistung ergibt sich anhand einer vertraglich fixierten Umrechnungs- bzw. Transformationstabelle von Beitrag in Leistung. Der Umrechnungskurs richtet sich vornehmlich nach versicherungsmathematischen Grundsätzen.[194]

Das Betriebsrentengesetz sieht seit 2002 außerdem gem. § 1 Abs. 2 Nr. 2 BetrAVG[195] eine Beitragszusage mit Mindestleistung vor. Dabei handelt es sich jedoch ebenfalls nicht um eine reine Beitragszusage, sondern abermals um eine Mischform aus Leistungs- und Beitragszusage. Sie kann sogar als Unterform der beitragsorientierten Leistungszusage angesehen werden.[196] Der Arbeitgeber verpflichtet sich, zugesagte und vertraglich festgelegte Beiträge an einen externen Versorgungsträger zu entrichten. Jener erbringt später die Versorgungsleistungen. Damit hängt die Höhe der späteren Rente von der erwirtschafteten Rendite des externen Kapitalanlegers ab. Da der Arbeitgeber aber zusätzlich mindestens für die Summe der zugesagten Beiträge[197] aufkommen muss, handelt es sich folglich in dieser Höhe erneut um eine Leistungszusage.[198] Dies ist dann der Fall, wenn das zur Verfügung stehende Versorgungskapital, beispielsweise infolge schlechten Wirtschaftens, geringer ausfällt als sämtliche geleisteten Beiträge.[199]

Mit dem BRSG wurde erstmals die reine Beitragszusage eingeführt. Sie ist ab 01.01.2018 damit rentenrechtlich zulässig. Bereits zuvor war sie allgemein rechtlich möglich. Da sie

---

191 Vgl. Deutsche Rentenversicherung Bund (2018), S. 15.

192 Eingeführt durch das Gesetz zur Reform der gesetzlichen Rentenversicherung (Rentenreformgesetz 1999 – RRG 1999), BGBl. I 1997, S. 2998.

193 Vgl. Rolfs (2018c), Rz. 83 f.

194 Vgl. Rolfs (2018c), Rz. 83 und Förster/Rechtenwald (2008), Rz. 35. Sofern die Leistung über externe Durchführungswege (eine detaillierte Behandlung der Durchführungswege erfolgt in Abschnitt C 2.2.3) erbracht wird, erfolgt die Umrechnung anhand der Tarifkalkulation des externen Versorgungsträgers. Ansonsten sind erwartete Verzinsung sowie biometrische Wahrscheinlichkeiten versicherungsmathematisch zu modellieren. Eine ausführliche Erklärung hierzu, insbesondere zu Transformationstabellen und Renten- bzw. Kapitalbausteinen ist Hagemann et al. (2015), S. 37 ff. zu entnehmen.

195 Eingeführt durch das AVmG.

196 Vgl. Rolfs (2018c), Rz. 88. Förster/Rechtenwald (2008), Rz. 37 verweisen darauf, dass die Abgrenzung zur beitragsorientierten Leistungszusage umstritten ist.

197 Soweit sie nicht rechnungsmäßig für ein biometrisches Risiko verbraucht wurden, das heißt abzüglich eines biometrischen Risikoausgleichs; vgl. § 1 Abs. 2 Nr. 2 BetrAVG.

198 Vgl. Brassat (2011), S. 8.

199 Siehe hierzu und ausführlich zu den weiteren Änderungen des BRSG Kapitel C 8.

jedoch nicht vom Betriebsrentenrecht erfasst war, war per definitionem keine bAV gegeben.[200]

2.2.2 Finanzierungswege der bAV

BAV-Maßnahmen können rein arbeitgeber-, rein arbeitnehmer- oder auch mischfinanziert sein. Unabhängig von der Finanzierungsart führt jedoch der Arbeitgeber die Beiträge ab bzw. muss bei der Direktzusage für entsprechendes Deckungskapital sorgen.[201] Unterschieden wird danach, wer die Beiträge zur bAV wirtschaftlich trägt. Daher ist eine reine Arbeitgeberfinanzierung dann gegeben, wenn der Arbeitgeber die Beiträge zur bAV zusätzlich zum ohnehin gewährten Arbeitsentgelt finanziert.

Die reine Arbeitnehmerfinanzierung wird als Entgeltumwandlung bezeichnet. Eine Entgeltumwandlung ist gem. § 1 Abs. 2 Nr. 3 BetrAVG gegeben, wenn künftige[202] Entgeltansprüche in eine wertgleiche Anwartschaft auf Versorgungsleistungen umgewandelt werden.[203] Der Arbeitnehmer verzichtet dabei auf künftige, bereits vertraglich vereinbarte Entgeltansprüche, wofür er vom Arbeitgeber eine Versorgungszusage erhält.[204] Im Allgemeinen wird unter dem Begriff Entgeltumwandlung eine Umwandlung des Bruttoentgelts verstanden.[205] Es ist jedoch auch eine Umwandlung des Nettoentgelts möglich.[206]

Seit 2002 ist ein Anspruch auf Entgeltumwandlung gesetzlich fixiert.[207] Anspruchsberechtigt sind gem. § 17 Abs. 1 Satz 3 i.V.m. § 1a Abs. 1 BetrAVG alle in der GRV Pflichtversicherten. Der anspruchsberechtigte Arbeitnehmer kann verlangen, dass ein Teil seines künftigen Entgelts mittels Umwandlung für seine bAV verwendet wird. Zwar hat der Arbeitnehmer grundsätzlich einen Anspruch auf Entgeltumwandlung, der Durchführungsweg ist von ihm jedoch nicht unmittelbar bestimmbar. Der Arbeitgeber kann die Durchführung der Versorgung auf die Durchführungswege Pensionsfonds und Pensionskasse beschränken. Lediglich falls kein derartiges Angebot existiert, kann der Arbeitnehmer den Abschluss einer Direktversicherung verlangen.

Eine Mischfinanzierung ist gegeben, wenn die bAV sowohl auf Beiträgen, die der Arbeitgeber trägt, als auch auf durch Entgeltumwandlung finanzierten Beiträgen beruht. Häufig geben Arbeitgeber beispielsweise Zuschüsse zur bAV, wenn ein Arbeitnehmer Entgeltumwandlung betreibt.

---

200 Auf die reine Beitragszusage wird in Abschnitt C 8.1.1 eingegangen.

201 Einzige Ausnahme sind die Eigenbeiträge des Arbeitnehmers.

202 Förster/Rechtenwald (2008), Rz. 40 verstehen hierunter noch nicht fällige Ansprüche. Demgegenüber sprechen Rolfs (2018c), Rz. 151 von noch nicht erdienten Ansprüchen. Auf eine genaue Erläuterung und Unterscheidung wird an dieser Stelle verzichtet.

203 Die Entgeltumwandlung wurde durch das RRG 1999 im BetrAVG erstmals explizit als bAV definiert.

204 Die aus der Umwandlung resultierenden Beträge stellen gleichwohl Beträge des Arbeitgebers dar; vgl. Ahrend et al. (2017a), 5a. Teil, Rz. 185.

205 Förster/Rechtenwald (2008), Rz. 39 sprechen beispielsweise einleitend im Kapitel zur Entgeltumwandlung davon, dass künftige (Brutto-)Entgeltansprüche des Arbeitnehmers umgewandelt werden.

206 Vgl. Rolfs (2018c), Rz. 141.

207 Gem. § 1a BetrAVG. Seit Inkrafttreten des AVmG.

Daneben besteht für den Arbeitnehmer gem. § 1 Abs. 2 Nr. 4 BetrAVG[208] die Möglichkeit, Beiträge aus seinem Arbeitsentgelt zur Finanzierung von Leistungen der betrieblichen Altersversorgung im Rahmen eines externen Durchführungsweges zu leisten. Man nennt dies eine Finanzierung mit Eigenbeiträgen des Arbeitnehmers, da nicht (mehr) der Arbeitgeber diese Beiträge abführt. Dennoch sind Eigenbeiträge einer Entgeltumwandlung sehr ähnlich, weshalb auch die für Entgeltumwandlung geltenden arbeitsrechtlichen Regelungen anzuwenden sind.[209]

2.2.3 Durchführungswege

Für die Durchführung der bAV stehen insgesamt fünf Durchführungswege zur Verfügung. Diese unterscheiden sich unter anderem hinsichtlich der Kapitalanlagebeschränkungen. Außerdem ergeben sich für Arbeitnehmer und Arbeitgeber jeweils unterschiedliche steuer- und sozialversicherungsrechtliche Konsequenzen.[210] Aus Sicht des Arbeitgebers ist auch relevant, dass je nach Durchführungsweg ein unterschiedlich hoher Verwaltungsaufwand entstehen kann.

Entscheidet sich der Arbeitgeber dazu, die Durchführung der bAV selbst zu verwalten, bietet sich die Direktzusage als einziger unmittelbarer Durchführungsweg an. Bevorzugt er dahingegen einen mittelbaren Durchführungsweg, stehen ihm Unterstützungskasse, Pensionskasse, Pensionsfonds und Direktversicherung zur Verfügung. Dabei werden die Durchführungswege Pensionskasse, Direktversicherung und Pensionsfonds als externe Durchführungswege bezeichnet, die der Aufsicht der Bundesanstalt für Finanzdienstleistungsaufsicht (BaFin) unterliegen.[211] Diese Unterscheidung ist auch in Bezug auf die möglichen Zusagearten relevant. So sind sowohl Leistungszusage als auch beitragsorientierte Leistungszusage in allen Durchführungswegen möglich, die Beitragszusage mit Mindestleistung jedoch nur in Verbindung mit den externen Durchführungswegen. Abbildung 5 veranschaulicht die Unterteilung der Durchführungswege, bevor diese hinsichtlich ihrer Funktionsweise näher betrachtet werden.

[208] Eingeführt durch Artikel 3 des Gesetzes zur Einführung einer kapitalgedeckten Hüttenknappschaftlichen Zusatzversicherung und zur Änderung anderer Gesetze (Hüttenknappschaftliches Zusatzversicherungs-Neuregelungs-Gesetz – HZvNG), BGBl. I 2002, S. 2167.

[209] Sofern die Beiträge im Wege der Kapitaldeckung finanziert werden. Eine Unterscheidung zwischen Entgeltumwandlung und Finanzierung mit Eigenbeiträgen nehmen Cisch (2014), § 1, Rz. 25 vor.

[210] Vgl. zu den steuerlichen Konsequenzen Abschnitt C 2.3, für die sozialversicherungsrechtlichen Folgen Abschnitt C 2.4.

[211] Vgl. Marx (2012), Rz. 968 f.

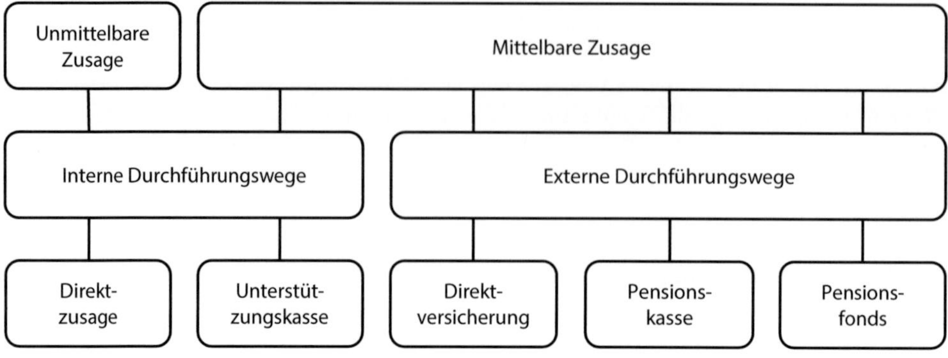

Abbildung 5: Durchführungswege der bAV[212]

Die Direktzusage ist die einzige Form der unmittelbaren Durchführung der bAV. Das Betriebsrentengesetz definiert sie zwar nicht wortwörtlich, gem. § 1 Abs. 1 Satz 2 BetrAVG ist sie jedoch als Urform und Ausgangspunkt der bAV anzusehen. Sie verfügt über einen unmittelbaren Charakter, da der Arbeitgeber seinem Arbeitnehmer eine Leistung unmittelbar zusagt, das heißt, ohne dies durch Zwischenschaltung einer externen Versorgungseinrichtung abzuwickeln und zu organisieren. In der Anwartschaftsphase fließen somit keine Finanzmittel aus dem Unternehmen ab, jedoch muss der Arbeitgeber die Zahlungsverpflichtungen gegenüber dem Arbeitnehmer in der Leistungsphase anschließend direkt aus den laufenden Erträgen erbringen, die das Unternehmen zu diesem Zeitpunkt erwirtschaftet. Auch wenn der Arbeitgeber eine Rückdeckungsversicherung abschließt, handelt es sich trotzdem weiterhin um eine unmittelbare Verpflichtung gegenüber dem Arbeitnehmer, da ausschließlich der Arbeitgeber Versicherungsnehmer und Bezugsberechtigter der Rückdeckungsversicherung ist.[213] Insbesondere in den vergangenen Jahrzehnten erfreute sich diese Form der Durchführung großer Beliebtheit. Der Grund war die im Unternehmen verbleibende Liquidität sowie steuerliche Vorteile, die mit der Bildung von Pensionsrückstellungen einhergingen.[214] Aufgrund der aktuellen Niedrigzinsphase und des damit verbundenen Finanzierungsrisikos versuchen Unternehmen jedoch zunehmend Direktzusagen, beispielsweise auf Contractual Trust Arrangements (CTA)[215] oder Pensionsfonds, auszulagern.

Neben der Direktzusage stellt die Durchführung über eine Unterstützungskasse den zweiten internen Durchführungsweg der bAV dar, der jedoch anders als die Direktzusage als mittelbar zu bezeichnen ist. In § 1b Abs. 4 BetrAVG wird die Unterstützungskasse als selbständige rechtsfähige Versorgungseinrichtung definiert, die auf ihre Leistungen keinen Rechtsanspruch gewährt.[216] Der Arbeitnehmer hat nicht gegenüber der Unterstützungskasse, sondern ausschließlich gegenüber seinem Arbeitgeber Leistungsansprüche. Der Ar-

---

212 Quelle: Eigene Darstellung, in Anlehnung an Marx (2012), Rz. 969 sowie an Kiesewetter et al. (2016a), S. 13.

213 Vgl. Förster/Rechtenwald (2008), Rz. 26.

214 Siehe zur Rückstellungsbildung Abschnitt C 2.3.1.

215 Ziel ist es dabei, Pensionsrückstellungen sowie zweckgebundenes Vermögen aus der Bilanz auf eine rechtlich getrennte (Treuhand-)Gesellschaft auszugliedern.

216 Daher unterliegt sie auch gem. § 3 Abs. 1 Nr. 1 VAG nicht der Aufsicht der BaFin.

beitgeber bedient sich zu deren Erfüllung jedoch der Unterstützungskasse. Die Unterstützungskasse wird daher auch durch Zuwendungen des Arbeitgebers finanziert[217] und verfügt über ein eigenes Sondervermögen. Oftmals sichern Unterstützungskassen die zu erbringenden Versorgungsleistungen durch Rückdeckungsversicherungen ab. Gleichwohl entstehen keine direkten Ansprüche des Arbeitnehmers gegenüber der Unterstützungskasse. Üblich ist auch die Gründung einer Unterstützungskasse für einen ganzen Konzern oder eine Unternehmensgruppe. Bei der Investition des vom Arbeitgeber getrennten Sondervermögens ist die Unterstützungskasse frei, beabsichtigt aber offensichtlich eine gewinnbringende Anlage und damit einhergehende Erträge. Falls das aufgebaute Kapital der Unterstützungskasse jedoch nicht zur Zahlung der Leistungen ausreicht, muss der Arbeitgeber gem. § 1 Abs. 1 Satz 3 BetrAVG für die zugesagten Leistungen einstehen (Subsidiärhaftung).

Nun werden die externen Durchführungswege behandelt. Die Direktversicherung stellt eine solche Form dar und ist gem. § 1b Abs. 2 BetrAVG gegeben, wenn eine Lebensversicherung auf das Leben des Arbeitnehmers durch den Arbeitgeber abgeschlossen wird. Des Weiteren müssen der Arbeitnehmer oder seine Hinterbliebenen hinsichtlich der Leistungen des Versicherers ganz oder teilweise bezugsberechtigt sein. Der Arbeitgeber leistet Beiträge an den Versicherer, welcher später die Versorgung des Arbeitnehmers übernimmt. Diese Form der Durchführung ist aufgrund des geringen Verwaltungsaufwands für den Arbeitgeber einfach zu handhaben.[218] Durch die bloße Abführung der Beiträge hat der Arbeitgeber seine Pflichten jedoch nicht abschließend erfüllt, vielmehr besteht erneut eine Subsidiärhaftung für den Fall, dass die Versicherung die zugesagten Leistungen nicht vollständig erbringen kann.

Die Pensionskasse als weiterer externer Durchführungsweg wird von § 1b Abs. 3 BetrAVG definiert als rechtsfähige Versorgungseinrichtung, die dem Arbeitnehmer oder seinen Hinterbliebenen auf ihre Leistungen einen Rechtsanspruch gewährt. Damit wird auch der Unterschied zur Unterstützungskasse deutlich, gegen die ein solcher Rechtsanspruch des Arbeitnehmers gerade nicht besteht. Die Pensionskasse ist gem. § 232 VAG ein rechtlich selbständiges Lebensversicherungsunternehmen. Die Durchführung der bAV über eine Pensionskasse ist derjenigen mittels Direktversicherung deshalb prinzipiell ähnlich. Es ist ebenfalls ein rechtliches Dreiecksverhältnis zwischen Pensionskasse, Arbeitnehmer und Arbeitgeber mit analogen Rechtsbeziehungen gegeben.[219] Der Unterschied liegt jedoch im Erscheinungsbild. Während Pensionskassen ausschließlich bAV betreiben, werden Direktversicherungen von allgemeintätigen Lebensversicherungsgesellschaften abgewickelt.[220]

Der jüngste vom Betriebsrentengesetz vorgesehene Durchführungsweg ist seit Inkrafttreten des AVmG der Pensionsfonds. Analog zur Pensionskasse ist er definiert als rechtsfähige Versorgungseinrichtung, die dem Arbeitnehmer oder seinen Hinterbliebenen auf ihre

---

217 Im steuerrechtlichen Sprachgebrauch wird hier explizit von „Zuwendungen“ und beispielsweise nicht von „Beiträgen“ an eine Unterstützungskasse gesprochen; vgl. Ahrend et al. (2017b), 3. Teil, Rz. 100.

218 Vgl. Deutsche Rentenversicherung Bund (2018), S. 9. Damit eignet sich dieser Durchführungsweg insbesondere für kleine Unternehmen.

219 Vgl. Förster/Rechtenwald (2008), Rz. 29.

220 Vgl. Ahrend et al. (2017a), 5. Teil, Rz. 43. Sie folgern: „In Pensionskassen ist quasi der Bereich betriebliche Altersversorgung verselbständigt.“

Leistungen einen Rechtsanspruch gewährt. Im Gegensatz zur Pensionskasse unterliegt der Pensionsfonds jedoch liberaleren Vermögensanlagevorschriften. Aufgrund der größeren Gestaltungsfreiheiten ist er auch als Alternative zu CTAs für die Auslagerung von Pensionsverpflichtungen attraktiv.

2.2.4 Unverfallbarkeit von bAV-Anwartschaften

Bis zu einer Grundsatzentscheidung des Bundesarbeitsgerichts im Jahr 1972[221] war es rechtlich umstritten, wie die Anwartschaft eines aus dem zusagenden Unternehmen ausscheidenden Arbeitnehmers zu behandeln ist. So war es vorher auf Seiten der Arbeitgeber durchaus vertragliche Gestaltungspraxis, dass Anwartschaften beim vorzeitigen Ausscheiden des Arbeitnehmers verfielen.[222] Seit Inkrafttreten des Betriebsrentengesetzes ist eine gesetzliche Unverfallbarkeit der Anwartschaft dem Grunde nach festgeschrieben. Gem. § 1b Abs. 1 Satz 1 BetrAVG ist eine Anwartschaft nunmehr unverfallbar, wenn das Arbeitsverhältnis vor Eintritt des Versorgungsfalls, jedoch nach Vollendung des 21. Lebensjahres des Arbeitnehmers endet und die Versorgungszusage zu diesem Zeitpunkt mindestens drei Jahre bestanden hat.[223] Im Rahmen einer Entgeltumwandlung erworbene Anwartschaften sind gem. § 1b Abs. 5 BetrAVG sofort unverfallbar. Das Gleiche gilt gem. § 1 Abs. 2 Nr. 4 Halbsatz 2 BetrAVG für eigenfinanzierte Beiträge.

Sofern eine Anwartschaft dem Grunde nach unverfallbar wurde, stellt sich die Frage nach der Höhe der unverfallbaren Anwartschaft. § 2 BetrAVG nennt für die Ermittlung der Höhe der bereits erdienten Anwartschaft bestimmte Berechnungsvorschriften, unterscheidet jedoch zwischen den Durchführungswegen und den Zusagearten. Eine Abfindung unverfallbarer Anwartschaften ist gem. § 3 Abs. 1 BetrAVG grundsätzlich ausgeschlossen. Damit wird gewährleistet, dass die Ansprüche aus der bAV tatsächlich auch der Versorgung des Arbeitnehmers dienen. In engen Grenzen sind auch Ausnahmen von diesem Abfindungsverbot gegeben.[224]

2.3 Steuerrecht

2.3.1 Die Behandlung beim Arbeitgeber

Um die steuerrechtliche Behandlung einer bAV-Maßnahme auf Seiten des Arbeitgebers darzustellen, ist zwischen mittelbaren und unmittelbaren sowie zwischen internen und externen Durchführungswegen zu differenzieren. Bei unmittelbarer Durchführung mittels einer Direktzusage ist der Arbeitgeber selbst Versorgungsträger. Für die aus der Versorgungszusage resultierende ungewisse Verbindlichkeit hat das Unternehmen in seiner Handelsbilanz gem. § 249 Abs. 1 Satz 1 HGB aufwandswirksam eine Rückstellung zu bilden, wodurch

[221] Vgl. BAG-Urteil vom 10.03.1972.
[222] Vgl. Rolfs (2018a), Rz. 1 f.
[223] Für vor dem 01.01.2018, 01.01.2009 bzw. 01.01.2001 zugesagte Leistungen gilt § 1b Abs. 1 i.V.m. § 30f BetrAVG mit anderen Werten für Mindestalter und Mindestbetriebszugehörigkeit.
[224] Vgl. Ahrend et al. (2017b), 1. Teil, Rz. 1660 ff.

in der Anwartschaftsphase eine entsprechende Gewinnminderung eintritt.[225] Die handelsrechtliche Bewertung erfolgt gem. § 253 Abs. 1 Satz 2 HGB in Höhe des nach vernünftiger kaufmännischer Beurteilung notwendigen Erfüllungsbetrages.[226] Auch für die Steuerbilanz gilt aufgrund des Maßgeblichkeitsprinzips gem. § 5 Abs. 1 Satz 1 Halbsatz 1 EStG ein grundsätzliches Passivierungsgebot.[227] Für die Steuerbilanz ist § 6a EStG die zentrale Vorschrift in Bezug auf Pensionsrückstellungen.[228] Er beinhaltet sowohl Ansatz- als auch Bewertungsvorbehalte.[229] Demnach ist gem. § 6a Abs. 2 EStG vor Eintritt des Versorgungsfalls erstmals für das Jahr eine Pensionsrückstellung zu bilden, bis zu dessen Mitte der Pensionsberechtigte das 27. Lebensjahr vollendet hat oder sobald die Anwartschaft arbeitsrechtlich unverfallbar geworden ist.[230] Im Zeitpunkt des Versorgungsfalls ist eine Rückstellung in jedem Fall zu bilden.

Die mit der Rückstellungsbildung einhergehenden Aufwendungen mindern den steuerrechtlichen Gewinn. Somit wird die Steuerlast reduziert, was eine Direktzusage aus steuerlichen Aspekten attraktiv werden lässt.[231] Die anschließende Bewertung der Höhe nach ist explizit in § 6a EStG geregelt und weicht von den handelsrechtlichen Bewertungsvorschriften ab. Steuerrechtlich muss zwingend ein Rechnungszinssatz von sechs Prozent zugrunde gelegt werden. Außerdem sind gem. § 6a Abs. 3 Satz 3 EStG die anerkannten Regeln der Versicherungsmathematik anzuwenden. Betragsmäßig darf die Rückstellung gem. § 6a Abs. 3 Satz 1 EStG höchstens mit dem Teilwert bewertet werden. Dieser ist gem. § 6a Abs. 3 Satz 2 Nr. 1 EStG vor Beendigung des Dienstverhältnisses definiert als der Barwert der künftigen Pensionsleistungen abzüglich des Barwerts gleichbleibender Jahresbeiträge.[232] Nach Beendigung des Dienstverhältnisses entspricht der Teilwert gem. § 6a Abs. 3 Satz 2 Nr. 2 EStG dem Barwert der künftigen Pensionsleistungen. Die periodischen aufwandswirksa-

---

225 Für Altzusagen (Rechtsanspruch wurde vor dem 01.01.1987 erworben) gilt gem. Art. 28 EGHGB ein Passivierungswahlrecht.

226 § 253 Abs. 2 HGB ergänzt hierzu, welche Zinssätze der Bewertung zugrunde zu legen sind.

227 Vgl. BMF-Schreiben vom 12.03.2010, Rz. 9.

228 Gem. Herzig/Briesemeister (2010), S. 918 ist § 6a EStG nicht als steuerliches Wahlrecht im Sinne des § 5 Abs. 1 EStG, sondern als rückstellungsbegrenzende Vorschrift einzuordnen.

229 Für den Ansatz einer Pensionsrückstellung in der Steuerbilanz dem Grunde nach müssen insbesondere die Voraussetzungen des § 6a Abs. 1 und 2 EStG erfüllt sein (Ansatzvorbehalt). Die Höhe der Rückstellung ist sodann gem. § 6a Abs. 3 und 4 EStG zu bestimmen, die eine Bewertung zum Teilwert vorschreiben (Bewertungsvorbehalt). Hinzuweisen ist hier vor allem auf den pauschalen Rechnungszinsfuß von sechs Prozent, mit dem in der Steuerbilanz zwingend abzuzinsen ist. Dieser steht aktuell in der Kritik sowie auf dem verfassungsrechtlichen Prüfstand (anhängiges Verfahren beim BVerfG unter Az. 2 BvL 22/17).

230 Für nach dem 31.12.2017 zugesagte Pensionsleistungen muss der Pensionsberechtigte lediglich das 23. Lebensjahr vollendet haben, damit eine erstmalige Rückstellungsbildung in der Steuerbilanz zulässig ist. Für Zusagen, die vor dem 01.01.2009 erteilt wurden, gelten hingegen höhere Altersgrenzen. Zur arbeitsrechtlichen Unverfallbarkeit siehe Abschnitt C 2.2.4.

231 Insbesondere in den 90er Jahren wurden die steuerlichen Vorteile von Direktzusagen in der betriebswirtschaftlichen Literatur intensiv untersucht. So zeigen Haegert/Schwab (1990) sowie Franke/Hax (1988, 1989, 1990, dass unmittelbare Versorgungszusagen komplett aus den steuerlichen Vorteilen finanziert werden konnten. Schneider (1989a, 1989b, 1990) hingegen widerspricht dem.

232 Die hier genannte Definition des § 6a Abs. 3 Satz 2 EStG geht der allgemeinen Definition des Teilwerts gem. § 6 Abs. 1 Nr. 1 Satz 3 EStG vor; vgl. Ahrend et al. (2017b), 2. Teil, Rz. 668.

men Rückstellungszuführungen entsprechen gem. § 6a Abs. 4 Satz 1 EStG dem Unterschiedsbetrag der Teilwerte der Pensionsverpflichtungen zwischen zwei Perioden.[233] In der Leistungsphase sind in Bezug auf die Erfolgsauswirkung zwei Effekte zu berücksichtigen. Einerseits entrichtet der Arbeitgeber die vorher zugesagten Pensionsleistungen an den Arbeitnehmer, die steuerlich als Betriebsausgaben abziehbar sind. Andererseits ändert sich der Barwert der künftigen Pensionsleistungen und damit der Teilwert der Rückstellung. In der Regel kommt es zu einer erfolgswirksamen Auflösung der Pensionsrückstellung, da deren Teilwert aufgrund der Tatsache, dass keine Jahresbeträge mehr zuzuführen und Zahlungen bereits geleistet sind, abnimmt. Allerdings steigt mit jedem Jahr, das der bezugsberechtigte Rentner überlebt, dessen versicherungsmathematische Lebenserwartung, welche in die Bewertung der Rückstellung miteinfließt. Außerdem sind Rentenanpassungen nach oben möglich, sodass es auch in der Leistungsphase noch zu einer Zunahme der Pensionsrückstellung kommen kann.[234]

Der unmittelbaren Durchführung der bAV steht die mittelbare Durchführung gegenüber. Hier kommt es auf Seiten des Arbeitgebers zu einem tatsächlichen Mittelabfluss an die gewählte Versorgungseinrichtung. Diese Ausgaben stellen grundsätzlich auch Aufwendungen und damit steuerlich Betriebsausgaben dar. So sind die Beiträge an eine Unterstützungskasse im Rahmen des § 4d EStG als Betriebsausgaben abzugsfähig. Bei einer Direktversicherung ist der Versicherungsanspruch nicht beim Arbeitgeber zu bilanzieren, obwohl dieser der Versicherungsnehmer ist. Die laufenden Beiträge, die der Arbeitgeber zu Direktversicherungen leistet, sind sofort abziehbare Betriebsausgaben (R 4b Abs. 3 Satz 1 EStR). Im Rahmen des § 4c EStG sind Zuwendungen an Pensionskassen, analog zu Beiträgen an Pensionsfonds im Rahmen des § 4e EStG, als Betriebsausgaben abzugsfähig.[235]

Abbildung 6 fasst die steuerliche Behandlung auf Arbeitgeberseite zusammen.

Es zeigt sich, dass aus Arbeitgebersicht vor allem die Direktzusage eine gesonderte steuerliche Behandlung erfährt. Da im weiteren Verlauf der Arbeit jedoch die Arbeitnehmersicht im Fokus steht, wird hierauf nicht weiter eingegangen. Es sei lediglich darauf hingewiesen, dass aktuell eine rege Diskussion um die steuerliche Bewertung von Pensionsrückstellungen sowohl im wissenschaftlichen als auch politischen Kontext geführt wird.[236]

---

233 Eine versäumte Zuführung darf in den Folgejahren nicht nachgeholt werden; vgl. Ahrend et al. (2017b), 2. Teil, Rz. 936 ff.

234 Vgl. Dernberger (2018), Rz. 97.

235 Eine genauere Darstellung der Abzugsfähigkeit nach §§ 4c, § 4d und § 4e EStG unterbleibt an dieser Stelle. Vgl. ausführlich zu § 4c EStG Heger (2018c), Rz. 34 ff., zu § 4d EStG Heger (2018a) Rz. 38 ff. und zu § 4e EStG Heger (2018b), Rz. 20 ff.

236 Stellvertretend für die juristische Literatur, die sich aktuell mit dem steuerlichen Rechnungszins des § 6a EStG beschäftigt, sei auf Hey/Steffen (2016) verwiesen, die den sechsprozentigen Zinsfuß als überhöht und gar verfassungswidrig ansehen. Anderer Ansicht ist hingegen Weckerle (2018), der sich gegen eine Verfassungswidrigkeit ausspricht. In der betriebswirtschaftlichen Literatur mehren sich ebenfalls die Beiträge, die sich mit einer Anpassung des § 6a EStG auseinandersetzen. So analysiert beispielsweise Schätzlein (2018) die Auswirkungen einer Absenkung des Zinsfußes auf den Rückstellungsbestand. Kiesewetter (2018) stellt allgemeinere Überlegungen zu einer systematisch angemessenen Reform des § 6a EStG an. Er entwickelt insbesondere ein neues steuerliches Barwertverfahren, in dem marktnahe Zinsfüße Berücksichtigung finden und dessen fiskalische Auswirkungen dennoch tragbar und planbar sind.

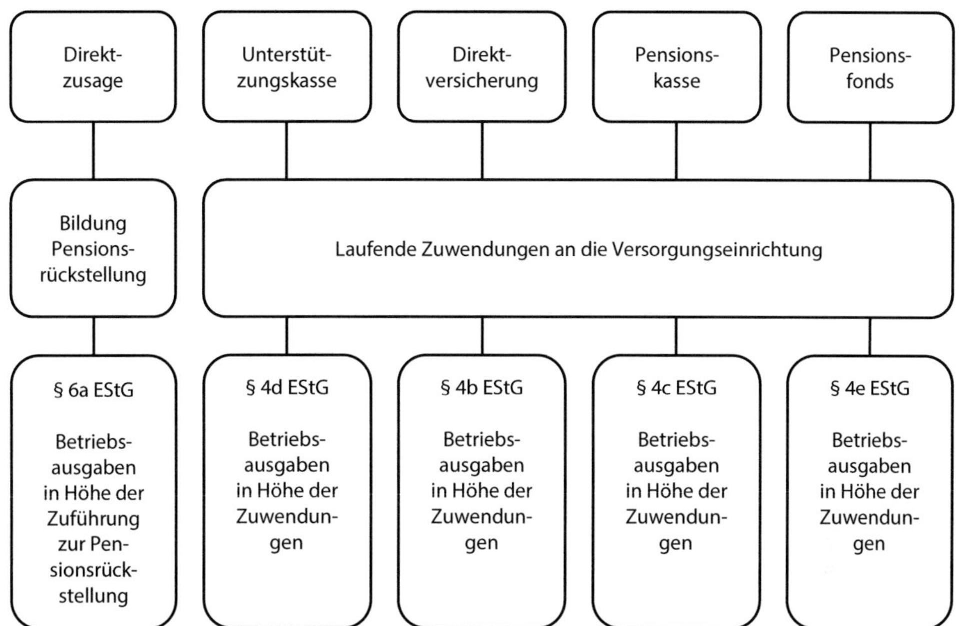

Abbildung 6: Steuerrechtliche Behandlung der bAV aus Arbeitgebersicht gegliedert nach Durchführungswegen[237]

2.3.2 Die Behandlung beim Arbeitnehmer

Zentraler Untersuchungsgegenstand dieses Teils der vorliegenden Arbeit ist die steuerliche Behandlung der bAV aus Sicht des Arbeitnehmers. Daher wird die Rechtslage ausführlich dargestellt.[238] Dabei wird erneut nach Durchführungswegen differenziert. Ferner erfolgt eine Aufteilung in Anwartschafts- und Rentenphase.

2.3.2.1 Besteuerung in der Anwartschaftsphase

Bei den internen Durchführungswegen entsteht mangels Zufluss von Arbeitslohn beim Arbeitnehmer keine Steuerbarkeit. Dies ist bei der Direktzusage unmittelbar ersichtlich, da hier keinerlei Zahlungsströme von der Arbeitgeber- in die Arbeitnehmersphäre fließen. Bei der Unterstützungskasse leistet der Arbeitgeber zwar Zuwendungen an die Versorgungseinrichtung, wegen des mangelnden Rechtsanspruchs des Arbeitnehmers auf die künftigen Leistungen wird jedoch keine Steuerbarkeit ausgelöst.[239]

Die drei externen Durchführungswege werden seit dem zum 01.01.2005 in Kraft getretenen AltEinkG aus Sicht des Arbeitnehmers steuerlich gleichbehandelt und können daher

[237] Quelle: Modifiziert entnommen aus Menzel/Tschinkl (2018), S. 777.

[238] Wie bereits ausgeführt, wird der Rechtsstand vor Inkrafttreten des BRSG dargelegt, da dieser Ausgangspunkt für die durchgeführten empirischen Untersuchungen ist. Zum BRSG siehe ausführlich Kapitel C 8.

[239] Vgl. Ahrend et al. (2017b), 2. Teil, Rz. 1636 f. und 3. Teil, Rz. 525 f.

zusammengefasst betrachtet werden.[240] Der Arbeitgeber leistet hier die Beiträge bzw. Zuwendungen an die jeweilige Versorgungseinrichtung. Gem. § 19 Abs. 1 Satz 1 Nr. 3 Satz 1 EStG stellen diese laufenden Beiträge bzw. Zuwendungen beim Arbeitnehmer steuerbare Einnahmen aus nichtselbständiger Arbeit dar.[241]

Gem. § 3 Nr. 63 Satz 1 EStG a.F. sind diese Beiträge des Arbeitgebers an eine solche externe, kapitalgedeckte Versorgungseinrichtung jedoch insoweit steuerfrei, als die Beiträge im Kalenderjahr vier Prozent der Beitragsbemessungsgrenze in der allgemeinen Rentenversicherung (West) nicht übersteigen.[242] Zusätzlich wird gem. § 3 Nr. 63 Satz 3 EStG a.F. ein zusätzlicher Freibetrag für Neuzusagen in Höhe von 1.800 Euro gewährt.

Grundvoraussetzung für diese Steuerbefreiung ist, dass es sich um Beiträge des Arbeitgebers handelt. Dazu zählen neben den arbeitgeberfinanzierten auch die Beiträge aus Entgeltumwandlung. Eigenbeiträge des Arbeitnehmers fallen jedoch nicht darunter.[243] Es werden nur Beträge im Rahmen des ersten Dienstverhältnisses berücksichtigt, welches jedoch nicht zwingend einer Rentenversicherungspflicht unterliegen muss. So kann beispielsweise auch eine geringfügige Beschäftigung eine Steuerbefreiung begründen, sofern kein Lohnsteuerabzug nach der Steuerklasse VI vorgenommen wird.[244] Eine weitere Voraussetzung ist der Aufbau einer kapitalgedeckten bAV.[245] Die spätere Leistung muss gem. § 3 Nr. 63 Satz 1 EStG a.F. in Form einer Rente oder eines zertifizierten Auszahlungsplans erfolgen.[246] Es besteht demnach zum einen die Möglichkeit, eine lebenslange Leibrente zu beziehen. Zum anderen können zu Beginn der Leistungsphase bis zu 30 Prozent des in diesem Zeitpunkt zur Verfügung stehenden Kapitals unschädlich ausgezahlt werden.[247]

---

240 Dies gilt so nur für sogenannte Neuzusagen. Eine solche Neuzusage liegt vor, wenn der Arbeitgeber dem Arbeitnehmer die bAV nach dem 31.12.2004 erteilt hat. Für die Behandlung von Altzusagen und insbesondere die Pauschalierungsmöglichkeit nach § 40b EStG a.F. siehe die Ausführungen am Ende dieses Abschnitts.

241 § 19 Abs. 1 Satz 1 Nr. 3 EStG wurde mit Inkrafttreten des Jahressteuergesetzes 2007 eingeführt. Doch auch schon zuvor galten diese Beiträge und Zuwendungen des Arbeitgebers nach Auffassung der Finanzverwaltung und Rechtsprechung sowie herrschender Kommentarmeinung gem. § 19 Abs. 1 Satz 1 Nr. 1 EStG i.V.m. § 2 Abs. 2 Nr. 3 LStDV zum steuerbaren Arbeitslohn. Inwieweit § 19 Abs. 1 Satz 1 Nr. 3 Satz 1 EStG daher nur deklaratorischen Charakter hat, wird an dieser Stelle nicht weiter diskutiert. Zu ausgewählten und teilweise gegensätzlichen Kommentaransichten siehe Geserich (2018), Rz. 295, Krüger (2018), Rz. 60, 91 sowie Otto (2018), Kapitel C, Rz. 13 ff.

242 Auch für Beschäftigte in den neuen Bundesländern sowie Berlin (Ost) ist die Beitragsbemessungsgrenze (West) maßgeblich; vgl. BMF-Schreiben vom 24.07.2013, Rz. 307. Hinweis: Dieses BMF-Schreiben wurde mit Wirkung vom 01.01.2018 aufgehoben (durch BMF-Schreiben vom 06.12.2017 sowie BMF-Schreiben vom 21.12.2017). Die Regelungen sind jedoch weiter zu beachten, soweit sie auch für Zeiträume ab dem 01.01.2018 Bedeutung haben. Außerdem bezieht sich die Darstellung der Rechtslage in dem hier vorliegenden Abschnitt auf den Rechtsstand vor dem 01.01.2018, sodass die Regelungen des BMF-Schreibens vom 24.07.2013 zu beachten sind.

243 Vgl. BMF-Schreiben vom 24.07.2013, Rz. 304 f. Siehe auch BFH-Urteil vom 09.12.2010.

244 Vgl. BMF-Schreiben vom 24.07.2013, Rz. 302.

245 Bei Beiträgen, die sowohl im Umlage- als auch im Kapitaldeckungsverfahren erhoben werden, muss eine getrennte Verwaltung und Abrechnung der beiden Vermögensmassen vorliegen (sogenanntes Trennungsprinzip), um für die kapitalgedeckten Bestandteile die Steuerfreiheit zu gewähren; vgl. BMF-Schreiben vom 24.07.2013, Rz. 303.

246 Gem. § 1 Abs. 1 Satz 1 Nr. 4 AltZertG.

247 Die bloße Möglichkeit, eine Einmalkapitalauszahlung zu wählen, ist unschädlich für die Steuerfreiheit. Erst ab dem Zeitpunkt der Entscheidung für eine solche Einmalkapitalauszahlung sind die Voraussetzungen für die Steuerfreiheit der Beitragsleistungen gem. § 3 Nr. 63 EStG a.F. nicht mehr gegeben. Erfolgt die Entscheidung

Die Steuerfreiheit nach § 3 Nr. 63 Satz 1 EStG a.F. ist keine Wahlmöglichkeit, sondern erfolgt von Gesetzes wegen. Es besteht vielmehr gem. § 3 Nr. 63 Satz 2 EStG a.F. ein gewissermaßen umgekehrtes Wahlrecht zum Verzicht auf die Steuerbefreiung zugunsten der Riester-Förderung. Diese besteht zum einen aus einer sogenannten Altersvorsorgezulage nach Abschnitt XI des EStG.[248] Zum anderen kann gem. § 10a EStG alternativ ein Sonderausgabenabzug erfolgen, wobei nach § 10a Abs. 2 Satz 3 EStG eine Günstigerprüfung von Amts wegen vorgenommen wird. Grundvoraussetzung zur Inanspruchnahme der Riester-Förderung ist, dass gem. § 82 Abs. 2 Satz 1 lit. a) EStG aus dem individuell versteuerten Arbeitslohn des Arbeitnehmers geleistete Beiträge vorliegen. Somit ist die Konsequenz aus dem Verzicht auf die Steuerbefreiung nach § 3 Nr. 63 Satz 1 EStG a.F., dass die Beiträge der individuellen Besteuerung nach Maßgabe des § 32a EStG unterworfen werden.[249]

Mit Wirkung ab dem 01.01.2002 wurde durch das AVmG der Pensionsfonds als fünfter Durchführungsweg der bAV eingeführt. Ziel war es, die Attraktivität der bAV durch einen weiteren externen, aber in der Anlageentscheidung liberaleren Durchführungsweg zu steigern. Der neue Durchführungsweg sollte auch zur Auslagerung bestehender Versorgungsverpflichtungen in Form von Direktzusagen oder Unterstützungskassenzusagen geeignet sein.[250] Bei einer derartigen Übertragung auf einen Pensionsfonds kommt es zu einem Wechsel der Besteuerungssystematik, da von einem internen auf einen externen Durchführungsweg übergegangen wird. Die damit einhergehende Besteuerung des bisher angesammelten Versorgungsvermögens würde zu einer enormen Steuerbelastung führen.[251] Aus diesem Grund wurde mit § 3 Nr. 66 EStG eine Steuerbefreiung geschaffen, die die Leistungen eines Arbeitgebers oder einer Unterstützungskasse an einen Pensionsfonds zur Übernahme bestehender Versorgungsverpflichtungen oder Versorgungsanwartschaften von der Besteuerung beim Arbeitnehmer freistellt. Voraussetzung ist ein Antrag nach § 4d Abs. 3 EStG oder § 4e Abs. 3 EStG. Dieser Antrag bedeutet auf Seiten des Arbeitgebers, dass die zur Übertragung notwendigen Leistungen an den Pensionsfonds lediglich über einen Zeitraum von zehn Jahren gleichmäßig verteilt als Betriebsausgaben angesetzt werden dürfen.[252] Die Steuerbefreiung kommt jedoch ausschließlich für bereits erdiente Versorgungsanwartschaften (den sogenannten Past-Service) in Betracht. Zukünftige Zahlungen für noch nicht erdiente Anwartschaften (der sogenannte Future-Service) sind lediglich etwaig im Rahmen des § 3 Nr. 63 EStG a.F. steuerbefreit.[253]

zur Einmalkapitalauszahlung hingegen erst innerhalb des letzten Jahres vor dem Ausscheiden aus dem Erwerbsleben, wird die Steuerfreiheit weiterhin gewährt; vgl. BMF-Schreiben vom 24.07.2013, Rz. 312.

248 Hierunter fallen die §§ 79 bis 99 EStG.

249 Insofern besteht nicht die Möglichkeit, auf die Steuerfreiheit zu verzichten und eine Pauschalbesteuerung vorzunehmen; vgl. Otto (2018), Kapitel C, Rz. 99.

250 Vgl. BT-Drucksache 14/5068 vom 12.01.2001. Eine Einführung aus diesem Grund wurde bereits 1997 gefordert, vgl. BR-Drucksache 605/97 vom 15.08.1997, Beschluss Nr. 30. Vgl. auch Ahrend et al. (2017a), 5a. Teil, Rz. 11.

251 Vgl. Ahrend et al. (2017a), 5a. Teil, Rz. 327.

252 Ahrend et al. (2017a), 5a. Teil, Rz. 327 folgern, dass „die Lohnsteuerfreiheit (...) also mit einer Beschränkung der Gewinnauswirkung erkauft wird".

253 Vgl. BMF-Schreiben vom 26.10.2006, Rz. 2 bzw. BMF-Schreiben vom 24.07.2013, Rz. 322 und BMF-Schreiben vom 10.07.2015, Rz. 2 f.

Der 01.01.2005 stellt wegen des Inkrafttretens des AltEinkG einen entscheidenden Einschnitt für die Besteuerung der bAV dar. Vor diesem Datum erteilte Zusagen werden als Altzusagen, ab diesem Datum erteilte Zusagen als Neuzusagen bezeichnet.[254] Für Altzusagen gelten Vertrauens- bzw. Bestandsschutzbestimmungen. So ist gem. § 52 Abs. 40 EStG für Altzusagen weiterhin eine Pauschalbesteuerung nach Maßgabe des § 40b EStG i.d.F. vor Inkrafttreten des AltEinkG möglich, soweit die bAV über die Durchführungswege Direktversicherung oder Pensionskasse durchgeführt wird. Sofern für Beiträge an eine Direktversicherung jedoch die Steuerbefreiung nach § 3 Nr. 63 EStG a.F. greift, muss auf diese gem. § 52 Abs. 4 Satz 12 bis 14 EStG verzichtet worden sein, um die Pauschalierung vornehmen zu dürfen. Der Verzicht musste bis zum 30.06.2005 erklärt werden. Zuwendungen an Pensionskassen werden von dieser Vorschrift nicht miteingeschlossen, womit für diese sowohl die Steuerbefreiung nach § 3 Nr. 63 EStG a.F. als auch für übersteigende Beträge die Pauschalierung nach § 40b EStG i.d.F. vor Inkrafttreten des AltEinkG in Anspruch genommen werden darf.[255] Zuwendungen an Pensionsfonds waren und sind nicht pauschalierungsfähig, da dieser Durchführungsweg erst mit dem AltEinkG geschaffen wurde. Bei einer zulässigen Pauschalierung beträgt der Pauschsteuersatz 20 Prozent der Beiträge bzw. Zuwendungen. In § 40b Abs. 2 Satz 1 EStG i.d.F. vor Inkrafttreten des AltEinkG ist ein Höchstbetrag für pauschalierungsfähige Beiträge in Höhe von 1.752 Euro jährlich vorgeschrieben.

Sofern für die Beiträge zu einem externen Versorgungsträger keine besondere Steuerfreistellung oder Pauschalierung greift, ist insoweit eine gewöhnliche Besteuerung der Beitragsteile als Einkünfte aus nichtselbständiger Arbeit vorzunehmen. Die Gründe dafür können in einem Überschreiten der steuerfreien Höchstgrenzen nach § 3 Nr. 63 Satz 1 und 3 EStG a.F. sowie der Pauschalierungshöchstgrenze gem. § 40b Abs. 2 Satz 1 EStG i.d.F. vor Inkrafttreten des AltEinkG liegen. Das Gleiche gilt für die Fälle, in denen aus Gründen der Nichteinhaltung vorausgesetzter Bedingungen überhaupt keine Steuerbefreiungen und Pauschalierungen greifen. Die Besteuerung der Beiträge erfolgt in diesen Fällen als Einkünfte aus nichtselbständiger Arbeit nach dem Regeltarif des § 32a EStG.[256]

2.3.2.2 Besteuerung in der Rentenphase

In der Rentenphase bezieht der ehemalige Arbeitnehmer und nun Betriebsrentner die zugesagte Versorgungsleistung. Auch hier kommt es für die steuerrechtliche Beurteilung auf den jeweiligen Durchführungsweg sowie zusätzlich auf die steuerliche Behandlung in der Anwartschaftsphase an.

Im Rahmen der internen Durchführungswege Direktzusage und Unterstützungskasse sind die zufließenden Leistungen gem. § 19 Abs. 1 Satz 1 Nr. 2 EStG als Einnahmen aus nichtselbständiger Arbeit steuerbar und mangels Steuerbefreiung steuerpflichtig. Die Tatsache, dass das Arbeitsverhältnis im Versorgungsfall für gewöhnlich bereits beendet ist, ist

[254] Der Zeitpunkt der Erteilung einer Zusage richtet sich nach den arbeitsrechtlichen bzw. betriebsrentenrechtlichen Bestimmungen und ist unabhängig von einem etwaigen Mittelabfluss an externe Versorgungsträger; vgl. BMF-Schreiben vom 24.07.2013, Rz. 349 f.

[255] Vgl. auch BMF-Schreiben vom 24.07.2013, Rz. 359 ff.

[256] Da insoweit individuell versteuerter Arbeitslohn vorliegt, wäre in solchen Fällen wegen § 3 Nr. 63 Satz 2 EStG a.F. die Inanspruchnahme der Riester-Förderung möglich.

für die Kategorisierung unerheblich, da auch der Arbeitslohn aus früheren Dienstverhältnissen unter dieser Vorschrift erfasst wird.[257] Liegen Versorgungsbezüge im Sinne des § 19 Abs. 2 Satz 2 EStG vor, bleibt der Versorgungsfreibetrag sowie ein Zuschlag zum Versorgungsfreibetrag gem. § 19 Abs. 2 Satz 1 EStG steuerfrei. Im Zusammenhang mit Leistungen aus der bAV kommen Versorgungsbezüge im Sinne des § 19 Abs. 2 Satz 2 Nr. 2 EStG in Betracht. Solche liegen vor, wenn der Steuerpflichtige die Leistungen aus einem früheren Dienstverhältnis wegen Erreichens einer Altersgrenze bezieht und bereits das 63. Lebensjahr (bzw. bei Schwerbehinderung das 60. Lebensjahr) vollendet hat. Der maßgebende Versorgungsfreibetrag sowie der Zuschlag zu diesem ergeben sich sodann gem. § 19 Abs. 2 Satz 3 ff. EStG. Der für das erste Jahr[258] der Versorgung ermittelte Betrag wird nominal festgeschrieben und ist für alle Folgejahre für diesen Steuerpflichtigen der Höhe nach konstant. Ebenso ist mit dem Zuschlag zum Versorgungsfreibetrag zu verfahren.[259] Der Prozentsatz sowie Höchstgrenze und Zuschlag zum Versorgungsfreibetrag schmelzen im Zeitablauf ab. Im Jahr 2040 werden für ab dann erstmals bezogene Versorgungsleistungen schließlich keine derartigen Freibeträge mehr gewährt.[260]

Der Werbungskostenabzug ist grundsätzlich uneingeschränkt möglich. Wenn keine bzw. keine höheren tatsächlichen Werbungskosten anfallen als der Werbungskostenpauschbetrag, wird dieser angesetzt. Liegen Versorgungsbezüge im Sinne des § 19 Abs. 2 EStG vor, beträgt der Pauschbetrag gem. § 9a Nr. 1 lit. b) EStG 102 Euro. Wenn dahingegen keine Versorgungsbezüge gegeben sind, gilt der Pauschbetrag in Höhe von 1.000 Euro gem. § 9a Nr. 1 lit. a) EStG.[261] Es ist auch möglich, dass bei einem Steuerpflichtigen beide Pauschbeträge nebeneinander zum Ansatz kommen.

Bei der Besteuerung der sich so ergebenden Einkünfte ist zwischen laufenden Pensionsleistungen und einmaligen Kapitalleistungen zu unterscheiden. Im ersten Fall erfolgt die Anwendung der Tarifbesteuerung des § 32a EStG. Für den Fall, dass die bAV-Leistungen nicht rentenförmig, sondern in Form einer Kapitalauszahlung gezahlt werden, können außerordentliche Einkünfte im Sinne des § 34 Abs. 2 Nr. 4 EStG vorliegen, sodass die sogenannte Fünftelregelung des § 34 Abs. 1 EStG Anwendung findet. Der ermäßigte Steuersatz nach § 34 Abs. 3 EStG kann hingegen nicht zur Anwendung kommen, da es sich nicht um

---

257 Gem. § 24 Nr. 2 i.V.m. § 2 Abs. 1 Satz 1 Nr. 4 EStG. Vgl. auch die Definition des Arbeitnehmers in § 1 Abs. 1 LStDV.

258 Zu Einzelheiten in Bezug auf die Ermittlung des Jahrs des Versorgungsbeginns und des Jahrs, in dem der Anspruch auf Versorgungsbezüge entstanden ist, siehe BMF-Schreiben vom 10.04.2015.

259 Gem. § 19 Abs. 2 Satz 8 bis 10 EStG. Regelmäßige Anpassungen des Versorgungsbezugs führen nicht zu einer Neuberechnung. Lediglich wenn sich der Bezug wegen Anwendung von Anrechnungs-, Ruhens-, Erhöhungs- oder Kürzungsregelungen ändert, erfolgt eine Neuberechnung.

260 Versorgungsfreibetrag und der Zuschlag hierzu wurden ursprünglich durch das StÄndG vom 14.05.1945 eingeführt, da Renten aus der GRV bis einschließlich 2004 nur mit dem Ertragsanteil zu versteuern waren, Versorgungsbezüge im Sinne des § 19 EStG aber grundsätzlich voll steuerpflichtig sind und waren; vgl. Geserich (2018), Rz. 341. Da ab 2005 für Renten aus der GRV nach einer bis zum Jahr 2040 dauernden Übergangsregelung zur nachgelagerten Besteuerung übergegangen wird, wird auch der Versorgungsfreibetrag und der Zuschlag hierzu bis dahin abgeschmolzen. Ab 2040 gilt sodann für beide Arten von Alterseinkünften die vollständig nachgelagerte Besteuerung.

261 Dies ist beispielsweise dann der Fall, wenn der Steuerpflichtige bereits vor Vollendung des 63. Lebensjahres Bezüge wegen Erreichens einer Altersgrenze aus einer bAV erhält.

außerordentliche Einkünfte im Sinne des § 34 Abs. 2 Nr. 1 EStG handelt. Damit außerordentliche Einkünfte vorliegen, bedarf es einer Zusammenballung von Einkünften. Dies ist bei einer Einmalkapitalzahlung in der Regel gegeben. Im Fall von Teilkapitalzahlungen in mehreren Kalenderjahren ist der Tatbestand der Zusammenballung hingegen nicht erfüllt.[262]

Die dem Arbeitnehmer im Rahmen der externen Durchführungswege zufließenden Leistungen werden grundsätzlich gem. § 22 Nr. 5 EStG als sonstige Einkünfte besteuert. Der Umfang der Besteuerung in der Rentenphase ist abhängig davon, wie die Beiträge in der Anwartschaftsphase steuerlich behandelt wurden. Nur so kann sichergestellt werden, dass es weder zu einer Doppel- noch zu einer Nichtbesteuerung von Einkünften kommt. Ein Werbungskostenabzug ist wiederum möglich. Werden keine tatsächlichen Werbungskosten nachgewiesen, die den Pauschbetrag des § 9a Satz 1 Nr. 3 EStG in Höhe von 102 Euro übersteigen, kommt dieser zum Ansatz.

Sofern die bAV-Leistungen ausschließlich auf steuerlich geförderten Beiträgen beruhen, erfolgt eine vollständige Besteuerung dieser Leistungen als sonstige Einkünfte gem. § 22 Nr. 5 Satz 1 EStG. Die steuerliche Förderung kann zum Beispiel durch eine Steuerfreistellung gem. § 3 Nr. 63 EStG a.F., § 3 Nr. 66 EStG oder durch die Riester-Förderung (§ 10a EStG bzw. Abschnitt XI EStG) begründet sein. Des Weiteren ist darauf hinzuweisen, dass bei Teil- bzw. Einmalkapitalauszahlungen[263] in den externen Durchführungswegen keine außerordentlichen Einkünfte im Sinne des § 34 Abs. 2 EStG vorliegen, sodass die Fünftelregelung nicht anwendbar ist.[264]

BAV-Leistungen, die ausschließlich auf steuerlich nicht geförderten Beiträgen beruhen, sind, wenn es sich um eine lebenslange Rente, eine Berufsunfähigkeits-, Erwerbsminderungs- oder Hinterbliebenenrente handelt, als sonstige Einkünfte gem. § 22 Nr. 5 Satz 2 lit. a) i.V.m. § 22 Nr. 1 Satz 3 lit. a) sublit. bb) EStG mit dem Ertragsanteil zu besteuern. Diese Konstellation kann auch dadurch vorliegen, dass der Arbeitnehmer Eigenbeiträge aus seinem bereits individuell versteuerten Arbeitsentgelt geleistet hat. Im Fall der lebenslangen Rentenzahlung richtet sich die Besteuerung der bezogenen Rentenzahlungen sodann nach § 22 Nr. 5 Satz 2 lit. a) i.V.m. § 22 Nr. 1 Satz 3 lit. a) EStG. An dieser Stelle ist eine Differenzierung zwischen Alt- und Neuzusagen vorzunehmen. Bei Altzusagen erfolgt die Besteuerung nach Maßgabe des Ertragsanteils gem. § 22 Nr. 1 Satz 3 lit. a) sublit. bb) EStG. Bei Neuzusagen findet in der Regel auch eine Besteuerung mit dem Ertragsanteil nach § 22 Nr. 1 Satz 3 lit. a) sublit. bb) EStG statt.[265] Wenn hingegen Kapitalleistungen aus Altzusagen

262 Vgl. BMF-Schreiben vom 24.07.2013, Rz. 371.

263 In § 3 Nr. 63 Satz 1 EStG a.F. wird zwar eine Verrentung bzw. ein Auszahlungsplan als Voraussetzung der Steuerfreiheit gefordert. Wie in Fn. 247 erläutert, kann es dennoch zu Einmalkapitalauszahlungen kommen, die vollständig auf steuerlich geförderten Beiträgen beruhen, wenn beispielsweise das Wahlrecht zur Kapitalisierung erst innerhalb des letzten Jahres vor dem altersbedingten Ausscheiden aus dem Erwerbsleben ausgeübt wird; vgl. BMF-Schreiben vom 24.07.2013, Rz. 312.

264 Vgl. BFH-Urteil vom 20.09.2016.

265 Vgl. BMF-Schreiben vom 24.07.2013, Rz. 374 ff. Handelt es sich hingegen um Neuzusagen, die die Voraussetzungen des § 10 Abs. 1 Nr. 2 lit. b) EStG erfüllen, sind diese als sonstige Einkünfte gem. § 22 Nr. 5 Satz 2 lit. a) i.V.m. § 22 Nr. 1 Satz 3 lit. a) sublit. aa) EStG zu besteuern.

vorliegen, sind diese regelmäßig steuerfrei.[266] Bei Neuzusagen ist § 22 Nr. 5 Satz 2 lit. c) i.V.m. § 20 Abs. 1 Nr. 6 EStG maßgeblich. Es unterliegt sodann der Unterschiedsbetrag zwischen der Versicherungsleistung und der Summe der auf sie entrichteten Beiträge der Besteuerung. Sofern die Versicherungsleistung nach Vollendung des 60. Lebensjahres und nach Ablauf von zwölf Jahren seit Vertragsabschluss ausgezahlt wird, ist lediglich die Hälfte des Unterschiedsbetrages anzusetzen.[267]

In Fällen, in denen die bAV-Leistungen zum Teil auf steuerlich geförderten und zum Teil auf nicht geförderten Beiträgen beruhen, sind die Leistungen in der Rentenphase aufzuteilen. Für Verträge ab 2002 findet in der Regel eine für den jeweiligen Steuerpflichtigen individuelle Aufzeichnung der Beiträge und deren steuerlicher Behandlung von der Versorgungseinrichtung statt. Dadurch ist das Verhältnis zwischen geförderten und ungeförderten Beiträgen zu Beginn der Rentenphase eindeutig feststellbar. Ist dies hingegen nicht der Fall, kommt ein versicherungsmathematisches Näherungsverfahren zur Anwendung, auf welches an dieser Stelle nicht eingegangen wird. Es ist auch eine beitragsproportionale Aufteilung zulässig, sofern keine offensichtlich unzutreffenden Ergebnisse resultieren.[268] Nach erfolgter Aufteilung folgt die steuerliche Behandlung der Leistungen den oben dargelegten Grundsätzen: Soweit die Leistungen auf geförderten Beiträgen beruhen, erfolgt eine volle Besteuerung nach § 22 Nr. 5 Satz 1 EStG. Soweit sie auf ungeförderten Beiträgen beruhen, sind sie in Höhe des Ertragsanteils steuerpflichtig (§ 22 Nr. 5 Satz 2 lit. a) EStG).[269]

2.4 Sozialversicherungsrecht

Auch die sozialversicherungsrechtliche Behandlung der bAV ist für die zu untersuchende Fragestellung zentral, da die Verbeitragung von Zuwendungen zur bAV bzw. Leistungen aus der bAV neben der Besteuerung entscheidenden Einfluss auf die Attraktivität der bAV haben kann. Dies gilt für die Zielgruppe der Gering- und Niedrigverdiener umso mehr. In diesen Einkommensklassen fallen steuerliche Effekte aufgrund des progressiv ausgestalteten Einkommensteuertarifs weniger stark ins Gewicht als die Belastung mit Sozialversicherungsbeiträgen. Sozialversicherungsrechtlich gilt es insbesondere zu klären, wann beitragspflichtiges Arbeitsentgelt bzw. beitragspflichtige Versorgungsbezüge vorliegen. Um eine möglichst enge Verzahnung des sozialversicherungsrechtlichen Arbeitsentgeltbegriffs mit dem des steuerrechtlichen zu gewährleisten, wurde durch Ermächtigung des § 17 Abs. 1 SGB IV die Sozialversicherungsentgeltverordnung (SvEV) erlassen. Dort werden vorwiegend als steuerfrei zu behandelnde Bestandteile aufgelistet, die nicht dem Arbeitsentgelt im

[266] Voraussetzung ist gem. § 22 Nr. 5 Satz 2 lit. b) EStG i.V.m. § 20 Abs. 1 Nr. 6 und § 10 Abs. 1 Nr. 2 lit. b) EStG jeweils in der am 31.12.2004 geltenden Fassung, dass der Vertrag mindestens zwölf Jahre bestanden hat; vgl. BMF-Schreiben vom 24.07.2013, Rz. 376 und 140. Vgl. auch § 52 Abs. 28 Satz 5 EStG.

[267] Gem. BMF-Schreiben vom 24.07.2013, Rz. 376 und 140 ist für Verträge, die nach dem 31.12.2011 abgeschlossen wurden, auf die Vollendung des 62. Lebensjahres abzustellen.

[268] Vgl. BMF-Schreiben vom 11.11.2004, geändert durch BMF-Schreiben vom 14.03.2012. Vgl. auch Otto (2018), Kapitel B, Rz. 79.

[269] Eine Übersicht der steuerlichen Behandlung auf Arbeitnehmerseite ist Kiesewetter et al. (2016a), S. 24 zu entnehmen.

sozialversicherungsrechtlichen Sinne zuzurechnen sind.[270] Diese Verordnung fungiert somit als Präzisierung des Entgeltbegriffs für sozialversicherungsrechtliche Belange.

Es wird nachfolgend erneut eine Differenzierung in Anwartschafts- und Rentenphase vorgenommen. Ferner gelten auch für die verschiedenen Durchführungswege der bAV teilweise abweichende Regelungen, sodass diesbezüglich ebenfalls eine Unterscheidung erfolgt.

2.4.1 Verbeitragung in der Anwartschaftsphase

Bei Durchführung der bAV über interne Durchführungswege entsteht kein beitragspflichtiges Arbeitsentgelt, soweit eine Arbeitgeberfinanzierung vorliegt. Dies gilt für Zuführungen zu Pensionsrückstellungen, die mit einer Direktzusage einhergehen, sowie die Zuwendungen an eine Unterstützungskasse gleichermaßen.[271] Ebenso verhält es sich in den internen Durchführungswegen grundsätzlich bei Entgeltumwandlung, also arbeitnehmerfinanzierten Beiträgen. Allerdings gilt dies nur, soweit die Beiträge aus Entgeltumwandlung vier Prozent der Beitragsbemessungsgrenze der allgemeinen Rentenversicherung nicht übersteigen. Darüber hinausgehende Beiträge gelten folglich als Arbeitsentgelt und unterliegen der Verbeitragung. In § 115 SGB IV a.F.[272] war diesbezüglich ursprünglich eine Übergangsregelung bis zum 31.12.2008 vorgesehen. Mit Ablauf dieses Datums sollten auch die Entgeltbestandteile, die unterhalb der Vier-Prozent-Grenze liegen, als Arbeitsentgelt gelten. Gem. aktueller Rechtslage[273] wird die Beitragsfreiheit fortan jedoch unbefristet gewährt.

Stellt man die Verbindung zum Steuerrecht her, wird deutlich, dass ein grundsätzlicher Gleichlauf zum Sozialversicherungsrecht gegeben ist. In der Anwartschaftsphase sind Beiträge bzw. Zuwendungen in den internen Durchführungswegen in aller Regel steuer- und auch sozialversicherungsfrei. Die einzige Durchbrechung dieses Grundsatzes ergibt sich bei den internen Durchführungswegen in Fällen, in welchen mehr als vier Prozent der Beitragsbemessungsgrenze in der allgemeinen Rentenversicherung über Entgeltumwandlung finanziert werden.[274] In diesem Fall tritt für die übersteigenden Beiträge zwar Steuerfreiheit, aber Sozialversicherungspflicht ein.[275]

Bei den externen Durchführungswegen kommt der SvEV eine entscheidende Rolle zu, welche zur sozialversicherungsrechtlichen Beurteilung zunächst auf die steuerrechtliche Behandlung abstellt. Anders als bei den internen Durchführungswegen ist eine Differenzierung zwischen Arbeitgeber- und Arbeitnehmerfinanzierung nicht nötig, da die nun folgenden Ausführungen auch für die Entgeltumwandlung Gültigkeit besitzen. Grundsätzlich gilt, dass bei Steuerfreiheit kein sozialversicherungsrechtliches Arbeitsentgelt entsteht. Gem. § 1 Abs. 1 Nr. 9 SvEV a.F. werden dementsprechend bis zu einer Höhe von vier Prozent der

---

270 Vgl. Marschner (2014), Rz. 13 ff.

271 Gleiches gilt selbst dann, wenn der Arbeitgeber eine Rückdeckungsversicherung abgeschlossen und an den Arbeitnehmer verpfändet hat. Lediglich wenn die Ansprüche abgetreten wurden, liegt keine Direktzusage, sondern eine Direktversicherung vor; vgl. Rolfs (2018b), Rz. 16.

272 In der bis zum 31.12.2008 geltenden Fassung.

273 Seit Inkrafttreten des Gesetzes zur Förderung der zusätzlichen Altersvorsorge und zur Änderung des Dritten Buches Sozialgesetzbuch. Infolgedessen wurde auch § 14 Abs. 1 SGB IV geändert und dort die vorher in § 115 SGB IV a.F. verortete Vier-Prozent-Grenze aufgenommen.

274 Vgl. Fraedrich (2012), S. 130 und Uckermann et al. (2014), S. 1010.

275 Offensichtlich auch nur dann, wenn Entgeltbestandteile unterhalb der Beitragsbemessungsgrenzen umgewandelt werden.

Beitragsbemessungsgrenze der allgemeinen Rentenversicherung nach § 3 Nr. 63 Satz 1 EStG a.F. steuerfreie Zuwendungen an Pensionskassen, Pensionsfonds oder Direktversicherungen nicht als Arbeitsentgelt gewertet.

Ein Unterschied zur steuerlichen Behandlung besteht jedoch darin, dass der zusätzliche Steuerfreibetrag des § 3 Nr. 63 Satz 3 EStG a.F. in Höhe von 1.800 Euro in der SvEV nicht vorgesehen ist. Damit sind Beiträge zu externen Durchführungswegen, die mehr als vier Prozent aber weniger als vier Prozent der Beitragsbemessungsgrenze der allgemeinen Rentenversicherung zuzüglich 1.800 Euro ausmachen, zwar steuer- nicht aber sozialversicherungsfrei.

Nimmt der Steuerpflichtige die Riester-Förderung in der bAV durch Verzicht auf die Steuerfreiheit nach § 3 Nr. 63 Satz 2 EStG a.F. in Anspruch, gelten diese Entgeltbestandteile auch sozialversicherungsrechtlich als Arbeitsentgelt, da keine Ausnahmeregelung des § 1 Abs. 1 SvEV greift. Das Gleiche gilt für Eigenbeiträge des Arbeitnehmers im Sinne des § 1 Abs. 2 Nr. 4 BetrAVG. In beiden Fällen handelt es sich um Beiträge aus in der Anwartschaftsphase versteuertem Entgelt. Insofern stimmt auch hier die sozialversicherungsrechtliche Handhabung mit der steuerrechtlichen überein.

Ebenfalls nicht dem Arbeitsentgelt zuzurechnen sind gem. § 1 Abs. 1 Nr. 4 und Nr. 4a SvEV a.F. zusätzlich zu Löhnen und Gehältern gewährte Beiträge und Zuwendungen, die im Rahmen des § 40b EStG a.F. oder n.F. pauschal besteuert werden.[276] Bei steuerrechtlicher Pauschalierung entsteht somit kein sozialversicherungsrechtliches Arbeitsentgelt. Ebenso sind gem. § 3 Nr. 66 EStG steuerfreie Leistungen zur Übernahme von Zusagen durch einen Pensionsfonds gem. § 1 Abs. 1 Nr. 10 SvEV a.F. auch sozialversicherungsfrei.

2.4.2 Verbeitragung in der Rentenphase

In der Rentenphase stellen die bAV-Leistungen grundsätzlich kein Arbeitsentgelt im Sinne des § 14 Abs. 1 SGB IV dar. Eine für Rentenleistungen zutreffende, für das gesamte Sozialversicherungsrecht allgemeingültige Definition ist daher nicht gegeben. Deshalb muss auf eine sozialversicherungszweigabhängige Bemessungsgrundlage verwiesen werden. Diesbezüglich sind für die gesetzliche Krankenversicherung (KV) die Regelungen des § 226 Abs. 1 Nr. 3 i.V.m. § 229 Abs. 1 Satz 1 Nr. 5 bzw. § 229 Abs. 1 Satz 3 SGB V einschlägig. Demnach sind auch Versorgungsbezüge aus einer bAV als mit der gesetzlichen Rente vergleichbare Versorgungsbezüge beitragspflichtige Einnahmen. Sofern keine regelmäßig wiederkehrenden Leistungen vereinnahmt werden, gilt längstens für 120 Monate ein monatlicher Bruchteil von 1/120 der Kapitalleistung als Bemessungsgrundlage für die Verbeitragung. In der Leistungsphase trägt der versicherungspflichtige Rentner den vollen Beitrag gem. § 248 Satz 1 i.V.m. § 250 Abs. 1 Nr. 1 SGB V alleine.[277] Des Weiteren ist es gem. § 242 Abs. 1

---

[276] Zu den Voraussetzungen zur Pauschalierung siehe oben. Es muss sich ferner zwingend um „zusätzliche" Beiträge bzw. Zuwendungen handeln. Dies ist bei einer Arbeitgeberfinanzierung stets der Fall. Bei der Entgeltumwandlung muss es sich hierfür um Sonderzahlungen gem. § 23a SGB IV handeln. Insofern entsteht bei Nichtvorliegen von Sonderzahlungen sozialversicherungsrechtlich Arbeitsentgelt, obwohl steuerrechtlich eine Pauschalierung möglich ist. Vgl. hierzu BSG-Urteil vom 21.08.1997 sowie BSG-Urteil vom 14.07.2004.

[277] Eine Aufteilung in Arbeitgeber- und Arbeitnehmeranteil, wie sie bei laufendem, regulärem Arbeitsentgelt gem. § 249 Abs. 1 SGB V zu erfolgen hat, unterbleibt damit. Bis zum 31.12.2003 musste der Betriebsrentner nur den halben Beitragssatz entrichten. Geändert wurde dies durch das Gesetz zur Modernisierung der gesetzlichen Krankenversicherung.

SGB V möglich, dass eine Krankenkasse, soweit der Finanzbedarf nicht gedeckt ist, einen kassenindividuellen einkommensabhängigen Zusatzbeitragssatz erhebt.[278]

Für die Beitragsbemessung in der gesetzlichen Pflegeversicherung (PV) gelten gem. § 57 Abs. 1 Satz 1 bzw. § 59 Abs. 1 Satz 1 SGB XI die Regelungen in der gesetzlichen KV analog.[279] Der Beitragssatz ist nach § 59 Abs. 1 Satz 1 SGB XI analog zum Krankenversicherungsbeitrag alleine vom Betriebsrentner zu tragen.

Da in der Rentenphase in der Regel kein Beschäftigungsverhältnis mehr vorliegt, besteht auch keine Versicherungspflicht in der GRV[280] und Arbeitslosenversicherung (AV)[281]. Demnach unterliegen bAV-Leistungen im Regelfall der Verbeitragung in KV und PV, jeweils mit dem vollen Beitragssatz.[282]

Auf eine Besonderheit bei der Riester-geförderten bAV ist an dieser Stelle hinzuweisen. Wie im vorhergehenden Abschnitt ausgeführt, unterliegen die Beiträge in der Anwartschaftsphase der Verbeitragung, da sie mangels Ausnahme in § 1 SvEV als beitragspflichtiges Arbeitsentgelt gelten. Die Leistungen aus einer Riester-bAV werden in der Rentenphase, analog zu den übrigen bAV-Leistungen, ebenfalls als Versorgungsbezüge gewertet. Damit erfolgt auch in der Rentenphase eine Verbeitragung in KV sowie PV und es kommt zu einer Doppelverbeitragung.[283]

3 Literaturüberblick zu Hemmnissen bei der bAV[284]

Auf Basis der oben beschriebenen Rechtslage wird nun untersucht, worin die Ursachen liegen, dass die bAV insbesondere in der Zielgruppe der Gering- und Niedrigverdiener nur unterdurchschnittlich verbreitet ist. Dazu erfolgt in diesem Kapitel eine Auswertung bereits bestehender Literatur, welche Problembereiche der bAV analysiert und Hemmnisse aus Sicht der Arbeitnehmer aufdeckt. Der Fokus liegt dabei grundsätzlich auf steuer- und sozialversicherungsrechtlichen Regelungen, die Arbeitnehmer von der Teilnahme am System der bAV abhalten. An dieser Stelle sei jedoch bereits darauf hingewiesen, dass in weiten Teilen der Literatur vorwiegend allgemeine, neben dem Steuer- und Sozialversicherungsrecht liegende, Hemmnisse als Grund für die geringe Verbreitung in den Zielgruppen angeführt werden. Daher wird mit diesen, nachfolgend als *allgemeine Hemmnisse* bezeichneten Problemfeldern begonnen (Abschnitt C 3.1), bevor in Abschnitt C 3.2 ein Überblick

278 Dieser Zusatzbeitrag ist als Prozentsatz der beitragspflichtigen Einnahmen zu erheben.

279 Dies gilt gem. § 57 Abs. 4 SGB XI auch für freiwillig gesetzlich Pflegeversicherte.

280 Sofern doch noch ein Beschäftigungsverhältnis besteht, kann die Versicherungsfreiheit nach § 5 Abs. 4 Nr. 1 SGB VI relevant sein. Demnach sind Personen, die zusätzlich bereits eine Vollrente wegen Alters beziehen, versicherungsfrei. Anzumerken ist jedoch, dass insoweit trotzdem der Arbeitgeberanteil nach § 172 Abs. 1 SGB VI fällig wird. Vgl. auch Rolfs (2018b), Rz. 60.

281 Sofern zwar die sogenannte Regelaltersgrenze im Sinne des § 35 SGB VI überschritten wurde und somit Versicherungsfreiheit gem. § 28 Abs. 1 Nr. 1 SGB III eintritt, ist jedoch weiterhin gem. § 346 Abs. 3 SGB III der Arbeitgeberanteil zur AV zu entrichten. Vgl. Rolfs (2018b), Rz. 65.

282 Eine Übersicht der sozialversicherungsrechtlichen Behandlung auf Arbeitnehmerseite ist Kiesewetter et al. (2016a), S. 29 zu entnehmen.

283 Vgl. zur Problematik und zum Begriff der Doppelverbeitragung in der Sozialversicherung ausführlich Menzel (2016).

284 Dieses Kapitel ist Kiesewetter et al. (2016a), S. 48-66 gekürzt und modifiziert entnommen.

über die in der Literatur bislang gewonnenen Erkenntnisse zu steuer- und sozialversicherungsrechtlichen Hemmnissen gegeben wird. Bislang findet sich hierzu kaum wissenschaftliche Literatur, weshalb auf Studien von Ministerien und anderen Institutionen zurückgegriffen werden muss.

3.1 Allgemeine Hemmnisse

Eine ausführliche Untersuchung in Bezug auf Hemmnisse der bAV findet sich in der sogenannten *Machbarkeitsstudie* des BMAS.[285] Neben der Auswertung bisheriger Untersuchungen werden im Rahmen der Machbarkeitsstudie empirische Methoden angewandt, um Hemmnisse bei den Rahmenbedingungen der bAV zu identifizieren. Zunächst ist hier die Analyse von fünf Branchenlösungen der bAV zu nennen, wobei mit mindestens einem Vertreter der jeweiligen Branchenlösung ein leitfadengestütztes Experteninterview geführt wurde.[286] Von allen Interviewpartnern wird dabei ein zu geringes Einkommen der Arbeitnehmer als Hemmnis genannt. Darüber hinaus wird das Nichterkennen des zusätzlichen Vorsorgebedarfs als Hinderungsgrund angeführt. Ein hoher Anteil an jungen Arbeitskräften und die Neigung zu Sofortkonsum statt Vorsorge stellen laut den Experten hemmende Faktoren dar. Außerdem wird das Thema bAV als zu komplex eingeschätzt; ein Eindruck, der durch das Fehlen einfacher Informationen verstärkt wird. Auch zu geringes Engagement des Arbeitgebers, insbesondere im Hinblick auf die aktive Kommunikation des Themas bAV gegenüber den Mitarbeitern, wird als Hemmnis aufgeführt. Weitere Gründe, die sich aus den Interviews ergaben, sind ein fehlendes Vertrauen in die bAV-Anbieter und das Nutzen anderer Vorsorgemöglichkeiten.[287]

Neben der Analyse von Branchenlösungen wird ein Vergleich mit drei anderen europäischen Ländern (Großbritannien, Belgien und Irland) in Bezug auf deren Regelungen zur bAV durchgeführt. Hierbei wurden mit Vertretern der jeweils zuständigen öffentlichen Institutionen ebenfalls leitfadengestützte Interviews geführt. Es werden hier ähnliche Hemmnisse genannt wie von den Branchenexperten. Neben dem geringen finanziellen Spielraum der Arbeitnehmer wird vor allem die Tatsache, dass der zusätzliche Vorsorgebedarf nicht erkannt wird, als Grund für das Fehlen einer bAV angesehen.[288] In einem zusätzlich durchgeführten Experten-Workshop wurden ebenfalls potentielle Hemmnisse bei den bestehenden Rahmenbedingungen der bAV diskutiert und ähnliche Gründe für das Fehlen einer bAV aufgeführt.[289] Zum ersten Mal wurde das Fehlen stabiler steuer- und sozialversicherungsrechtlicher Rahmenbedingungen genannt, ohne dies jedoch genauer zu spezifizieren.

---

285 Machbarkeitsstudie für eine Analyse von Hemmnissen für die Verbreitung der betrieblichen Altersversorgung in kleinen und mittleren Unternehmen, vgl. BMAS (2014).

286 Vgl. BMAS (2014), S. 14 f.

287 Vgl. BMAS (2014), S. 80 f.

288 Vgl. BMAS (2014), S. 84 f. Es werden noch weitere Hemmnisse aufgeführt, die von den Vertretern der jeweiligen Organisationen aus den drei Ländern genannt wurden. Diese decken sich jedoch großteils mit den bereits aufgeführten Hemmnissen.

289 Insgesamt nahmen an diesem Workshop sieben Personen teil, wobei es sich um Vertreter von Seiten der Arbeitnehmer, Arbeitgeber sowie bAV-Anbieter handelte.

In der Studie *Verbreitung der Altersvorsorge 2015* des BMAS wurde eine schriftliche Arbeitnehmerbefragung durchgeführt.[290] Die Stichprobe umfasst knapp 11.000 sozialversicherungspflichtig Beschäftigte im Alter von 25 bis unter 65 Jahren.[291] Die Auswertung der Ergebnisse zeigt, dass das Fehlen eines bAV-Angebots des Arbeitgebers der am häufigsten angegebene Grund (47 Prozent) für das Nichtvorhandensein einer bAV ist. Daneben werden „zu hohe Beiträge" von 23 Prozent der Befragten genannt. Eine Erläuterung, welche Art von Beiträgen hierunter zu verstehen sind, erfolgt nicht. Da dieser Grund von Geringverdienern[292] deutlich häufiger genannt wird als von Besserverdienern, sind vermutlich die vom Arbeitnehmer aufzubringenden Eigenmittel (eigene Beiträge) gemeint, sodass fehlende finanzielle Mittel als Grund angesehen werden können. 23 Prozent geben an, sich mit dem Thema der bAV zu wenig beschäftigt zu haben, was auf ein Desinteresse der Arbeitnehmer hindeutet. Eine ausreichende Absicherung durch andere Formen der Altersvorsorge nennen 16 Prozent der befragten Personen als Grund, keine bAV abgeschlossen zu haben, wobei nur zehn Prozent der Geringverdiener dies als Begründung anführen. Die weiteren vorgegebenen Aspekte – komplizierte Angebote, baldiger bAV-Abschluss geplant, sonstige Gründe – spielen bei den befragten Arbeitnehmern eine untergeordnete Rolle.[293]

Weitere allgemeine Hemmnisse der bAV sind zahlreichen empirischen Studien zu entnehmen, die von bAV-Anbietern bzw. Unternehmen aus der bAV-Branche durchgeführt bzw. in Auftrag gegeben wurden. Dort werden die oben genannten, in den Studien des BMAS gewonnenen Erkenntnisse weitgehend bestätigt, weshalb auf eine detaillierte Auswertung verzichtet wird.[294] Außerdem werden in Tabelle 15 die Hemmnisse bei der Verbreitung der bAV auf Arbeitnehmerseite, die sich aus den empirischen Studien ergeben, zusammengefasst. Dabei wird kenntlich gemacht, in welchen der Studien die jeweiligen Hemmnisse als relevant eingestuft wurden. Um das Kriterium „relevant" zu erfüllen, muss ein Hemmnis in der jeweiligen Studie zu den fünf meistgenannten Hemmnissen zählen.[295] Es sei zu Tabelle 15 angemerkt, dass aufgrund der Vielfalt der Studien (hinsichtlich Stichprobenumfang, Zielgruppe, Methodik) eine abschließende Wertung hinsichtlich Relevanz der einzelnen Hemmnisse an dieser Stelle nicht möglich ist. Dennoch wird durch die Übersicht ein erster Eindruck über die Wesentlichkeit der einzelnen Hemmnisse gegeben.

---

290 Bereits für den Erhebungszeitpunkt 2011 wurde in BMAS (2012a) eine solche Umfrage durchgeführt. Die dort genannten Gründe für das Fehlen einer bAV auf Arbeitnehmerseite sind zu denjenigen aus der Folgestudie für das Jahr 2015 sehr ähnlich. Auch die relative Häufigkeit der angegebenen Gründe unterscheidet sich kaum, weshalb auf die Ergebnisse aus BMAS (2012a) nicht zusätzlich eingegangen wird.

291 Vgl. BMAS (2012a), S. 7.

292 In BMAS (2017b) werden Geringverdiener als solche Personen definiert, die ein monatliches Gehalt von weniger als 1.500 Euro aufweisen, vgl. BMAS (2017b), S. 42.

293 Vgl. BMAS (2017b), S. 42. Zu den „sonstigen Gründen" werden eine zu geringe Rentabilität von bAV-Produkten, ein (zu) hohes Alter und ein Misstrauen gegenüber bAV-Angeboten gezählt.

294 Vgl. zu einer ausführlichen Darstellung dieser Studien Kiesewetter et al. (2016a), S. 37 ff.

295 In den Studien, in denen die Teilnehmer mit Hilfe von geschlossenen Fragen nach ihren Gründen für das Fehlen einer bAV befragt wurden, erfolgt in der Regel eine Angabe der relativen Häufigkeiten der jeweiligen Hemmnisse. Es gelten folglich die fünf Hemmnisse als relevant, die (relativ) am häufigsten genannt wurden. In der Machbarkeitsstudie des BMAS wurden zur Einschätzung der Relevanz einzelner Hemmnisse insgesamt elf Experten interviewt. Daher werden in Tabelle 15 die fünf von den Experten am relevantesten eingestuften Hemmnisse aufgeführt.

Studie Hemmnis	*BMAS (2014)*	*BMAS (2017b)*	*ERGO (2010)*	*Fidelity International (2011)*	*PwC (2015)*	*Gothaer (2011)*	*Hurrelmann/ Karch (2013)*	*Towers Watson (2012)*
Zu geringes Einkommen / Zu geringer finanzieller Spielraum der Arbeitnehmer	X	X	X	X	X	X	X	
Fehlendes Angebot / Engagement des Arbeitgebers	X	X	X		X	X		
Kein Interesse an bzw. keine Auseinandersetzung mit der bAV-Thematik		X			X	X	X	
Nutzen anderer Vorsorgemöglichkeiten		X	X		X	X		
Neigung zu Sofortkonsum statt Altersvorsorge	X			X			X	
Geringe Attraktivität der bAV aufgrund fehlenden Arbeitgeberzuschusses	X				X			
Schwierige Portabilität bei Arbeitgeberwechsel			X	X				
Nichterkennen zusätzlichen Vorsorgebedarfs								X
Zu hohe Komplexität des Themas bAV (insbesondere der bestehenden Angebote)		X						
Gesetzliche Rente reicht aus							X	
Inflexibilität der bAV-Angebote								X

Studie Hemmnis	*BMAS (2014)*	*BMAS (2017b)*	*ERGO (2010)*	*Fidelity International (2011)*	*PwC (2015)*	*Gothaer (2011)*	*Hurrelmann/ Karch (2013)*	*Towers Watson (2012)*
Fehlende Kenntnis des Rechts auf Entgeltumwandlung	X							
Geringer Kenntnisstand zum Thema bAV			X					

Tabelle 15: Übersicht der allgemeinen Hemmnisse für Arbeitnehmer bei der bAV[296]

3.2 Steuer- und sozialversicherungsrechtliche Hemmnisse

In diesem Abschnitt wird insbesondere auf die Relevanz von Hemmnissen bei den steuer- und sozialversicherungsrechtlichen Rahmenbedingungen der bAV auf Arbeitnehmerseite eingegangen, die in einschlägigen Literaturbeiträgen genannt werden. Wie die Auswertung der Studien im vorhergehenden Abschnitt zeigt, sind Hemmnisse im Bereich der steuer- und sozialversicherungsrechtlichen Behandlung der bAV nur rudimentär untersucht. Lediglich in der Machbarkeitsstudie des BMAS wird das Fehlen stabiler steuer- und sozialversicherungsrechtlicher Rahmenbedingungen als Hemmnis für Arbeitnehmer genannt.[297] Eine genauere Erläuterung wird jedoch nicht gegeben. Ebenfalls in der Machbarkeitsstudie wird die volle Steuer- und Sozialversicherungspflicht in der Rentenphase als Hinderungsgrund für Arbeitnehmer gesehen.[298]

Konkrete steuer- und sozialversicherungsrechtliche Hemmnisse wurden bislang in wissenschaftlichen Literaturbeiträgen kaum erforscht. Daher kann im Rahmen dieses Literaturüberblicks nur auf Kritikpunkte bei den steuer- und sozialversicherungsrechtlichen Regelungen eingegangen werden, die in der Praktikerliteratur und von Vertretern der im Rahmen der bAV relevanten Akteursgruppen (Arbeitnehmer- und Arbeitgebervertreter, bAV-Anbieter sowie auch Stellungnahmen der Politik) genannt werden.

In diesem Zusammenhang wird oftmals die bereits erwähnte Beitragspflicht von Betriebsrenten zur KVdR und PVdR angesprochen. Der Empfänger der Betriebsrente trägt hierbei den vollen Beitragssatz allein.[299] Es wird argumentiert, dass der Arbeitgeber bei einer Entgeltumwandlung die Möglichkeit hat, Sozialabgaben einzusparen. Daher sei es ungerechtfertigt, dass nur der Arbeitnehmer in der Rentenphase die Beiträge zur KVdR und PVdR zu leisten hat. Dabei wird außer Acht gelassen, dass sich der Arbeitnehmer in der

[296] Quelle: Modifiziert entnommen aus Kiesewetter et al. (2016a), S. 61 f.

[297] Vgl. BMAS (2014), S. 90, 95.

[298] Vgl. BMAS (2014), S. 95. Dieses Hemmnis ergab sich laut der Übersicht auf S. 95 der Machbarkeitsstudie nur aus den explorativen Auftaktinterviews.

[299] Vgl. zur konkreten Rechtslage Abschnitt C 2.4.2.

Anwartschaftsphase seinen Arbeitnehmeranteil zur Sozialversicherung (in allen vier Zweigen) spart und dementsprechend nicht von einer doppelten Verbeitragung gesprochen werden kann.[300] Nichtsdestotrotz ist dieser Punkt in der politischen Diskussion um Hemmnisse der bAV sowie in den Medien viel genannt.[301] Daher wird die Belastung der Betriebsrenten in der Rentenphase als relevant eingestuft.

Ein weiterer Aspekt sind die Einbußen bei den gesetzlichen Sozialleistungen, die aus der Sozialversicherungsfreiheit der Beiträge zu einer bAV in der Anwartschaftsphase resultieren. Im Vergleich zu einer Lohnzahlung zahlen Arbeitnehmer und Arbeitgeber in Folge einer Entgeltumwandlung weniger Beiträge in allen vier Zweigen der Sozialversicherung, soweit Entgelt unterhalb der Beitragsbemessungsgrenze umgewandelt wird. Dies führt zu geringeren Ansprüchen des Arbeitnehmers aus der GRV. Zusätzlich sind weitere Sozialleistungen betroffen, die in Folge einer Entgeltumwandlung geringer ausfallen können. Zu nennen sind hier eine Erwerbsminderungsrente, Kranken- und Übergangsgeld, Elterngeld und Arbeitslosengeld.[302] Diese Ausführungen lassen sich auch auf arbeitgeberfinanzierte Zusagen übertragen, soweit diese als Substitut zu einer Lohnerhöhung interpretiert werden. Kolodzik/Pahl (2012) zeigen, dass durch die Einbußen bei der GRV die bAV mittels Entgeltumwandlung gegenüber anderweitigen Vorsorgeformen (z.B. eine private Riester-Rente oder Rentenversicherung) nachteilig sein kann.[303] Auch dieser Punkt findet Eingang in die politische Diskussion[304] und die Presseberichterstattung[305]

Außerdem wird die volle Anrechnung von Leistungen der bAV auf die Grundsicherung kritisiert, die sich aus § 82 Abs. 1 SGB XII a.F. ergibt. Diese Problematik ist insbesondere für die Zielgruppe der Geringverdiener relevant. Diese sind oftmals aufgrund ihres geringen finanziellen Spielraums während ihres Erwerbslebens nur dazu in der Lage, in geringem Umfang Zusatzvorsorge zu betreiben. Entsprechend niedrig sind die resultierenden Leistungen in der Rentenphase. Auch die weiteren Einkünfte dieser Personen in der Rentenphase sind in der Regel gering. Es kann daher dazu kommen, dass dieser Personenkreis trotz Zusatzvorsorge auf Grundsicherung in der Rentenphase angewiesen ist. Die volle Anrechnung auf die Grundsicherung führt im Ergebnis dazu, dass ein Geringverdiener nicht von seinen zusätzlichen Vorsorgebemühungen während des Erwerbslebens profitiert. Dies wird in der Literatur als problematischer Fehlanreiz gesehen, der einer weiteren Verbreitung der

300 Vgl. zum Begriff der Doppelverbeitragung wiederum Menzel (2016).

301 In den Medien beispielsweise in Öchsner (2014), Gräber (2015) und Schwerdtfeger (2015). In der politischen Diskussion unter anderem in dem Antrag der Partei DIE LINKE (BT-Drucksache 18/6364 vom 14.10.2015), in dem sie die Bundesregierung auffordert, einen Gesetzentwurf vorzulegen, der die „doppelte Beitragszahlung auf Direktversicherungen und Versorgungsbezüge beendet“.

302 Vgl. Kolodzik/Pahl (2012), S. 1189. Sie weisen darauf hin, dass die jeweilig reduzierten Leistungen erst relevant werden, wenn der Leistungsfall tatsächlich eintritt. Außerdem ist festzuhalten, dass es zu keinen verminderten Ansprüchen kommt, soweit Entgeltteile umgewandelt werden, die über den Beitragsbemessungsgrenzen liegen.

303 Vgl. Kolodzik/Pahl (2012), S. 1193 f. Zu einem anderen Ergebnis kommt Schanz (2013a, 2013b), der basierend auf anderen Annahmen zeigt, dass die betriebliche Entgeltumwandlung einer privaten Rentenversicherung auch dann so gut wie immer überlegen ist, wenn die Minderung der gesetzlichen Rente berücksichtigt wird.

304 Vgl. Antrag der Partei DIE LINKE (BT-Drucksache 18/6364 vom 14.10.2015, S. 1) sowie die Kleine Anfrage der Partei Bündnis 90/DIE GRÜNEN (BT-Drucksache 18/4364 vom 18.03.2015, S. 1 f.).

305 Vgl. Öchsner (2014) und Schwerdtfeger (2015).

bAV vor allem unter geringverdienenden Arbeitnehmern im Weg steht. Daher wird auch dieser Aspekt als potenzielles Hemmnis aufgenommen.[306]

Ein weiterer Kritikpunkt an den steuer- und sozialversicherungsrechtlichen Rahmenbedingungen der bAV betrifft die Riester-geförderte bAV. Vor allem die in diesem Fall eintretende doppelte Belastung des Arbeitnehmers mit Beiträgen zur gesetzlichen KV und PV wird hierbei als problematisch angesehen.[307] Um die Riester-Förderung in Anspruch nehmen zu können, muss aus versteuertem und verbeitragtem Einkommen vorgesorgt werden.[308] In der Rentenphase sind auf die Leistungen neben der Besteuerung Beiträge zur KVdR und PVdR abzuführen.[309] Dies macht die Riester-Förderung in der bAV für weite Kreise der Arbeitnehmer unattraktiv, obwohl diese Art der Förderung vor allem über die (Kinder-)Zulagen und die damit einhergehende hohe staatliche Förderquote für Geringverdiener besonders geeignet sein kann.[310] Die aktuell geltende Doppelverbeitragung der Riester-bAV stellt sich somit als steuer- und sozialversicherungsrechtliches Hemmnis der bAV dar. Mit dieser Problematik setzt sich Menzel (2017) auseinander. Er zeigt, dass die Doppelverbeitragung die Riester-bAV im Vergleich zu anderen Vorsorgeformen unattraktiv macht. Ferner diskutiert er verschiedene Möglichkeiten, wie die Verbeitragung der Riester-bAV ausgestaltet werden könnte, damit diese eine lukrative Vorsorgemöglichkeit darstellt. Dabei gelangt er zu dem Ergebnis, dass sowohl eine rein vorgelagerte als auch eine rein nachgelagerte Verbeitragung eine Verbesserung darstellen würde, wobei die rein vorgelagerte Beitragserhebung gerade bei geringem Einkommen vorteilhafter ist.[311]

4 Empirische Untersuchungen zu Hemmnissen bei der bAV

Der obige Literaturüberblick zeigt, dass Hemmnisse der bAV bislang nur unzureichend untersucht sind. Dies gilt umso mehr für die steuer- und sozialversicherungsrechtlichen Regelungen, die einer weiteren Verbreitung der bAV entgegenstehen könnten. Gerade empirische Studien, die einen derartigen Fokus setzen, fehlen noch vollständig. Daher werden nachfolgend zwei empirische Untersuchungen präsentiert, die diese Forschungslücke schließen sollen. Dabei handelt es sich zum einen um Experteninterviews (Abschnitt C 4.1) und zum anderen um Interviews mit Arbeitnehmern (Abschnitt C 4.2). Beiden Untersuchungen ist gemein, dass qualitative empirische Methoden zum Einsatz kommen. Dies ist der Tatsache geschuldet, dass die untersuchte Thematik als komplex anzusehen ist. Vor allem in Bezug auf die Arbeitnehmerinterviews muss davon ausgegangen werden, dass der

306 Die Problematik der vollen Anrechnung auf die Grundsicherung wird unter anderem in Kolb (2013), S. 472 und Schwind (2014), S. 2 angesprochen.

307 Vgl. unter anderem Gunkel (2015), S. 194 und Stubben (2008).

308 Wenn der Sonderausgabenabzug des § 10a EStG günstiger ist als die Zulagenförderung, kann dies ex post auch so interpretiert werden, dass aus unversteuertem Einkommen vorgesorgt wird. Die Belastung mit Sozialversicherungsbeiträgen bleibt aber dessen ungeachtet bestehen.

309 Vgl. zur Rechtslage Abschnitt C 2.4.2.

310 Vgl. Gunkel (2015), S. 194.

311 Vgl. Menzel (2017), S. 9.

Kenntnisstand der Personen aus der Zielgruppe gering ist. Daher bedarf es oftmals Erläuterungen, die nur im Rahmen von Interviews gegeben werden können. Insbesondere standardisierte Umfragen scheiden daher als Untersuchungsmethodik aus.[312]

4.1 Experteninterviews[313]

4.1.1 Methodik

Als eine häufig verwendete Methode in der qualitativen empirischen Forschung können Experteninterviews sowohl als eigenständige Untersuchungsmethodik verwendet werden als auch im Rahmen einer Methodentriangulation zum Einsatz kommen. Letztere wird im Rahmen dieser Arbeit vorgenommen, da neben Experten- auch Arbeitnehmerinterviews durchgeführt werden, die den gleichen Untersuchungsgegenstand zum Inhalt haben.[314] Bei der Verwendung im Rahmen einer Methodentriangulation eignen sich Experteninterviews vor allem dazu, dem Forscher einen ersten Überblick über das Forschungsfeld zu verschaffen bzw. sein wissenschaftliches Problembewusstsein für die zu untersuchende Materie weiterzuentwickeln. Damit einhergehend ermöglichen sie es, auf Grundlage der gewonnenen Erkenntnisse Hypothesen in Bezug auf das relevante Forschungsobjekt zu formulieren, die daraufhin durch Anwendung quantitativer Forschungsmethoden empirisch überprüft werden können.[315] Das Abgrenzungsmerkmal der Experteninterviews zu herkömmlichen Interviewmethoden liegt vor allem im Charakter der zu befragenden Akteure. Dabei gelten Experten als Personen, die über ein spezielles Wissen hinsichtlich des für den Forscher relevanten Untersuchungsfelds verfügen. Der Experte selbst muss daher nicht notwendigerweise das Forschungsobjekt darstellen, sondern kann als eine Art Medium fungieren, über das der Forscher Informationen über das Forschungsobjekt erlangt.[316] Man spricht in diesem Zusammenhang von Betriebs- oder Kontextwissen der Experten.[317] Dabei können die Experten zusätzlich als eine Art Multiplikator angesehen werden, da sie über ein spezielles erfahrungsgestütztes Wissen verfügen, das stellvertretend für eine Vielzahl von Akteuren der Zielgruppe steht. Es ermöglicht dem Forscher somit bereits in der Explorationsphase einer Untersuchung, eine umfangreiche Datenbasis in Bezug auf eine definierte Zielgruppe zu gewinnen und gewährt ihm so einen einfachen Einstieg in das Untersuchungsfeld.[318]

Experteninterviews werden regelmäßig als leitfadengestützte Interviews gestaltet, das heißt, dem Interview wird eine Liste offener Fragen zugrunde gelegt, mit dem der Interviewer sicherstellt, dass die für die Untersuchung relevanten Fragestellungen Eingang in das

312 Derartige Umfragen wurden insbesondere in den Studien des BMAS angewendet, vgl. dazu Abschnitt C 3.1.

313 Dieser Abschnitt ist in Kiesewetter et al. (2016a), S. 66-81 eingegangen.

314 Da in den Experten- und Arbeitnehmerinterviews jeweils auch andere Daten erhoben und ausgewertet werden, liegt auch eine Datentriangulation vor. Vgl. hierzu grundlegend Bryman (1988), S. 131.

315 Vgl. Bogner et al. (2014), S. 23.

316 Vgl. Gläser/Laudel (2010), S. 12.

317 Das Betriebswissen bezieht sich dabei auf die eigene Tätigkeit der Experten, während Kontextwissen ein bestimmtes Expertenwissen in Feldern beschreibt, in denen die befragten Experten selbst nicht direkt agieren, vgl. Bogner et al. (2014), S. 23.

318 Vgl. Bogner et al. (2002), S. 7 f.

Gespräch finden.[319] Während des Interviews muss die Reihenfolge der auf dem Leitfaden befindlichen Fragen nicht zwingend eingehalten werden. Vielmehr kann die Fragefolge dem individuellen Gesprächsverlauf angepasst werden, weshalb der Leitfaden eher eine Richtschnur im Interview darstellt.[320] Das Experteninterview kann entweder als Face-to-face- oder als Telefoninterview durchgeführt werden. Beim Face-to-face-Interview tritt der Interviewer dem Interviewten physisch gegenüber, wohingegen das Experteninterview beim Telefoninterview in Form eines Telefonats geführt wird.[321] Der Vorteil von Telefoninterviews gegenüber Face-to-face-Interviews liegt vor allem in der Zeit- und Kostenersparnis für den Interviewführenden. Zudem ist es in vielen Fällen aufgrund der höheren Flexibilität eines Telefonats im Vergleich zu einem fest vereinbarten persönlichen Termin auch für den Interviewten die angenehmere Interviewform. Allerdings steht diesen Vorteilen des Telefoninterviews der Nachteil entgegen, dass sämtliche visuelle Informationen des Interviews für den Forscher verloren gehen und auch der Aufbau einer vertrauensvollen Atmosphäre zwischen Interviewtem und Interviewführendem unter Umständen erschwert wird.[322]

Aufgrund der Komplexität der Materie der bAV werden Experteninterviews als eine geeignete Methodik erachtet, um Hinweise auf relevante Hemmnisse bei der bAV für gering- und niedrigverdienende Arbeitnehmer zu erhalten. Es wird auf Telefoninterviews zurückgegriffen. Der Vorteil der Kosten- und Zeitersparnis überwiegt die genannten Nachteile von Telefoninterviews, denn die Experten stellen nicht selbst das Forschungsobjekt dar. Vielmehr sollen sie Aufschluss darüber geben, welche Hemmnisse einer weiteren Verbreitung der bAV in der Zielgruppe entgegenstehen.

4.1.2 Vorgehen

Ein entscheidender Schritt bei der Durchführung von Experteninterviews ist die Auswahl geeigneter Experten, da von diesen sowohl die Art als auch die Qualität des Interviewinhalts bestimmt werden. Bei der Auswahl der Experten im Rahmen der hier präsentierten Untersuchung wurde darauf geachtet, dass die in Betracht gezogenen Personen neben einer generellen fachlichen Verbundenheit mit der bAV auch über einen Bezug zu den Hemmnissen der bAV bei der relevanten Zielgruppe verfügen. Die Kontaktaufnahme erfolgte mittels eines Anschreibens, das per E-Mail versendet wurde. Hierin wurden der konkrete Forschungsgegenstand und die Zielsetzung der Arbeit erläutert. Daneben war die Bitte um Kontaktaufnahme enthalten. Insgesamt wurden auf diese Weise 13 Experten kontaktiert,

---

319 Vgl. Gläser/Laudel (2010), S. 111.

320 Vgl. Gläser/Laudel (2010), S. 42.

321 Eine weitere Möglichkeit ist das Führen des Interviews über E-Mail oder im Rahmen eines Chatrooms. Vgl. hierzu Gläser/Laudel (2010), S. 154.

322 Vgl. Gläser/Laudel (2010), S. 153 f.

von denen sich alle für ein Telefoninterview zur Verfügung stellten.[323] Die Zusammensetzung der 13 Experten nach ihrem beruflichen Tätigkeitsbereich ist nachfolgender Tabelle zu entnehmen:

Tätigkeitsbereich der Experten	Anzahl	Anteil
Versicherungswirtschaft	5	38 %
Unternehmensberatung	3	23 %
Versorgungswerk des Handwerks	2	15 %
Arbeitgeberverband	1	8 %
Gewerkschaft	1	8 %
Börsennotiertes Unternehmen	1	8 %

Tabelle 16: Tätigkeitsbereich der interviewten Experten[324]

Aus Tabelle 16 ergibt sich eine starke Präsenz von Vertretern aus der Versicherungswirtschaft. Dieser Anteil wurde bewusst relativ hoch gewählt, da sich Versicherungen in Bezug auf die Zielgruppe der gering- und niedrigverdienenden Arbeitnehmer besonders dafür eignen, relevante Hemmnisse bei der bAV aufzudecken. Dies liegt zum einen daran, dass oftmals ein enger Kontakt zwischen Versicherer und Arbeitnehmer besteht. Zusätzlich sind Versicherungsunternehmen vor allem Anbieter von Direktversicherungen; und gerade diese sowie die übrigen externen Durchführungswege sind in der Regel für Gering- und Niedrigverdiener geeignet.[325] Auch bei den weiteren Experten wurde darauf geachtet, dass eine Verbundenheit mit der Zielgruppe besteht. Die Vertreter aus Unternehmensberatung und Arbeitgeberverband dienten dazu, auch die Sichtweise der Arbeitgeber zu erfassen.

Die Experteninterviews wurden im März 2015 durchgeführt und nach Zustimmung der Interviewten zum Zwecke der anschließenden Auswertung aufgezeichnet. Die durchschnittliche Dauer eines Interviews betrug ca. 45 Minuten. Zum Zwecke eines kontrollierten Gesprächsverlaufs wurde ein teilstrukturierter Interviewleitfaden verwendet, der sich in drei Blöcke untergliederte: Nach einer kurzen Einleitung, in der die Frage- und Problemstellung kurz beschrieben wurde, wurden (1.) Hemmnisse der bAV aus Arbeitnehmersicht thematisiert. Danach wurden (2.) Problembereiche der Riester-bAV sowie (3.) potentielle Verbesserungsvorschläge erfragt.[326] Zum Zwecke der Auswertung erfolgte eine vollständige Transkription der aufgezeichneten Interviews.

[323] Die hohe Teilnahmequote ergibt sich vermutlich daraus, dass dem vorliegenden Forschungsprojekt zum Zeitpunkt der Durchführung der Interviews in Fachkreisen eine hohe Relevanz beigemessen wurde und ein hohes Eigeninteresse der Teilnehmer an der Verbesserung der bAV bestand.

[324] Quelle: Modifiziert entnommen aus Kiesewetter et al. (2016a), S. 68.

[325] Demgegenüber wird für Führungskräfte und gutverdienendes Personal häufiger auf interne Durchführungswege zurückgegriffen.

[326] Der vollständige Interviewleitfaden für die Experteninterviews ist Anhang C1 zu entnehmen.

4.1.3 Auswertung und Ergebnisse

Zur Auswertung von Experteninterviews stehen grundsätzlich mehrere grundsätzlich gleichwertige Verfahren zur Auswahl. Am verbreitetsten sind die qualitative Inhaltsanalyse sowie codebasierte Verfahren, die an die Grounded Theory angelehnt sind.[327] Da die Experteninterviews im Rahmen dieser Untersuchung vornehmlich zur Informationsgewinnung eingesetzt werden und nicht der Theoriebildung dienen sollen, wird auf die qualitative Inhaltsanalyse als Auswertungsmethode zurückgegriffen. Dazu werden grundsätzlich fünf Schritte durchlaufen.[328] Der erste Schritt betrifft die Bestimmung der Frageperspektive und die Materialauswahl. Dies ist in vorliegendem Fall simpel. Als Datenmaterial dient der Textkorpus der transkribierten Interviews, der sich auf den Hauptteil der Interviews bezieht, da hier die für die Forschungsfrage relevanten Informationen enthalten sind.

Der zweite Schritt beinhaltet die Bildung von Kategorien. Auch diese sind durch die Forschungsfragen und den darauf ausgerichteten Aufbau des Interviewleitfadens weitgehend vorgegeben. Im Hauptteil der Experteninterviews sollten Hemmnisse bei der bAV aus der Sichtweise von gering- und niedrigverdienenden Arbeitnehmern identifiziert werden. Die Experten wurden dazu zunächst allgemein gefragt, was aus ihrer Sicht diese Gruppe von Arbeitnehmern davon abhält, mit einer bAV für ihr Alter vorzusorgen. Daran anschließend wurde die Frage spezifiziert und konkret nach bestehenden steuer- und sozialversicherungsrechtlichen Hemmnissen gefragt. Abschließend wurden die Experten gebeten, Verbesserungsvorschläge zu unterbreiten und konkret die Riester-geförderte bAV thematisiert. Es lassen sich damit die Kategorien *allgemeine Hemmnisse aus Arbeitnehmersicht, steuer- und sozialversicherungsrechtliche Hemmnisse aus Arbeitnehmersicht, Verbesserungsvorschläge* und *Probleme der Riester-geförderten bAV* als Hauptkategorien bilden.

Der dritte Schritt der Auswertung ist die Extraktion. Die transkribierten Interviews werden dabei systematisch untersucht, um die enthaltenen Informationen in das Kategoriensystem einzuteilen. Eng hieran angelehnt erfolgt der vierte Schritt, die Datenaufbereitung. Dabei werden vor allem inhaltlich zusammenhängende, aber gegebenenfalls über verschiedenen Interviews oder Textpassagen verstreute Informationen zusammengefasst sowie redundante Informationen entfernt. Die Auswertung der so generierten und aufbereiteten Daten stellt den fünften und letzten Schritt der Inhaltsanalyse dar.

In die Kategorie der allgemeinen Hemmnisse lassen sich zwei zentrale von den Experten hervorgehobene Aspekte einordnen. Zunächst ist dies ein zu geringer bzw. nicht vorhandener finanzieller Spielraum. Dieses Hemmnis ist allen Interviews zu entnehmen, wenn auch wiederholt darauf hingewiesen wird, dass die Relevanz dieses Hemmnisses von Faktoren wie Familienstand, der Existenz eines weiteren verdienenden Familienmitglieds sowie dem Alter des Arbeitnehmers abhängig ist. Exemplarische Zitate, auf deren Basis dieses Hemmnis identifiziert wurde, sind Tabelle 17 zu entnehmen.

[327] Vgl. Bogner et al. (2014), S. 71. Siehe zur Grounded Theory grundlegend Glaser/Strauss (1967). Es handelt sich dabei um einen Ansatz aus den Sozialwissenschaften, durch den qualitative Daten, darunter solche aus Interviews, gesammelt und ausgewertet werden sollten. Oftmals wird ein iterativer Prozess von Datenerhebung und Datenanalyse durchgeführt. Ziel ist es häufig, dass sich auf Basis der qualitativen Daten eine bestimmte Theorie herausbildet.

[328] Vgl. dazu ausführlich Gläser/Laudel (2010), S. 197 ff.

Hemmnis	Exemplarische Zitate
Kein finanzieller Spielraum	„Je niedriger der Grundlohn, desto geringer ist die Akzeptanz beim Arbeitnehmer, Entgelte umzuwandeln, weil sie ohnehin schon am Existenzminimum leben."
	„Der Geringverdiener schaut auf seinen Lohnzettel und denkt sich: Ich habe eigentlich wirklich nichts übrig."
	„Ich denke das *[die Nichtteilnahme am bAV-System, Anm. d. Autors]* ist eine reine Geldsache."

Tabelle 17: Interviewauszüge zum Hemmnis: Kein finanzieller Spielraum[329]

Ein mit dem fehlenden finanziellen Spielraum zusammenhängendes Hemmnis stellt die Präferenz der Arbeitnehmer zu Gegenwartskonsum dar, was von mehreren Experten explizit angesprochen wird. Die Rentabilität der bAV, und der Altersvorsorge allgemein, würde vor allem durch das aktuell niedrige Zinsumfeld von den Arbeitnehmern infrage gestellt, wodurch diese schnell eine Entscheidung zugunsten von Gegenwartskonsum treffen. Hinzu kommen laut den Experten steuer- und sozialversicherungsrechtliche Faktoren[330], welche die Entscheidung für eine bAV unrentabel erscheinen lassen und diese Arbeitnehmer zum sofortigen Konsum ihrer Mittel verleiten.

Hemmnis	Exemplarische Zitate
Präferenz zu Gegenwartskonsum	„Die Arbeitnehmer haben ohnehin kaum etwas übrig, um Altersvorsorge zu betreiben, und wenn dann einmal etwas übrigbleibt, dann möchten sie sich auch einmal etwas gönnen und stecken es in den Konsum."
	„Was auch häufig in den Medien berichtet wird, ist eine erhebliche Tendenz, der Gegenwart den Vorzug gegenüber der Zukunft zu geben."

Tabelle 18: Interviewauszüge zum Hemmnis: Präferenz zu Gegenwartskonsum[331]

Kernpunkt der Interviews stellten die steuer- und sozialversicherungsrechtlichen Hemmnisse. Hierzu ist allgemein festzuhalten, dass einigen Experten zu Folge das Vorhandensein von steuer- und sozialversicherungsrechtlichen Vorteilen in der Entscheidungssituation für bzw. gegen eine bAV in den Hintergrund treten. Dies gelte für Gering- und Niedrigverdiener insbesondere. Jedoch wird auch mehrmals darauf hingewiesen, dass die Gruppe der Gering- und Niedrigverdiener eine sehr heterogene Gruppe sei und diese Aussage daher nicht zu pauschal verstanden werden sollte.

329 Quelle: Modifiziert entnommen aus Kiesewetter et al. (2016a), S. 76.

330 Die steuer- und sozialversicherungsrechtlichen Faktoren sind zum einen die hohen Sozialversicherungsbeiträge des Arbeitnehmers in der Leistungsphase sowie die Anrechnung der Rentenbezüge auf die Grundsicherung. Beide Punkte werden im weiteren Verlauf noch näher erläutert.

331 Quelle: Modifiziert entnommen aus Kiesewetter et al. (2016a), S. 77.

Die auf Basis der Interviews in die Kategorie der steuer- und sozialversicherungsrechtlichen Hemmnisse einzuordnenden Aspekte werden nachfolgend zusammengefasst. Als bedeutendster Faktor im Steuer- und Sozialversicherungsrecht wird von den Experten einstimmig die Belastung der Betriebsrenten mit Beiträgen zur KVdR und PVdR angeführt. Wie in Abschnitt C 2.4.2 ausgeführt, zahlt der Arbeitnehmer in der Rentenphase den vollen Beitragssatz zur KV in Höhe von (in 2018) 14,6 Prozent[332] sowie (in 2018) 2,35 Prozent[333] für die PV.[334] Der Arbeitnehmer beziehe diese Belastung als negativen Faktor in seine Entscheidung ein und empfinde diese als ungerecht, insbesondere wenn der Arbeitgeber in der Anwartschaftsphase auf ein Weiterreichen seiner Sozialversicherungsersparnis an den Arbeitnehmer verzichtet und damit von einem finanziellen Beitrag zur bAV des Arbeitnehmers absieht. Exemplarische Zitate der Experten zu diesem Hemmnis sind Tabelle 19 zu entnehmen.

Hemmnis	Exemplarische Zitate
Volle Beitragspflicht in der Rentenphase	„Wenn man umfassend aufklärt, muss man auf die volle Beitragspflicht zur Sozialversicherung der gesetzlich Versicherten hinweisen und das hat natürlich einen ganz negativen Touch."
	„Die Steuerpflicht der Versorgungsbezüge im Rentenalter ist nicht das große Thema, aber eben oft die Sozialabgabenpflicht in der Versorgungsphase."
	„Bei der Sozialversicherung haben wir seit ein paar Jahren ein riesiges Problem […]. Das kann gesellschaftlich nicht passen."

Tabelle 19: Interviewauszüge zum Hemmnis: Volle Beitragspflicht in der Rentenphase[335]

Ein ebenfalls häufig genannter Problembereich, der aus Sicht der Experten die Attraktivität der bAV vor allem für Gering- und Niedrigverdiener einschränkt, ist die Anrechnung von Rentenleistungen aus einer bAV auf die Grundsicherung. Die Arbeitnehmer der hier betrachteten Zielgruppe seien unter anderem aufgrund ihrer geringen Ansprüche aus der GRV im Rentenalter von Altersarmut bedroht. Daher wird von mehreren Experten ein Fehlanreiz beklagt, der die bAV für diejenigen Arbeitnehmer unattraktiv macht, die sich einer erhöhten Wahrscheinlichkeit für Altersarmut gegenübersehen. Tabelle 20 zeigt zwei Zitate, die diesen Aspekt als relevant einstufen. Einzelne Experten bezweifeln jedoch die Relevanz dieses Hemmnisses bei der Entscheidung eines Arbeitnehmers, eine bAV abzuschließen, da diese nach deren Meinung zu wenig informiert seien, um derartige Probleme zu erkennen. Zudem sei auch denkbar, dass Gering- und Niedrigverdiener sich dieser Gefahr nicht ausgesetzt sehen bzw. diese verdrängen.

332 Zuzüglich eventueller Zusatzbeiträge.

333 Zuzüglich eines eventuellen Beitragszuschlags in Höhe von 0,25 Prozent.

334 Vgl. zur sozialversicherungsrechtlichen Belastung des Arbeitnehmers in der Leistungsphase ausführlich Abschnitt C 2.4.

335 Quelle: Modifiziert entnommen aus Kiesewetter et al. (2016a), S. 78.

Hemmnis	Exemplarische Zitate
Anrechnung von Leistungen auf die Grundsicherung	„Viele Arbeitnehmer stecken den Kopf in den Sand und sagen: Am Ende bekomme ich Grundsicherung und da wird es mir dann angerechnet."
	„Neben der Belastung mit hohen Sozialversicherungsbeiträgen in der Rentenphase ist ein Problem, dass die Leistungen aus der betrieblichen Altersversorgung auf die Grundsicherung angerechnet werden."

Tabelle 20: Interviewauszüge zum Hemmnis: Anrechnung von Leistungen auf die Grundsicherung[336]

Ein weiterer Faktor, der nach Meinung einiger Experten die Attraktivität der bAV für Gering- und Niedrigverdiener deutlich einschränkt, ist ein fehlender bzw. nur sehr geringer Steuervorteil dieser Personengruppe aufgrund ihres geringen Einkommens. Durch den progressiven Verlauf des deutschen Einkommensteuertarifs nimmt der absolute Betrag des Steuervorteils durch eine Entgeltumwandlung mit sinkendem Einkommen ebenfalls ab. Lediglich der Vorteil aus der sozialversicherungsrechtlichen Freistellung bleibt erhalten. In diesem Zusammenhang wurde von vereinzelten Experten moniert, dass es an dieser Stelle an einer Zulagenförderung der bAV mangeln würde.[337] Die entsprechenden Interviewauszüge sind in Tabelle 21 festgehalten.

Hemmnis	Exemplarische Zitate
Fehlender Steuervorteil für Geringverdiener / fehlende Zulagenförderung	„Die Arbeitnehmer sagen dann: ‚Ich habe kaum einen Vorteil, verzichte aber auf Nettoentgelt, das ich dringend brauche, um meine Familie zu ernähren bzw. mich selber über Wasser zu halten.'"
	„Die Steuervorteile sind im Niedriglohnbereich oder bei Teilzeitkräften marginal."
	„Ein Zuschuss zur betrieblichen Altersversorgung hätte natürlich im Niedriglohnbereich eine enorme Wirkung."

Tabelle 21: Interviewauszüge zum Hemmnis: Fehlender Steuervorteil / fehlende Zulagenförderung[338]

Als ein weiteres Hemmnis auf Arbeitnehmerseite wurden Einbußen von Rentenansprüchen in der GRV als Folge einer Entgeltumwandlung genannt. Durch die Sozialversicherungsfreiheit der Beiträge zur bAV vermindern sich die Ansprüche auf Leistungen aus den einzelnen Sozialversicherungszweigen.[339] Besonders schwer wiegen hierbei die Einbußen in

[336] Quelle: Modifiziert entnommen aus Kiesewetter et al. (2016a), S. 78.

[337] Zwar bestand auch vor dem BRSG bereits die Möglichkeit, die Riester-Förderung im Rahmen der bAV in Anspruch zu nehmen. Diese war jedoch aufgrund der in Abschnitt C 2.4 dargestellten ungünstigen sozialversicherungsrechtlichen Rahmenbedingungen (Doppelverbeitragung) in aller Regel keine sinnvolle Vorsorgealternative.

[338] Quelle: Modifiziert entnommen aus Kiesewetter et al. (2016a), S. 79.

[339] Dieses Problem tritt nicht auf für Beitragsteile, die sozialversicherungspflichtig sind. Dabei kann es sich um Beiträge handeln, die in internen Durchführungswegen mittels Entgeltumwandlung finanziert und vier Prozent der Beitragsbemessungsgrenze in der allgemeinen Rentenversicherung übersteigen. Unabhängig von der Finanzierung sind auch Beiträge zu externen Durchführungswegen sozialversicherungspflichtig, wenn sie

der GRV, welche durch die späteren Rentenbezüge aus der bAV zusätzlich kompensiert werden müssen. Exemplarische Zitate zu diesem Aspekt enthält Tabelle 22. Auch dieses Hemmnis setzt jedoch laut einem Experten voraus, dass man über einen guten Kenntnisstand bezüglich der Zusammenhänge von bAV und gesetzlichen Rentenansprüchen verfügt, was bei den Arbeitnehmern der Zielgruppe oftmals nicht der Fall sei.

Hemmnis	Exemplarische Zitate
Einbußen in der GRV	„Wenn Arbeitnehmer ein hohes Vertrauen in das gesetzliche Rentensystem haben, dann wird der ein oder andere schon sagen, und ich glaube, das sind viele: ‚Ne, das Geld entziehe ich dem System lieber nicht, weil ich diesem vertraue.'"
	„Die verringerten Ansprüche aus der gesetzlichen Rente dürfen nicht unterschätzt werden."

Tabelle 22: Interviewauszüge zum Hemmnis: Einbußen in der GRV[340]

Als weitere Kategorie wurden die Experten dazu befragt, wie aus ihrer Sicht die geltenden steuer- und sozialversicherungsrechtlichen Rahmenbedingungen der Riester-Förderung in der bAV zu bewerten sind. Von einigen Experten wurde zunächst unabhängig von einer Verbindung mit der bAV die Riester-Förderung als kompliziert beschrieben und darauf hingewiesen, dass sie auch in der öffentlichen Debatte über ein schlechtes Image verfüge. In Bezug auf die bAV beurteilt der Großteil der Experten die Riester-Förderung sowohl aus Arbeitgeber- als auch aus Arbeitnehmersicht als unvorteilhaft. Auf Arbeitgeberseite würden derartige Verträge laut den Experten einen zu hohen Verwaltungsaufwand nach sich ziehen, der bereits aus der generellen Komplexität der Riester-Rahmenbedingungen resultiere und einem kleinen bzw. mittelständischen Unternehmen nicht zugemutet werden könne. Daher kämen für diese Unternehmen lediglich Riester-geförderte Direktversicherungen infrage. Jedoch würde dieser Möglichkeit jegliche Vorteilhaftigkeit dadurch entzogen, dass Beiträge zu derartigen Verträgen aus versteuertem und mit Sozialversicherungsbeiträgen belastetem Lohn des Arbeitnehmers gezahlt werden und die späteren Rentenleistungen erneut mit Sozialversicherungsbeiträgen belastet werden. Aufgrund dieser doppelten Belastung mit Sozialversicherungsbeiträgen verfüge eine bAV ohne Riester-Förderung über eine deutlich höhere Attraktivität für den Arbeitnehmer. Als Resultat dieser systematischen Unstimmigkeiten bei der Riester-geförderten bAV verweisen einige Experten auf die geringe Anzahl abgeschlossener bAV-Verträge, die Riester-gefördert sind.[341] Exemplarische Zitate zu den Problembereichen der Riester-bAV sind Tabelle 23 zu entnehmen.

diese Grenze überschreiten. Auch Beiträge zu einer Riester-bAV sind in der Anwartschaftsphase regulär verbeitragt, sodass keine Einbußen bei Leistungen der einzelnen Sozialversicherungszweige einhergehen. Vgl. ausführlich Abschnitt C 2.4.1.

340 Quelle: Modifiziert entnommen aus Kiesewetter et al. (2016a), S. 80.

341 Siehe zum Problem der Doppelverbeitragung Abschnitt C 2.4.2.

Hemmnis	Exemplarische Zitate
Problembereiche der Riester-Förderung in der bAV	„Das Problem liegt in der doppelten Verbeitragung, die zu einer Benachteiligung der betrieblichen Altersversorgung im Vergleich zu anderen Formen der Riester-Förderung führt."
	„Man kann gerade kleinen und mittleren Unternehmen ein solch administrativ hoch komplexes System [...] nicht zumuten."

Tabelle 23: Interviewauszüge zur Frage: Problembereiche der Riester-Förderung in der bAV[342]

Als vierte Kategorie sollten Verbesserungsvorschläge aus den Experteninterviews abgeleitet werden. Der Fokus lag auch hier auf dem Steuer- und Sozialversicherungsrecht. Eine detaillierte Auswertung diesbezüglich unterbleibt jedoch, denn die von den Experten genannten Verbesserungsvorschläge ergeben sich als „Umkehrschluss" aus den genannten Hemmnissen. So fordern diejenigen Experten, welche die Belastung der Betriebsrenten mit dem vollen Beitragssatz als Hemmnis ansehen, eine Verringerung bzw. Halbierung des Beitragssatzes in der Rentenphase. Interviewpartner, welche die volle Anrechnung auf die Grundsicherung kritisch sehen, schlagen als Verbesserung eine nur anteilige Anrechnung vor. Verbesserungsvorschläge, die nicht in direkter Verbindung zu den erläuterten Hemmnissen stehen, wurden von den Experten nicht genannt.

Abschließend zeigt Abbildung 7 gegliedert nach den drei Bereichen allgemeine Hemmnisse, steuer- und sozialversicherungsrechtliche Hemmnisse und Hemmnisse der Riester-bAV, wie häufig die jeweiligen Aspekte von den Experten genannt wurden.

342 Quelle: Modifiziert entnommen aus Kiesewetter et al. (2016a), S. 80.

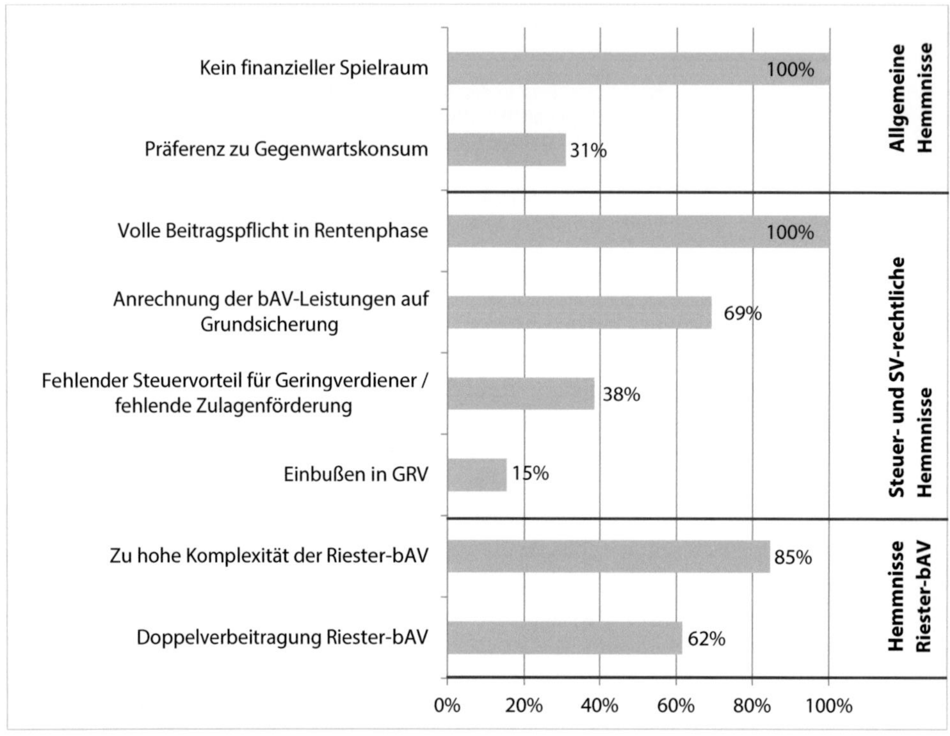

Abbildung 7: Experteninterviews: Hemmnisse aus Arbeitnehmersicht[343]

4.2 Arbeitnehmerinterviews[344]

4.2.1 Vorgehen und Methodik

Aus dem Literaturüberblick sowie den Experteninterviews sind bereits Hemmnisse identifiziert, die aus Arbeitnehmersicht einer weiteren Verbreitung der bAV entgegenstehen. Um diese Ergebnisse zu validieren und gegebenenfalls zu ergänzen, werden leitfadengestützte, teilstrukturierte Interviews mit Arbeitnehmern aus der Zielgruppe der Gering- und Niedrigverdiener geführt. Die Entscheidung für diese Methodik und gegen standardisierte Methoden, wie eine schriftliche oder webbasierte Befragung, resultiert aus mehreren Überlegungen. Zunächst handelt es sich bei den Fragestellungen zur bAV um eine komplexe Materie, weshalb der Kenntnisstand der Personen aus den Zielgruppen als gering eingeschätzt werden muss.[345] Dementsprechend wäre eine voll standardisierte Befragung (schriftlich oder online), bei der sämtliche Fragen exakt vorformuliert sind und auch die Reihenfolge der Fragen festgelegt ist, nicht zielführend. Insbesondere offene Fragen könnten kaum verwendet werden, da die Antwortbereitschaft der Teilnehmer deutlich geringer wäre als bei

343 Quelle: Modifiziert entnommen aus Kiesewetter et al. (2016a), S. 76 und ergänzt.

344 Dieser Abschnitt ist in Kiesewetter et al. (2016a), S. 117-135 eingegangen.

345 Vgl. dazu auch BMAS (2014), S. 140.

geschlossenen Fragen. Dies gilt umso mehr, wenn Teilnehmer sich mit einer Materie konfrontiert sehen, mit der sie nur wenig vertraut sind. Jedoch sind insbesondere Antworten auf offene Fragen (z.B. „Wieso haben Sie sich gegen die Teilnahme an einer bAV-Maßnahme entschieden?") für die Identifizierung der relevanten Hemmnisse von Interesse. Derartige Fragen können im Rahmen von Interviews besser verwendet werden. So ist es möglich, dem Interviewpartner eine Frage mehrfach und gegebenenfalls mit anderen Worten zu stellen, um sicherzustellen, dass der Interviewte die Frage inhaltlich korrekt verstanden hat. Außerdem erlaubt es diese Vorgehensweise dem Interviewer, bei bestimmten Aspekten nachzufragen und dadurch Missverständnisse zu vermeiden.

Entsprechend der Zielgruppe werden nur Personen in die Auswertung einbezogen, deren Bruttomonatsverdienst maximal 2.500 Euro beträgt. Zusätzlich werden die interviewten Arbeitnehmer in die Gruppen der Geringverdiener (bis maximal 1.500 Euro Bruttomonatsverdienst) und der Niedrigverdiener (über 1.500 Euro, aber maximal 2.500 Euro Bruttomonatsverdienst) eingeteilt.[346] Es werden sowohl Interviews mit Arbeitnehmern geführt, die zum Zeitpunkt des Gesprächs keine bAV abgeschlossen haben (*Arbeitnehmer ohne bAV*), als auch mit solchen, die bereits an einer bAV-Maßnahme teilnahmen (*Arbeitnehmer mit bAV*). Dabei steht jedoch erstere Gruppe im Fokus, da diese direkt nach Gründen für das Fehlen einer bAV befragt werden kann. Aber auch Arbeitnehmer mit bAV können Aufschluss über Gründe für die bAV-Teilnahme sowie Bedenken bei Abschluss ihres bAV-Vertrags geben, woraus wiederum Rückschlüsse auf Hemmnisse gezogen werden können.

Die Interviews wurden in Form von Face-to-Face-Interviews durchgeführt, die in vier verschiedenen Bundesländern stattfanden. Im Speziellen wurden die Interviews in den Städten Bad Mergentheim (Baden-Württemberg), Kitzingen (Bayern), Fulda (Hessen) und Meiningen (Thüringen) durchgeführt. Diese Städte wurden einerseits aus Gründen der Kostenersparnis ausgewählt, da sie verhältnismäßig nah an Würzburg liegen. Andererseits wurde darauf geachtet, dass kein sehr großer Arbeitgeber in den jeweiligen Städten eine Niederlassung hat. Dies hätte die Ergebnisse gegebenenfalls verzerrt, da bei derartigen Unternehmen in aller Regel ein gut ausgebautes bAV-Angebot besteht und die meisten Arbeitnehmer demnach an dieser bAV-Maßnahme teilnehmen. Die Auswahl der Personen, die interviewt wurden, erfolgte sodann zufällig, indem Passanten angesprochen und gefragt wurden, ob sie für ein Interview zur Verfügung stehen. Bei Einwilligung wurde das Interview direkt vor Ort geführt. Insgesamt fanden 153 Interviews mit Arbeitnehmern aus der Zielgruppe statt, wovon insgesamt 100 zur Gruppe der Arbeitnehmer ohne bAV und 53 zur Gruppe der Arbeitnehmer mit bAV zählten. Genauere Informationen zu den Stichproben finden sich in den Abschnitten C 4.2.2.1 und C 4.2.3.1. Alle Interviews wurden im Zeitraum Juni bis Juli 2015 durchgeführt.

[346] Aufgrund der Tatsache, dass die Frage nach dem Bruttomonatsverdienst erst am Ende des Interviews gestellt wurde, wurden auch Interviews mit Personen geführt, deren Bruttomonatsverdienst 2.500 Euro übersteigt. Eine Auswertung dieser (kleinen) Gruppe unterbleibt jedoch, da diese Personen nicht zu der Zielgruppe gehören.

4.2.2 Arbeitnehmer ohne bAV

4.2.2.1 Stichprobe

Insgesamt wurden 100 Interviews mit Arbeitnehmern ohne bAV aus der Zielgruppe der Gering- und Niedrigverdiener geführt. Davon waren 54 Personen weiblich und 46 männlich. Repräsentativität kann durch diesen Stichprobenumfang offensichtlich nicht beansprucht werden. Dies ist bei der gewählten Methode jedoch auch nicht das Ziel. Um dennoch gegebenenfalls bestehende regionale Unterschiede aufzufangen, wurde darauf geachtet, dass sich die Stichprobe durch eine regionale Ausgewogenheit auszeichnet. Wie bereits erwähnt, wurden daher Personen aus den Bundesländern Baden-Württemberg, Bayern, Hessen und Thüringen interviewt. Abbildung 8 zeigt, dass in etwa eine Gleichverteilung über die vier Bundesländer gegeben ist.

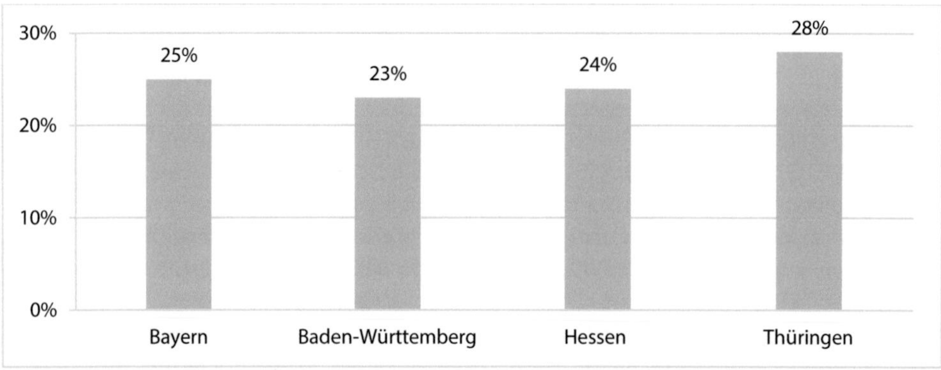

Abbildung 8: Stichprobe Arbeitnehmer ohne bAV – Verteilung nach Bundesländern[347]

Abbildung 9 illustriert die Verteilung der interviewten Arbeitnehmer ohne bAV nach Altersklassen und stellt diese der Altersverteilung aller sozialversicherungspflichtig und ausschließlich geringfügig Beschäftigten in Deutschland gegenüber. Diese Vergleichsdaten sind der Beschäftigungsstatistik der Bundesagentur für Arbeit (2018) entnommen.[348] Als Datengrundlage wurde diesbezüglich das arithmetische Mittel aus den Quartalszahlen des Jahres 2017 verwendet, um den Einfluss saisonaler Schwankungen zu vermeiden.

347 Quelle: Eigene Darstellung. Daten entnommen aus Kiesewetter et al. (2016a). S. 118.

348 Vgl. Bundesagentur für Arbeit (2018), Tabelle 1.

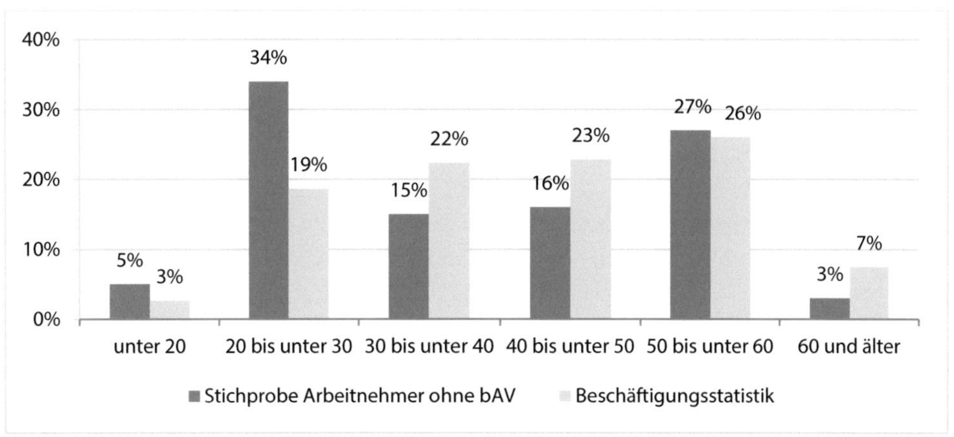

Abbildung 9: Stichprobe Arbeitnehmer ohne bAV – Verteilung nach Altersklassen und Vergleich mit Beschäftigungsstatistik[349]

Wie Abbildung 9 verdeutlicht, wird die Stichprobe nicht von bestimmten Altersklassen dominiert. Es befinden sich knapp 40 Prozent der Interviewten tendenziell in der frühen Phase eines Erwerbslebens (bis maximal 29 Jahre). Insgesamt 31 Prozent der Arbeitnehmer ohne bAV befinden sich in der Gruppe 30 bis 49 Jahre, während 30 Prozent 50 Jahre und älter sind. Es ergibt sich ein Durchschnittsalter der interviewten Personen von 38,22 Jahren und ein Medianalter von 35,50 Jahren. Die jüngste Person, die interviewt wurde, war 17 Jahre alt, die älteste Person 64 Jahre.

Vergleicht man die Daten der Stichprobe mit der Beschäftigungsstatistik, ist zu erkennen, dass die Altersgruppe der 20- bis 29-Jährigen in der Stichprobe überrepräsentiert ist. Umgekehrt, wenn auch jeweils etwas schwächer, stellt es sich in den Altersklassen 30 bis unter 40, 40 bis unter 50 Jahren sowie bei den über 60-Jährigen dar. Die Stichprobe zeichnet sich damit dadurch aus, dass im Vergleich zur Gesamtheit der deutschlandweit sozialversicherungspflichtig Beschäftigten tendenziell mehr Personen vertreten sind, die sich relativ früh in ihrem Erwerbsleben befinden. Im Hinblick auf die Frage nach Hemmnissen, die einer Teilnahme an der bAV entgegenstehen, ist diese Abweichung in der Stichprobe jedoch als unkritisch zu beurteilen, denn gerade für jüngere Personen ist eine zusätzliche Altersvorsorge relevant. Dementsprechend kann davon ausgegangen werden, dass ein zu hohes Alter nicht als das entscheidende Hemmnis auftritt, sondern andere Gründe dafür ausschlaggebend sind, dass die befragten Personen bislang keine bAV abgeschlossen haben.

Betrachtet man das Kriterium Bruttomonatsverdienst, so ergibt sich eine fast hälftige Aufteilung der Stichprobe in Gering- und Niedrigverdiener. Im Speziellen wurden 51 Geringverdiener und 49 Niedrigverdiener interviewt. Sofern bei der Auswertung unterschiedliche Ergebnisse für die beiden Gruppen resultieren, wird darauf explizit eingegangen.

349 Quelle: Modifiziert entnommen aus Kiesewetter et al. (2016a), S. 119. Daten zur Stichprobe der Arbeitnehmer ohne bAV stammen aus Kiesewetter et al. (2016a). Vergleichsdaten der Beschäftigungsstatistik sind Bundesagentur für Arbeit (2018), Tabelle 1 entnommen.

4.2.2.2 Auswertung und Ergebnisse

Die Auswertung der Interviews erfolgt unter Einsatz von deskriptiver und auch vereinzelt quantitativer Methoden. Letzteres ist möglich, da die Interviews weitgehend standardisiert geführt wurden. Aufgrund des geringen Stichprobenumfangs wird dabei auf nichtparametrische Tests zurückgegriffen.[350]

4.2.2.2.1 Erhalt eines bAV-Angebots

In einem ersten Schritt wird im Rahmen der Interviews zwischen Personen, die bereits ein bAV-Angebot von ihrem Arbeitgeber erhalten und dieses abgelehnt haben, und Personen, welchen ein solches Angebot noch nicht vorlag, differenziert. Die Frage, ob einem Arbeitnehmer ein bAV-Angebot vorlag, wurde daher an einer frühen Stelle in die Interviewleitfäden aufgenommen und in der Regel auch zu einem frühen Zeitpunkt im Gespräch gestellt.[351] Insgesamt gaben 22 Prozent der befragten Arbeitnehmer an, dass sie von ihrem Arbeitgeber ein bAV-Angebot erhalten haben. Den restlichen 78 Prozent der Arbeitnehmer lag bisher kein bAV-Angebot ihres Arbeitgebers vor.[352]

Oftmals treffen Arbeitgeber die Entscheidung bezüglich eines Angebots einer bAV einheitlich für die gesamte Belegschaft. Ob ein Arbeitgeber eine bAV aktiv anbietet oder nicht, ist daher stark von Merkmalen des Unternehmens (Branche, Größe, wirtschaftliche Lage) und den handelnden Personen abhängig. Es ist jedoch auch möglich, dass Arbeitgeber in Bezug auf ihre Belegschaft differenziert vorgehen und nur bestimmten Mitarbeitern ein bAV-Angebot explizit unterbreiten. Dies kann dann der Fall sein, wenn die bAV als Mitarbeitergewinnungs- oder Mitarbeiterbindungsinstrument eingesetzt wird. Es können folglich auch individuelle Merkmale der Arbeitnehmer ausschlaggebend sein, ob ein bAV-Angebot gemacht wird. Derartige Merkmale bzw. deren Fehlen können sodann auch als allgemeine Hemmnisse bezeichnet werden, die einer weiteren Verbreitung der bAV unter Arbeitnehmern entgegenstehen.

Zu beachten ist in diesem Zusammenhang jedoch stets der Gleichbehandlungsgrundsatz in der bAV. Dieser ist explizit in § 1 Abs. 1 Satz 4 BetrAVG genannt. Außerdem wurde er durch die Rechtsprechung weiter konkretisiert.[353] Der Grundsatz besagt zwar nicht, dass alle Arbeitnehmer eine bAV erhalten müssen. Vielmehr ist eine Differenzierung zwischen verschiedenen Arbeitnehmergruppen zulässig. Eine solche Differenzierung ist jedoch sachlich anhand objektiver Kriterien zu begründen. Beispielsweise darf ein Arbeitgeber Zusagen

[350] Zur Erläuterung der nichtparametrischen Tests wird auf die Ausführungen in Teil B dieser Arbeit und die dort zitierten Quellen verwiesen.

[351] Der vollständige Interviewleitfaden für die Interviews mit Arbeitnehmern ohne bAV ist Anhang C2 zu entnehmen.

[352] Die Frage, ob einem Arbeitnehmer ein bAV-Angebot vorlag, wurde nur denjenigen Interviewteilnehmern gestellt, die auf die vorhergehende Frage, ob ihnen der Begriff der bAV bekannt ist, mit „Ja" geantwortet hatten. Dies waren 79 Personen. Dementsprechend war 21 Personen der Begriff der bAV nicht bekannt. Hieraus kann gefolgert werden, dass diesen 21 Arbeitnehmern kein bAV-Angebot vorlag. Von den 79 Personen, denen der Begriff bAV bekannt war, gaben 57 an, dass sie bislang kein bAV-Angebot erhalten haben. In Summe lag damit 78 Arbeitnehmern bislang kein bAV-Angebot ihres Arbeitgebers vor.

[353] Vgl. Cisch (2014), § 1, Rz. 118.

von Leistungen der bAV auf solche Mitarbeiter beschränken, die er enger an sein Unternehmen binden will.[354]

Im Folgenden wird analysiert, ob für die vorliegende Stichprobe individuelle Merkmale der Personen Einfluss nehmen, ob diesen ein bAV Angebot unterbreitet wurde oder nicht. Dazu werden die interviewten Personen in die beiden Gruppen „Arbeitnehmer mit bAV-Angebot" und „Arbeitnehmer ohne bAV-Angebot" eingeteilt. In Tabelle 24 findet sich eine Übersicht über bestimmte Merkmale der Befragten.

	Arbeitnehmer mit bAV- Angebot		Arbeitnehmer ohne bAV-Angebot		Gesamt	
Anzahl	22		78		100	
Alter	Arithm. Mittel	40,95	Artihm. Mittel	37,45	Arithm. Mittel	38,22
	Median	42,5	Median	35	Median	35,5
Schul-abschluss[355]	Median	3	Median	3	Median	3
Bildungs-abschluss[356]	Median	1	Median	1	Median	1
Anteil Gering-verdiener	31,82 %		56,41 %		51,00 %	

Tabelle 24: Deskriptive Statistik – Arbeitnehmer mit bzw. ohne bAV-Angebot[357]

Es ist denkbar, dass das Alter eines Arbeitnehmers darauf Einfluss nehmen könnte, ob er ein bAV-Angebot erhält oder nicht.[358] Einerseits ist eine bAV für jüngere Personen in der Regel sinnvoll, da über eine lange Anwartschaftsphase ein Deckungsstock steuer- und

[354] Ständige Rechtsprechung des BAG. Vgl. beispielsweise BAG-Urteil vom 17.02.1998. Für eine ausführliche Erläuterung des Gleichbehandlungsgrundsatzes in der bAV und eine Beschreibung von zulässigen sowie unzulässigen Differenzierungen siehe Cisch (2014), Rz. 118-169.

[355] Bei der Variable „Schulabschluss" handelt es sich um eine ordinal skalierte Variable, die vier Ausprägungen annehmen kann. Diese wurden wie folgt kodiert: 0: Kein Schulabschluss, 1: Hauptschulabschluss oder Qualifizierender Hauptschulabschluss, 2: Mittlere Reife, 3: Fachabitur oder allgemeine Hochschulreife.

[356] Bei der Variable „Bildungsabschluss" handelt es sich um eine ordinal skalierte Variable, die drei Ausprägungen annehmen kann. Diese wurden wie folgt kodiert: 0: Kein (zusätzlicher) Bildungsabschluss, 1: Abgeschlossene Berufsausbildung, 2: Abgeschlossenes Hochschulstudium oder abgeschlossene Aufstiegsfortbildung, z.B. Meister.

[357] Quelle: Eigene Darstellung.

[358] Eine Differenzierung, die nur an das Alter des Arbeitnehmers anknüpft, ist mit dem Gleichbehandlungsgrundsatz in der Regel nicht vereinbar; vgl. Cisch (2014), Rz. 135. Es hängen jedoch noch weitere objektive Merkmale mit dem Alter eines Arbeitnehmers zusammen, aufgrund derer eine sachliche und damit zulässige Differenzierung möglich sein kann.

sozialversicherungsfrei aufgebaut werden kann.[359] Ein Arbeitgeber, dem dieser Zusammenhang bekannt ist, könnte deshalb seinen jüngeren Mitarbeitern eher ein bAV-Angebot unterbreiten als älteren. Auch das Mitarbeiterbindungsargument könnte entsprechenden Einfluss nehmen. Mit sinkendem Alter würde daher die Wahrscheinlichkeit, dass ein bAV-Angebot unterbreitet wird, steigen. Andererseits ist auch die gegensätzliche Richtung des Zusammenhangs denkbar. So deutet ein höheres Alter auf eine längere Berufserfahrung und auch längere Betriebszugehörigkeit hin. Beides sollte positiv auf die Bereitschaft zu einem bAV-Angebot wirken. Allein die längere Dauer des Erwerbslebens erhöht auch die Wahrscheinlichkeit, von einem Arbeitgeber ein bAV-Angebot bekommen zu haben. Betrachtet man das Durchschnittsalter innerhalb der beiden Gruppen, wird tendenziell letztere Art des Einflusses unterstützt. Die Gruppe mit bAV-Angebot ist im Schnitt 3,5 Jahre älter. Das Medianalter ist um 7,5 Jahre höher.

Daneben könnte sowohl ein hoher Schul- als auch Bildungsabschluss eines Arbeitnehmers positiv auf die Bereitschaft des Arbeitgebers wirken, jenem ein bAV-Angebot zu unterbreiten. Gut ausgebildete Personen bekleiden in der Regel wichtige Positionen im Unternehmen, weshalb Arbeitgeber die bAV als Instrument zur Mitarbeiterbindung einsetzen. Bei diesem Argument ist jedoch zu bedenken, dass es sich bei den Interviewten um Gering- bzw. Niedrigverdiener handelt. Inwieweit diese Personengruppen entsprechend hohe Positionen im Unternehmen einnehmen, ist an dieser Stelle fraglich. In Tabelle 24 zeigt sich sowohl für den Schul- als auch den Bildungsabschluss derselbe Median für die beiden Gruppen. Ein Zusammenhang scheint daher nicht zu bestehen.

Ein geringes Gehalt ist zusätzlich ein Indiz dafür, dass es sich nicht um eine Führungskraft handelt. Dies gilt für Geringverdiener in noch deutlicherem Ausmaß als für Niedrigverdiener. Daher ist zu vermuten, dass Geringverdiener seltener ein bAV-Angebot erhalten als Niedrigverdiener. Betrachtet man Tabelle 24, ist zu erkennen, dass der Anteil der Geringverdiener in der Gruppe der Arbeitnehmer mit bAV-Angebot ca. 32 Prozent beträgt, während es sich bei 56 Prozent der Arbeitnehmer ohne bAV-Angebot um Geringverdiener handelt. Der angenommene Zusammenhang wird durch diese Werte grundsätzlich bestätigt.

Nach dieser deskriptiven Beschreibung der Daten folgt eine zusätzliche Untersuchung mithilfe nichtparametrischer statistischer Tests.[360] Ziel ist es zu analysieren, ob die festgestellten Zusammenhänge und Unterschiede zwischen den beiden Gruppen statistisch signifikant sind. Hierzu werden verschiedene statistische Methoden verwendet. Für die Überprüfung des Zusammenhangs zwischen dem Merkmal „Niedrigverdiener“ und dem Erhalt eines bAV-Angebots wird Fisher's Exact Test herangezogen, da hier zwei kategoriale Variablen mit je genau zwei Ausprägungen vorliegen. Die Variable „Niedrigverdiener“ wird als dichotome Variable kodiert, die den Wert 0 annimmt, wenn es sich um einen Geringverdiener, und 1, wenn es sich um einen Niedrigverdiener handelt. Zwischen Bildungs- bzw.

---

359 Soweit die steuer- bzw. sozialversicherungsrechtlichen Freibeträge nicht überschritten werden.

360 Auf die Anwendung eines parametrischen Tests (z.B. t-Test) wird verzichtet, da die Normalverteilungsannahme als verletzt angesehen werden muss. Eine Überprüfung mittels Shapiro-Wilk-Test ergibt für die Gruppe „Arbeitnehmer ohne bAV-Angebot“ einen p-Wert von 0,000, weshalb die Nullhypothese, dass die Variable „Alter“ normalverteilt ist, abgelehnt wird. Neben diesem Test auf Normalverteilung zeigen auch geeignete grafische Darstellungen (Histogramm), dass Normalverteilung nicht angenommen werden kann.

Schulabschluss und einem bAV-Angebot scheint laut deskriptiver Statistik kein Zusammenhang zu bestehen. Um dies zu überprüfen, wird der Chi²-Test verwendet, da die Variablen Schul- bzw. Bildungsabschluss ordinal skaliert sind.[361] Zuletzt wird mithilfe des Mann-Whitney-U-Tests (zweiseitig) für unverbundene Stichproben analysiert, ob sich die beiden Gruppen hinsichtlich ihres Alters signifikant voneinander unterscheiden. Die nachfolgende Tabelle zeigt die Ergebnisse der statistischen Tests.

	Test	Teststatistik	p-Wert
Alter	Mann-Whitney-U-Test für unverbundene Stichproben (zweiseitig)	U = -1,216	0,224
Schulabschluss	Chi²-Test	$\chi^2 = 0{,}058$	0,809
Bildungsabschluss	Chi²-Test	$\chi^2 = 0{,}997$	0,607
Geringverdiener	Fisher's Exact Test	-	0,054*

Dabei gilt: *** $p \leq 0{,}01$, ** $p \leq 0{,}05$, * $p \leq 0{,}1$

Tabelle 25: Inferenzstatistische Tests – Arbeitnehmer mit bzw. ohne bAV-Angebot[362]

Bei Betrachten von Tabelle 25 ist zu erkennen, dass lediglich für die Variable „Geringverdiener“ ein zum 10 %-Niveau signifikanter Zusammenhang mit einem bAV-Angebot nachgewiesen werden kann *(p = 0,054)*. Zur Verdeutlichung dient nachfolgende Vierfelder-Tafel (Tabelle 26). In deren Zellen ist jeweils die Anzahl der Beobachtungen für die möglichen Merkmalskombinationen der Variablen „Geringverdiener“ und „bAV-Angebot“ eingetragen. So haben sieben von 51 Geringverdienern (ca. 14 Prozent) und 15 von 49 Niedrigverdienern (ca. 31 Prozent) ein bAV-Angebot erhalten. Dementsprechend wurde etwa 86 Prozent der Gering- und ca. 69 Prozent der Niedrigverdiener bislang kein bAV-Angebot unterbreitet. Die aus der deskriptiven Statistik abgeleitete Vermutung, dass Geringverdiener seltener als Niedrigverdiener ein bAV-Angebot erhalten, lässt sich demnach bestätigen.

[361] Zur Erklärung der Kodierung der Variablen „Schulabschluss“ und „Bildungsabschluss“ siehe Fn. 355 und 356.

[362] Quelle: Eigene Darstellung.

	bAV Angebot erhalten	Kein bAV-Angebot erhalten	Σ
Geringverdiener	7 (13,73 %)	44 (86,27 %)	51
Niedrigverdiener	15 (30,61 %)	34 (69,39 %)	49
Σ	22	78	100

Tabelle 26: Vierfelder-Tafel – Zusammenhang bAV-Angebot und Geringverdiener[363]

Hinsichtlich der anderen Merkmale sind keine signifikanten Unterschiede zwischen den Gruppen festzustellen. Dies ist für die Variablen Schul- sowie Bildungsabschluss aufgrund der deskriptiven Statistik so erwartet worden. Die beobachteten Differenzen in Bezug auf das Alter erweisen sich als statistisch nicht signifikant.[364]

An dieser Stelle kann damit festgehalten werden, dass die individuellen Merkmale der Arbeitnehmer nur bedingt Einfluss darauf haben, ob ein bAV-Angebot unterbreitet wird. Dies kann aufgrund der hier im Fokus stehenden Zielgruppe auch mit dem Gleichbehandlungsgrundsatz in Verbindung gebracht werden, da es sich um relativ homogene Gruppen handelt. Eine Differenzierung wäre dementsprechend sachlich nur schwer zu begründen. Vielmehr scheint es von Eigenschaften des Unternehmens und den für eine Einführung einer bAV verantwortlichen Personen abzuhängen, ob in einem Unternehmen ein bAV-Angebot besteht oder nicht. Dies gilt in dieser Form nur für den hier betrachteten Personenkreis der Gering- und Niedrigverdiener. Es ist denkbar, dass sich bei Einbezug von höheren Gehaltsklassen ein anderes Bild zeigt, da hier der Aspekt der Mitarbeiterbindung und -gewinnung als relevanter einzuschätzen und damit eine Differenzierung aufgrund objektiver Kriterien wahrscheinlicher ist. Allgemeine Hemmnisse aus Arbeitnehmersicht lassen sich aus dieser Analyse daher kaum gewinnen.

4.2.2.2.2 Hemmnisse aus Arbeitnehmersicht

In diesem Abschnitt wird auf die Hemmnisse eingegangen, die sich aus den Arbeitnehmerinterviews ableiten lassen. Auch hier ist eine differenzierte Betrachtung der beiden Gruppen *Arbeitnehmer mit bAV-Angebot* und *Arbeitnehmer ohne bAV-Angebot* vorzunehmen. Ersteren wurde folgende Frage gestellt: „Wieso haben Sie das bAV-Angebot Ihres Arbeitgebers abgelehnt?“ Es wurde bewusst eine offene Fragestellung gewählt, um die wesentlichen Gründe der Ablehnung zu erfahren und hieraus auf bestehende Hemmnisse schließen

363 Quelle: Eigene Darstellung.

364 Zusätzlich zu den nichtparametrischen Tests wurden noch zwei logistische Regressionsanalysen durchgeführt (Logit-Modelle), wobei die abhängige Variable der Erhalt eines bAV-Angebots ist. Die Ergebnisse der Regressionen zeigen, dass analog zu den Tests nur die Variable „Geringverdiener“ einen (schwach) signifikanten Einfluss auf die Wahrscheinlichkeit nimmt, ein bAV-Angebot zu erhalten. Die genauen Ergebnisse der Regressionsmodelle sind Anhang C4 zu entnehmen.

zu können. Dem größeren Teil der Interviewten lag noch kein bAV-Angebot vor.[365] Diese wurden daher gefragt, weshalb sie ihren Anspruch auf Entgeltumwandlung nicht geltend machen. Auch hieraus können Ursachen für das Fehlen einer bAV abgeleitet werden. Die gegebenen Antworten werden kategorisiert, sodass eine deskriptive statistische Auswirkung möglich ist.

Die folgenden beiden Abbildungen zeigen die relativen Häufigkeiten der Antworten auf die Fragen, weshalb ein bestehendes bAV-Angebot des Arbeitgebers abgelehnt (Abbildung 10) bzw. warum der Anspruch auf Entgeltumwandlung bislang nicht geltend gemacht wurde (Abbildung 11).

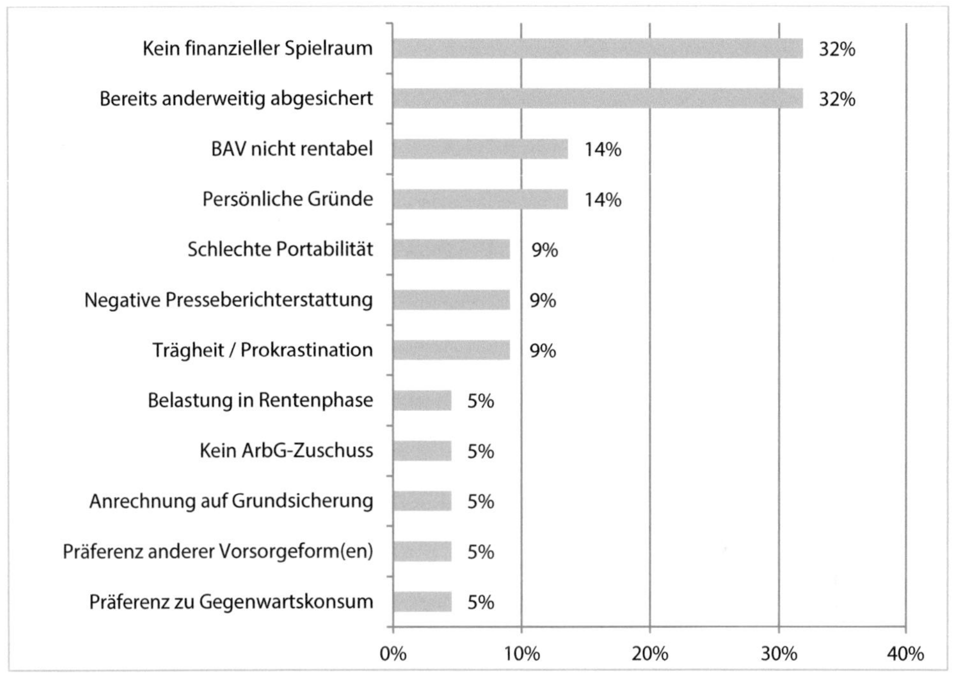

Abbildung 10: Arbeitnehmer ohne bAV – Gründe für die Ablehnung eines bAV-Angebots[366]

[365] Vgl. Abschnitt C 4.2.2.2.2.

[366] Quelle: Modifiziert entnommen aus: Kiesewetter et al. (2016a), S. 121. Die Werte summieren sich zu mehr als 100 Prozent, da bei der offenen Frage mehrere Gründe genannt werden konnten.

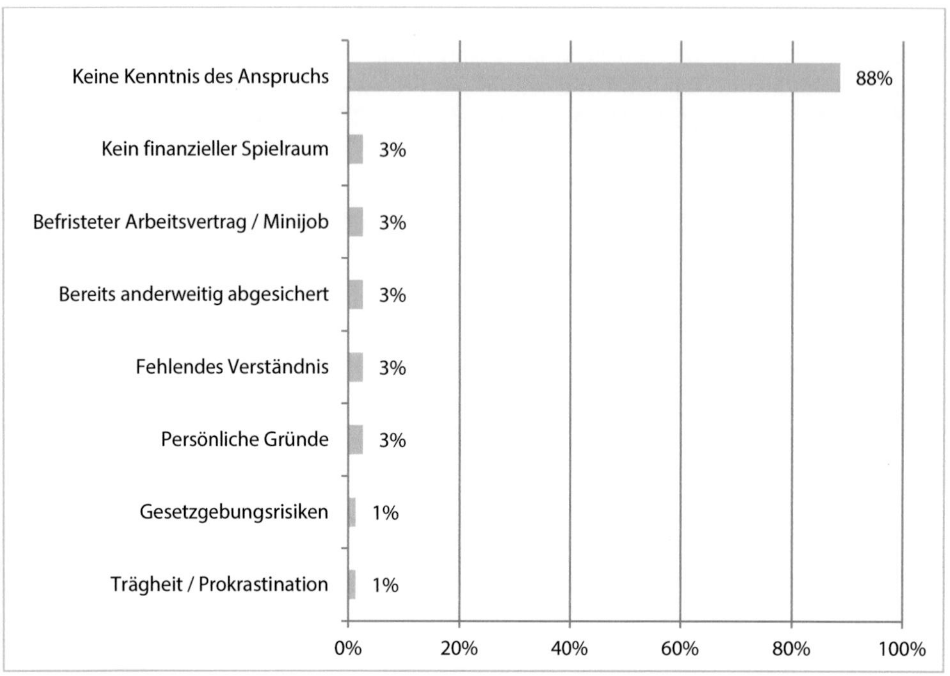

Abbildung 11: Arbeitnehmer ohne bAV – Gründe, weshalb Anspruch auf Entgeltumwandlung nicht geltend gemacht wird[367]

In Abbildung 10 ist zu erkennen, dass grundsätzlich viele unterschiedliche Gründe angeführt werden, weshalb ein bestehendes bAV-Angebot des Arbeitgebers nicht angenommen wird. Die beiden Aspekte „Kein finanzieller Spielraum“ und „Bereits anderweitig abgesichert“ werden hierbei mit jeweils 32 Prozent am häufigsten genannt. Auch bei denjenigen Arbeitnehmern, die kein bAV-Angebot von ihrem Arbeitgeber erhalten haben, werden diese beiden Punkte aufgeführt (je zwei Nennungen von Arbeitnehmern ohne bAV-Angebot). Der mit deutlichem Abstand häufigste Grund, weshalb der Anspruch auf Entgeltumwandlung nicht geltend gemacht wird, ist jedoch, dass den Arbeitnehmern dieser Anspruch gar nicht erst bekannt ist. So geben 88 Prozent der Arbeitnehmer ohne bAV-Angebot an, dass sie den Anspruch auf Entgeltumwandlung nicht kennen. Die weiteren Gründe werden nur in wenigen Fällen angeführt (vgl. Abbildung 11).

Es lässt sich damit feststellen, dass fehlende finanzielle Mittel ein entscheidender Grund sind, weshalb Gering- und Niedrigverdiener auf die Teilnahme an der bAV verzichten. Dies gilt sowohl für Arbeitnehmer, welchen der Arbeitgeber ein bAV-Angebot unterbreitet hat, als auch für diejenigen, welchen bislang kein solches Angebot vorlag. Das aus Literaturüberblick und Experteninterviews abgeleitete Hemmnis, dass ein fehlender finanzieller Spielraum oftmals dafür verantwortlich ist, dass Gering- und Niedrigverdiener nicht an einer

[367] Quelle: Modifiziert entnommen aus: Kiesewetter et al. (2016a), S. 122. Die Werte summieren sich zu mehr als 100 Prozent, da bei der offenen Frage mehrere Gründe genannt werden konnten.

bAV-Maßnahme teilnehmen (können), bestätigt sich damit auch in den Arbeitnehmerinterviews.

Daneben geben die Arbeitnehmer oftmals an, dass sie bereits anderweitig abgesichert sind. Dies zeigt sich, wie oben beschrieben, bereits bei den Gründen für die Ablehnung eines bAV-Angebots. Um diesen Punkt noch weiter zu vertiefen, wurden die Arbeitnehmer in den Interviews nach ihren zusätzlichen Vorsorgebemühungen gefragt. So geben zunächst insgesamt 70 Prozent an, dass sie neben der GRV zusätzliche Vorsorge betreiben. Die folgende Abbildung zeigt die von den Arbeitnehmern gewählten Vorsorgearten und deren relative Häufigkeiten.

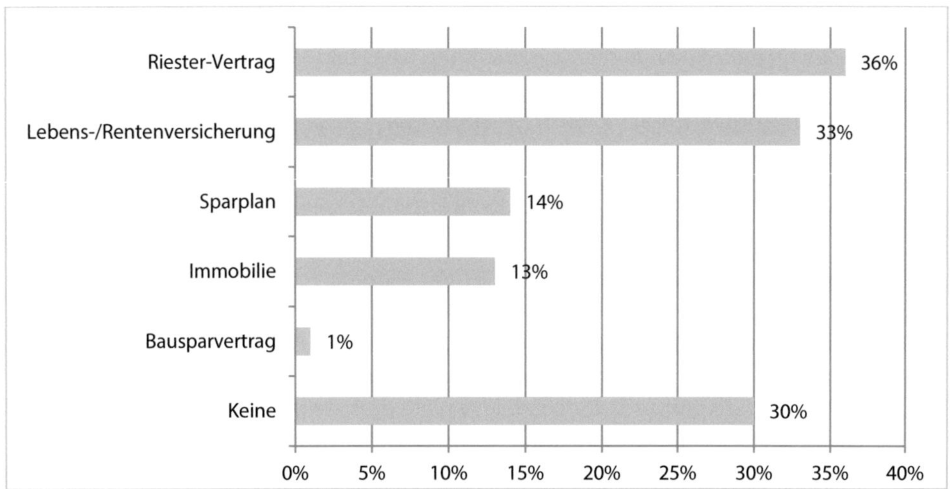

Abbildung 12: Arbeitnehmer ohne bAV – Zusätzliche Vorsorgeformen neben der GRV[368]

Es zeigt sich, dass über ein Drittel der Interviewteilnehmer die private Riester-Förderung in Anspruch nimmt. Zusätzlich sind private Lebens- und Rentenversicherungen stark verbreitet. Die Gruppe der Arbeitnehmer, die keinerlei zusätzliche Vorsorge betreibt, ist mit 30 Prozent relativ klein. Dieses Ergebnis mag vor dem Hintergrund, dass es sich bei den Befragten um Gering- und Niedrigverdiener handelt, durchaus überraschen. Nimmt man eine differenzierte Analyse vor, stellt man fest, dass lediglich 14 Prozent der Niedrigverdiener keine zusätzliche Altersabsicherung haben. Bei den Geringverdienern beläuft sich dieser Anteil hingegen auf 45 Prozent.[369] Es ist anzunehmen, dass der geringe finanzielle Spielraum der Geringverdiener der entscheidende Grund für dieses Ergebnis ist.

Zusätzlich sollten die Arbeitnehmer in den Interviews einschätzen, ob sie mit ihren aktuellen Altersvorsorgebemühungen eine ausreichende Absicherung im Alter erreichen werden. Insgesamt gehen 41 Prozent der befragten Arbeitnehmer davon aus, dass sie ausrei-

368 Quelle: Eigene Erhebung und eigene Darstellung. Die Werte summieren sich zu mehr als 100 Prozent, da im Rahmen der offenen Frage mehrere Vorsorgeformen genannt werden konnten.

369 Ein Fisher's Exact Test zeigt, dass ein signifikanter Zusammenhang zwischen den Variablen „Geringverdiener“ und „Zusätzliche Altersvorsorge“ besteht *($p = 0{,}001$)*.

chend für das Alter abgesichert sind. Diesbezüglich unterscheiden sich die Angaben zwischen Gering- und Niedrigverdienern kaum.[370] Ob sich die Befragten für ausreichend abgesichert halten, wird davon beeinflusst, ob sie zusätzliche Altersvorsorge betreiben oder nicht. Von ersterer Gruppe halten sich ca. 47 Prozent für ausreichend abgesichert, während dieser Anteil in der Gruppe derjenigen ohne zusätzliche Vorsorge nur 27 Prozent beträgt.[371]

Zusammenfassend wird deutlich, dass auch Gering- und Niedrigverdiener durchaus vorsorgeaffin sind und zusätzliche Altersvorsorge betreiben. Die bAV scheint bisher jedoch nicht als lohnende Alternative bekannt zu sein, weshalb auf private Vorsorgewege zurückgegriffen wird. Auch die Tatsache, dass sich 59 Prozent der Befragten für nicht ausreichend abgesichert halten, aber dennoch keine bAV abgeschlossen haben, verstärkt diese Annahme.

Analysiert man die Gründe für die Ablehnung eines bAV-Angebots (Abbildung 10) in Bezug auf steuer- und sozialversicherungsrechtliche Hemmnisse, wird deutlich, dass diese eine stark untergeordnete Rolle spielen. So wird die Belastung der bAV mit Sozialversicherungsbeiträgen in der Rentenphase lediglich von einem Arbeitnehmer als Grund angegeben; ebenso die Anrechnung auf Grundsicherung. Insgesamt 14 Prozent der Arbeitnehmer mit bAV-Angebot geben an, dieses aufgrund mangelnder Rentabilität abgelehnt zu haben. Dies kann teilweise mit der Belastung der bAV-Leistungen mit Steuern und Sozialabgaben in der Rentenphase in Zusammenhang gebracht werden.

Die Interviewteilnehmer mit bAV-Angebot wurden auch explizit gefragt, ob sie das Steuer- und Sozialversicherungsrecht bei ihrer Entscheidung, das Angebot abzulehnen, berücksichtigt haben. Dies verneinen 20 der 22 Arbeitnehmer mit bAV-Angebot (91 Prozent). Lediglich zwei Befragte mit bAV-Angebot geben an, dass steuer- und sozialversicherungsrechtliche Aspekte entscheidungsrelevant für dessen Ablehnung waren. Beide Personen nannten auf Nachfrage, dass die Belastung der bAV in der Rentenphase negativen Einfluss genommen hat. Zusammenfassend lässt sich an dieser Stelle damit festhalten, dass steuer- und sozialversicherungsrechtliche Aspekte nicht die zentralen Hemmnisse für eine Nichtteilnahme an einer bAV-Maßnahme sind.[372]

4.2.2.2.3 Geringer Kenntnisstand

Anhand von Abbildung 11 wurde bereits die Erkenntnis gewonnen, dass der Anspruch auf Entgeltumwandlung unter den Arbeitnehmern zu weiten Teilen unbekannt ist. Von den 78 befragten Arbeitnehmern ohne bAV-Angebot ist dieser Anspruch 69 Personen (88 Prozent) nicht bekannt. Dies macht einerseits deutlich, dass die Initiative in Bezug auf den Abschluss eines bAV-Vertrags vom Arbeitgeber ausgehen sollte. Andererseits bedarf es einer Aufklärung der Arbeitnehmer. Dieses Ergebnis deutet auf einen geringen Kenntnisstand der Arbeitnehmer in Bezug auf die bAV hin. Zusätzlich wurde der Wissensstand der Arbeitnehmer bezüglich der bAV allgemein und zu deren staatlicher Förderung im Speziellen

---

370 39 Prozent der Geringverdiener und 43 Prozent der Niedrigverdiener erachten sich als ausreichend für das Alter abgesichert.

371 Dieser Zusammenhang erweist sich bei Durchführung eines Fisher's Exact Tests als signifikant zum 10 %-Niveau *($p = 0{,}076$)*.

372 Bei den Gründen, weshalb der Anspruch auf Entgeltumwandlung nicht geltend gemacht wird (Abbildung 11), werden keine steuer- oder sozialversicherungsrechtlichen Punkte genannt.

untersucht. So wurden die Arbeitnehmer in den Interviews gebeten, sich selbst in Bezug auf ihren Kenntnisstand zur bAV einzuschätzen.[373] Zur Auswahl standen die Kategorien „sehr gut“, „gut“, „weniger gut“ und „gar nicht“. Nachfolgende Abbildung zeigt die Ergebnisse in Bezug auf diese Frage.

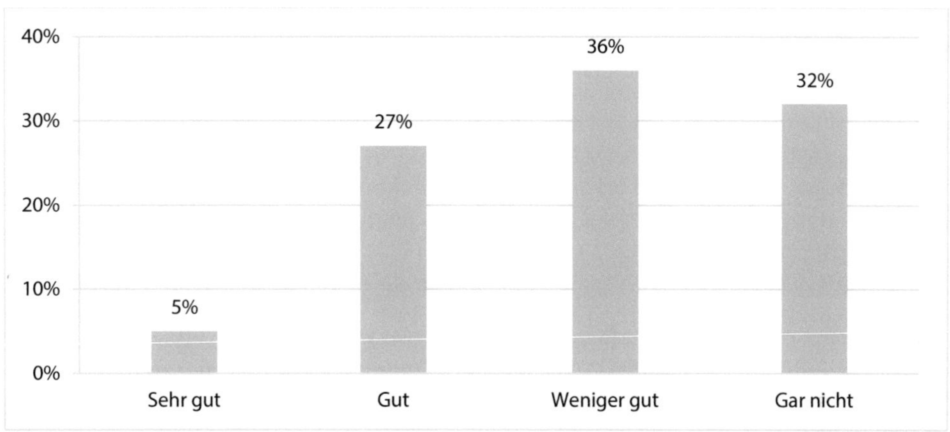

Abbildung 13: Kenntnisstand der Arbeitnehmer ohne bAV bezüglich der bAV allgemein (Selbsteinschätzung)[374]

Es wird deutlich, dass die Befragten ihren Kenntnisstand zur bAV allgemein als relativ gering bewerten. So geben mehr als zwei Drittel der Teilnehmer an, „gar nicht“ bzw. „weniger gut“ über die bAV informiert zu sein. Lediglich fünf Prozent beurteilen ihren Informationsgrad als „sehr gut“ und die verbleibenden 27 Prozent halten sich für „gut“ informiert. Bereits diese Selbsteinschätzung der interviewten Personen deutet an, dass in Bezug auf das Thema bAV ein großes Informationsdefizit besteht, was ebenfalls als Hinderungsgrund bei der Verbreitung der bAV angesehen werden kann.

Neben dieser ersten Einschätzung zum Wissensstand wurden die Teilnehmer gefragt, ob ihnen die staatliche Förderung der bAV bekannt ist. Sofern ein Befragter dies bejahte, wurde er gebeten, diese Förderung kurz zu erläutern. Nur wenn es ihm gelang, die Förderung bis zu einem gewissen Maße korrekt darzustellen, geht dies nachfolgend als positive Kenntnis der Förderung in die nachfolgenden Ergebnisse ein. Insgesamt konnten 30 interviewte Personen die staatliche Förderung zumindest in ihren Grundzügen erklären,[375] wohingegen den restlichen 70 Arbeitnehmern die Förderung nicht bekannt war. Dieses Ergebnis passt grundsätzlich zu der zuvor erläuterten Selbsteinschätzung der Arbeitnehmer in Bezug auf ihren Informationsstand. Mehr als zwei Drittel der Arbeitnehmer kennen die

[373] Die Frage lautete wörtlich: „Wie gut sind Sie Ihrer Meinung nach über die betriebliche Altersversorgung allgemein informiert?“

[374] Quelle: Eigene Darstellung. Daten entnommen aus Kiesewetter et al. (2016a), S. 125.

[375] Die Erläuterungen der Teilnehmer in Bezug auf die staatliche Förderung der bAV waren teilweise unpräzise. Sofern ein Teilnehmer jedoch die Wirkung der Entgeltumwandlung näherungsweise erklären konnte, wurde dies als positive Kenntnis der staatlichen Förderung gewertet.

staatliche Förderung der bAV nicht.[376] Dies ist offenkundig ein Hemmnis, das der weiteren Verbreitung im Weg steht, denn sofern ein Fördermechanismus gar nicht erst bekannt ist, kann dieser auch nicht effektiv wirken.

Obige Ausführungen zu den zusätzlichen Vorsorgebemühungen der befragten Arbeitnehmer zeigen aber, dass auch Gering- und Niedrigverdiener durchaus an zusätzlicher Altersvorsorge interessiert sind und diese auch betreiben. Insbesondere die Riester-Förderung ist dabei ein beliebtes Instrument. Diese Erkenntnis legt den Schluss nahe, dass die Arbeitnehmer die bAV nicht als attraktive Vorsorgeform wahrnehmen. Gründe hierfür mögen der geringe Kenntnisstand der Arbeitnehmer bzw. der geringe Bekanntheitsgrad der bAV in der Zielgruppe sein. Hierfür spricht, dass nur ein kleiner Teil der befragten Arbeitnehmer ein bAV-Angebot unterbreitet bekam und daneben der Anspruch auf Entgeltumwandlung kaum bekannt ist. Die bAV scheint damit nicht in der nötigen Art und Weise bei den Arbeitnehmern präsent zu sein.

In diesem Zusammenhang wurde überprüft, ob die interviewten Gering- und Niedrigverdiener eine bAV abschließen würden, wenn sie über deren Rahmenbedingungen besser informiert wären und ein bestimmtes bAV-Angebot bekämen. Die Befragten wurden dazu in den Interviews in eine fiktive Entscheidungssituation gebracht. Sie sollten sich vorstellen, dass ihnen ihr Arbeitgeber eine Lohnerhöhung in Höhe von 50 Euro netto pro Monat gewähren würde. Alternativ könnten sie aber auch auf diese Lohnerhöhung zugunsten eines bAV-Vertrags verzichten. In diesen würden sodann monatlich 100 Euro von ihrem Arbeitgeber fließen, woraus nach dem Erwerbsleben eine Rente resultieren würde, auf die sodann Steuern und Sozialabgaben bezahlt werden müssen. Es wurde hier also eine dem Grunde nach arbeitgeberfinanzierte bAV einer Lohnerhöhung gegenübergestellt. Dabei wurde unterstellt, dass die Lohnzahlung mit Steuern und Sozialversicherungsbeiträgen belastet ist, während diese Belastung bei der bAV entfällt. In Bezug auf die tatsächlichen rechtlichen Rahmenbedingungen ist dies offensichtlich vereinfachend.[377] Dennoch wird die grundsätzliche Wirkungsweise der bAV in der Anwartschaftsphase im Vergleich zu einer Lohnzahlung deutlich. Das Szenario, dass ein Gering- bzw. Niedrigverdiener ein arbeitgeberfinanziertes bAV-Angebot erhält, mag zwar unwahrscheinlich sein. Da dieses jedoch als Alternative zu einer Lohnerhöhung präsentiert wurde, kann auch von einer impliziten Arbeitnehmerfinanzierung gesprochen werden.

Von den 100 interviewten Personen entschieden sich in der beschriebenen Situation 61 für das bAV-Angebot und 39 für die Lohnerhöhung. Insgesamt wählt damit die Mehrheit die bAV. Dieses Ergebnis ist vor dem Hintergrund, dass es sich um Gering- und Niedrigverdiener handelt, durchaus überraschend. Denn für diese ist, wie oben erläutert, gerade ihr geringer finanzieller Spielraum ein relevanter Grund für die Entscheidung gegen eine bAV.

---

376 Teilweise gaben die Interviewten inkonsistente Antworten. So beurteilten elf Personen ihren Kenntnisstand als „gut" bzw. „sehr gut", die staatliche Förderung der bAV war ihnen jedoch nicht bekannt. Dagegen schätzten sich neun Personen als „weniger gut" bzw. „gar nicht" informiert ein, konnten die staatliche Förderung jedoch zumindest umreißen.

377 Es wurde in der Entscheidungssituation vereinfachend angenommen, dass die Lohnzahlung mit insgesamt 50 Prozent belastet ist. Bei den derzeit geltenden Sozialversicherungsbeitragssätzen entspricht dies einem Differenzsteuersatz des Arbeitnehmers von ca. 30 Prozent. Bei diesen Werten handelt es sich damit offensichtlich nicht um eine exakte Berechnung. Vielmehr wurde dadurch versucht, die Entscheidung möglichst einfach und verständlich zu halten.

Es kann damit gefolgert werden, dass ein großer Teil der Arbeitnehmer die bAV einer Lohnerhöhung vorzieht, sobald das Hemmnis des geringen Kenntnisstands abgemildert bzw. beseitigt ist und die Wirkungsweise der bAV veranschaulicht wird.[378]

4.2.3 Arbeitnehmer mit bAV

Der Fokus der Arbeitnehmerinterviews liegt grundsätzlich auf Gering- und Niedrigverdienern, die bislang keine bAV abgeschlossen haben. Dennoch wurden auch Arbeitnehmer interviewt, die bereits am System der bAV teilnehmen, um hieraus zusätzliche Erkenntnisse zu gewinnen. Dazu wurde ein separater Interviewleitfaden verwendet.[379]

4.2.3.1 Stichprobe

Insgesamt wurden 53 Interviews mit Arbeitnehmern geführt. Dieser Stichprobenumfang ist der Tatsache geschuldet, dass die Interviews mit Arbeitnehmern, die bereits eine bAV abgeschlossen haben, als „Kuppelprodukt" angefallen sind. Denn im Fokus standen Arbeitnehmer ohne bAV. Der gewünschte Stichprobenumfang für Interviews mit solchen Arbeitnehmern betrug 100. Da die interviewten Personen zufällig angesprochen wurden, war im Vorfeld eines Interviews offensichtlich nicht feststellbar, ob die jeweilige Person bereits eine bAV hatte oder nicht. Daher ist auch bei der Verteilung über die vier Bundesländer (Abbildung 14) sowie nach Altersklassen (Abbildung 15) keine Ausgewogenheit gewährleistet.

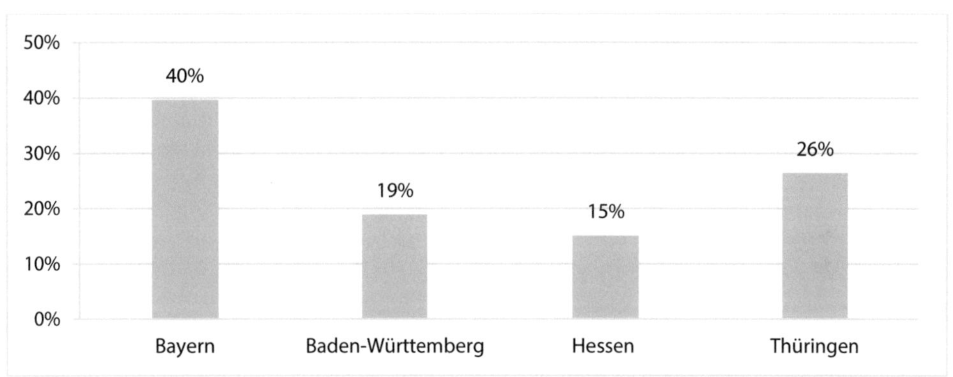

Abbildung 14: Stichprobe Arbeitnehmer mit bAV – Verteilung nach Bundesländern[380]

Betrachtet man Abbildung 14, so zeigt sich, dass Bayern mit 40 Prozent den größten Anteil in der Stichprobe ausmacht, während Hessen und Baden-Württemberg etwas unterrepräsentiert sind. Thüringen ist dagegen leicht überrepräsentiert. Die Verteilung nach dem

[378] Es ist offensichtlich, dass dieses Ergebnis aufgrund des hohen Vereinfachungsgrads der Entscheidungssituation nicht ohne weiteres auf die Realität übertragen werden kann. Dennoch ist es an dieser Stelle eine wichtige Erkenntnis, dass eine Beseitigung des geringen Kenntnisstands in Bezug auf die bAV eine positive Auswirkung auf deren Verbreitung nehmen könnte. Weitere Erkenntnisse zu der Frage, ob bestimmte Merkmale der Interviewten Einfluss auf die Entscheidung „bAV oder Lohnerhöhung" nehmen, sind in Anhang C5 zu finden.

[379] Der Interviewleitfaden für die Interviews mit Arbeitnehmern mit bAV ist Anhang C3 zu entnehmen.

[380] Quelle: Eigene Darstellung. Daten entnommen aus Kiesewetter et al. (2016a), S. 127.

Alter zeigt, dass die Altersklassen zwischen 40 und 60 Jahren in der Stichprobe leicht überrepräsentiert sind. Ansonsten deckt sich die Verteilung weitgehend mit derjenigen der Beschäftigungsstatistik der Bundesagentur für Arbeit (2018).

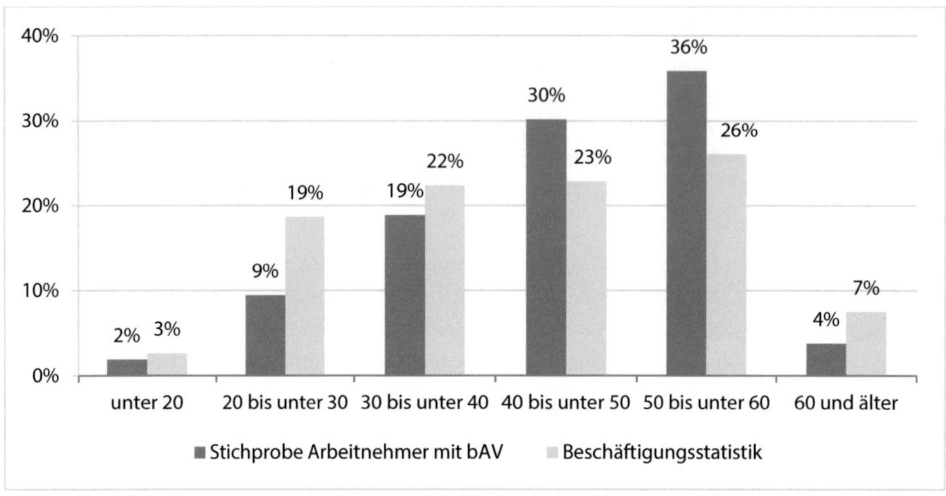

Abbildung 15: Stichprobe Arbeitnehmer mit bAV – Verteilung nach Altersklassen und Vergleich mit Beschäftigungsstatistik[381]

In Bezug auf das Kriterium Bruttomonatsverdienst zeigt sich, dass 22 Befragte (ca. 41 Prozent) einen Bruttomonatsverdienst von weniger als 1.500 Euro angeben und somit als Geringverdiener anzusehen sind. 29 Arbeitnehmer (ca. 55 Prozent) fallen in die Kategorie der Niedrigverdiener, da ihr Bruttomonatsverdienst zwischen 1.500 und 2.500 Euro liegt. Die restlichen zwei Befragten gaben auf diese Frage keine Auskunft.

4.2.3.2 Auswertung und Ergebnisse

4.2.3.2.1 Allgemeine Angaben zur gewählten bAV

Nachfolgend wird zunächst ein Überblick über die Art der bAV der interviewten Personen gegeben. Anschließend werden Gründe für den Abschluss der bAV und auch Bedenken der Befragten analysiert. Zu Beginn wird darauf eingegangen, seit wann die Arbeitnehmer eine bAV haben. Diese Information ist relevant, da hieraus gefolgert werden kann, welcher Rechtsstand zum Zeitpunkt des Abschlusses der bAV galt. Die folgende Abbildung zeigt dies anhand von fünf Kategorien.

---

[381] Quelle: Modifiziert entnommen aus Kiesewetter et al. (2016a), S. 128. Daten zur Stichprobe der Arbeitnehmer ohne bAV stammen aus Kiesewetter et al. (2016a). Vergleichsdaten der Beschäftigungsstatistik sind Bundesagentur für Arbeit (2018), Tabelle 1 entnommen.

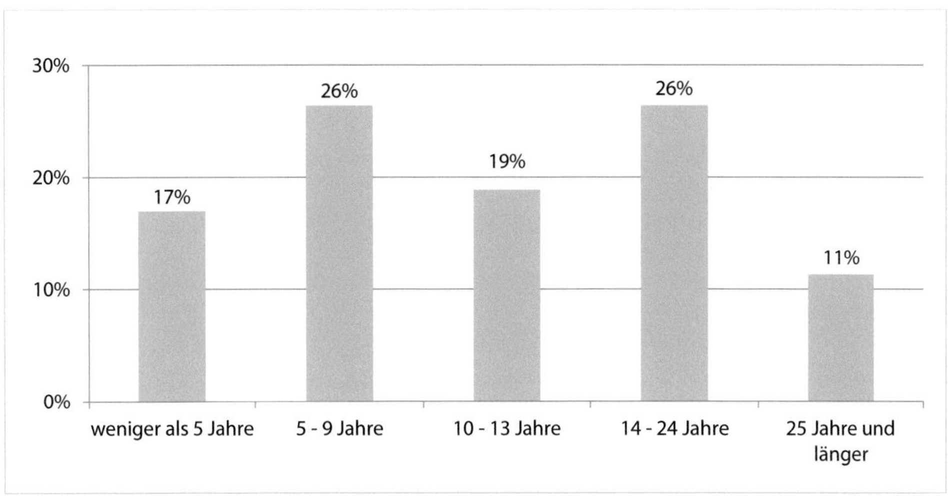

Abbildung 16: Arbeitnehmer mit bAV – Zeitraum seit bAV-Abschluss[382]

Wie aus Abbildung 16 ersichtlich wird, sind in allen Kategorien Interviewteilnehmer vertreten. Es ergibt sich ein arithmetisches Mittel von 12,03 Jahren. Außerdem zeigt sich, dass mit 62 Prozent knapp zwei Drittel der Befragten ihre bAV nach 2002 und damit nach dem AVmG, dessen Regelungen zu einem Großteil zum 01.01.2002 in Kraft getreten sind, abgeschlossen haben. Insbesondere zu nennen sind hier die Einführung des Rechtsanspruchs auf Entgeltumwandlung und der einheitliche Übergang zur nachgelagerten Besteuerung und Verbeitragung der externen Durchführungswege der bAV.[383] Die restlichen 38 Prozent haben ihre bAV dementsprechend schon vor dem AVmG und damit noch unter anderen rechtlichen Rahmenbedingungen abgeschlossen. Daher wird bei der nachfolgenden Analyse teilweise getrennt auf diese beiden Gruppen eingegangen. Zuvor wird jedoch anhand Abbildung 17 ein Überblick über die von den Arbeitnehmern gewählten Durchführungswege gegeben.

[382] Quelle: Modifiziert entnommen aus Kiesewetter et al. (2016a), S. 130.

[383] Mit dem AVmG wurde die nachgelagerte Besteuerung und Verbeitragung zunächst nur für Pensionskasse und den neu geschaffenen Durchführungsweg Pensionsfonds eingeführt. Mit dem zum 01.01.2005 in Kraft getretenen AltEinkG wurde dies auch für Direktversicherungen übernommen (vgl. dazu auch Abschnitt C 1.2).

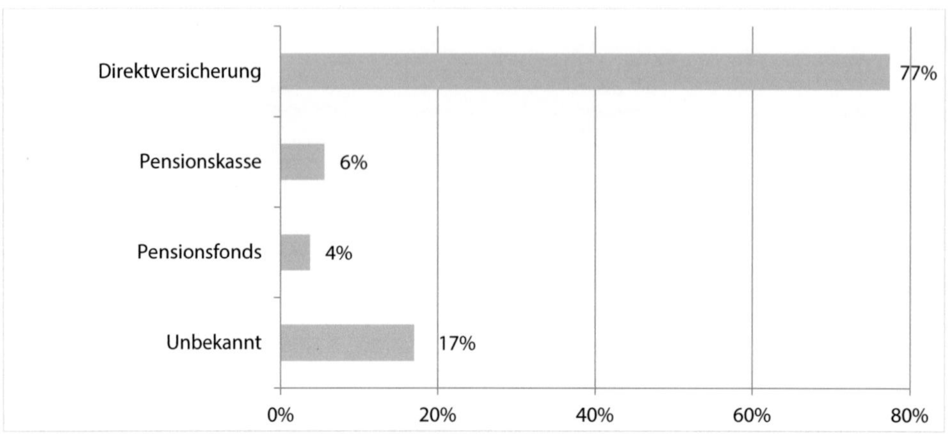

Abbildung 17: Arbeitnehmer mit bAV – Übersicht der Durchführungswege[384]

Es zeigt sich, dass der Großteil der befragten Arbeitnehmer bAV über den Durchführungsweg der Direktversicherung betreibt. Nur wenige Personen geben Pensionskasse und -fonds an. Mit 17 Prozent kann ein nicht unerheblicher Teil keine Aussage zum gewählten Durchführungsweg treffen. Außerdem ist erwähnenswert, dass weder Direktzusage noch Unterstützungskasse als Durchführungsweg der bAV vorkommen. Dies mag der Tatsache geschuldet sein, dass es sich bei den interviewten Personen um Gering- und Niedrigverdiener handelte. Für diese wird die bAV in der Regel über externe Durchführungswege organisiert. Ein (zusätzliches) Angebot einer Direktzusage oder der Möglichkeit, über eine Unterstützungskasse zusätzlich steuer- und sozialabgabenfrei vorsorgen zu können, unterbleibt daher meistens.

Abschließend zu den allgemeinen Merkmalen der bAV der interviewten Personen werden die Finanzierungsformen der bAV dargestellt. Unterschieden wird hier in rein arbeitgeberfinanziert, rein arbeitnehmerfinanziert (Entgeltumwandlung) und die Mischfinanzierung. Die nachfolgende Abbildung 18 zeigt das Ergebnis hierzu.

---

384 Quelle: Modifiziert entnommen aus Kiesewetter et al. (2016a), S. 131. Die Werte summieren sich zu mehr als 100 Prozent, da zwei Arbeitnehmer angaben, dass sie über zwei verschiedene Durchführungswege verfügen.

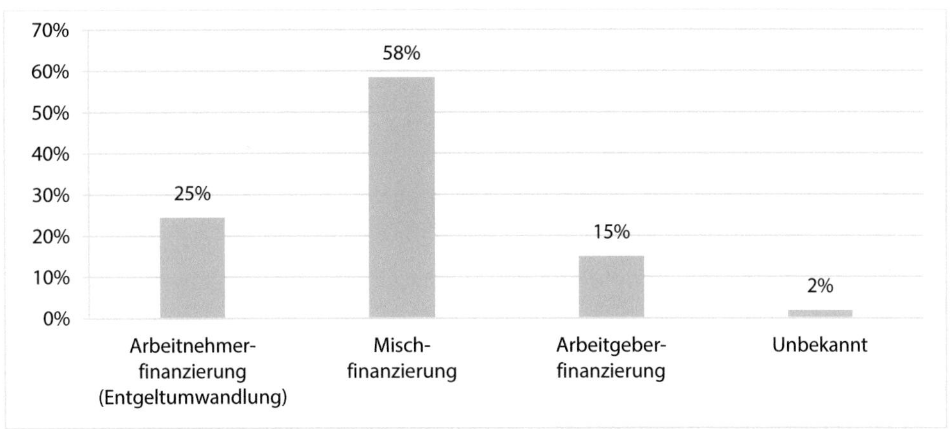

Abbildung 18: Arbeitnehmer mit bAV – Übersicht über die Finanzierungsformen der bAV[385]

Es ist ersichtlich, dass die Mischfinanzierung mit 58 Prozent die häufigste Finanzierungsform darstellt, während 25 Prozent rein arbeitnehmer- und 15 Prozent rein arbeitgeberfinanzierte bAV-Maßnahmen sind. Eine Person konnte zur Finanzierung ihrer bAV keine Auskunft geben. Damit beteiligt sich der Arbeitgeber in 73 Prozent der Fälle zumindest teilweise an der bAV der befragten Arbeitnehmer.

4.2.3.2.2 Mögliche Hemmnisse

Nach der bis zu diesem Punkt allgemein gehaltenen Auswertung der Arbeitnehmerinterviews werden diese nachfolgend in Bezug auf Hemmnisse und Problembereiche der bAV analysiert. Die erste diesbezüglich relevante Interviewfrage ist diejenige nach dem ausschlaggebenden Akteur, auf dessen Initiative hin die bAV-Maßnahme durchgeführt wurde. Der überwiegende Teil der Arbeitnehmer mit bAV (ca. 81 Prozent) gibt an, auf Initiative des Arbeitgebers eine bAV abgeschlossen zu haben. Bei 13 Prozent der Befragten kam es durch Eigeninitiative zur Teilnahme am bAV-System. Versicherungs- und Bankberater waren nur in Ausnahmefällen die entscheidenden Personen. Diese Zahlen verdeutlichen die Wichtigkeit des Arbeitgebers bei der Verbreitung der bAV. Hieraus lässt sich der Umkehrschluss ziehen, dass ein fehlendes Angebot des Arbeitgebers ein Hemmnis bei der weiteren Verbreitung der bAV ist.

Ein bAV-Angebot des Arbeitgebers ist demnach in vielen Fällen ausschlaggebend dafür, dass Arbeitnehmer eine bAV abschließen. Zusätzlich ist von Interesse, aus welchem Grund die Arbeitnehmer ein solches Angebot annehmen. Dies wurde im Rahmen der Interviews ebenfalls abgefragt. Im Speziellen wurden die Arbeitnehmer gebeten, die relevanten Gründe zu benennen, die dazu führten, dass sie ein bestehendes bAV-Angebot angenommen haben. Diejenigen Arbeitnehmer, die bei der vorhergehenden Frage Eigeninitiative als ausschlaggebend nannten, wurden nach Gründen gefragt, weshalb sie eben diese Eigeninitiative ergriffen und sich für die bAV als zusätzliche Altersvorsorge entschieden haben. Abbildung 19 gibt die Antworten der Arbeitnehmer wieder.

385 Quelle: Eigene Darstellung. Daten entnommen aus Kiesewetter et al. (2016a), S. 132.

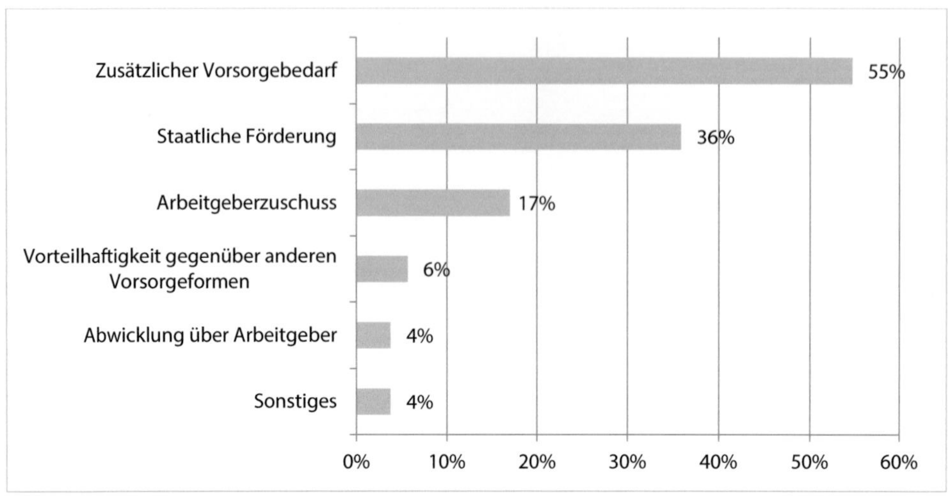

Abbildung 19: Arbeitnehmer mit bAV – Gründe für Abschluss der bAV[386]

Wie sich zeigt, gehen die Arbeitnehmer davon aus, dass eine zusätzliche Altersabsicherung neben der GRV notwendig ist. Über die Hälfte der befragten Personen geben dies auch als Grund an, warum sie sich für die bAV entschieden haben. Ein solches Vorsorgebewusstsein wurde auch in den Interviews mit Arbeitnehmern ohne bAV festgestellt. Denn auch diese sorgen zu großen Teilen neben der GRV für ihr Alter vor, nur bislang nicht über die bAV. Die Gründe hierfür sind insbesondere ein mangelnder finanzieller Spielraum, ein geringer Kenntnisstand der Arbeitnehmer bezüglich der bAV und die Tendenz, dass die bAV nicht als vorteilhaft gegenüber anderen Vorsorgeformen eingeschätzt wird. Steuer- und sozialversicherungsrechtliche Hemmnisse spielen kaum eine Rolle. Betrachtet man Abbildung 19, zeigt sich, dass die Arbeitnehmer mit bAV die staatliche Förderung der bAV am zweithäufigsten als Grund anführen, weshalb sie sich für die bAV entschieden haben. Außerdem wird die bAV von diesen Personen teilweise als vorteilhaft gegenüber anderen Vorsorgeformen beurteilt. Auch hierfür kann das Steuer- und Sozialversicherungsrecht verantwortlich sein. Neun Befragte geben an, aufgrund eines Arbeitgeberzuschusses eine bAV abgeschlossen zu haben. Auch die Tatsache, dass die bAV großteils über den Arbeitgeber abgewickelt werden kann, ist ein genannter Punkt.

Nachdem die interviewten Teilnehmer Gründe für die Teilnahme an der bAV genannt hatten, folgte die Frage nach Bedenken, die bei Abschluss der bAV bestanden haben. Die Arbeitnehmer waren angehalten, sich zu kritischen Punkten, die aus ihrer Sicht tendenziell eher gegen die Teilnahme an der bAV gesprochen hätten, zu äußern. Hierbei geben 42 Personen (ca. 79 Prozent) an, dass sie keinerlei Bedenken hatten. Die restlichen elf Arbeitnehmer mit bAV nennen als kritische Punkte eine hohe finanzielle Belastung, hohe Kosten, die Belastung der Betriebsrenten mit Steuern und Sozialabgaben in der Rentenphase, mögliche

386 Quelle: Modifiziert entnommen aus Kiesewetter et al. (2016a), S. 134. Die Werte summieren sich zu mehr als 100 Prozent, da im Rahmen der offenen Frage mehrere Gründe genannt werden konnten.

Probleme bei Insolvenz des Arbeitgebers sowie bei Arbeitgeberwechsel. Ferner äußern sie Bedenken aufgrund negativer Berichterstattung.[387]

Es zeigt sich, dass nur wenige Arbeitnehmer mit bAV angeben, dass sie bei Abschluss der bAV überhaupt Bedenken hatten. Die genannten kritischen Punkte deuten zwar teilweise auf bestehende Probleme hin, die auch von Arbeitnehmern ohne bAV als solche gesehen wurden (z.B. kein ausreichender finanzieller Spielraum). Letztendlich lassen sich jedoch aufgrund der geringen Fallzahlen kaum Rückschlüsse auf Hemmnisse bei der bAV ziehen.

5 Zusammenfassung der identifizierten Hemmnisse

An dieser Stelle werden die bisherigen Erkenntnisse, die aus Literaturüberblick, Experteninterviews sowie Interviews mit Arbeitnehmern gewonnen werden konnten, zusammengefasst. Damit werden die in Abschnitt C 1.4 formulierten Forschungsfragen (1) und (2) beantwortet:

(1) Worin liegen die Ursachen, dass die bAV insbesondere bei Gering- und Niedrigverdienern nur unterdurchschnittlich verbreitet ist?
(2) Bestehen insbesondere steuerliche Regelungen, die einer weiteren Verbreitung der bAV in diesen Zielgruppen entgegenstehen?

In Bezug auf die Hemmnisse, die Gering- und Niedrigverdiener von einer Teilnahme an der bAV abhalten, ist zunächst festzuhalten, dass nur ca. einem Fünftel bislang ein bAV-Angebot vom Arbeitgeber unterbreitet wurde. Ob ein solcher Arbeitnehmer ein bAV-Angebot erhält, hängt kaum mit dessen individuellen Merkmalen wie Alter und Bildungsniveau zusammen. Lediglich der Verdienst hat einen Einfluss: Geringverdiener erhalten seltener ein bAV-Angebot als Niedrigverdiener. Um eine Verbreitungssteigerung gerade in dieser Zielgruppe zu erreichen, ist die Initiative des Arbeitgebers jedoch unverzichtbar, denn der Kenntnisstand der Arbeitnehmer in Bezug auf die bAV und deren staatliche Förderung ist sehr gering. So ist auch der arbeitsrechtliche Anspruch auf Entgeltumwandlung dem Großteil der Arbeitnehmer nicht bekannt. Dies ist ein Hemmnis, das einer weiteren Verbreitung der bAV entgegensteht. Wie die Interviews zeigen, betreiben Gering- und Niedrigverdiener zusätzliche, private Altersvorsorge. Eine allgemeine Ablehnung von Altersvorsorge kann daher nicht der Grund für die Nichtteilnahme am bAV-System sein.

Hieraus lässt sich zum einen folgern, dass die Förderregelungen zur bAV nicht ausreichend verständlich sind und die Arbeitnehmer die bestehenden steuer- und sozialversicherungsrechtlichen Vorteile nicht erkennen. Zum anderen ist 30 Prozent der befragten Arbeitnehmer die staatliche Förderung der bAV bekannt. Dennoch verzichten diese auf die Teilnahme an der bAV. Die informierten Arbeitnehmer bewerten die Förderregelungen der bAV daher entweder als unattraktiv oder die bestehenden Hemmnisse überwiegen, weshalb sie keine bzw. anderweitige Altersvorsorge betreiben. Beide Punkte sind für mögliche Reformmaßnahmen relevant. So sollten auf der einen Seite die rechtlichen Rahmenbedingun-

[387] Jeder der aufgeführten Punkte wurde maximal von zwei Personen genannt.

gen der bAV nach Möglichkeit einfacher und besser verständlich ausgestaltet werden. Allein dadurch könnte sich ein positiver Effekt ergeben, da mehr Arbeitnehmer die Förderung erkennen und verstehen würden. Die im Rahmen der Interviews simulierte Entscheidungssituation „bAV oder Lohnerhöhung" spricht ebenfalls für diesen Zusammenhang, denn die Mehrheit der interviewten Personen wählt hier die bAV anstelle der Lohnzahlung. Auf der anderen Seite ist auch die Effektivität der bAV-Förderregelungen zu verbessern, damit die Zielgruppe der Gering- und Niedrigverdiener in stärkerem Maße am bAV-System teilnimmt. Dies ist vor allem deshalb entscheidend, weil die Personen aus der Zielgruppe über einen geringen finanziellen Spielraum verfügen und daher auf eine zielgenaue Förderung angewiesen sind.

Zusätzlich zu den genannten Punkten bestehen auf Arbeitnehmerseite noch weitere Hemmnisse (siehe insbesondere Abbildung 10 und Abbildung 11). Die steuer- und sozialversicherungsrechtlichen Aspekte sind dabei insgesamt von untergeordneter Bedeutung. Nachfolgende Tabellen geben einen abschließenden Überblick über die wichtigsten identifizierten Hemmnisse aus Arbeitnehmersicht. Es kann abgelesen werden, welche der in Literaturüberblick und Experteninterviews aufgedeckten Hemmnisse sich auch in den Arbeitnehmerinterviews bestätigt haben. Dabei wird zwischen allgemeinen Hemmnissen (Tabelle 27) und solchen, die insbesondere das Steuer- und Sozialversicherungsrecht betreffen (Tabelle 28), unterschieden.

Hemmnis	Literatur-überblick	Experten-interviews	Arbeitnehmer-interviews
Zu geringer finanzieller Spielraum	X	X	X
Fehlendes Angebot/Engagement des Arbeitgebers	X		X
Nutzen anderer Vorsorgemöglichkeiten	X		X
Geringer Kenntnisstand zum Thema bAV	X		X
Neigung zu Sofortkonsum statt Altersvorsorge	X	X	X
Keine finanzielle Beteiligung des Arbeitgebers	X		X
Schwierige Portabilität bei Arbeitgeberwechsel	X		X
Nichterkennen zusätzlichen Vorsorgebedarfs	X		

Tabelle 27: Übersicht der allgemeinen Hemmnisse auf Arbeitnehmerseite[388]

Hemmnis	Literatur-überblick	Experten-interviews	Arbeitnehmer-interviews
Volle Beitragspflicht in der Rentenphase	X	X	X
Einbußen in der GRV wegen Sozialversicherungsfreiheit der Beiträge in der Anwartschaftsphase	X	X	
Volle Anrechnung der bAV-Leistungen auf die Grundsicherung	X	X	X
Doppelte Verbeitragung bei der Riester-geförderten bAV	X	X	
Keine gezielte Förderung für Geringverdiener	X		

Tabelle 28: Übersicht der steuer- und sozialversicherungsrechtlichen Hemmnisse auf Arbeitnehmerseite[389]

388 Quelle: Modifiziert entnommen aus Kiesewetter et al. (2016a), S. 138.

389 Quelle: Modifiziert entnommen aus Kiesewetter et al. (2016a), S. 138.

6 Entwicklung von Reformüberlegungen zur verbesserten Arbeitnehmerförderung in der bAV[390]

Auf Basis der Erkenntnisse aus Literaturüberblick, Experteninterviews sowie Arbeitnehmerinterviews werden in diesem Kapitel Reformüberlegungen diskutiert. Diese sind dazu geeignet, insbesondere die steuer- und sozialversicherungsrechtlichen Hemmnisse der bAV aus Arbeitnehmersicht abzumildern bzw. zu beseitigen. Zusätzlich werden zwei damit im Zusammenhang stehende Nebenbedingungen erörtert, die für eine erfolgreiche Arbeitnehmerförderung Berücksichtigung finden sollten. Damit werden mögliche Antworten auf die in Abschnitt C 1.4 formulierte Forschungsfrage (3) gegeben:

Wie kann insbesondere den steuer- und sozialversicherungsrechtlichen Verbreitungshemmnissen der bAV begegnet werden?

An dieser Stelle sei darauf hingewiesen, dass bei den angestellten Reformüberlegungen die Sichtweise von Fiskus und Sozialversicherungsträgern nicht konkret eingenommen wird. Insbesondere erfolgt keine Quantifizierung von Kosten für den Staatshaushalt. Dennoch wird vereinzelt auf die möglichen fiskalischen Folgen hingewiesen. Reformüberlegungen, die mit offensichtlich untragbaren Lasten für Staat und Sozialversicherungsträger einhergehen, werden daher ausgeblendet. Eine derartige Vorgabe ist unerlässlich. Ansonsten wäre die logische Folgerung für eine möglichst effektive Förderung von Gering- und Niedrigverdienern, dass auf eine Besteuerung und Verbeitragung gänzlich zu verzichten wäre. Man könnte gar argumentieren, dass der Staat zusätzliche Zuschüsse, in welcher Form auch immer, gewähren sollte. Dies wäre aus reiner Arbeitnehmersicht wünschenswert, ist jedoch aus offensichtlichen Gründen weder finanziell noch politisch durchsetzbar.

6.1 Reformüberlegung 1: Modifizierte Verteilung der Abgabenlast in der Sozialversicherung

Die in diesem Abschnitt erörterte Reformüberlegung betrifft ausschließlich das Sozialversicherungsrecht. Insbesondere steht das Tragen der Abgabenlast im Vordergrund. Dabei geht es um zwei Fragen: (1) Wann werden die Sozialversicherungsbeiträge erhoben? Bezogen auf diese zeitliche Verteilung der Sozialabgaben sind grundsätzlich die vorgelagerte und die nachgelagerte Verbeitragung zu unterscheiden. Und (2) Wer trägt die Sozialabgaben? Diesbezüglich steht die Aufteilung der Beitragslast auf Arbeitnehmer und Arbeitgeber zur Disposition.

6.1.1 Äquivalenz vor- und nachgelagerter Verbeitragung

Zunächst wird gezeigt, dass unter bestimmten Annahmen der Zeitpunkt der Verbeitragung aus Sicht des Arbeitnehmers irrelevant ist, da sich für diesen bei vor- und nachgelagerter Verbeitragung derselbe Nettozufluss ergibt. Denn die Beiträge zur Sozialversicherung gleichen strukturell einer Cash-Flow-Steuer. Dieses Argument wird anhand eines einfachen Beispiels verdeutlicht, in dem ein Arbeitnehmer einmalig den Betrag von 1.000 Euro durch

[390] Dieser Abschnitt ist Kiesewetter et al. (2016a), S. 139-167 modifiziert und gekürzt entnommen.

Entgeltumwandlung einer Maßnahme der bAV zuführt. Wenn im Umwandlungszeitpunkt Sozialversicherungsbeiträge entsprechend dem Satz $b^A = 0{,}2$ erhoben werden, können 800 Euro zugunsten des Arbeitnehmers angelegt werden. Wenn diese Anlage über $n =$ 20 Jahre eine Rendite in Höhe von $i = 0{,}02$ erwirtschaftet, steht nach dieser Zeitspanne der Nettobetrag

$$V_A = 1.000 \cdot (1 - b^A) \cdot (1 + i)^n = 1.000 \cdot 0{,}8 \cdot 1{,}02^{20} = 1.189 \tag{17}$$

zur (einmaligen oder rentenförmigen) Auszahlung zur Verfügung. Wird der Sozialversicherungsbeitrag stattdessen nachgelagert erhoben, so können zunächst 1.000 Euro zugunsten des Arbeitnehmers angelegt werden. Hieraus ergibt sich mit Zins und Zinseszins ein Vermögensstock von 1.486 Euro. Wird dieser nun bei Zufluss mit $b^R = 0{,}2$ verbeitragt, so verbleibt der Betrag

$$V_R = 1.000 \cdot (1 + i)^n \cdot (1 - b^R) = 1.000 \cdot 1{,}02^{20} \cdot 0{,}8 = 1.189 \tag{18}$$

zur Auszahlung an den Arbeitnehmer. Es ist also festzuhalten, dass unter den Annahmen dieses Beispiels der Zeitpunkt der Verbeitragung irrelevant für die Rentabilität ist. Bei rentenförmiger Auszahlung verkompliziert sich die formale Darstellung, der Befund bleibt aber derselbe.[391] Aus der formalen Darstellung des Beispiels ist unmittelbar ersichtlich, dass diese allgemeine Aussage in der Form nur gilt, wenn die Beitragssätze in Anwartschafts- und Rentenphase als identisch angenommen werden, das heißt, $b^A = b^R$ gilt. Derzeit (Stand 2018) ergibt sich aus dem Satz der KVdR zuzüglich PVdR, jeweils ohne Zusatzbeiträge, ein Gesamtbeitragssatz von $b^R_{2018} = 0{,}1695$ im Vergleich zu $b^A_{2018} = 0{,}19325$ als Gesamtbeitrag für Arbeitnehmer. Ceteris paribus ist die nachgelagerte Verbeitragung in diesem Beispiel etwas vorteilhafter. Andererseits ist zu bedenken, dass bei vorgelagerter Verbeitragung insgesamt mehr Beiträge zu den Sozialversicherungszweigen abgeführt werden. Der Arbeitnehmer erwirbt dadurch höhere Ansprüche vor allem in der GRV. Diesen Vorteil gegen die geringeren Beitragssätze bei nachgelagerter Verbeitragung abzuwägen, bedarf es ausführlicheren Berechnungen, die für Zwecke dieser Arbeit jedoch nicht entscheidend sind.

Vielmehr sollte mittels des Beispiels der Befund weitgehender Äquivalenz von vor- und nachgelagerter Verbeitragung gezeigt werden. Vor diesem Hintergrund bleibt es eine offene Frage, warum die Beitragspflicht von Leistungen der bAV in den empirischen Untersuchungen so häufig als Hemmnis wahrgenommen wird. Eine mögliche Erklärung hierfür könnte in einem negativen Tenor in der Medienberichterstattung liegen. Einen weiteren Erklärungsansatz bietet die Verhaltensökonomik. In Teil B dieser Arbeit wurde ausführlich untersucht, ob die ökonomisch äquivalenten Besteuerungsformen der rein vorgelagerten und rein nachgelagerten Besteuerung gleich auf die Präferenz für Ersparnisbildung wirken. Dies musste aufgrund der Ergebnisse verneint werden. Vielmehr wurde festgestellt, dass eine nachgelagerte Besteuerung die Entscheidung für Sparen negativ verzerrt. Auch wenn Steuern und Sozialversicherungsbeiträge grundsätzlich andere Abgabenarten darstellen,

391 Die Besteuerung wurde in diesem Beispiel vollständig vernachlässigt. Wie bereits in Teil B dieser Arbeit ausführlich gezeigt, gelten die Zusammenhänge analog auch für die vor- bzw. nachgelagerte Besteuerung, wenn laufende Kapitalerträge steuerfrei bleiben.

lässt sich diese für Steuern gewonnene Erkenntnis auf Sozialabgaben übertragen. Eine nachgelagerte Abgabenerhebung wird offenbar negativer empfunden, als sie ökonomisch tatsächlich wirkt.

Eine Erklärung hierfür kann auch das Konzept der Verlustaversion liefern. Dieses besagt, dass Individuen gleich hohe Gewinne und Verluste unterschiedlich bewerten und insbesondere auch, dass der Disnutzen aus dem Verlust eines Gegenstandes, den sie besitzen, betragsmäßig größer ist als der Nutzen aus dem Erhalt eines identischen Gegenstandes.[392] Übertragen auf die Frage nach vor- oder nachgelagerter Abgabenerhebung bedeutet dies, dass der erworbene oder in Aussicht gestellte Vermögensstock (alternativ: die Betriebsrente) gedanklich vereinnahmt und als Eigentum betrachtet wird. Dessen Reduktion durch Sozialabgaben wird als unangenehm empfunden. Dieser Disnutzen in der Rentenphase wird nicht empfunden, wenn die Beiträge zu einer bAV-Maßnahme aus verbeitragtem Entgelt stammen und die resultierenden Leistungen ungeschmälert vereinnahmt werden können. Nun könnte argumentiert werden, dass die vorgelagerte Verbeitragung analog zu einem Disnutzen, nun jedoch in der Anwartschaftsphase, führt, da das Arbeitsentgelt entsprechend reduziert wird. Da dies jedoch auch bei regulärer Lohn- oder Gehaltszahlung eintritt, ist anzunehmen, dass die Reduktion um Sozialabgaben nicht als besonders schwerwiegend wahrgenommen wird. Noch weniger spürbar wird die Belastung mit Sozialversicherungsbeiträgen dann, soweit diese in Form des Arbeitgeberanteils erfolgt. Da dieser auf keiner Gehaltsabrechnung ausgewiesen wird, nehmen Arbeitnehmer ihn regelmäßig kaum wahr. Hieraus ist zu schließen, dass durch äquivalente Umstellung der Verbeitragung von nach- auf vorgelagert ein gewissermaßen psychologisches Hemmnis für die Beteiligung an der bAV beseitigt werden kann.

6.1.2 Konkretisierung von Reformüberlegung 1

Im vorangegangenen Abschnitt wurde erläutert, dass bereits eine Umstellung auf die vorgelagerte Verbeitragung zu positiven (Wahrnehmungs-)Effekten aus Arbeitnehmersicht führen könnte. Dabei wurde jedoch von der tatsächlichen Rechtslage abstrahiert, weshalb vereinfachende Annahmen getroffen wurden. Nun folgend wird eine konkrete Möglichkeit erörtert, wie die geltenden sozialversicherungsrechtlichen Regelungen angepasst werden können, um die bAV für Arbeitnehmer aus der Zielgruppe attraktiver zu gestalten.

Aufteilung der Beitragslast

Wie bereits erwähnt, kann die vollständige Abschaffung einer Beitragserhebung bei bAV nicht als sinnvolle Maßnahme diskutiert werden. Jedoch wäre eine andere Aufteilung der Beitragslast möglich. So könnte in der Anwartschaftsphase auf Beiträge zur bAV stets der volle Arbeitgeberanteil in allen vier Zweigen der Sozialversicherung erhoben werden. Der Arbeitnehmeranteil zur Sozialversicherung bliebe weiterhin innerhalb der bestehenden sozialversicherungsrechtlichen Grenzen freigestellt. Aus Sicht der Sozialversicherungsträger kommt es ceteris paribus und ungeachtet möglicher Ausweichhandlungen zu Mehreinnah-

---

[392] Vgl. dazu bereits die Erläuterungen in Abschnitt A 1. Siehe außerdem grundlegend zur Verlustaversion Kahneman/Tversky (1979) und Thaler (1980).

men. Daher wäre es möglich, Arbeitnehmer dadurch zu entlasten, dass diese in der Rentenphase fortan lediglich den halben Beitragssatz in KVdR sowie PVdR auf Betriebsrenten zu leisten haben. Damit würde das Hemmnis der hohen Beitragslast in der Rentenphase adressiert. Auch der diskutierte verhaltensökonomische Aspekt würde angesprochen. Aus Arbeitnehmersicht läge zwar per definitionem weiterhin eine nachgelagerte Verbeitragung vor. Jedoch wäre die Belastung nur noch halb so groß wie im Status Quo.

Auswirkungen aus Sicht des Arbeitnehmers

In der Terminologie des oben eingeführten Beispiels ergäbe sich für den Arbeitnehmer offensichtlich eine höhere Nettoleistung aus der bAV. Diese beliefe sich unter den Annahmen des Beispiels auf

$$V_{R/2} = 1.000 \cdot (1+i)^n \cdot \left(1 - \frac{b^R}{2}\right) = 1.000 \cdot 1{,}02^{20} \cdot 0{,}9 = 1.337 \qquad (19)$$

was einer Erhöhung im Vergleich zur Verbeitragung mit dem vollen Beitragssatz in Höhe von ca. 12,5 Prozent entspräche.

Zusätzlich käme es zu geringeren Einbußen in den sozialen Sicherungssystemen, die Arbeitnehmer durch die aktuell vollständige Sozialversicherungsbefreiung von Beiträgen zur bAV bei einer Entgeltumwandlung erleiden.[393] Entsprechendes gilt auch für arbeitgeberfinanzierte Beiträge zur bAV, soweit diese als Substitut zu einer Lohnerhöhung verstanden werden. Durch die Erhebung des Arbeitgeberanteils zur Sozialversicherung in der Anwartschaftsphase würde dieses Problem abgemildert, da sich die Einbußen des Arbeitnehmers in den sozialen Sicherungssystemen, vor allem in der GRV, vermindern.

Anreize für Arbeitgeber nötig

Aus den durchgeführten empirischen Untersuchungen geht darüber hinaus hervor, dass die Initiative des Arbeitgebers wichtig ist, damit die Verbreitung der bAV unter Arbeitnehmern zunimmt. Denn aus Eigeninitiative der Arbeitnehmer kommt es gerade in der Zielgruppe der Gering- und Niedrigverdiener nur selten zum Abschluss einer bAV. Daher sind auch die Folgen für Arbeitgeber zu berücksichtigen. Insbesondere der Wegfall der Sozialversicherungsersparnis ist hier von Bedeutung. Dieser könnte Einfluss auf die Bereitschaft von Unternehmen haben, eine bAV aktiv anzubieten. So bestünde aufgrund des Wegfalls der Sozialversicherungsersparnis kein monetärer Anreiz für Arbeitgeber mehr, eine bAV aktiv anzubieten.[394] Ursprünglich sollte durch die dauerhafte Gewährung der Sozialversicherungsfreiheit für den Arbeitgeber in der Anwartschaftsphase eine weitere Verbreitung der bAV erreicht werden.[395] Dies ist mit Blick auf die aktuellen Zahlen zum Verbreitungsgrad der bAV jedoch nicht eingetreten.[396] Die Sozialversicherungsersparnis als vermeintlicher Anreiz für den Arbeitgeber scheint folglich keine merklich positive Wirkung auf die weitere

393 Dies gilt offenbar nur, soweit der sozialversicherungsrechtliche Dotierungsrahmen in Höhe von vier Prozent der Beitragsbemessungsgrenze in der allgemeinen Rentenversicherung nicht überschritten wird.

394 Vgl. ausführlich zu dieser Problematik Kiesewetter et al. (2016a), S. 147 f.

395 Vgl. BT-Drucksache 16/6539 vom 28.09.2007, S. 7.

396 Vgl. dazu Abschnitt C 1.2.

Verbreitung der bAV zu entfalten. Daneben wird in der Literatur darauf hingewiesen, dass einem Großteil der Unternehmen, darunter vor allem KMU, die aktuell bestehende Sozialversicherungsersparnis nicht bekannt ist. Sie wird von diesen folglich auch nicht als Anreiz, eine bAV anzubieten, wahrgenommen. Daneben geben diejenigen Arbeitgeber, denen die Sozialversicherungsersparnis bekannt ist, an, dass diese keinen ausreichenden Anreiz bei der Einführungsentscheidung einer bAV darstellt. Daher wären andere Anreize für Arbeitgeber nötig, damit diese die bAV ihren Mitarbeitern anbieten.[397]

6.2 Reformüberlegung 2: Verpflichtender Arbeitgeberzuschuss bei Entgeltumwandlung

Die nachfolgend erörterte Reformüberlegung betrifft wiederum die sozialversicherungsrechtlichen Rahmenbedingungen der bAV und stellt eine Alternative zu der in Abschnitt C 6.1 diskutierten Änderungsmöglichkeit dar. Es würde ein verpflichtender Arbeitgeberzuschuss in Höhe der eingesparten Sozialabgaben bei Entgeltumwandlung eingeführt.

6.2.1 Der Einfluss von Arbeitgeberzuschüssen

Bevor die Reformüberlegung konkret beschrieben wird, wird in der Logik des obigen Beispiels der Einfluss eines Arbeitgeberzuschusses auf den Vermögensstock des Arbeitnehmers dargestellt. Dabei wird unterstellt, dass wie im Status Quo eine nachgelagerte Verbeitragung der bAV stattfindet. Ferner wird die Annahme getroffen, dass der gesamte Beitragssatz des Arbeitgebers in der Anwartschaftsphase $b^A = 0{,}2$ beträgt.[398] In dem Beispiel leistet der Arbeitgeber folglich bei einer Entgeltumwandlung von 1.000 Euro einen Arbeitgeberzuschuss in Höhe von 200 Euro, da er sich ebendiesen Betrag im Vergleich zu einer regulär verbeitragten Lohnzahlung spart. Damit ergäbe sich der Vermögensstock des Arbeitnehmers zu

$$V_{WV} = (1.000 + 200) \cdot (1+i)^n \cdot (1-b^R) = 1.200 \cdot 1{,}02^{20} \cdot 0{,}8 = 1.427. \qquad (20)$$

Der Arbeitnehmer würde sich damit im Vergleich zum Status Quo um ca. 20 Prozent besser stellen; vgl. Formel (18). Verglichen mit dem Ergebnis aus Abschnitt C 6.1 fällt auf, dass sich der Arbeitgeberzuschuss aus Sicht des Arbeitnehmers noch mehr lohnt als die Halbierung des Beitragssatzes in der Rentenphase; vgl. Formel (19). Konkret führt der Arbeitgeberzuschuss in dem Beispiel trotz voller Verbeitragung der Leistung mit b^R zu einem knapp sieben Prozent höheren Nettovermögen. Zu beachten ist, dass hierbei die Effekte der GRV vollständig ausgeblendet werden. Unter Einbezug der höheren GRV-Ansprüche, die sich im Fall der vorgelagerten Erhebung des Arbeitgeberanteils ergeben, könnte sich diese Reformüberlegung in obigem Beispiel für den Arbeitnehmer als ähnlich lukrativ erweisen wie ein Arbeitgeberzuschuss.

---

397 Vgl. Kiesewetter et al. (2016a), S. 167 ff. Dort werden auch zwei alternative Anreizsysteme diskutiert.

398 Der Arbeitgeberanteil zu allen vier Zweigen der Sozialversicherung beläuft sich aktuell (Stand 2018) auf insgesamt 19,325 Prozent.

6.2.2 Konkretisierung von Reformüberlegung 2

Das grundlegende Prinzip der aktuell geltenden, nachgelagerten Abgabenerhebung würde im Rahmen von Reformüberlegung beibehalten. Um jedoch die Attraktivität der bAV für Arbeitnehmer zu erhöhen, würde eine gesetzliche Verpflichtung zu einem Arbeitgeberzuschuss bei Entgeltumwandlung geschaffen. Durch diesen Zuschuss ergäbe sich für den Arbeitnehmer ceteris paribus eine höhere Leistung aus der bAV, wodurch er gewissermaßen für seine Beitragslast in der Rentenphase entschädigt würde.

Höhe des Pflichtzuschusses

Die Höhe des Pflichtzuschusses wäre auf die in Folge der Entgeltumwandlung im Vergleich zu einer regulären Lohnauszahlung eingesparten Arbeitgeberanteile zu den Sozialversicherungszweigen zu beschränken. Bei einem höheren Pflichtzuschuss würde es zu einer echten Mehrbelastung des Arbeitgebers kommen, die einer gesonderten Rechtfertigung bedürfte. Problematisch könnte die Ermittlung der tatsächlich ersparten Sozialversicherungsbeiträge für den Arbeitgeber sein, wenn ein Pflichtzuschuss in Höhe der exakten Einsparung verlangt wird. Zunächst ergäben sich angesichts der verschiedenen Beitragsbemessungsgrenzen in gesetzlicher KV und PV einerseits und AV und GRV andererseits drei Gruppen von Arbeitnehmern, in denen die Entgeltumwandlung zur Einsparung des Beitrags (1.) in allen vier Sozialversicherungszweigen, (2.) nur in GRV und AV oder (3.) zu keiner Einsparung führt. Weiterhin wäre zwischen neuen und alten Bundesländern zu unterscheiden, da hier unterschiedliche Beitragsbemessungsgrenzen gelten. Bei Einkommen knapp über einer der beiden Beitragsbemessungsgrenzen kann die Einsparung wiederum etwas geringer als in (1.) und (2.) ausfallen, wenn ein Teil des Umwandlungsbetrags ohnehin nicht belastet gewesen wäre. Auch wenn davon ausgegangen werden darf, dass derartige Berechnungen durch gängige Lohnbuchhaltungssoftware abgebildet würden, entsteht dadurch dennoch ein Einmalaufwand für Arbeitgeber.[399]

Pauschalierung sinnvoll

Es erscheint daher sachgerecht, den Pflichtzuschuss auf einen bestimmten Prozentsatz des Umwandlungsbetrags zu pauschalieren. Ferner könnte er auf solche Arbeitnehmer beschränkt werden, deren Bruttogehalt vor Entgeltumwandlung die Beitragsbemessungsgrenze zur KV nicht übersteigt.[400] Diese Beschränkung würde verhindern, dass dem Arbeitgeber Mehrkosten entstehen, wenn die tatsächliche Sozialversicherungsersparnis geringer als der pauschale Pflichtzuschuss ist. Alternativ könnte der Pflichtzuschuss als Minimumbedingung ausgestaltet werden. Wenn die tatsächliche Sozialversicherungsersparnis geringer ist als der pauschale Zuschuss, wäre nur ein Arbeitgeberzuschuss in Höhe der tatsächlichen Ersparnis zu leisten. Im umgekehrten Fall käme es zum Zuschuss in Höhe des pauschalen Anteils. In dieser Variante könnte eine Beschränkung auf bestimmte Gehaltsklassen unter-

[399] Derartige Probleme treten bei Arbeitnehmern aus der Zielgruppe der Gering- und Niedrigverdiener nicht auf, da deren Verdienst offenbar nicht an die Beitragsbemessungsgrenzen heranreicht.

[400] Arbeitnehmer, die infolge der Entgeltumwandlung unter die Beitragsbemessungsgrenze der Krankenversicherung rutschen, erhielten folglich keinen Pflichtzuschuss. Dies erscheint aber im Hinblick auf die angestrebte Vereinfachung hinnehmbar.

bleiben, da Mehrkosten des Arbeitgebers ausgeschlossen wären. Wenn jedoch auf eine gezielte Förderung von Gering- und Niedrigverdienern abgestellt wird, wäre erstgenannte Alternative zu präferieren. Natürlich bliebe es dem Arbeitgeber unbenommen, Besserverdienern einen freiwilligen Zuschuss zu gewähren.

Flankierung durch arbeits- und steuerrechtliche Anpassungen

Die rechtliche Verpflichtung, dass der Arbeitgeber einen Zuschuss zu leisten hat, wäre im Betriebsrentengesetz zu verankern. Um die Reformüberlegung zusätzlich attraktiv zu machen, wäre eine sofortige Unverfallbarkeit des Arbeitgeberzuschusses erstrebenswert. Deshalb wäre der verpflichtende Arbeitgeberzuschuss entsprechend § 1b Abs. 5 BetrAVG analog zu Beiträgen aus Entgeltumwandlung sofort unverfallbar zu stellen. Dies könnte umgesetzt werden, indem der Arbeitgeberzuschuss per gesetzlicher Fiktion, z.B. in § 1 Abs. 2 Nr. 3 BetrAVG, als aus Entgeltumwandlung stammend eingestuft wird.[401]

Damit die Wirkung des Arbeitgeberzuschusses nicht abgeschwächt wird, wäre sicherzustellen, dass der Pflichtzuschuss steuer- und sozialversicherungsfrei bleibt. Daher könnte für diesen eine Erhöhung des Dotierungsrahmens in § 3 Nr. 63 EStG sowie in § 1 Nr. 9 SvEV und § 14 Abs. 1 Satz 2 SGB IV vorgenommen werden.[402]

6.3 Reformüberlegung 3: Verbesserte Riester-Förderung in der bAV

Es ist bereits seit Einführung der Riester-Rente mit dem AVmG im Jahr 2002 möglich, auch im Rahmen einer bAV die Riester-Förderung in Anspruch zu nehmen. Jedoch ist diese Art der Vorsorge bislang nur äußerst gering verbreitet. Grund ist die bereits in Abschnitt C 2.4.2 erläuterte Doppelverbeitragung. Im Rahmen dieses Abschnitts wird deshalb eine Reformüberlegung diskutiert, die die Riester-geförderte bAV attraktiver macht, wodurch sie zu einer sinnvollen Vorsorgealternative für Arbeitnehmer werden kann.

6.3.1 Ausgangslage Doppelverbeitragung

Bei Inanspruchnahme der Riester-Förderung in der bAV kommt es aktuell zu einer Doppelverbeitragung. Dies ist der Tatsache geschuldet, dass die Beiträge aus versteuertem und verbeitragtem Entgelt aufzubringen sind, die resultierende Leistung als bAV sodann in KVdR und PVdR erneut beitragspflichtig ist. Anhand des Rechenbeispiels, welches zu Beginn dieses Kapitels eingeführt wurde, wird gezeigt, dass diese Art der Abgabenerhebung aus Sicht des Arbeitnehmers unvorteilhaft ist. Dazu wird unterstellt, dass der Arbeitnehmer eine jährliche Riester-Zulage (Zu) in Höhe von 154 Euro erhält, welche zusätzlich zu dem

401 Vgl. zu den Unverfallbarkeitsregelungen Abschnitt C 2.2.4.

402 Der Pflichtzuschuss des Arbeitgebers wäre hierfür per gesetzlicher Fiktion, z.B. in § 1 Abs. 2 Nr. 3 BetrAVG, als aus Entgeltumwandlung stammend einzustufen.

von ihm geleisteten Beitrag in den bAV-Vertrag fließt.[403] Die übrigen Annahmen des Beispiels bleiben unverändert. Damit ergibt sich ein Vermögensstock bei der Riester-bAV in Höhe von:

$$V_{RR} = \left[(1.000 \cdot (1-b^A) + 154)\right] \cdot (1+i)^n \cdot (1-b^R) = 954 \cdot 1,02^{20} \cdot 0,8 = 1.134 \quad (21)$$

Es zeigt sich, dass trotz der staatlichen Förderung mittels Riester-Zulage ein geringerer Vermögensstock nach Verbeitragung resultiert als im Ausgangsfall, in dem entweder rein vor- oder rein nachgelagert verbeitragt wird; vgl. Formeln (17) und (18). Der Unterschied beläuft sich im Beispiel auf knapp fünf Prozent.[404] Die Verbeitragung sowohl in Anwartschafts- als auch Rentenphase führt dazu, dass die Riester-bAV in den allermeisten Fällen unvorteilhaft im Vergleich zu alternativen Vorsorgeformen ist.

6.3.2 Konkretisierung von Reformüberlegung 3

Im Rahmen dieser Reformüberlegung wird die Abschaffung der Doppelverbeitragung bei Inanspruchnahme der Riester-Förderung in der bAV diskutiert. Dabei drängen sich zwei Varianten auf, wie dies umgesetzt werden kann.[405] Einerseits könnte auf eine rein vorgelagerte Verbeitragung umgestellt werden, wodurch private und betriebliche Riester-Verträge sozialversicherungsrechtlich gleich behandelt würden. Andererseits könnte eine rein nachgelagerte Verbeitragung eingeführt werden, womit die Riester-bAV und die übrigen bAV-Alternativen analog verbeitragt würden.[406] Beide Varianten unterscheiden sich in bestimmten Punkten, sodass nun folgend beide Alternativen erörtert werden. Steuerliche Änderungen wären bei beiden Alternativen nicht notwendig. In der Anwartschaftsphase blieben Zulagengewährung bzw. Sonderausgabenabzug bestehen. Auch an der nachgelagerten Besteuerung der Renten gem. § 22 Nr. 5 Satz 1 EStG würde keine Änderung vorgenommen.

Vorgelagerte Verbeitragung

Bei vorgelagerter Verbeitragung würde wie bisher in der Anwartschaftsphase sowohl Arbeitgeber- als auch Arbeitnehmeranteil zur Sozialversicherung erhoben, in der Rentenphase blieben die Leistungen aus der Riester-bAV jedoch sozialversicherungsfrei. Ein positiver Effekt im Vergleich zur nachgelagerten Verbeitragung wäre, dass infolge der vollen Verbeitragung von Arbeitgeber- und Arbeitnehmeranteil in der Anwartschaftsphase höhere Ansprüche bei den gesetzlichen Sozialleistungen, insbesondere der GRV, erworben würden. In

[403] Gem. § 82 Satz 1 EStG a.F. beträgt die Riester-Grundzulage vor BRSG 154 Euro. In obigem Beispiel wird daher eine kinderlose Person unterstellt, sodass Kinderzulagen unberücksichtigt bleiben können. Ferner wird angenommen, dass der Sonderausgabenabzug gem. § 10a EStG nicht vorteilhafter ist als die Zulagengewährung.

[404] Die Auswirkungen auf die GRV bleiben erneut unberücksichtigt.

[405] Prinzipiell wäre auch eine Aufteilung zwischen KV- und PV-Beitrag, Arbeitgeber- und Arbeitnehmeranteil oder zwischen Anwartschafts- und Rentenphase denkbar. Diese Varianten einer „Mischverbeitragung" würden jedoch zu einer zusätzlichen Verkomplizierung der gesetzlichen Regelungen führen und werden daher nicht weiter verfolgt.

[406] Bei allen Formen der bAV kann es auch zu einer (teilweisen) vorgelagerten Verbeitragung kommen, wenn die Grenzen für die sozialversicherungsfreien Zuführungen zu einer bAV-Maßnahme überschritten werden. Da auch in diesen Fällen die Leistungen in der Rentenphase voll in KVdR und PVdR verbeitragt werden, kommt es zu Fällen einer echten Doppelverbeitragung.

dieser Variante würde die Riester-geförderte bAV sowohl steuerlich als auch sozialversicherungsrechtlich analog zu privaten Riester-Verträgen behandelt. Dies könnte zusätzlich als Vereinfachung und Komplexitätsreduktion aufgefasst werden.

Bei vorgelagerter Verbeitragung kann kritisch gesehen werden, dass in der Rentenphase keinerlei Sozialabgaben mehr abgeführt werden müssten. Dies ist i.d.R. jedoch der Zeitraum, in dem die Inanspruchnahme von gesetzlichen Sozialleistungen aus KV und PV zunimmt, sodass sich hier eine zeitliche Unausgewogenheit zwischen Erwerb der Ansprüche und Inanspruchnahme der Leistungen ergäbe. Außerdem ist anzumerken, dass ein solcher Übergang zur ausschließlich vorgelagerten Verbeitragung im Gegensatz zu den Reformen des letzten Jahrzehnts stehen würde. So wurde seit dem AVmG im Jahr 2001 in mehreren Schritten zur vollständigen nachgelagerten Besteuerung und Verbeitragung übergegangen. Die Riester-Förderung würde in der bAV fortan anders behandelt als andere bAV-Maßnahmen. Aus Sicht des Arbeitnehmers bzw. Betriebsrentners sind diese Argumente jedoch nicht entscheidend.

Abschließend sei darauf hingewiesen, dass eine ausschließlich vorgelagerte Verbeitragung der Riester-geförderten bAV eine Unterscheidung in der Rentenphase erforderlich macht. Da Leistungen aus der „normalen" bAV weiterhin nachgelagert verbeitragt werden, muss bei Auszahlung differenziert werden, ob die Leistungen aus einer Riester-geförderten bAV oder einer nicht Riester-geförderten bAV stammen. Damit ist auch ein höherer Dokumentationsaufwand verbunden. Sollte sich die Rentenleistung aus beiden Varianten zusammensetzen, müsste ferner eine Trennung vorgenommen werden.

Nachgelagerte Verbeitragung

Eine nachgelagerte Verbeitragung würde dazu führen, dass die sozialversicherungsrechtliche Behandlung von Riester-geförderter bAV an diejenige der übrigen bAV-Alternativen in den externen Durchführungswegen angeglichen würde. Konkret bedeutet dies, dass in der Anwartschaftsphase weder auf Arbeitgeber- noch Arbeitnehmerseite Sozialversicherungsbeiträge auf den Beitrag, der in den Riester-Vertrag eingezahlt wird, erhoben würden. Dies wäre dadurch realisierbar, dass die Beiträge, die in eine Riester-geförderte bAV fließen, in den bereits bestehenden sozialversicherungsfreien Rahmen des § 1 Abs. 1 Nr. 9 SvEV integriert würden.[407] Im Übrigen verbliebe es bei den bestehenden Rahmenbedingungen der Riester-geförderten bAV. In der Rentenphase würde weiterhin der volle Beitragssatz zur KVdR und PVdR erhoben.

Bei rein nachgelagerter Verbeitragung könnte es durch Öffnung des § 1 Abs. 1 Nr. 9 SvEV auch für Riester-geförderte Beiträge zur bAV dazu kommen, dass es innerhalb des vierprozentigen Dotierungsrahmens zu einer Kollision von „normaler" und Riester-geförderter bAV kommt und der Rahmen folglich nicht ausreicht. In Bezug auf die Zielgruppe der Gering- und Niedrigverdiener wiegt dieser Punkt nicht sonderlich schwer, da deren Beiträge zur bAV in der Regel deutlich unter den steuer- und sozialversicherungsfreien Dotierungsgrenzen liegen. Will man dieses Problem dennoch umgehen, könnte ein zusätzlicher sozialversicherungsfreier Dotierungsrahmen in Höhe von 2.100 Euro (vgl. § 10a EStG)

[407] Alternativ wäre denkbar, einen zusätzlichen sozialversicherungsfreien Dotierungsrahmen in Anlehnung an § 10a EStG in Höhe von 2.100 Euro zu schaffen.

ausschließlich für Beiträge in eine Riester-geförderte bAV eingeräumt werden.[408] Daneben würde der Arbeitnehmer durch die Abschaffung der Beitragspflicht zur Sozialversicherung in der Anwartschaftsphase geringere Ansprüche in den gesetzlichen Sozialsystemen aufbauen als nach geltender Rechtslage sowie bei rein vorgelagerter Verbeitragung.

Abwägung erforderlich

Die oben erläuterten Vor- und Nachteile einer rein vor- bzw. nachgelagerten Verbeitragung der Riester-bAV gilt es gegeneinander abzuwägen.[409] Beide Varianten würden jedoch zu einer Verbesserung gegenüber dem Status Quo führen. Gerade für die Zielgruppe der Gering- und Niedrigverdiener würde die Riester-bAV dadurch zu einer sinnvollen Vorsorgealternative. Aufgrund des geringen Einkommens der Zielgruppe kann eine nennenswerte Förderung nicht durch eine Minderung der steuerlichen und sozialversicherungsrechtlichen Bemessungsgrundlage in der Anwartschaftsphase (beispielsweise gem. § 3 Nr. 63 EStG bzw. § 1 Abs. 1 Nr. 9 SvEV) erreicht werden. Dagegen kann die Riester-Förderung, insbesondere auch durch die Kinderzulagen, hohe Förderquoten generieren. Durch die hier diskutierte Reformüberlegung könnten die Vorteile der Riester-Förderung sinnvoll in das System der bAV integriert werden.

6.3.3 Zusatzüberlegung: Konsequente Abschaffung von Doppelverbeitragungen in der bAV

Die Riester-geförderte bAV ist das bekannteste Beispiel, in dem es zu einer Doppelverbeitragung kommt. Daneben sind jedoch weitere Konstellationen möglich, in denen sowohl in Anwartschafts- als auch Rentenphase eine Verbeitragung in denselben Zweigen der Sozialversicherung stattfindet. Ein solcher Fall tritt beispielsweise dann auf, wenn ein Arbeitnehmer in der Anwartschaftsphase Beiträge an einen externen Durchführungsweg oberhalb des sozialversicherungsfreien Betrags gem. § 1 Abs. 1 Nr. 9 SvEV leistet. Unter der Annahme, dass das Arbeitsentgelt der betrachteten Person unterhalb der Beitragsbemessungsgrenze zur KV liegt, ist der übersteigende Betrag dann mit Beiträgen zu allen vier Zweigen der Sozialversicherung belastet. In der Rentenphase findet dessen ungeachtet eine volle Verbeitragung der bAV-Leistungen in KVdR und PVdR statt.

An diesem Beispiel wird deutlich, dass es zu Doppelverbeitragungen nur kommt, da im Sozialversicherungsrecht Anwartschafts- und Rentenphase nicht aufeinander abgestimmt sind, sondern jeweils eine isolierte Betrachtung vorgenommen wird. Dies mag aufgrund der Zielsetzung des Sozialversicherungsrechts schlüssig sein, ökonomisch überzeugt es jedoch nicht. Das Steuerrecht ist diesbezüglich konsequenter. Wie in Abschnitt C 2.3.2.2 erläutert, hängt die Besteuerung von bAV-Leistungen in der Rentenphase davon ab, wie die Beiträge

---

408 Alternativ wäre auch eine generelle Erhöhung des Dotierungsrahmens denkbar. Beides hätte negative Auswirkungen auf das Aufkommen der Sozialversicherungsträger, da im Vergleich zum Status Quo insgesamt ein höherer sozialversicherungsfreier Rahmen geschaffen würde.

409 In Menzel (2017) findet sich eine modelltheoretische Auseinandersetzung mit der Frage, ob eine rein vor- oder rein nachgelagerte Verbeitragung der Riester-bAV aus Sicht des Arbeitnehmers vorteilhafter ist. Er zeigt, dass eine allgemeingültige Aussage nicht möglich ist, beide Varianten jedoch eine Verbesserung im Vergleich zum Status Quo darstellen. Ferner kommt er zum Ergebnis, dass bei geringem Einkommen sowie geringer Verzinsung die vorgelagerte der nachgelagerten Verbeitragung überlegen ist.

in der Anwartschaftsphase behandelt wurden. So findet eine volle Besteuerung nur dann statt, wenn sämtliche Beiträge beispielsweise nach § 3 Nr. 63 EStG steuerlich gefördert waren. Soweit bAV-Leistungen auf steuerlich nicht geförderten Beiträgen beruhen, findet lediglich eine Besteuerung mit dem Ertragsanteil statt (§ 22 Nr. 5 Satz 2 EStG). Dies gilt entsprechend für (private und betriebliche) Riester-Renten. Im Steuerrecht stehen Anwartschafts- und Rentenphase folglich in Bezug zueinander.

Durch analoge Umsetzung im Sozialversicherungsrecht könnten Doppelverbeitragungen vermieden werden. Inwieweit dies zu den Grundsätzen des Sozialversicherungsrechts in Widerspruch steht, kann an dieser Stelle nicht beurteilt werden. Aus ökonomischer Sicht wäre eine diesbezügliche Angleichung an das Steuerrecht sinnvoll. Dadurch würde, quasi automatisch, auch das Problem der Doppelverbeitragung bei der Riester-bAV gelöst.

6.4 Reformüberlegung 4: Schaffung eines neuen Fördermodells für Gering- und Niedrigverdiener

Die im Rahmen dieses Abschnitts vorgestellte Reformüberlegung nimmt an der bestehenden Systematik der bAV und deren steuerlicher und sozialversicherungsrechtlicher Strukturierung keine Veränderungen vor. Vielmehr zielt sie auf eine neue, zusätzliche Art der Förderung von Gering- und Niedrigverdienern ab. Dazu sollen arbeitgeberfinanzierte Beiträge zu einer bAV dem Arbeitgeber vom Fiskus teilweise erstattet werden (bAV-Förderbetrag). Dadurch würde ermöglicht, dass Gering- und Niedrigverdiener ohne eigenen Kapitaleinsatz in das bAV-System integriert werden. Der Arbeitgeber erhält einen Anreiz, auch den schlechter verdienenden Teilen seiner Belegschaft eine bAV zu finanzieren. Durch den bAV-Förderbetrag wäre dies für den Arbeitgeber beispielsweise günstiger als eine Lohnerhöhung.

Mindestbetrag als Voraussetzung

Die Gewährung des bAV-Förderbetrags wäre an die Voraussetzung zu knüpfen, dass ein bestimmter Mindestbetrag als Arbeitgeberbeitrag in eine bAV-Maßnahme fließt. Dieser Mindestbetrag könnte an denjenigen des § 1a Abs. 1 Satz 4 BetrAVG gekoppelt werden. Dieser entspricht 1/160 der Bezugsgröße nach § 18 Abs. 1 SGB IV (in 2018: 228,38 Euro). Die Festlegung dieses Betrags orientiert sich an der gesetzgeberischen Wertung der für eine Entgeltumwandlung nach § 1a BetrAVG notwendigen Mindesteinbringung in die bAV. Ein weiterer Vorteil dieser Bezugsgröße liegt in deren Dynamisierung, da der Mindestbetrag nach § 1a Abs. 1 Satz 4 BetrAVG im Zeitablauf angepasst wird. Auch eine Verknüpfung des Mindestbetrags mit dem Sockelbetrag der Riester-Förderung (§ 86 Abs. 1 Satz 4 EStG, in 2018: 60 Euro) oder die Einführung eines gänzlich neuen Mindestbetrags wären möglich. Übersteigt der Arbeitgeberbeitrag den Mindestbetrag, erhöht dies den bAV-Förderbetrag nicht. Eine geringere Einzahlung führt dazu, dass kein Förderbetrag gezahlt wird.[410]

---

[410] Dies bedeutet, dass keine proportionale Kürzung des bAV-Förderbetrags, wie bei der Riester-Zulage (vgl. § 86 Abs. 1 Satz 1, 6 EStG), vorgenommen würde.

Höhe des bAV-Förderbetrags

Die Höhe des bAV-Förderbetrags könnte an die Riester-Grundzulage gem. § 84 EStG geknüpft werden. Würde der Mindestbetrag an denjenigen des § 1a Abs. 1 Satz 4 BetrAVG gekoppelt, ergäbe sich (mit den Werten für 2018), ein Anteil der staatlichen Förderung in Höhe von knapp über 75 Prozent. Der Arbeitgeber wäre demnach nur mit knapp einem Viertel seines in die bAV fließenden Arbeitgeberbeitrags tatsächlich belastet. Über die Anpassung des Mindestbetrags oder eine alternative Festlegung des bAV-Förderbetrags könnte auch eine andere Aufteilung der Finanzierung auf Arbeitgeber und Fiskus erreicht werden.

Beschränkung auf Gering- und Niedrigverdiener

Der bAV-Förderbetrag soll ein zielgenaues Förderinstrument für Gering- und Niedrigverdiener darstellen. Daher wäre der bAV-Förderbetrag nur bei Arbeitnehmern zu gewähren, deren Bruttogehalt eine bestimmte Obergrenze nicht übersteigt. Als derartige Grenze könnte auf die im Rahmen dieser Arbeit verwendeten Definitionen von Gering- (maximal 1.500 Euro) bzw. Niedrigverdienern (maximal 2.500 Euro) zurückgegriffen werden. Um den bAV-Förderbetrag für eine größere Anzahl an Personen nutzbar zu machen, erscheint es sinnvoll, auf die Grenze der Niedrigverdiener abzustellen.

Abwicklung über Lohnsteuerabzugsverfahren

Die Gewährung des bAV-Förderbetrags an den Arbeitgeber könnte über das Lohnsteuerabzugsverfahren umgesetzt werden. Dazu wäre der bAV-Förderbetrag bei der Lohnsteueranmeldung (§ 41a EStG) als Abzugsbetrag für den Arbeitgeber zu berücksichtigen. Der Abzug wäre im Rahmen der Lohnsteueranmeldung für den Monat, in dem die Zahlung geleistet wird, vorzunehmen. Über dieses Verfahren würde der Verwaltungsaufwand für Arbeitgeber gering gehalten.

Konkretisierungen

Der bAV-Förderbetrag würde den Arbeitgebern unabhängig vom gewählten Durchführungsweg gewährt. Auch auf bereits bestehende Versorgungszusagen wäre eine Anwendung möglich, wobei eine Förderung nur zu erfolgen hätte, wenn in das bestehende System vom Arbeitgeber ein zusätzlicher Arbeitgeberzuschuss in Höhe des Mindestbetrags nach § 1a Abs. 1 Satz 4 BetrAVG eingebracht wird.

Im Grundsatz wäre die Versorgungszusage, die dem bAV-Förderbetrag zugrunde liegt, arbeitgeberfinanziert. Um im Falle des vorzeitigen Ausscheidens des Mitarbeiters innerhalb der arbeitsrechtlichen Verfallbarkeitsfristen den Förderzweck nicht zu gefährden und eine aufwendige Rückabwicklung bzw. Rückzahlung des staatlichen bAV-Förderbetrags zu vermeiden, wäre der gesamte Mindestbetrag entsprechend § 1b Abs. 5 BetrAVG sofort unverfallbar zu stellen.

Auswirkungen des Fördermodells

Durch den bAV-Förderbetrag würde ein Anreiz für Arbeitgeber gesetzt, die bAV für die Gering- und Niedrigverdiener zu fördern und anzubieten. Solange ein Arbeitgeber ausschließlich einen Betrag in Höhe des Mindestbetrags nach § 1a Abs. 1 Satz 4 BetrAVG für die bAV eines Arbeitnehmers verwendet, wäre dies für ihn in Höhe des bAV-Förderbetrags liquiditäts- und erfolgsneutral, lediglich mit dem Arbeitgebereigenanteil von knapp 25 Prozent (Stand 2018) wäre er tatsächlich belastet. Sofern man den Arbeitgeberbeitrag zur bAV als Substitut zu einer Lohnzahlung interpretiert, ergäbe sich für diesen ein monetärer Vorteil durch den bAV-Förderbetrag.

Durch den bAV-Förderbetrag würde die bAV in bislang unversorgte Arbeitnehmerkreise eingeführt. Damit ginge zusätzlich die Option einher, dass sich diese Arbeitnehmer durch das „Kennenlernen" des bAV-Systems für eine zusätzliche Entgeltumwandlung entscheiden, wodurch sie ihre Ansprüche aus der bAV aufstocken könnten. Dies wäre jedoch rein optional; ein Mindesteigenbetrag des Arbeitnehmers wäre zur Gewährung des bAV-Förderbetrags nicht vorgesehen. Damit käme es gerade im Vergleich zur Riester-Förderung zu einer Abkehr von dem Prinzip, dass der Vorsorgende selbst einen gewissen (Mindest-) Beitrag leisten muss, um die volle staatliche Förderung zu erhalten. An die Stelle eines solchen Arbeitnehmerbeitrags würde jedoch der Mindestbetrag des Arbeitgebers treten, sodass das grundsätzliche Prinzip einer Eigenbeteiligung für staatliche Förderung nicht aufgegeben, sondern bedarfsgerecht im Hinblick auf die betrachtete Zielgruppe modifiziert würde. Damit würde die Möglichkeit geschaffen, dass Geringverdiener, die nicht die finanziellen Möglichkeiten für Entgeltumwandlungen haben, dennoch in den Anwendungsbereich von bAV-Systemen einbezogen werden könnten. Derzeit ist dies diesem Personenkreis weitgehend verschlossen, da diese Arbeitnehmer in aller Regel keine arbeitgeberfinanzierte bAV erhalten und zu einer Finanzierung aus Eigenmitteln keine Möglichkeit haben.

Um auch bei bestehenden bAV-Zusagen ohne steuerliche und sozialversicherungsrechtliche Folgewirkungen eine Erhöhung durchzuführen, könnte erwogen werden, den aktuell bestehenden steuer- und sozialversicherungsfreien Dotierungsrahmen von § 3 Nr. 63 EStG zumindest um den vorgeschlagenen Mindest-bAV-Betrag jährlich zu erhöhen. Es würden hiervon vor allem Personen profitieren, die sich mit ihren bAV-Beiträgen an der Grenze zur Steuer- bzw. Sozialversicherungspflicht bewegen. Da diese Personen in der Regel nicht der Gruppe der Geringverdiener angehören, wird die Erhöhung des Dotierungsrahmens nicht als zwingend erachtet.

6.5 Nebenbedingungen für eine erfolgreiche Arbeitnehmerförderung

In diesem Abschnitt werden zwei Reformüberlegungen vorgestellt, die zwar nicht primär dem Steuer- oder Sozialversicherungsrecht zuzuordnen sind, aber dennoch für den Erfolg der oben erläuterten Maßnahmen Relevanz besitzen. Diese werden als Nebenbedingungen für eine erfolgreiche Arbeitnehmerförderung bezeichnet.

6.5.1 Nebenbedingung 1: Begrenzung der Anrechnung von Leistungen aus der bAV auf die Grundsicherung

Leistungen aus der bAV werden im Status Quo komplett auf die vom Staat bezogene Grundsicherung angerechnet. Dadurch profitiert eine Person, die neben der GRV zusätzlich über die bAV vorsorgt und dennoch nach Renteneintritt Grundsicherung bezieht, nicht von ihren zusätzlichen Altersvorsorgebemühungen. Vielmehr wird sie aus ökonomischer

Sicht sogar schlechter gestellt als eine vergleichbare Person, die keine zusätzliche Altersvorsorge betriebt, da diese während der Anwartschaftsphase nicht auf Konsumpotential verzichtet hat. Diese Problematik ist insbesondere für Geringverdiener relevant. Auch in den Experteninterviews wurde dies als Hemmnis der bAV in dieser Zielgruppe genannt.

Daher wäre eine Beschränkung der Anrechnung von bAV-Leistungen auf die Grundsicherung eine Möglichkeit, diesem Hemmnis zu begegnen. Denkbar wären ein Freibetrag oder eine nur quotale Anrechnung von Leistungen aus einer bAV. Es wäre zu erwarten, dass Geringverdiener ein bestehendes bAV-Angebot des Arbeitgebers eher annehmen bzw. ihren Anspruch auf Entgeltumwandlung geltend machen würden. Dadurch würde die eigenverantwortliche Vorsorge dieser Arbeitnehmer gestärkt und damit auch die Chance eröffnet, den künftigen Bedarf für Grundsicherungsleistungen zu senken.

Anzumerken ist, dass eine solche Beschränkung der Anrechnung von bAV-Leistungen auf die Grundsicherung Folgefragen für die Berücksichtigung von Leistungen anderer Vorsorgearten aufwirft. Möglicherweise wäre auch für andere Formen der eigenverantwortlichen Vorsorge, wie die private Riester-Rente, analog zu verfahren, was mit Zusatzkosten für die Träger der Sozialhilfe einhergehen könnte.

6.5.2 Nebenbedingung 2: Ein Verbot der Zillmerung von Abschlusskosten bei Altersvorsorgeverträgen

Ein zentraler Aspekt bei der Entscheidung für oder gegen das Betreiben von Altersvorsorge ist stets die Höhe der Rendite. Dies gilt auch für die bAV. Gerade in den externen Durchführungswegen, die in der Regel von Gering- und Niedrigverdienern gewählt werden, handelt es sich bei den bAV-Produkten oftmals um Versicherungsverträge. Dies ist bei Direktversicherungen offenkundig, gilt aber auch für Pensionskassen- und Pensionsfondszusagen. Daher gehen mit diesen bAV-Alternativen stets auch Vertriebs- und Verwaltungskosten einher, die die Rendite aus Sicht der Vorsorgenden schmälern.[411] Das Problem tritt vor allem auf, wenn der Versicherungsvertrag nicht wie üblich geplant bespart wird, was insbesondere bei gebrochenen bzw. unregelmäßigen Erwerbsbiografien eintreten kann.[412] In diesen Fällen kann es dazu kommen, dass ein Vertrag beitragsfrei gestellt wird oder im Verlauf des Erwerbslebens ein weiterer Vertrag mit erneuten Abschlusskosten eingegangen wird.[413] Das Problem verstärkt sich, wenn die Abschlussprovision auf die vereinbarte Beitragssumme berechnet und in den ersten Jahren der Vertragslaufzeit dem Deckungskapital be-

[411] Die hohen Kosten von Altersvorsorgeverträgen werden auch in der öffentlichen Darstellung kritisiert. Dies gilt beispielsweise auch für die Riester-Rente, vgl. Kunz (2015). Als Beispiel aus den Medien zur Kritik an Kosten von Altersvorsorgeprodukten allgemein siehe Tenhagen (2016).

[412] Vgl. allgemein zum Verlauf von Erwerbsbiografien Brussig (2009). Gerade der dort als diskontinuierlicher Typ, Teilzeit- bzw. Hausfrauen-Teilzeit-Typ bezeichnete Verlauf einer Erwerbsbiografie ist im Hinblick auf diese Thematik problematisch. Zur Problematik in Bezug auf die Altersvorsorge siehe Stegmann (2009).

[413] Das „Abkommen zur Übertragung zwischen den Durchführungswegen Direktversicherung, Pensionskasse oder Pensionsfonds bei Arbeitgeberwechsel“ soll dieses Problem zwar vermeiden. Allerdings gelingt dies nur bei einer Übertragung auf einen neuen Arbeitgeber innerhalb einer Frist von 15 Monaten ab dem Ausscheiden des Arbeitnehmers aus seinem bisherigen Arbeitsverhältnis. Je nach Verlauf der Erwerbsbiografie kann diese Frist jedoch nicht immer eingehalten werden, sodass es zu erneuten Abschlussprovisionen kommen kann.

lastet wird (Zillmerung). Diese Art der Kostenerhebung ist beispielsweise bei Direktversicherungen üblich. Dadurch werden die geleisteten Beiträge der ersten Jahre stark reduziert und der Deckungsstock wächst nur langsam an.

Daher wäre eine Abschaffung der Zillmerung der Abschlusskosten von Altersvorsorgeverträgen für Arbeitnehmer, gerade für Gering- und Niedrigverdiener, eine mögliche Reformüberlegung. Statt der Zillmerung könnten die Abschlussprovisionen grundsätzlich nur als Prozentsatz des jeweiligen laufenden Beitrags einbehalten werden. Eine Vorabprovision auf künftig vereinbarte Beiträge zulasten des Vertrags wäre nicht zulässig. Um sicherzustellen, dass keine Zillmerung vorgenommen wird, könnte die steuerliche Abzugsfähigkeit von Beiträgen zu versicherungsförmigen bAV-Verträgen von der Bedingung abhängig gemacht werden, dass die Vertriebskosten nur zulasten der laufenden Beiträge einbehalten werden. Durch diese Maßnahme wären finanzielle Nachteile für den Arbeitnehmer bei einer Beitragsfreistellung ebenso ausgeschlossen wie eine „Doppelprovisionierung“ künftig geplanter Beiträge.

6.5.3 Exkurs: Modelltheoretische Untersuchung eines Verbots der Zillmerung bei Altersvorsorgeverträgen[414]

Das im vorherigen Abschnitt diskutierte Verbot einer gezillmerten Kostenerhebung bei versicherungsförmigen bAV-Verträgen wird im Rahmen eines modelltheoretischen Exkurses näher beleuchtet. Während ein solches Verbot für den Versicherten bereits intuitiv als vorteilhaft angesehen wird, erscheint es aus Sicht der anbietenden Versicherungsunternehmen so, dass zwangsläufig negative Auswirkungen mit einem solchen Verbot einhergehen. In diesem Exkurs wird diese These modelltheoretisch untersucht. Es wird zum einen der zur Verrentung zur Verfügung stehende Deckungsstock eines Arbeitnehmers ermittelt. Anhand dieser Größe kann die Vorteilhaftigkeit aus Sicht des Versicherten gemessen werden, da der Deckungsstock die Höhe der (Betriebs-)Rente determiniert. Zum anderen werden die erzielbaren Versicherungsgebühren errechnet, die als Vorteilhaftigkeitsmaß aus Sicht der Versicherung angesehen werden können. Dabei werden die beiden Gebührenblöcke „Abschluss- und Vertriebskosten“ einerseits sowie „laufende Verwaltungsgebühren“ andererseits betrachtet. Die Berechnungen für Versicherung und Versicherten erfolgen sowohl für den Fall, dass Verträge weiterhin gezillmert werden als auch für die Alternative, dass fortan eine Zillmerung nicht mehr zulässig ist. Im zweiten Fall wird die Versicherung als Reaktion darauf die Abschluss- und Vertriebsprovisionen auf die gesamte Vertragslaufzeit verteilen und dementsprechend einen höheren laufenden (Verwaltungs-)Kostensatz erheben.

Ausgangspunkt der Betrachtung ist eine natürliche Person (nachfolgend als Versicherter bezeichnet), die im Entscheidungszeitpunkt $t = 0$ einen kapitalgedeckten Rentenversicherungsvertrag als Altersvorsorge abschließen möchte. Auf die konkrete Ausgestaltung dieses Vertrags wird nicht weiter eingegangen. Auch steuer- und sozialversicherungsrechtliche Aspekte werden ausgeblendet. Die Ausführungen gelten daher beispielsweise für eine private Rentenversicherung gleichermaßen wie für eine bAV im Wege der Direktversicherung mit Entgeltumwandlung. Es wird angenommen, dass der Deckungsstock jährlich die

[414] Dieser Abschnitt ist Menzel/Tschinkl (2017) modifiziert entnommen.

periodisch konstante Bruttorendite r erwirtschaftet und innerhalb des Vertrags thesauriert. Unter Sicherheit ist bekannt, dass der Versicherte ab Vertragsabschluss noch τ Jahre Beiträge leisten wird. Dieser Lebensabschnitt wird als Ansparphase bezeichnet. Es wird ein deterministisches Modell des Vertragsverlaufs unterstellt.

Im Zeitpunkt des Vertragsabschlusses wird neben der Vertragslaufzeit auch die beabsichtigte bzw. voraussichtliche Höhe der jährlichen Beiträge B_t^{vor} vereinbart. Diese ex ante prognostizierten Beiträge müssen nicht mit den tatsächlich geleisteten Beiträgen B_t^{tat} übereinstimmen. So kann es sein, dass der Versicherte die vorgesehene Höhe aufgrund geänderter Lebensumstände über- oder unterschreitet.

Für Zwecke dieser Untersuchung wird unter Zillmerung[415] ausschließlich die Verteilung der Abschluss- und Vertriebskosten auf die Laufzeit des Vertrages sowie die damit zusammenhängende Bildung des Deckungskapitals aus Sicht des Versicherten verstanden. Der Deckungsstock im Zeitpunkt t kann auch als korrespondierender Rückkaufswert der Versicherung interpretiert werden.[416] Ursprünglich wurde das Zillmerverfahren dahingegen als Berechnungsmethode zur Ermittlung der Deckungsrückstellung des Versicherungsunternehmens entwickelt. In dieser Arbeit werden die bilanziellen Auswirkungen auf das Versicherungsunternehmen jedoch nicht explizit dargestellt. Unter den hier getroffenen Annahmen und aufgrund des Abstrahierens von Risiken bzw. Unsicherheiten kann die Höhe des Deckungsstocks daher auch vereinfacht als korrespondierender Wert der Deckungsrückstellung auf Seiten der Versicherung angesehen werden. Damit ist ein Gleichlauf von Deckungskapital, Deckungsrückstellung und Rückkaufswert der Versicherung gegeben.

6.5.3.1 Nominalbetrachtung

Der typische Versicherungsvertrag einer kapitalgedeckten Versicherung sieht insbesondere zwei Kostenkomponenten vor: Zum einen die Abschluss- und Vertriebskosten, die nachfolgend als Provision P bezeichnet werden, sowie die laufenden, in jeder Periode der Ansparphase anfallenden, Verwaltungskosten V_t.[417] Die Provision errechnet sich durch Anwendung des Kostensatzes υ auf die Summe der über die Laufzeit des Vertrages vereinbarten Beiträge. Der Kostensatz darf den Höchstzillmersatz im Sinne des § 4 Abs. 1 DeckRV in Höhe von aktuell 25 Promille nicht übersteigen.

Die absolute Höhe der (Versicherungs-)Provision ermittelt sich daher zu:

$$P = \upsilon \cdot \sum_{t=1}^{\tau} B_t^{vor} \tag{22}$$

Die Ermittlung der Provision erfolgt damit auf ex ante prognostizierte, aber nicht zwingend auch tatsächlich geleistete Beiträge. Die sich so ergebende Provision wird über die ersten μ Jahre der Ansparphase verteilt. Riester- und Rürup-Verträge sehen gem. § 1 Abs. 1 Nr. 8 AltZertG beispielsweise eine gleichmäßige Verteilung über mindestens die ersten fünf

415 In der Literatur wird in diesem Zusammenhang oftmals auch von Kostenvorausbelastung gesprochen.

416 Vor dem 01.07.2008 konnten dahingegen auch negative Rückkaufswerte entstehen.

417 Vgl. zu den unterschiedlichen Kostenarten ausführlich Ortmann (2010), S. 91 ff. Auch in der Rentenphase werden in der Regel laufende Verwaltungskosten erhoben; vgl. Westerheide (2001), S. 13 f. Da die Rentenphase in diesem Beitrag nicht explizit modelliert wird, kann hiervon abstrahiert werden.

Vertragsjahre vor.[418] Folglich ergibt sich der in Periode t anfallende Teil der Provision P_t zu:[419]

$$P_t = \begin{cases} P/\mu & \text{für} \quad t \leq \mu \\ 0 & \text{für} \quad t > \mu \end{cases} \tag{23}$$

Neben der Provision fallen laufende Verwaltungskosten an, die mit dem Verwaltungskostensatz γ auf die in der Periode t tatsächlich geleisteten Beiträge wie folgt errechnet werden:

$$V_t = \gamma \cdot B_t^{tat} \tag{24}$$

Nach Abzug aller Kosten verbleibt von den tatsächlich geleisteten Beiträgen der jährliche Ansparbetrag (vor Zinsen) ΔD_t:

$$\Delta D_t = B_t^{tat} - V_t - P_t \tag{25}$$

Damit keine negativen Deckungsstöcke entstehen, wird fortan als Nebenbedingung eingeführt, dass die tatsächlich geleisteten Beiträge mindestens die Kosten der Periode decken:

$$B_t^{tat} \geq V_t + P_t \tag{26}$$

Die jährlichen Ansparbeträge thesaurieren sich über die gesamte Ansparphase mit der vorgegebenen und sicheren Bruttorendite r.

Am Ende der Ansparphase ergibt sich der Deckungsstock D damit zu:

$$D = \sum_{t=1}^{\tau} \Delta D_t \cdot (1+r)^{\tau-t} \tag{27}$$

Da im Rahmen dieses Modells kapitalgedeckte Versicherungen betrachtet werden, kann angenommen werden, dass der zur Verfügung stehende Deckungsstock beim Übertritt des Versicherten in die Rentenphase verrentet wird. In der Praxis erfolgt dies nach versicherungsmathematischen Gesichtspunkten unter Berücksichtigung von Sterbetafeln. Es kann unterstellt werden, dass mit einem höheren Deckungsstock auch höhere Renten einhergehen. Die konkrete Höhe der resultierenden Renten ist für Zwecke dieser Arbeit daher unbeachtlich. Damit kann der Deckungsstock als Maß zur Beurteilung der Vorteilhaftigkeit aus Sicht des Versicherten herangezogen werden. Je höher dieser ausfällt, desto vorteilhafter ist die Versicherung für den Versicherten.

Die oben dargestellte Summenschreibweise in Formel (27) setzt eine Betrachtung jeder einzelnen Periode voraus. Eine solche Darstellung kann unterbleiben, wenn vereinfachend

---

418 Bis Inkrafttreten des AltEinkG am 01.01.2005 war eine Verteilung der Abschluss- und Vertriebskosten auf die ersten zehn Vertragsjahre vorgesehen.

419 Es wird die plausible Annahme getroffen, dass die Ansparphase des Versicherten stets mindestens μ Jahre umfasst.

angenommen wird, dass über die Ansparphase hinweg stets konstante Beiträge B^{tat} geleistet werden. Die Ansparphase lässt sich dadurch in zwei separate Abschnitte unterteilen: In einer ersten Phase wird über μ Jahre von den Beiträgen noch der μ-te Teil der Provision einbehalten. Der Ansparbetrag ergibt sich in diesen Perioden zu:

$$\Delta D_{\mu} = (1-\gamma) \cdot B^{tat} - \frac{\upsilon}{\mu} \cdot \tau \cdot B^{vor} \quad \text{für} \quad t \leq \mu \tag{28}$$

Im zweiten Abschnitt der Ansparphase, der die restlichen $\tau - \mu$ Jahre andauert, werden keine Abschluss- und Vertriebsprovisionen mehr erhoben. Von den Beiträgen werden ausschließlich die laufenden Verwaltungsgebühren einbehalten. Der jährliche Ansparbetrag ermittelt sich in diesen Perioden zu:

$$\Delta D_{\tau} = (1-\gamma) \cdot B^{tat} \qquad \text{für} \quad \mu < t \leq \tau \tag{29}$$

Die Höhe des Deckungsstocks, der sich am Ende der Ansparphase ergibt, kann nun ohne Summenformel geschrieben werden als:[420]

$$D = \Delta D_{\mu} \cdot \underbrace{\frac{(1+r)^{\mu} - 1}{r}}_{ewf[r,\mu]} \cdot (1+r)^{\tau-\mu} + \Delta D_{\tau} \cdot \underbrace{\frac{(1+r)^{\tau-\mu} - 1}{r}}_{ewf[r,\tau-\mu]} \tag{30}$$

Die oben dargestellte Erhebungsform von Versicherungskosten als Kombination von gezillmerten Abschluss- und Vertriebsgebühren sowie laufenden Verwaltungsgebühren führt dazu, dass in den ersten Jahren der Ansparphase nur geringe Deckungsstöcke aufgebaut werden. Hierfür zeichnet offensichtlich verantwortlich, dass in den frühen Perioden die Provision der Versicherung aufgebracht werden muss. Es kann sogar dazu kommen, dass dadurch zunächst ein negatives Deckungskapital ausgewiesen wird, auch wenn ein solcher Fall in diesem Modell nicht betrachtet wird. Unter Beachtung des Zinseszinseffektes sind gezillmerte Verträge besonders nachteilig. Durch die zu Beginn der Ansparphase geringen Deckungsstöcke fallen auch die darauf entfallenden Zinsen niedriger aus. Aus Sicht des Versicherten wäre es deshalb wünschenswert, wenn auch die Abschluss- und Vertriebsprovision periodisch vom jeweils tatsächlich geleisteten Beitrag abgeführt würde. Insbesondere gilt dies in Fällen, in denen es zu Abweichungen zwischen den bei Versicherungsabschluss geplanten von den tatsächlich während der Ansparphase geleisteten Beiträgen kommt. Die gewählte formale Darstellung erlaubt es, derartige Abweichungen und deren Folgen für Versicherte und Versicherung zu analysieren, was im weiteren Verlauf des Exkurses vorgenommen wird.

Zunächst folgt die modelltheoretische Herleitung aus Sicht der Versicherung. Es wird angenommen, dass die Versicherung die vom Versicherten geleisteten Beiträge am Kapitalmarkt anlegt. Wie diese Anlage konkret ausgestaltet ist, kann an dieser Stelle vernachlässigt werden. Für Zwecke des hier gewählten Modells wird unterstellt, dass die Versicherung die

---

420 Im Folgenden steht $ewf[\cdot]$ für einen nachschüssigen Endwertfaktor als Funktion der Anlagerendite r und des Ansparzeitraums μ bzw. $\tau - \mu$.

Bruttorendite r erwirtschaftet. Der Versicherte kann diese Rendite mit einer individuellen Anlage am Kapitalmarkt selbst nicht erzielen.[421] Durch Abschluss des Versicherungsvertrags lässt das Versicherungsunternehmen ihn jedoch an der höheren Rendite r partizipieren. Im Gegenzug verpflichtet sich der Versicherte, die Abschluss- und Vertriebskosten sowie die laufenden Verwaltungsgebühren zu leisten. Das Versicherungsunternehmen wird die Kostensätze stets derart kalkulieren, dass es sich mit einem zusätzlichen Versicherungsabschluss nicht schlechter stellt als ohne Abschluss. Ohne die tatsächlichen Kosten der Versicherung der Höhe nach bestimmen zu müssen, ist aus Sicht der Versicherung damit ausschließlich die Höhe der in Summe vereinnahmbaren Kosten von Bedeutung.

Unter Rückgriff auf die oben dargestellten Auswirkungen auf den Versicherten lassen sich die Einnahmen der Versicherung aus einem (zusätzlichen) Versicherungsvertrag bestimmen. Zum einen erhält die Versicherung die gezillmerte Provision P und zum anderen die laufenden Verwaltungskosten V_t in jeder Periode der Ansparphase. In Summe ergeben sich die Einnahmen der Versicherung am Ende der Ansparphase (X) damit zu:

$$X = P + \sum_{t=1}^{\tau} V_t \tag{31}$$

Analog zu oben lässt sich auch diese Summenschreibweise durch die Annahme konstanter (tatsächlicher) Beiträge während der Ansparphase zu nachfolgendem Term vereinfachen:

$$X = \tau \cdot \left(B^{vor} \cdot \upsilon + B^{tat} \cdot \gamma \right) \tag{32}$$

Die absolute Höhe der Versicherungsgebühren X wird fortan als Vorteilhaftigkeitsmaß aus Sicht der Versicherung interpretiert. Je höher die Gebühren ausfallen, desto höher fällt auch der Gewinn aus.

Wie oben bereits erläutert, wäre es aus Sicht des Versicherten vorteilhafter, wenn bereits in den ersten Vertragsjahren ein höheres Deckungskapital aufgebaut würde. Dies wäre durch Gleichverteilung der Abschluss- und Vertriebskosten über die gesamte Ansparphase realisierbar. Damit derlei Verträge von Versicherungen jedoch überhaupt angeboten werden, muss gewährleistet sein, dass sich die Versicherung durch diese Art der Kostenerhebung nicht schlechter stellt als mit der bisherigen.[422]

Im Modell lassen sich diese beiden Vorgaben dadurch umsetzen, dass zunächst die durch Zillmerung resultierenden Gesamtversicherungsgebühren X ex ante ermittelt werden. Diese Gesamtgebühren muss die Versicherung ohne Zillmerung allein durch laufende (Verwaltungs-)Kosten erwirtschaften, damit sie sich zum Fall der Zillmerung gleichstellt. Dieser neue Kostensatz wird mit γ' bezeichnet und ergibt sich zu:

---

421 Gründe hierfür sind neben dem gegebenenfalls mangelnden Know-how des einzelnen Versicherten auch Größen- und Skaleneffekte.

422 Von einem gesetzlichen Verbot, die Abschluss- und Vertriebsprovision lediglich über einen (kurzen) Teil der Ansparphase zu verteilen, sei an dieser Stelle abstrahiert.

$$\gamma' = \frac{X}{\sum^{\tau} B_t^{vor}} \tag{33}$$

Unter der Annahme, dass die Beiträge periodisch konstant bleiben, lässt sich die Summenformel wiederum auflösen und der neue Kostensatz γ' schreiben als:

$$\gamma' = \upsilon + \frac{\gamma \cdot B^{tat}}{B^{vor}} \tag{34}$$

Falls sich die prognostizierten mit den tatsächlich geleisteten Beiträgen decken ($B^{vor} = B^{tat}$), lässt sich eine weitere Vereinfachung vornehmen:

$$\gamma' = \gamma + \upsilon \tag{35}$$

Aus diesem Ausdruck lässt sich erkennen, dass der bisherige Provisionssatz den bisherigen Verwaltungskostensatz erhöht. Im Gegensatz zu gezillmerten Verträgen werden die Abschluss- und Vertriebskosten somit auf die gesamte Vertragslaufzeit verteilt. Aus Sicht des Versicherers ist damit gewährleistet, dass der Gesamtbetrag an Gebühren gleichbleibt. Absolut betrachtet stellt sich die Versicherung damit gleich mit der Variante der Zillmerung.

Dies vorausgesetzt, kann nun die Auswirkung auf den Versicherten betrachtet werden. Dazu werden zunächst die neuen „laufenden“ Gebühren ermittelt:

$$V' = \gamma' \cdot B^{tat} \tag{36}$$

Daraus lässt sich unter Rückgriff auf die obige Darstellung der periodische Sparbetrag vor Zinsen errechnen:

$$\Delta D' = B^{tat} - V' \tag{37}$$

Dieser Ansparbetrag thesauriert sich erneut mit der Bruttorendite r. Am Ende der Ansparphase resultiert der neue Deckungsstock D':

$$D' = B^{tat} \cdot (1 - \gamma') \cdot ewf[r, \tau] \tag{38}$$

Es kann gezeigt werden, dass der Deckungsstock D' (ohne Zillmerung) für realistische Fälle den Deckungsstock D (mit Zillmerung) übersteigt. Dies wird anhand eines Beispiels illustriert. Dazu wird eine Person betrachtet, die bei Vertragsabschluss das 30. Lebensjahr vollendet hat und einen Rentenversicherungsvertrag abschließt, der nach 30 Jahren Ansparphase eine Verrentung des bis dahin gebildeten Kapitalstocks vorsieht. Die als sicher angenommene Rendite beträgt 5,0 Prozent.[423] Der Versicherte legt sich auf einen konstanten jährlichen Beitrag in Höhe von 1.000 Euro fest, den er annahmegemäß auch während der gesamten Ansparphase tatsächlich erbringt. Im Fall der Zillmerung wird eine Abschluss-

423 Die hier verwendeten Werte sind beispielhaft zur besseren Veranschaulichung gewählt und erheben, gerade vor dem Hintergrund der aktuellen Niedrigzinsphase, keinen Anspruch auf Realitätsnähe.

und Vertriebsprovision in Höhe von 2,5 Prozent von den insgesamt geplanten Beiträgen erhoben, die über die ersten fünf Beitragsjahre verteilt wird. Die laufenden Verwaltungskosten betragen im Fall der Zillmerung 2,0 Prozent des jährlich tatsächlich geleisteten Beitrags. Unter diesen Annahmen ergibt sich ein Deckungsstock D am Ende der Ansparphase in Höhe von 62.303 Euro.

Für den Fall, dass keine Zillmerung der Abschluss- und Provisionskosten erfolgt, hat die Versicherung in diesem Beispiel den laufenden Kostensatz auf 4,5 Prozent zu erhöhen, damit sie sich, bezogen auf die insgesamt erhobenen Kosten, nicht schlechter stellt als zuvor. Unter diesen Voraussetzungen hat der Versicherte am Ende der Ansparphase einen Deckungsstock D' in Höhe von 63.449 Euro aufgebaut. Damit stellt sich der Versicherte insgesamt um 1.146 Euro besser, wenn die Abschluss- und Vertriebsprovision nicht in den ersten fünf Jahren, sondern analog zur Verwaltungsgebühr vom laufenden Beitrag einbehalten wird. Die Versicherung ist in diesem Fall nominal gleichgestellt. Nachfolgende Abbildung 20 zeigt die Entwicklung des Deckungsstocks über die Ansparphase mit und ohne Zillmerung.

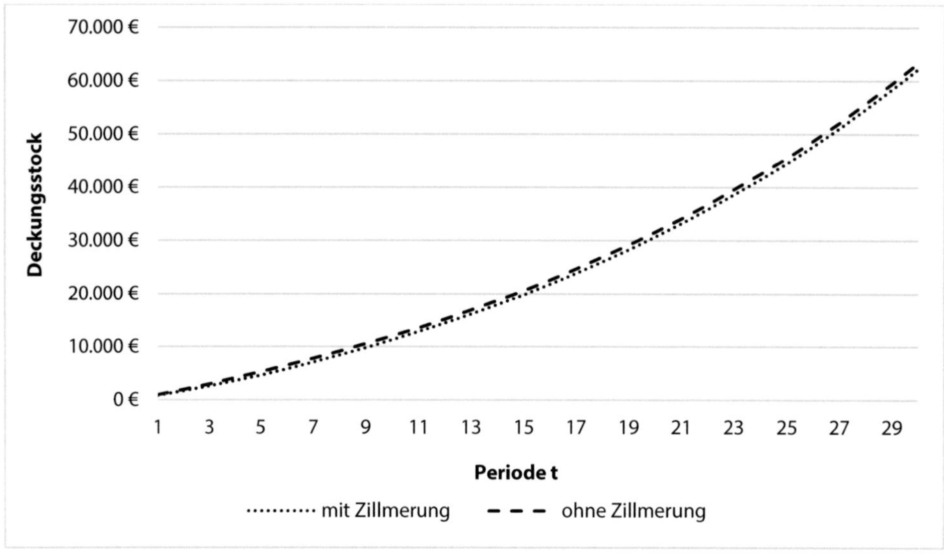

Abbildung 20: Verlauf des Deckungsstocks mit und ohne Zillmerung (Beispiel)[424]

Es zeigt sich, dass der Deckungsstock des Versicherten bei ungezillmertem Vertrag sowohl schneller anwächst als auch insgesamt höher ausfällt. Letzteres ist unter den hier getroffenen Annahmen gleichbedeutend mit höheren Renten. Für den Versicherten ist dies folglich vorteilhaft.

Aus Sicht der Versicherung ergibt sich, dass sie unter diesen Voraussetzungen sowohl im Fall mit als auch im Fall ohne Zillmerung aus diesem einen Vertrag am Ende der Ansparphase insgesamt 1.350 Euro an Gebühren eingenommen hat. Lediglich die zeitliche

[424] Quelle: Modifiziert entnommen aus Menzel/Tschinkl (2017), S. 328.

Verteilung der Einnahmen unterscheidet sich. Dies wird in nachfolgender Abbildung 21 deutlich.

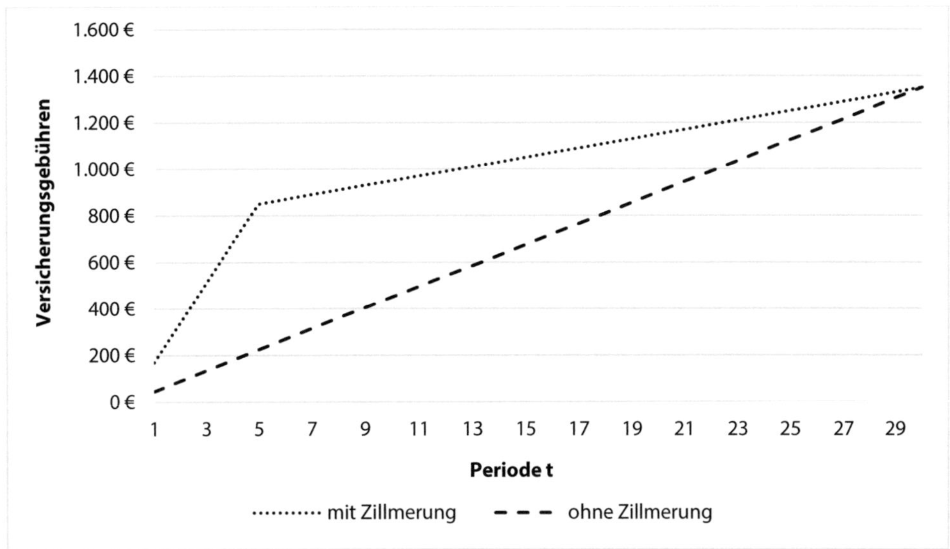

Abbildung 21: Verlauf der Versicherungsgebühren mit Kostensatz γ' (Beispiel)[425]

Während im Fall mit Zillmerung bereits in frühen Phasen der Ansparphase große Teile der Versicherungsgebühren vereinnahmt werden, zeigt sich für den Fall ohne Zillmerung ein durchgehend linearer Verlauf. An dieser Stelle ist darauf hinzuweisen, dass die Versicherung aufgrund des zeitlich verzögerten Zuflusses der Einnahmen im Fall ohne Zillmerung barwertig offenkundig schlechter gestellt ist. Hierauf wird in Abschnitt C 6.5.3.2 explizit eingegangen.

Zunächst wird jedoch ein anderer Aspekt beleuchtet. Bisher wurde unterstellt, dass sich die Versicherung durch Abschaffung der Zillmerung nicht verschlechtern soll, was in einem Vorteil für den Versicherten resultiert. Es kann analog argumentiert werden, dass ein solcher Vorteil stattdessen der Versicherung zugesprochen werden sollte. Dies könnte als Entschädigung für die spätere Vereinnahmung der Gebühren interpretiert werden. Für dieses Szenario muss analog, aber umgekehrt zu oben, sodann vorgegeben werden, dass sich die Deckungsstöcke des Versicherten mit und ohne Zillmerung entsprechen, das heißt, dass der Versicherte nicht schlechter gestellt wird. Es lässt sich ex ante ein (Verwaltungs-)Kostensatz γ^* ermitteln, der erneut nur auf die laufenden Beiträge zu entrichten ist und der dieses Ergebnis herbeiführt.

Dieser Kostensatz ergibt sich zu:

$$\gamma^* = 1 - \frac{D}{B^{vor} \cdot ewf[r, \tau]} \qquad (39)$$

[425] Quelle: Modifiziert entnommen aus Menzel/Tschinkl (2017), S. 328.

Unter Rückgriff auf das obige Beispiel ergibt sich ein γ^* in Höhe von 6,22 Prozent. Damit ergibt sich für den Versicherten der bereits bekannte Deckungsstock in Höhe von 62.303 Euro, während die Versicherung nun insgesamt 1.867 Euro über die Ansparphase vereinnahmen kann und sich damit absolut betrachtet um 517 Euro besser stellt. Dies wird in Abbildung 22 verdeutlicht.

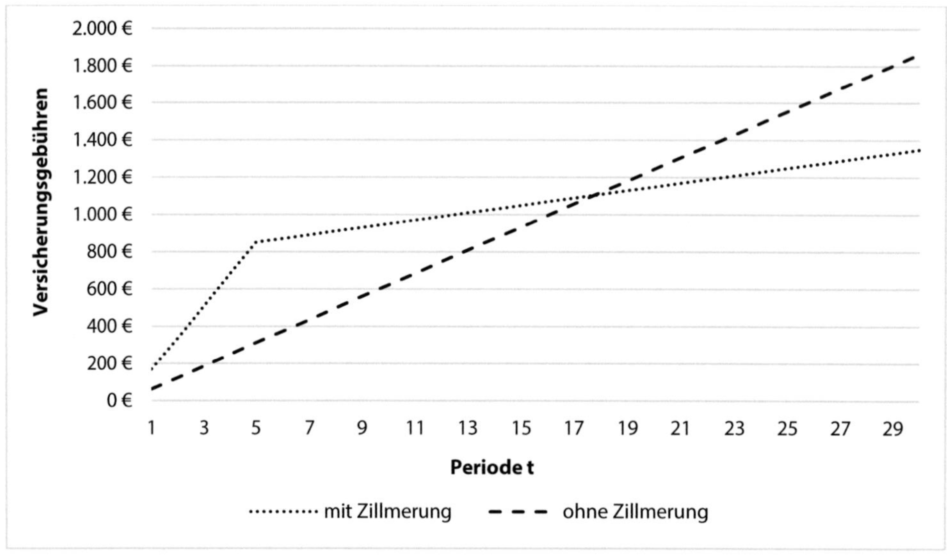

Abbildung 22: Verlauf der Versicherungsgebühren mit Kostensatz γ^* (Beispiel)[426]

Es zeigt sich, dass unter diesen Annahmen bereits in Periode 18 die absoluten Einnahmen der Versicherung bei Erhebung des laufenden Kostensatzes γ^* diejenigen im Ausgangsfall (mit Zillmerung) übersteigen und die Versicherung sich damit bei Nominalbetrachtung besser stellt, der Versicherte sich hingegen nicht verschlechtert.

Es wird ersichtlich, dass hinsichtlich des neuen (laufenden) Verwaltungskostensatzes ein „Korridor" gegeben ist, in dessen Grenzen der Vorteil aus der Abschaffung der Zillmerung auf Versicherung und Versicherten aufgeteilt werden kann. Bisher wurden die beiden Extremfälle γ' (Vorteil allein beim Versicherten) sowie γ^* (Vorteil allein bei der Versicherung) betrachtet. In diesen Fällen kommt es folglich zu einer sogenannten „Win-No-Lose-Situation". Nimmt der Verwaltungskostensatz dagegen einen Wert innerhalb des Korridors an, stellt sich eine „Win-Win-Situation" ein, sodass beide Akteure (Versicherter und Versicherung) bei Nominalbetrachtung von der Abschaffung der Zillmerung profitieren können. Dies veranschaulicht nachfolgende Abbildung 23. Da hierbei die Daten und Annahmen aus dem obigem Beispiel zu Grunde gelegt sind, ergibt sich der Korridor zwischen γ' = 4,5 Prozent und γ^* = 6,22 Prozent.

426 Quelle: Modifiziert entnommen aus Menzel/Tschinkl (2017), S. 329.

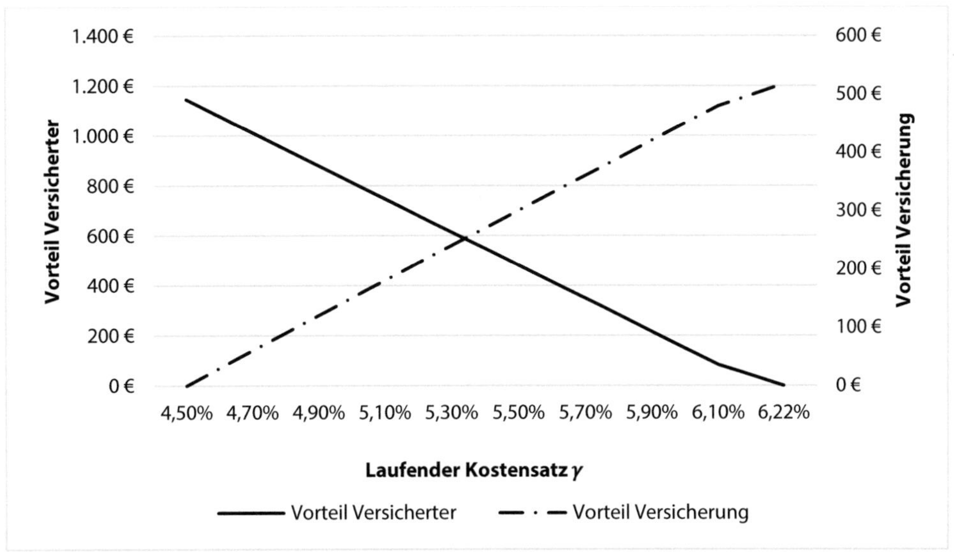

Abbildung 23: Korridor laufender Kostensatz γ [427]

Als erstes Zwischenergebnis kann festgehalten werden, dass die Abschaffung der Zillmerung bei gleichzeitiger Erhöhung des laufenden Verwaltungskostensatzes für den Fall, dass der Vertrag wie vorab prognostiziert bespart wird, für keinen der beiden Beteiligten negative Folgen haben muss. Vielmehr lassen sich sogar Vorteile für beide Akteure erzielen, wodurch bei nominaler Betrachtung Win-Win-Situationen entstehen können.

6.5.3.2 Barwertige Betrachtung

Typischerweise bedienen sich Versicherer externer Versicherungsmakler, die die Produkte vertreiben und im Namen der Versicherung Verträge abschließen. Sofern sich diese Strukturen nicht grundlegend ändern, wird es auch zukünftig dabei bleiben, dass die Versicherungsunternehmen die (externen) Provisionsaufwendungen bereits im Zeitpunkt des Vertragsabschlusses tragen müssen. Der Versicherer wird sich daher nicht an den absoluten Versicherungsgebühren orientieren, sondern eine möglichst frühe Erhebung präferieren. Dies kann auch als Hauptgrund angesehen werden, weshalb Versicherungsverträge überhaupt gezillmert werden. Gleichwohl lässt sich auch argumentieren, dass die derzeit am Markt tätigen Versicherungsunternehmen die internen Zahlungsströme individuell gestalten können. Ohne Zillmerung der Verträge müssten diese Aufwendungen somit vorfinanziert und über die Laufzeit des Vertrags durch die nun höheren laufenden Einnahmen getilgt werden. Im Ergebnis ist daher aus Sicht der Versicherung keine nominale Betrachtung, sondern vielmehr eine barwertige Betrachtung vorzunehmen. Auch aus der Perspektive des Versicherten ist eine barwertige Analyse lohnend, da diesem im Zeitpunkt der Entscheidung für oder gegen einen Versicherungsvertrag auch andere Vorsorgemöglichkeiten zur Verfügung stehen. Er wird sich daher nur dann für den Versicherungsvertrag entscheiden,

---

[427] Quelle: Modifiziert entnommen aus Menzel/Tschinkl (2017), S. 329.

wenn dieser ihm eine höhere Rendite nach Kosten gewährleistet als die beste Alternativanlage. In diesem Abschnitt werden deshalb die bisher unter nominalen Gesichtspunkten dargestellten Ergebnisse barwertig beleuchtet.

Bisher konnte gezeigt werden, dass durch eine Abschaffung der Zillmerung bei einer nominalen Betrachtungsweise Situationen möglich sind, in denen sowohl Versicherung als auch Versicherter profitieren können. Ziel dieses Abschnitts ist es, zu untersuchen, ob auch bei barwertiger Betrachtung derartige Win-Win-Situationen entstehen können. Es werden daher zum einen der Deckungsstock des Versicherten und zum anderen die der Versicherung zufließenden Versicherungsgebühren formalisiert hergeleitet. Anschließend werden Kostensätze errechnet, die im Falle der Abschaffung der Zillmerung auf die laufenden Beiträge zu erheben sind und ex ante betrachtet dazu führen, dass sich entweder Versicherter oder Versicherung nicht schlechter stellen als mit Zillmerung.

In dem gewählten Modellrahmen steht die Versicherung im Zeitpunkt $t = 0$ vor der Entscheidung, dem Versicherten einen Vertrag anzubieten oder stattdessen eine Alternativanlage vorzunehmen. Wie oben bereits erläutert, wird für Zwecke dieses Exkurses vereinfachend unterstellt, dass die Versicherung ausschließlich an den erhobenen Versicherungsgebühren (sowohl Abschluss-/Vertriebs- als auch laufende Verwaltungsgebühren) verdient. Die Versicherung wird den Vertag nur anbieten, wenn dies für sie lohnender ist als eine Alternativanlage. Es stellt sich daher an dieser Stelle die Frage, worin diese optimale Unterlassungsalternative besteht und welche Rendite diese erwirtschaftet. Im Rahmen des hier verwendeten Modells wird angenommen, dass die von der Versicherung durch Anlage am Kapitalmarkt erzielbare Rendite ungeschmälert an den Versicherten weitergereicht wird. Diese Rendite wird als r bezeichnet. Im Umkehrschluss bedeutet dies, dass sich auch die optimale Alternativanlage aus Sicht der Versicherung mit eben dieser Rendite r verzinst. Daher sind die Einnahmen der Versicherung aus dem Versicherungsvertrag mit r zu diskontieren, um den Barwert der Versicherungsgebühren zu berechnen.[428] Im Rahmen von derartigen Entscheidungssituationen wird in der Betriebswirtschaftslehre gewöhnlich von einer zur Verfügung stehenden Anfangskapitalausstattung ausgegangen, die im Entscheidungszeitpunkt in alternative Investitionsobjekte angelegt werden kann. Entgegen dieser Annahme wird hier von einem Anfangskapital abstrahiert. Es wird vielmehr unterstellt, dass die Versicherung durch die erzielbaren Versicherungsgebühren eine höhere Rendite als durch Kapitalmarktanlage erzielt. Andernfalls käme es zu keinem Vertragsangebot und eine Versicherung würde nicht abgeschlossen.

Aus Sicht des Versicherten stellt sich die Entscheidungssituation in $t = 0$ derart dar, dass er entweder das Angebot der Versicherung annimmt oder seinerseits eine Alternativanlage am Kapitalmarkt tätigt. Bei Vertragsabschluss erhält der Steuerpflichtige ebenfalls Zugang zur Rendite r. Im Gegenzug muss er jedoch die Versicherungsgebühren entrichten. Entscheidet er sich gegen einen Versicherungsvertrag, besteht seine beste Alternative in der Anlage seines Kapitals in einem annahmegemäß niedriger verzinsten Vorsorgeprodukt. Es wird also unterstellt, dass die Versicherung in der Lage ist, ceteris paribus eine höhere Rendite am Kapitalmarkt zu erzielen als der einzelne Versicherte. Dies erscheint aufgrund von Größeneffekten, stärkeren Diversifikationsmöglichkeiten und eines auf Erfahrungswerten

[428] Von Steuern sowie weiteren externen Effekten wird abstrahiert.

basierenden Know-hows plausibel. Der vom Versicherten erzielbare Zins bei Alternativanlage wird mit i bezeichnet. Damit es aus Sicht des Versicherten zum Versicherungsabschluss kommt, muss demnach die Rendite der Versicherung nach Abzug der Versicherungsgebühren höher sein als die Rendite der Alternativanlage i.[429] Für die barwertige Betrachtung aus Sicht des Versicherten hat demnach eine Diskontierung des Deckungsstocks mit i zu erfolgen.

Zusammengefasst wird damit angenommen, dass aus Sicht des Versicherungsunternehmens mit der Rendite r und aus Sicht des Versicherten mit einem niedrigeren Zinsfuß i abzuzinsen ist. Ferner wird unterstellt, dass es zum Vertragsabschluss kommt, sodass sich die einzelnen Zinssätze bzw. Renditen in folgende Rangfolge einordnen lassen.

Rendite aus Sicht des Versicherungsunternehmens bei Vertragsabschluss

≥

Rendite r, die Versicherung am Kapitalmarkt erzielen kann

≥

Verzinsung nach Kosten aus Sicht des Versicherten bei Vertragsabschluss

≥

Zinssatz i, den Versicherter am Kapitalmarkt erzielen kann

Abbildung 24: Rangfolge der Renditen bzw. Zinsen[430]

Nun wird der Barwert der voraussichtlichen Beiträge $bw[B^{vor}, r]$ aus Sicht der Versicherung berechnet. In einem zweiten Schritt wird unter Rückgriff auf Formel (22) der Barwert der Abschluss- und Vertriebskosten $bw[P, r]$ im Fall der Zillmerung ermittelt.[431]

$$\mathrm{bw}\left[\mathrm{B}^{\mathrm{vor}},\mathrm{r}\right]=\sum_{t=1}^{\tau}\mathrm{B}_{t}^{\mathrm{vor}}\cdot(1+\mathrm{r})^{-t}=\mathrm{B}^{\mathrm{vor}}\cdot\underbrace{\frac{(1+\mathrm{r})^{\tau}-1}{(1+\mathrm{r})^{\tau}\cdot\mathrm{r}}}_{\mathrm{rbf}[\mathrm{r},\tau]} \tag{40}$$

Da auch in diesem Abschnitt stets von konstanten Beiträgen ausgegangen wird, kann die Summenformel durch Anwendung des Rentenbarwertfa147 ist unten leicht abgeschnei-iktors aufgelöst werden.[432] Diese Schreibweise wird fortan stets angewandt. Der Barwert der Abschluss- und Vertriebsprovision bei Zillmerung $bw[P, r]$ ergibt sich zu:

[429] Für die Alternativanlage wird von Kosten abstrahiert. Andernfalls wäre i als Rendite nach Kosten zu interpretieren.

[430] Quelle: Modifiziert entnommen aus Menzel/Tschinkl (2017), S. 330.

[431] Im Folgenden steht $bw[\cdot]$ für den Barwert zum Zeitpunkt $t = 0$ in Abhängigkeit des zugrunde gelegten Diskontierungszinssatzes und der unterstellten Beiträge.

[432] Im Folgenden steht $rbf[\cdot]$ für den Rentenbarwertfaktor in Abhängigkeit des zugrunde gelegten Diskontierungszinssatzes und des Abzinsungszeitraums.

$$\mathrm{bw}\left[\mathrm{P},\mathrm{r}\right]=\frac{\upsilon\cdot\tau\cdot\mathrm{B}^{\mathrm{vor}}}{\mu}\cdot\mathrm{rbf}\left[\mathrm{r},\mu\right] \tag{41}$$

Die Höhe der laufenden Versicherungsgebühren hängt dahingegen von den tatsächlich geleisteten Beiträgen ab. Unter Beachtung von Formel (24) ergibt sich der Barwert dieser laufenden Versicherungskosten $bw[V,r]$ aus Sicht der Versicherung zu:

$$\mathrm{bw}\left[\mathrm{V},\mathrm{r}\right]=\gamma\cdot\mathrm{B}^{\mathrm{tat}}\cdot\mathrm{rbf}\left[\mathrm{r},\tau\right] \tag{42}$$

Zusammengefasst erhält die Versicherung barwertig die Gesamtversicherungsbeiträge $bw[X,r]$, die sich aus der gezillmerten Abschluss- und Vertriebsprovision sowie laufenden Versicherungskosten zusammensetzen:

$$\mathrm{bw}\left[\mathrm{X},\mathrm{r}\right]=\mathrm{bw}\left[\mathrm{P},\mathrm{r}\right]+\mathrm{bw}\left[\mathrm{V},\mathrm{r}\right] \tag{43}$$

An dieser Stelle kann nun wiederum ermittelt werden, welchen Kostensatz die Versicherung auf die laufenden Beiträge erheben müsste, um bei einem Verzicht auf die Zillmerung barwertig ebenfalls diese Gesamtkosten $bw[X,r]$ einzunehmen. Analog zu Formel (33) ergibt sich dieser Kostensatz γ'' bei barwertiger Betrachtung zu:

$$\gamma''=\frac{\mathrm{bw}\left[\mathrm{X},\mathrm{r}\right]}{\mathrm{bw}\left[\mathrm{B}^{\mathrm{vor}},\mathrm{r}\right]} \tag{44}$$

Erhebt die Versicherung diesen Kostensatz, wird sichergestellt, dass sie sich ohne Zillmerung nicht verschlechtert.

Um beurteilen zu können, welche Konsequenzen sich auf Seiten des Versicherten ergeben, erfolgt ebenfalls eine barwertige Betrachtung. Zunächst wird der neue Deckungsstock ohne Zillmerung D'' analog zu den Formeln (36) bis (38) berechnet:

$$\mathrm{D}''=\mathrm{B}^{\mathrm{tat}}\cdot\left(1-\gamma''\right)\cdot\mathrm{ewf}\left[\mathrm{r},\tau\right] \tag{45}$$

Der Barwert dieses Deckungsstocks wird durch Diskontierung mit dem Zinssatz i über τ Perioden errechnet:

$$\mathrm{bw}\left[\mathrm{D}'',\mathrm{i}\right]=\frac{\mathrm{D}''}{\left(1+\mathrm{i}\right)^{\tau}} \tag{46}$$

Um eine Aussage dahingehend treffen zu können, ob es aus Sicht des Versicherten barwertig zu einer Änderung im Vergleich zum Zustand mit Zillmerung kommt, muss auch der ursprüngliche Deckungsstock mit i abgezinst werden:

$$\mathrm{bw}\left[\mathrm{D},\mathrm{i}\right]=\frac{\mathrm{D}}{\left(1+\mathrm{i}\right)^{\tau}} \tag{47}$$

Unter den bisherigen Annahmen dieses Exkurses und insbesondere unter der Annahme, dass sich prognostizierte und tatsächliche Beiträge entsprechen, ergeben sich keine

Unterschiede zwischen den Barwerten der Deckungsstöcke mit und ohne Zillmerung. Das bedeutet, dass sich bei Erhebung des laufenden Kostensatzes γ'' im Vergleich zur Situation mit Zillmerung weder Versicherung noch Versicherter barwertig verbessern oder verschlechtern. Es kommt somit zu einer „No-lose-No-lose-Situation".

Es kann somit geschlussfolgert werden, dass es durch eine Abschaffung der Zillmerung bei barwertiger Betrachtung zu keinen Vorteilen für einen der beiden Akteure kommt, ohne dass sich der jeweils andere schlechter stellt. Entgegen der obigen nominalen Betrachtung entsteht folglich für den Verwaltungskostensatz kein Korridor, in dessen Grenzen Vorteile auf Versicherung und Versicherten aufgeteilt werden können.

Der bereits oben dargestellte Beispielfall wird erneut aufgegriffen, um die bisher ausschließlich formal gezeigten Ergebnisse zu veranschaulichen.[433] Der Diskontierungssatz des Versicherten i wird mit 3,0 Prozent angenommen. Die Rendite r beträgt analog zu oben 5,0 Prozent. Mit r sind daher auch die Versicherungseinnahmen zu diskontieren. Für den Versicherten ergibt sich ein Barwert des Deckungsstocks mit Zillmerung über die ersten fünf Beitragsjahre in Höhe von 19.600 Euro. Die Versicherung generiert barwertig Einnahmen in Höhe von 957 Euro. Da wiederum davon ausgegangen wird, dass weder Versicherter noch Versicherung ohne Zillmerung schlechter gestellt werden sollen, stellen diese Barwerte folglich die jeweilige Untergrenze dar. Um zu gewährleisten, dass die Versicherung ohne Zillmerung bei barwertiger Betrachtung gleich hohe Einnahmen erhält, ist der laufende Kostensatz auf 6,22 Prozent anzuheben. Insgesamt erhält die Versicherung dadurch Einnahmen in Höhe von 1.867 Euro und damit nominal betrachtet 517 Euro mehr als mit Zillmerung. Aufgrund des verzögerten Zuflusses ergibt sich jedoch wiederum der Barwert der Versicherungskosten zu 957 Euro. Der zeitliche Verlauf dieses Falls ist bereits in Abbildung 22 dargestellt. Bei diesem Kostensatz ergibt sich für den Versicherten, dass auch er barwertig zum Fall mit Zillmerung gleichgestellt ist. Es stellt sich daher bei barwertiger Betrachtung die oben erläuterte No-lose-No-lose-Situation ein, da beide Akteure mit und ohne Zillmerung gleichgestellt sind.

Das bisherige Ergebnis ist zunächst nur bedingt zufriedenstellend. Wie gezeigt, hätte eine Abschaffung der Zillmerung bei barwertiger Betrachtung sowohl auf Seiten der Versicherung als auch des Versicherten weder Vor- noch Nachteile. Unter Berücksichtigung des mit der Umstellung verbundenen Verwaltungsaufwands müsste man die Frage nach der Sinnhaftigkeit einer solchen Änderung stellen. Im Endeffekt kann aus diesem modelltheoretischen Blickwinkel eine Abschaffung der Zillmerung kaum gefordert oder befürwortet werden.

Es gilt nun jedoch zu berücksichtigen, welche Annahmen der bisherigen Untersuchung zugrunde liegen. So wurde bisher stets davon ausgegangen, dass sich prognostizierte und tatsächlich gezahlte Beiträge des Versicherten entsprechen und der Versicherte den Vertrag somit wie vereinbart bespart. Diese Voraussetzung mag für einen Teil der Versicherungsverträge zutreffen, eine beachtliche Anzahl der Versicherungsnehmer wird jedoch im Laufe der Vertragslaufzeit von den vereinbarten Beiträgen abweichen.[434] Denkbar ist, dass die Beiträge des Versicherten nach oben abweichen und die bei Vertragsabschluss geplanten Bei-

433 Die Angaben zu dem Beispielfall finden sich auf Seite 172.

434 Im weiteren Verlauf der Berechnungen gilt daher nicht mehr $B^{vor} = B^{tat}$.

träge übersteigen. Die Versicherung wird einer solchen Beitragserhöhung jedoch nur zustimmen, wenn der übersteigende Beitrag nachverprovisioniert wird. Andernfalls wird die Versicherung höhere Beiträge ausschließen. Der Versicherte kann somit zu Recht nicht davon profitieren, dass er zunächst einen zu niedrigen Beitrag veranschlagt und diesen während der Laufzeit des Vertrags erhöht. Der Fall, dass höhere Beiträge als bei Vertragsabschluss prognostiziert gezahlt werden ($B^{vor} < B^{tat}$), ist daher unkritisch und kann vernachlässigt werden.

In diesem Zusammenhang sind insbesondere Abweichungen nach unten als problematisch anzusehen, da die Abschluss- und Vertriebskosten zu Vertragsbeginn ex ante anhand der voraussichtlichen Beiträge festgelegt und bei Zillmerung auf die ersten μ Jahre der Vertragslaufzeit verteilt werden. Damit werden diejenigen Versicherten benachteiligt, die während der Ansparphase die beabsichtigten Beiträge nicht mehr leisten bzw. leisten können. In derartigen Fällen wird bei Zillmerung folglich Abschluss- und Vertriebsprovision auf Beiträge erhoben, die tatsächlich nie geleistet werden. Gerade bei unregelmäßigen und gebrochenen Erwerbsbiografien tritt diese Problematik auf.[435] Eine konsistente Vorgehensweise für den Fall, dass die tatsächlichen die ursprünglich geplanten Beiträge unterschreiten, wäre die Rückerstattung der zu viel veranschlagten Abschluss- und Vertriebsprovision. Dies käme einer analogen Behandlung zum Fall der Nachverprovisionierung gleich, zu der es in Situationen kommt, in denen die laufenden Beiträge während der Ansparphase nach oben angepasst werden. Jedoch unterbleibt eine solche Rückzahlung von zu viel entrichteter Provision in aller Regel.

Die Folgen für den Fall, dass der Versicherte tatsächlich niedrigere Beiträge leistet als vorab vereinbart ($B^{vor} > B^{tat}$), werden nachfolgend anhand des bisherigen Modells dargestellt. In derartigen Situationen wird ex post eine zu hohe Abschlussprovision von der Versicherung vereinnahmt. Wäre bereits bei Vertragsabschluss vorhersehbar gewesen, welche Beiträge über die Vertragslaufzeit tatsächlich entrichtet werden, wären entgegen Formel (22) die Abschluss- und Vertriebskosten P^{ge} vereinbart worden.

$$P^{ge} = \upsilon \cdot B^{tat} \cdot \tau \tag{48}$$

In Höhe der Differenz ΔP wird in einem solchen Fall somit eine Abschluss- und Vertriebsprovision auf Beiträge erhoben, die tatsächlich nie geleistet werden. Diese werden nachfolgend als ungerechtfertigte Gebühren bezeichnet, welche sich darstellen lassen als:

$$\Delta P = P - P^{ge} \tag{49}$$

Sofern die vorab beabsichtigten Beiträge mit den tatsächlich geleisteten übereinstimmen, fallen keine ungerechtfertigten Gebühren an. In diesem Fall wird der Abschluss- und Vertriebskostensatz υ auf die zutreffende Gesamtbeitragshöhe erhoben. Gleichwohl lässt sich über die zeitliche Verteilung dieser Kosten diskutieren. Fallen die tatsächlichen Beiträge jedoch niedriger als prognostiziert aus, erscheint es nicht gerechtfertigt, weshalb der Versicherte dadurch monetär benachteiligt werden sollte, zumal die Ursache dafür in einer nicht perfekten Voraussicht liegt. Wäre ex ante eine sichere Vorhersage der Beitragshöhe

435 Vgl. die Anmerkungen und Quellen in Fn. 412.

über die gesamte Vertragslaufzeit möglich gewesen, wären niedrigere Abschluss- und Vertriebsprovisionen vereinbart worden. Bis auf die damit verbundenen Auswirkungen auf den Deckungsstock hätten sich ansonsten jedoch keine Unterschiede eingestellt. Insbesondere kann nicht davon ausgegangen werden, dass das Versicherungsunternehmen oder ein externer Vertrieb aufgrund niedrigerer Beiträge einen geringeren Beratungsumfang geleistet hätte oder ihm damit niedrigere Kosten entstanden wären. Aus dieser Perspektive kann geschlussfolgert werden, dass kein direkter Zusammenhang zwischen der Höhe der (beabsichtigten) Beiträge und den Abschluss- und Vertriebsprovisionen besteht. Dies gilt so grundsätzlich für jegliche Form der Provisionen. An dieser Stelle soll jedoch nicht die gängige und etablierte Praxis der Vermittlungsprovisionen an sich in Frage gestellt werden. Es soll vielmehr darauf aufmerksam gemacht werden, dass Abschluss- und Vertriebsprovisionen bis zu einer gewissen Höhe zu rechtfertigen sind und darüber hinaus als ungerechtfertigt anzusehen sind. Die Grenze liegt in dem Punkt, in dem der Versicherungsnehmer eine Gegenleistung erhält, das heißt, seine geleisteten Beiträge zu den vereinbarten Konditionen verzinst bekommt. Im Endeffekt bestraft die Vorabverprovisionierung gerade die Sparer, die ihre zukünftigen Beiträge über die teilweise jahrzehntelange Ansparphase nicht in perfekter Voraussicht abschätzen können und geringere Beiträge leisten als geplant. Im umgekehrten Fall, das heißt, bei einer nachträglichen Beitragserhöhung, kommt es in aller Regel zu einer Nachverprovisionierung. Die Versicherung will sich offenbar nicht im Vergleich zu der Situation schlechter stellen, in der bereits ex ante höhere Beiträge vereinbart worden wären. Es zeigt sich hierin eine inkonsistente, da asymmetrische Vorgehensweise: Für $B^{tat} > B^{vor}$ werden nachträglich Gebühren seitens der Versicherung erhoben, für $B^{tat} < B^{vor}$ erfolgt hingegen keine Rückerstattung von Provisionen.

Daher kann argumentiert werden, dass aus Sicht der Versicherung nicht der Barwert der bisher mit Zillmerung zu erzielenden Gesamtversicherungsgebühren $bw[X, r]$ als Vergleichsmaßstab dienen muss, sondern der nachfolgend als „gerechtfertigte" Gebühren bezeichnete Barwert $bw[X^{ge}, r]$:

$$\mathrm{bw}\left[\mathrm{X}^{\mathrm{ge}},\mathrm{r}\right]=\mathrm{B}^{\mathrm{tat}}\cdot\left(\frac{\upsilon\cdot\tau}{\mu}\cdot\mathrm{rbf}\left[\mathrm{r},\mu\right]+\gamma\cdot\mathrm{rbf}\left[\mathrm{r},\tau\right]\right) \tag{50}$$

Unter diesem Blickwinkel kann nun erneut ein Kostensatz ermittelt werden, der die Versicherung nach einer Abschaffung der Zillmerung im Vergleich zur Erhebung der gerechtfertigten Abschluss- und Vertriebskosten gleichstellt. Im Endeffekt handelt es sich aus Sicht der Versicherung um eine ex-post-Betrachtung. Dieser Kostensatz γ''' ermittelt sich analog zu den Formeln (41) bis (44), wobei die Bemessungsgrundlage für die Abschluss- und Vertriebsprovisionen die tatsächlichen Beiträge bilden.[436] Es ergibt sich damit:

$$\gamma'''=\frac{\frac{\upsilon\cdot\tau}{\mu}\cdot\mathrm{rbf}\left[\mathrm{r},\mu\right]+\gamma\cdot\mathrm{rbf}\left[\mathrm{r},\tau\right]}{\mathrm{rbf}\left[\mathrm{r},\tau\right]} \tag{51}$$

[436] In den Formeln (41) und (44) sind die voraussichtlichen durch die tatsächlichen Beiträge zu ersetzen.

Dieser Kostensatz entspricht dementsprechend dem Kostensatz γ'' für den Fall, dass sich voraussichtliche und tatsächliche Beiträge entsprechen.[437] In diesem Fall würde das Versicherungsunternehmen ja gerade keine ungerechtfertigten Versicherungsgebühren vereinnahmen.

Aus Sicht des Versicherten gilt es nun, den sich durch Erhebung dieses Kostensatzes auf die laufenden Beiträge ergebenden, barwertigen Deckungsstock ($bw[D''', i]$) mit dem barwertigen Deckungsstock vor Abschaffung der Zillmerung ($bw[D, i]$) zu vergleichen.

$$\mathrm{bw}\left[\mathrm{D}''',\mathrm{i}\right]=\frac{\mathrm{B}^{\mathrm{tat}}\cdot\left(1-\gamma'''\right)\cdot\mathrm{ewf}\left[\mathrm{r},\tau\right]}{\left(1+\mathrm{i}\right)^{\tau}} \tag{52}$$

Es zeigt sich, dass der Barwert $bw[D''', i]$ (ohne Zillmerung) den Barwert $bw[D, i]$ (mit Zillmerung) unter den hier getroffenen Annahmen stets übersteigt. Es lässt sich somit ein Vorteil für den Versicherten generieren, der zu keiner Verschlechterung der Versicherung führt.

Auf der anderen Seite kann der Vorteil auch erneut vollständig dem Versicherungsunternehmen zugesprochen werden. Der laufende Kostensatz γ^{***} ermittelt sich in diesem Fall zu:

$$\gamma^{***}=1-\frac{\mathrm{D}}{\mathrm{B}^{\mathrm{tat}}\cdot\mathrm{ewf}\left[\mathrm{r},\tau\right]} \tag{53}$$

Wird dieser Kostensatz erhoben, ergibt sich der Barwert der gesamten Versicherungsgebühren zu:

$$\mathrm{bw}\left[\mathrm{X}^{***},\mathrm{r}\right]=\gamma^{***}\cdot\mathrm{B}^{\mathrm{tat}}\cdot\mathrm{rbf}\left[\mathrm{r},\tau\right] \tag{54}$$

Auch an dieser Stelle kann gezeigt werden, dass sich eine Situation einstellt, die die Versicherung besserstellt, ohne dass sich der Versicherte verschlechtert. Als Konsequenz entsteht unter Zugrundelegung dieser Vergleichsannahmen erneut ein Korridor für die laufenden Verwaltungsgebühren, in dessen Grenzen die Vorteile aus einer Abschaffung der Zillmerung zwischen Versicherung und Versichertem aufgeteilt werden können. Dies wird anhand des obigen Beispiels gezeigt. Die Annahmen entsprechen grundsätzlich den bisherigen.[438] Nun wird jedoch angenommen, dass bei Vertragsabschluss von geplanten Beiträgen in Höhe von 1.000 Euro pro Periode ausgegangen wird und dementsprechend auf diese geplanten Beiträge Abschluss- und Vertriebsprovisionen (bei Zillmerung) erhoben werden. Von den bisherigen Beispielen abweichend wird nun jedoch unterstellt, dass die tatsächlich geleisteten Beiträge lediglich 500 Euro in jeder Periode betragen.[439] In diesem Fall würde bei Zillmerung auf die geplanten Beiträge eine Abschluss- und Vertriebsprovision in Höhe von insgesamt 750 Euro erhoben (Barwert: 649 Euro). Gerechtfertigt wäre hingegen lediglich

---

[437] Siehe Formel (44) und die dazugehörigen Anmerkungen.

[438] Siehe obige Beispiele auf S. 172 bzw. 181.

[439] Vereinfachend wird angenommen, dass direkt ab Periode $t = 0$ die geringeren Beiträge gezahlt werden. Die Ergebnisse sind jedoch auch übertragbar auf Fälle, in denen in den ersten Perioden die geplanten Beiträge auch tatsächlich erbracht werden und der Versicherte erst in späteren Perioden geringere Beiträge leistet.

eine Provision in Höhe von 375 Euro (Barwert: 324 Euro), da die tatsächlich geleisteten Beiträge die prognostizierten unterschreiten. Nimmt man diese Werte als Vergleichsmaßstab aus Sicht der Versicherung, so lässt sich für den Fall ohne Zillmerung ein neuer laufender Verwaltungskostensatz γ''' ermitteln, bei dem sie sich im Vergleich zum Fall mit Zillmerung barwertig nicht verschlechtert. Dieser ergibt sich erneut zu 6,22 Prozent. Für diese Situation resultiert für den Versicherten ein Barwert des Deckungsstocks von 12.834 Euro. Er stellt sich damit barwertig um 578 Euro besser im Vergleich zum Fall, in dem die Abschluss- und Vertriebsprovisionen vorab auf die geplanten Beiträge erhoben werden.

Aus Sicht der Versicherung ergibt sich, dass sie unter diesen Annahmen sowohl im Fall mit Zillmerung auf die tatsächlichen Beiträge (gerechtfertigte Provision) als auch im Fall ohne Zillmerung aus diesem Vertrag barwertig 324 Euro an Gebühren einnimmt. Lediglich die absolute Höhe sowie die zeitliche Verteilung der Einnahmen sind unterschiedlich. Es ist offensichtlich, dass sich die Versicherung im Vergleich zur Zillmerung auf die geplanten Beiträge schlechter stellt. Gerade dies war aber ja auch gefordert, da ansonsten Provision auf nicht geleistete Beiträge erhoben würde. Nachfolgende Abbildung 25 veranschaulicht diese Ergebnisse. Es werden auch die bisher ungerechtfertigt vereinnahmten Gebühren dargestellt. Alle Zahlen stellen Nominalwerte dar.

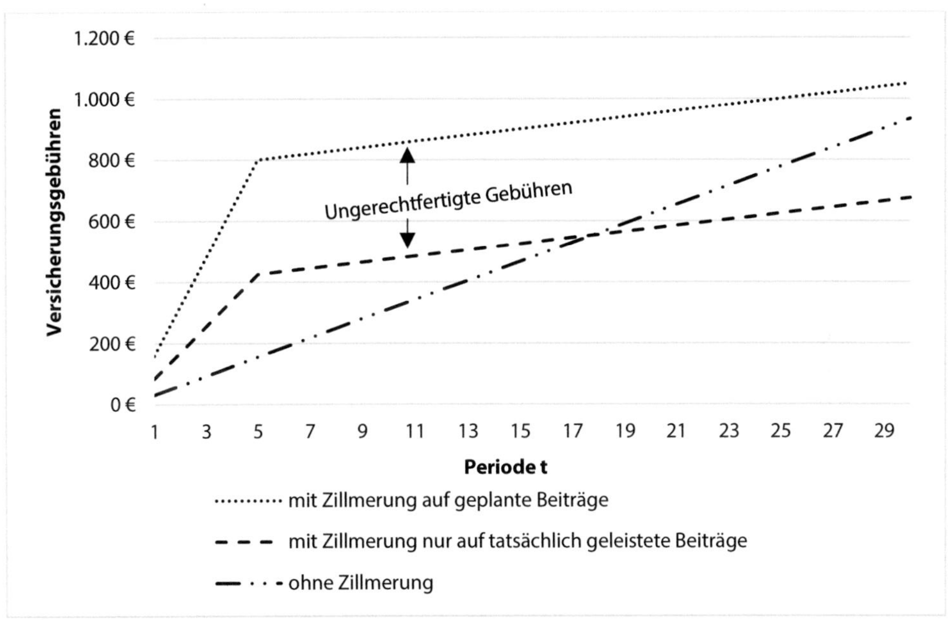

Abbildung 25: Verlauf der Versicherungsgebühren mit Kostensatz γ''' (Beispiel)[440]

Es zeigt sich, dass für den Fall der Zillmerung auf die geplanten Beiträge sowohl absolut als auch barwertig die höchsten Versicherungsgebühren anfallen. Der Vergleich zur Zillmerung auf die tatsächlichen Beiträge verdeutlicht, dass für den Fall, in dem die tatsächlichen

[440] Quelle: Modifiziert entnommen aus Menzel/Tschinkl (2017), S. 333.

Beiträge die geplanten unterschreiten, ungerechtfertigt hohe Gebühren vereinnahmt werden. In der Situation ohne Zillmerung und dem angepassten laufenden Kostensatz γ''' fallen nominal mehr Versicherungsgebühren an. Aufgrund des verzögerten Zuflusses entsprechen diese jedoch barwertig den Gebühren im Fall der Zillmerung auf die geplanten Beiträge, sodass sich die Versicherung insoweit nicht verschlechtert und der Versicherte von der Abschaffung der Zillmerung profitiert.

Analog zu oben kann nun wiederum argumentiert werden, dass dieser Vorteil nicht dem Versicherten alleine zuzusprechen ist, sondern eine Aufteilung auf beide Akteure erfolgen sollte. Auch könnte der Vorteil vollständig der Versicherung zugeteilt werden. Dieses Ergebnis stellte sich bei Erhebung des laufenden Kostensatzes γ^{***} ein, welcher sich in diesem Beispiel zu 10,45 Prozent ergibt. In diesem Fall wäre der Versicherte barwertig zum Fall mit Zillmerung auf die tatsächlichen Beiträge gleichgestellt und die Versicherung würde sich barwertig um 325 Euro besser stellen. Es ergibt sich folglich erneut oben ein Korridor für die laufenden Versicherungsgebühren zwischen γ''' = 6,22 Prozent und γ^{***} = 10,45 Prozent. Dies veranschaulicht Abbildung 26, wobei die Werte jeweils Barwerte darstellen.

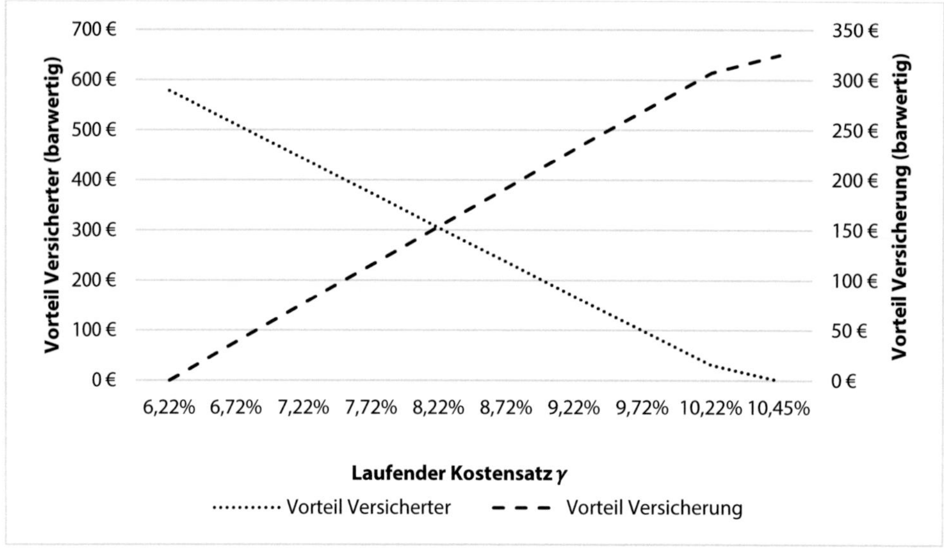

Abbildung 26: Korridor laufender Kostensatz γ (barwertige Betrachtung)[441]

Zusammengefasst kann festgestellt werden, dass für den Fall, in dem die vorab vereinbarten Beiträge vom Versicherten nicht in voller Höhe geleistet werden, bei Abschaffung der Zillmerung Win-Win-Situationen entstehen. Die Versicherungsunternehmen werden zwar argumentieren, dass es aus ihrer Sicht zu Einbußen kommt, da ein Vergleich von $bw[X,r]$ und $bw[X''',r]$ einen Verlust induziert. Dies liegt jedoch daran, dass Versicherungsunternehmen aufgrund der Zillmerung gegebenenfalls Abschluss- und Vertriebsprovisionen auf Beiträge vereinnahmen, die tatsächlich nie geleistet werden. Ein Vergleich mit

[441] Quelle: Modifiziert entnommen aus: Menzel/Tschinkl (2017), S. 333.

derartigen Gebühren, die auf einer systematischen Ungerechtigkeit beruhen, kann jedoch nicht zielführend sein. Daher wurde mit dem Maß der gerechtfertigten Abschluss- und Vertriebsprovisionen P^{ge} bzw. $bw[X^{ge}, r]$ ein neuer Vergleichsmaßstab eingeführt. An dieser Stelle lässt sich vielmehr diskutieren, weshalb die Höhe der Abschluss- und Vertriebsprovisionen überhaupt von der Höhe der vereinbarten oder tatsächlich geleisteten Beiträge abhängt. Ein strikter Zusammenhang zwischen der Höhe der Beiträge des Versicherten und der Höhe der Abschluss- und Vertriebsprovisionen ist nicht gegeben.

Für den Fall, dass sich tatsächliche und prognostizierte Beiträge entsprechen, der Versicherte seinen Vertrag somit wie beabsichtigt bespart, ergeben sich weder auf Seiten des Versicherten noch der Versicherung Auswirkungen. Insofern kann festgehalten werden, dass die Abschaffung der Zillmerung in dieser Modellwelt keine negativen Folgen hat.

6.5.3.3 Fazit

Die Ergebnisse dieses Exkurses zeigen, dass die zunächst intuitive Annahme, ein Verbot der Zillmerung sei zwangsläufig mit monetären Einbußen auf Seiten der Versicherung verbunden, nicht uneingeschränkt zutrifft. Es kann vielmehr gefolgert werden, dass es durch eine Abschaffung der Zillmerung unter den hier getroffenen Annahmen weder auf Seiten der Versicherung noch auf der Seite des Versicherten zu einer Verschlechterung im Vergleich zum Zustand mit Zillmerung kommen muss. Es sind sogar Win-Win-Situationen möglich. Dies gilt bei nominaler Betrachtungsweise auch für Fälle, in denen die tatsächlich vom Versicherten geleisteten Beiträge den bei Vertragsabschluss geplanten entsprechen. Auch wenn die während der Ansparphase geleisteten von den ex ante prognostizierten Beiträgen nach unten abweichen, sind derlei Situationen möglich. Diese Ergebnisse gelten auch bei einer barwertigen Betrachtungsweise. Hierbei muss als Vergleichsmaßstab zur Beurteilung der Auswirkungen auf das Versicherungsunternehmen jedoch auf die Höhe der gerechtfertigten Abschluss- und Vertriebsprovisionen abgestellt werden.

Die Abschaffung der Zillmerung erscheint daneben auch unter einer weiteren Perspektive gerechtfertigt, die insbesondere die bAV betrifft. In Fällen, in denen betriebliche Versicherungsverträge nicht kostenfrei auf neue Anbieter bzw. Arbeitgeber übertragen werden können,[442] verstärkt sich das Problem der Vorabverprovisionierung. Es kann hier dazu kommen, dass die beabsichtigten Beiträge nicht nur einmal, sondern mehrfach mit Abschluss- und Vertriebsprovisionen belastet werden. Ein Verbot der Zillmerung löst dieses Problem vollständig.[443] Außerdem wären die Versicherungsunternehmen fortan gefordert, bessere und insbesondere kostengünstigere Versicherungsprodukte zu entwickeln. Dies könnte mit der Errichtung neuer, effizienterer Vertriebswege einhergehen. Ferner wäre den Versicherungen während der gesamten Vertragslaufzeit aus reinem Eigeninteresse daran gelegen, dass die Versicherten ihre Verträge wie beabsichtigt besparen. Eine höhere und konsequente individuelle Sparleistung der Versicherten ist vor dem Hintergrund eines absinkenden gesetzlichen Rentenniveaus auch aus fiskalischer Sicht wünschenswert.

---

442 Ein solcher Fall kann beispielsweise eintreten, wenn ein Arbeitnehmer den Antrag auf Übertragung einer bestehenden bAV außerhalb des im Übertragungsabkommen der Versicherungswirtschaft vorgegebenen Zeitraums von 15 Monaten stellt und daher erneut Abschlussgebühren zahlen muss.

443 Dies wird auch in Kiesewetter et al. (2016a), S. 259 angemerkt.

7 Überprüfung ausgewählter Reformüberlegungen[444]

7.1 Vorgehen und Methodik

Im Rahmen dieses Kapitels werden einzelne der in Kapitel C 6 entwickelten Reformüberlegungen auf ihre Eignung, den Verbreitungsgrad der bAV bei gering- und niedrigverdienenden Arbeitnehmern zu erhöhen, empirisch untersucht. Zu diesem Zweck werden erneut leitfadengestützte Interviews mit Personen aus der Zielgruppe durchgeführt. Ein wesentliches Ziel ist es dabei, durch strukturierte Interviewführung einzelne Elemente der Reformüberlegungen auf ihre Entscheidungsrelevanz bei Abschluss einer bAV zu prüfen. Wie die Arbeitnehmerinterviews in Abschnitt C 4.2 gezeigt haben, muss von einem geringen Kenntnisstand der Interviewpartner ausgegangen werden. Daher ist es nicht möglich, Detailfragen bezüglich der Reformüberlegungen zu klären. Es können jedoch die strukturgebenden Elemente der Reformüberlegungen dahingehend überprüft werden, ob diese von den Arbeitnehmern positiv in Bezug auf eine potentielle Teilnahme am bAV-System bewertet werden.

Im Rahmen der Interviews wird insbesondere auf die Reformüberlegungen 1 und 2 eingegangen, die in Abschnitten C 6.1[445] und C 6.2[446] erläutert wurden. Wie dort bereits festgehalten, sind diese Reformüberlegungen substitutiv. Daher werden sie in den Interviews gegenübergestellt. Dies ermöglicht es, eine Einschätzung zu erhalten, welche dieser Reformüberlegungen aus Sicht der Arbeitnehmer bevorzugt wird. Die übrigen Reformüberlegungen können in die Interviews nicht explizit einbezogen werden, da sie aus Sicht der Arbeitnehmer offenkundig wünschenswert sind. Beide stellen im Vergleich zum Status Quo eine eindeutige Besserstellung der Arbeitnehmer dar. Bei der Reformüberlegung zur Verbesserung der Riester-bAV würde die nachteilige Verbeitragung beseitigt, indem entweder Riester-geförderte Beiträge zur bAV in der Anwartschaftsphase oder die Leistungen in der Rentenphase sozialversicherungsfrei gestellt würden. Es ist offensichtlich, dass dies für Arbeitnehmer im Vergleich zum Status Quo vorteilhaft ist. Der Grund, weshalb auch die Reformüberlegung zum bAV-Förderbetrag nicht explizit in den Interviews aufgegriffen wurde, ist ein ähnlicher. Für Arbeitnehmer wäre der bAV-Förderbetrag in der vorgeschlagenen Form stets positiv zu bewerten, da sie ohne Eigenaufwand eine bAV-Anwartschaft aufbauen könnten. Diese würde durch ihren Arbeitgeber und den Fiskus finanziert.

Analog zu den in Abschnitt C 4.2 erläuterten Arbeitnehmerinterviews werden erneut teilstrukturierte Face-to-Face-Interviews geführt. Entsprechend der Zielgruppe werden wiederum nur Personen in die Auswertung einbezogen, deren Bruttomonatsverdienst maximal 2.500 Euro beträgt. Ferner werden nur Arbeitnehmer interviewt, die noch keine bAV abgeschlossen haben. Die Interviews fanden im September 2015 in den Bundesländern Baden-Württemberg, Bayern, Hessen und Thüringen statt.[447]

---

444 Dieser Teil der Arbeit ist in Kiesewetter et al. (2016a), S. 205-218 eingegangen.

445 Modifizierte Verteilung der Abgabenlast in der Sozialversicherung.

446 Verpflichtender Arbeitgeberzuschuss bei Entgeltumwandlung.

447 Die Interviews wurden wiederum in den Städten Bad Mergentheim (Baden-Württemberg), Kitzingen (Bayern), Fulda (Hessen) und Meiningen (Thüringen) durchgeführt.

7.2 Stichprobe

Insgesamt wurden 100 Interviews mit Arbeitnehmern aus der Zielgruppe der Gering- und Niedrigverdiener geführt. Davon waren 55 Personen weiblich und 45 männlich. Wie in den vorhergehenden Untersuchungen wurde darauf geachtet, dass sich die Stichprobe durch eine regionale Ausgewogenheit auszeichnet. Die Verteilung der Arbeitnehmer nach Bundesländern ist nachfolgender Abbildung 27 zu entnehmen.

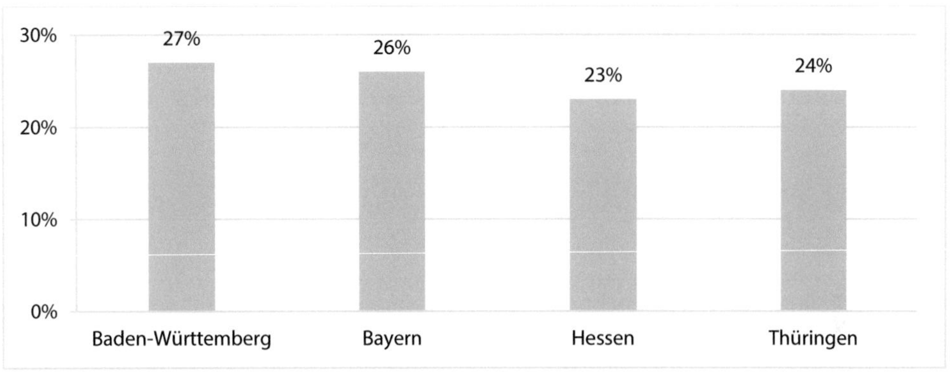

Abbildung 27: Stichprobe Arbeitnehmer – Verteilung nach Bundesländern[448]

Es ist zu erkennen, dass annähernd eine Gleichverteilung über die vier Bundesländer gegeben ist, sodass kein Bundesland einen dominierenden Einfluss nimmt.

Die folgende Abbildung zeigt die Verteilung nach Altersklassen in der Stichprobe und stellt diese den Daten der Beschäftigungsstatistik gegenüber. Diese Vergleichsdaten sind der Beschäftigungsstatistik der Bundesagentur für Arbeit (2018) entnommen.[449] Als Datengrundlage wird diesbezüglich das arithmetische Mittel aus den Quartalszahlen des Jahres 2017 verwendet, um den Einfluss saisonaler Schwankungen zu vermeiden.

448 Quelle: Eigene Darstellung. Daten entnommen aus Kiesewetter et al. (2016a), S. 206.

449 Vgl. Bundesagentur für Arbeit (2018), Tabelle 1.

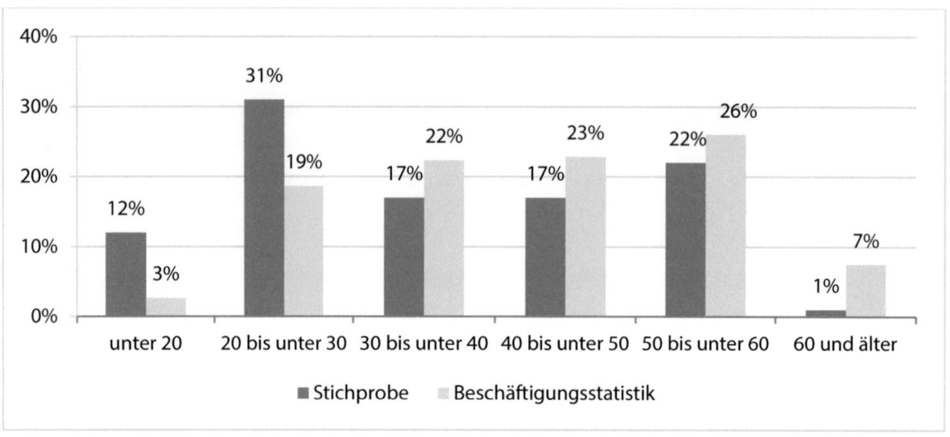

Abbildung 28: Stichprobe Arbeitnehmer – Verteilung nach Altersklassen und Vergleich mit Beschäftigungsstatistik[450]

Wie Abbildung 28 verdeutlicht, befinden sich knapp über 40 Prozent der Interviewten tendenziell in der frühen Phase eines Erwerbslebens (bis maximal 29 Jahre). Im Vergleich zu den Zahlen der Beschäftigungsstatistik ist diese Gruppe damit leicht überrepräsentiert, was aber aufgrund der Thematik der Interviews als unkritisch angesehen werden kann. Insgesamt 34 Prozent der Arbeitnehmer befinden sich in der Gruppe 30 bis 49 Jahre, während 23 Prozent 50 Jahre und älter sind. Es ergibt sich ein Durchschnittsalter der interviewten Personen von 35,30 Jahren und ein Medianalter von 31,50 Jahren. Die jüngste Person, die interviewt wurde, war 16 Jahre, die älteste Person 61 Jahre alt.

Bezüglich des Bruttomonatsverdiensts ergibt sich für die Stichprobe ein Verhältnis von Gering- zu Niedrigverdienern von 45 zu 55. Sofern bei der Auswertung unterschiedliche Ergebnisse für die beiden Gruppen resultieren, wird darauf explizit eingegangen.

7.3 Auswertung und Ergebnisse

Es wird nun auf die Ergebnisse der Untersuchung strukturgebender Elemente der Reformüberlegungen 1 (Modifizierte Verteilung der Abgabenlast in der Sozialversicherung) und 2 (Verpflichtender Arbeitgeberzuschuss bei Entgeltumwandlung) eingegangen. Aus Sicht der Arbeitnehmer würden beide Reformüberlegungen im Vergleich zum Status Quo eine Besserstellung herbeiführen. Daher sollten die beiden Reformüberlegungen von den Interviewpartnern nicht isoliert beurteilt werden. Vielmehr fand eine Gegenüberstellung der beiden Reformüberlegungen statt.[451] Dazu wurden den Interviewpartnern die Reformüberle-

[450] Quelle: Modifiziert entnommen aus Kiesewetter et al. (2016a), S. 207. Daten zur Stichprobe der Arbeitnehmer ohne bAV stammen aus Kiesewetter et al. (2016a). Vergleichsdaten der Beschäftigungsstatistik sind Bundesagentur für Arbeit (2018), Tabelle 1 entnommen.

[451] Der Leitfaden für die Interviews ist Anhang C5 zu entnehmen.

gungen 1 und 2 zunächst erläutert. Zur Veranschaulichung wurde jeweils ein Schaubild erstellt, anhand dessen die Erklärungen vorgenommen wurden.[452] Es wurden die folgenden zwei Alternativen einer bAV präsentiert:

(1) Kein Arbeitgeberzuschuss und halber Beitragssatz in KVdR und PVdR
(2) Arbeitgeberzuschuss und voller Beitragssatz in KVdR und PVdR

Alternative (1) repräsentiert offenbar Reformüberlegung 1. Dabei wurde unterstellt, dass in diesem Fall kein Arbeitgeberzuschuss gewährt wird. Diese Annahme scheint realistisch, da bereits im Status Quo nicht alle Arbeitgeber einen Zuschuss zur bAV gewähren. Durch Reformüberlegung 1 würden Arbeitgeber im Vergleich zum Status Quo ceteris paribus um den Arbeitgeberanteil zur Sozialversicherung schlechter gestellt, da sie nun im Vergleich zu einer Lohnzahlung keine Sozialabgaben mehr einsparen würden.[453] Daher ist davon auszugehen, dass dies zu einem Rückgang von Arbeitgeberzuschüssen führen würde. Ein solcher Rückgang von Arbeitgeberzuschüssen hätte damit auch Auswirkungen auf den Arbeitnehmer, da dieser als unmittelbare Folge geringere bAV-Anwartschaften aufbauen würde. Die bAV-Leistungen wären in der Rentenphase dafür nur mit dem halben Beitragssatz in KVdR und PVdR belastet. Alternative (2) steht dahingegen für Reformüberlegung 2. Dementsprechend wird hier ein Arbeitgeberzuschuss unterstellt.

Diese beiden Fälle werden in den Interviews gegenübergestellt. Nachdem die Interviewpartner versichern, beide Alternativen verstanden zu haben, werden sie gebeten, sich für eine der beiden Alternativen zu entscheiden.[454] Um keine unkontrollierbaren Effekte durch eine vorgegebene Reihenfolge, in der die beiden bAV-Alternativen präsentiert werden, zu erzeugen, werden den Teilnehmern laufende Nummern zugeteilt und denjenigen mit einer geraden laufenden Nummer zunächst Alternative (1) und danach Alternative (2) vorgelegt. Teilnehmern mit ungeraden Nummern wird zuerst Alternative (2) und danach Alternative (1) erläutert.

Die nachfolgende Übersicht stellt die Annahmen und Details der zur Auswahl gestellten bAV-Alternativen gegenüber.

---

452 Die Schaubilder finden sich in Anhang C7.

453 Bei Entgeltumwandlung ist es offenkundig, dass eine solche Mehrbelastung des Arbeitgebers eintritt. Implizit trifft dies aber auch auf arbeitgeberfinanzierte Beiträge zur bAV zu, sofern diese als Substitut zu einer Lohnerhöhung interpretiert werden. Der Arbeitgeberanteil zur Sozialversicherung wäre als Betriebsausgabe zu behandeln, weshalb die effektive Mehrbelastung des Arbeitgebers um das Produkt aus dessen Ertragsteuersatz und dem Arbeitgeberanteil zur Sozialversicherung geringer wäre.

454 Die Unterlassungsalternative (Lohnzahlung statt bAV) wurde von vornherein ausgeschlossen.

		Alternative (1) (Reformüberlegung 1)	Alternative (2) (Reformüberlegung 2)
Anwartschaftsphase	Lohnverzicht (brutto; monatlich)	100 €	100 €
	Ersparnis bei Steuern und Sozialabgaben	50 €	50 €
	Eigenaufwand Arbeitnehmer	50 €	50 €
	Arbeitgeberzuschuss	0 €	10 €
	Monatlicher bAV-Beitrag	100 €	110 €
Rentenphase	Bruttorente	?	?
	Steuern und Sozialabgaben auf Betriebsrente	30 %	40 %

Tabelle 29: Übersicht der fiktiven bAV-Angebote in den Arbeitnehmerinterviews[455]

Wie aus Tabelle 29 ersichtlich ist, wird angenommen, dass der Arbeitnehmer auf eine Bruttolohnzahlung in Höhe von 100 Euro pro Monat zugunsten einer bAV verzichtet.[456] Aufgrund dieses Verzichts würde sich der Arbeitnehmer im Vergleich zu dieser Lohnzahlung Steuern und Sozialabgaben sparen. Diese Ersparnis wurde zur Vereinfachung in beiden Fällen auf pauschal 50 Euro festgelegt.[457] Hieraus resultiert, dass der Arbeitnehmer einen Eigenaufwand in Höhe von ebenfalls 50 Euro trägt. In Alternative (1) wird unterstellt, dass kein Arbeitgeberzuschuss gewährt wird, da für den Arbeitgeber in der Anwartschaftsphase im Vergleich zur Lohnzahlung keine Sozialversicherungsersparnis mehr gegeben ist. Bei Alternative (2) hingegen wird ein Zuschuss des Arbeitgebers in Höhe von zehn Euro monatlich zugunsten des bAV-Vertrags des Arbeitnehmers unterstellt. Dies impliziert einen (Pflicht-)Zuschuss in Höhe von lediglich zehn Prozent bezogen auf den Lohnverzicht des Arbeitnehmers. Damit soll die mögliche Pauschalierung des Pflichtzuschusses auf einen

455 Quelle: Modifiziert entnommen aus Kiesewetter et al. (2016a), S. 210.

456 Es wurde nicht konkret eine Entgeltumwandlung unterstellt. Die gewählte Darstellung erlaubt es daher, den Lohnverzicht sowohl als Entgeltumwandlung als auch als arbeitgeberfinanzierte bAV zu interpretieren.

457 Diese Annahme impliziert bei den aktuell (2018) geltenden Sozialversicherungsbeiträgen einen Differenzsteuersatz des Arbeitnehmers in Höhe von 30,675 Prozent. Dies erscheint für die Zielgruppe der Gering- bzw. Niedrigverdiener verhältnismäßig hoch, wurde jedoch aus Gründen der Vereinfachung angenommen. Andernfalls hätte nicht mit glatten Eurobeträgen argumentiert werden können, was es den Interviewpartnern erschwert hätte, die bAV-Alternativen zu verstehen.

Betrag, der gegebenenfalls unterhalb der tatsächlichen Sozialversicherungsersparnis liegt, abgebildet werden.[458] Dadurch kommt es bei Alternative (2) zu einer monatlichen Einzahlung in den bAV-Vertrag von 110 Euro. Bei Alternative (1) resultiert lediglich ein Betrag von 100 Euro, der in den bAV-Vertrag des Arbeitnehmers fließt.

Ab Renteneintritt erzielt der Arbeitnehmer eine Bruttorente, die bei Alternative (2) ceteris paribus höher ist als bei Alternative (1). Die exakte Höhe wird in beiden Fällen jedoch lediglich mit einem „?" angegeben. Denn eine exakte Angabe der Bruttorentenhöhe hätte dazu geführt, dass die Entscheidungssituation der Arbeitnehmer trivial geworden wäre. Es wäre eine Situation entstanden, in der es genau eine rational richtige Entscheidung gegeben hätte. Die Teilnehmer hätten lediglich den gegebenen pauschalen Satz der Abgaben auf die jeweilige Bruttorente anwenden müssen und so die Höhe der Nettorente genau ermitteln können. Bei Alternative (2) wird angenommen, dass die Bruttorente mit insgesamt 40 Prozent belastet ist. Dieser Prozentsatz setzt sich aus dem Steuersatz in der Rentenphase und dem vollen Beitragssatz zur KVdR und PVdR zusammen.[459] Bei Alternative (1) wird die Belastung der Bruttorente mit insgesamt 30 Prozent angegeben, da in diesem Fall nur noch der halbe Beitragssatz zur KVdR und PVdR vom Arbeitnehmer aufzuwenden wäre.[460]

Die Arbeitnehmer müssen folglich beurteilen, aus welchem bAV-Angebot aus ihrer Sicht eine höhere Nettorente resultiert. Es ist offensichtlich, dass dies von den Abgaben in der Rentenphase und der Höhe der Bruttorente abhängt. Da letztere aus den genannten Gründen nicht vorgegeben wird, ist es nicht möglich, eine allgemeingültige Aussage zu treffen. Die Arbeitnehmer sind vielmehr gezwungen abzuwägen, ob die in Folge des Arbeitgeberzuschusses höhere Bruttorente bei Alternative (2) die höheren Abgaben in der Rentenphase kompensiert oder ob die geringeren Abgaben bei Alternative (1) dazu führen, dass trotz des fehlenden Arbeitgeberzuschusses und der damit einhergehenden geringeren Bruttorente eine höhere Nettorente resultiert.

Die Auswertung der Interviews zeigt, dass sich 77 Prozent der interviewten Personen für Alternative (1), das heißt kein Arbeitgeberzuschuss und halber Beitragssatz in der Rentenphase, entscheiden. Lediglich 23 Prozent bevorzugen Alternative (2), das heißt Arbeitgeberzuschuss und voller Beitragssatz in der Rentenphase. Die Interviewten scheinen folglich davon auszugehen, dass die geringeren Abgaben in der Rentenphase dazu führen, dass

---

458 Vgl. dazu ausführlich Abschnitt C 6.2.2. Nach aktueller Rechtslage würde der Arbeitgeber im Vergleich zur Lohnzahlung für einen Arbeitnehmer, der unter der Beitragsbemessungsgrenze der Krankenversicherung liegt, 19,325 Prozent des bAV-Beitrags sparen, wobei der Abzug der Sozialversicherungsbeiträge als Betriebsausgabe nicht berücksichtigt ist. Dieser würde die Ersparnis folglich um den Steuersatz des Arbeitgebers multipliziert mit dem Arbeitgeberanteil zur Sozialversicherung verringern. Zur Vereinfachung wurde im Beispiel angenommen, dass zehn Prozentpunkte dieser Ersparnis weitergegeben werden.

459 Der volle Beitragssatz zur KVdR und PVdR beträgt aktuell (2018) 16,95 Prozent. Damit wird implizit ein Differenzsteuersatz des Arbeitnehmers in der Rentenphase von 23,05 Prozent unterstellt.

460 Der halbe Beitragssatz zur KVdR und PVdR beträgt aktuell (2018) 8,475 Prozent. Dadurch ergibt sich ein Differenzsteuersatz in der Rentenphase von 21,525 Prozent. Dieser ist folglich um ca. 1,5 Prozentpunkte niedriger als bei Alternative (2). Dies ist einerseits der Tatsache geschuldet, dass aus Vereinfachungsgründen pauschale Abgabensätze verwendet wurden. Andererseits lässt sich dieser geringere Steuersatz auch rational erklären, da bei Alternative (1) eine geringere Bruttorente resultiert und damit die Bemessungsgrundlage der Einkommensteuer niedriger ist, wodurch auch der Differenzsteuersatz abnimmt. Es sei jedoch darauf hingewiesen, dass es sich hier um keine exakte Berechnung handelt.

der Nachteil aus der niedrigeren Bruttorente überkompensiert wird. Aufgrund dieses Ergebnisses kann festgehalten werden, dass aus Sicht der Arbeitnehmer Reformüberlegung 1 vorteilhafter ist. Die Arbeitnehmer sind offenbar bereit, auf Arbeitgeberzuschüsse und damit einhergehende höhere Vorsorgebeträge zugunsten geringerer Abgaben in der Rentenphase zu verzichten. Dies deckt sich mit der Erkenntnis, dass die nachgelagerte Abgabenerhebung oftmals als negativ wahrgenommen wird.

Dieser Punkt wird umso deutlicher, wenn die Begründungen der interviewten Personen betrachtet werden. Nachdem die Arbeitnehmer ihre Wahl bezüglich der bAV-Alternativen getroffen hatten, wurden sie mittels einer offenen Frage gebeten, Gründe für ihre Entscheidung zu nennen. Nachfolgende Abbildungen zeigen die relativen Häufigkeiten der genannten Gründe, weshalb Alternative (1), vgl. Abbildung 29, bzw. Alternative (2), vgl. Abbildung 30, gewählt wurde.

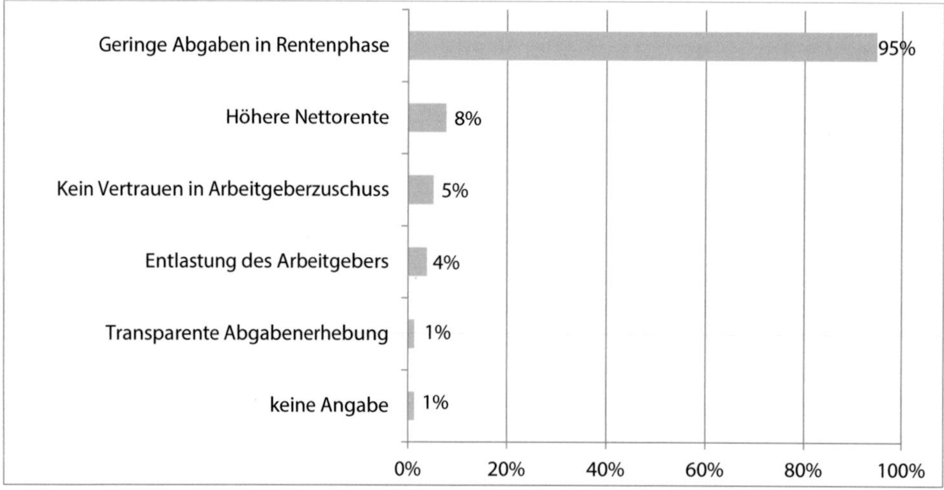

Abbildung 29: Genannte Gründe für die Wahl von bAV-Alternative (1)[461]

[461] Quelle: Modifiziert entnommen aus Kiesewetter et al. (2016a), S. 213.

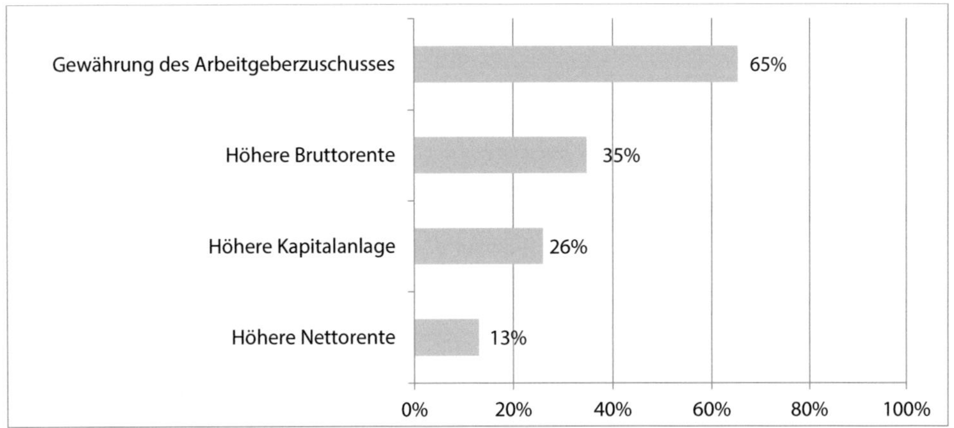

Abbildung 30: Genannte Gründe für die Wahl von bAV-Alternative (2)[462]

Es zeigt sich, dass der meistgenannte Grund für Alternative (1) die geringen Abgaben in der Rentenphase sind. Mit 95 Prozent nennen annähernd alle Arbeitnehmer, die Alternative (2) wählen, diesen Punkt als entscheidungsrelevant. Es kann davon ausgegangen werden, dass dieser Punkt auch Einfluss auf den Aspekt höhere Nettorente hat. Außerdem wird in wenigen Fällen das Argument genannt, dass Arbeitnehmer kein Vertrauen in einen dauerhaften Arbeitgeberzuschuss haben, obwohl die Arbeitnehmer in den Interviews explizit darauf hingewiesen wurden, dass der Arbeitgeberzuschuss bei Alternative (2) mit Sicherheit gewährt wird. Zwei Arbeitnehmer, die Alternative (1) wählen, geben als Begründung an, ihren Arbeitgeber dadurch, das heißt im Vergleich zu Alternative (2), entlasten zu wollen.

Betrachtet man die Auswertung für Angebot 1 (Abbildung 30), zeigt sich, dass der in diesem Fall vom Arbeitgeber gewährte Zuschuss den am häufigsten angeführten Grund für die Wahl dieses Angebots darstellt. Die Arbeitnehmer erachten es als positiv, wenn sie von ihrem Arbeitgeber bei ihren Altersvorsorgebemühungen unterstützt werden. Die Punkte einer höheren Kapitalanlage und höheren Bruttorente hängen direkt mit diesem Arbeitgeberzuschuss zusammen. Das Argument einer höheren Nettorente impliziert die Erwartung der Arbeitnehmer, dass die höheren Abgaben in der Rentenphase durch höhere Vorsorgebeträge und deren Verzinsung kompensiert werden.

Zusammenfassend kann an dieser Stelle festgehalten werden, dass sich eine deutliche Mehrheit der befragten Arbeitnehmer für Alternative (1) entscheidet, welche Reformüberlegung 1 repräsentiert. Dies ist insbesondere auf die Tatsache zurückzuführen, dass das Hemmnis der hohen Belastung in der Rentenphase abgemildert würde. Reformüberlegung 1 kann daher aus Sicht der Arbeitnehmer als wirksam eingestuft werden. Ihre Umsetzung könnte zu einer zunehmenden Verbreitung der bAV unter gering- und niedrigverdienenden Arbeitnehmern beitragen. Hieraus kann jedoch nicht der Umkehrschluss gezogen werden, dass Reformüberlegung 2 keine Wirksamkeit entfalten könnte. Im Vergleich zum

[462] Quelle: Modifiziert entnommen aus Kiesewetter et al. (2016a), S. 213.

Status Quo, in dem es keinen solchen verpflichtenden Zuschuss des Arbeitgebers gibt, würde dies für Arbeitnehmer offenkundig zu einer Verbesserung führen.[463]

Die Interviews liefern auch weitere Ansatzpunkte dafür, dass ein Arbeitgeberzuschuss in die bAV aus Sicht der Arbeitnehmer positiv wahrgenommen würde. Dies zeigt sich durch folgenden in den Interviews vorgenommenen Vergleich. Durch Reformüberlegung 1 würde in der Anwartschaftsphase der Arbeitgeberanteil zur Sozialversicherung erhoben. Dies kann man ebenfalls als Pflichtzuschuss des Arbeitgebers interpretieren, nur würde dieser nicht in die bAV, sondern in die GRV (und an die Träger der übrigen Zweige der Sozialversicherung) fließen. Dadurch würden für den Arbeitnehmer im Vergleich zum Status Quo steigende Ansprüche in der GRV resultieren. Reformüberlegung 2 würde durch den Pflichtzuschuss dahingegen zu höheren bAV-Leistungen führen. Welche dieser beiden Alternativen die Arbeitnehmer bevorzugen, wird ebenfalls im Rahmen der Interviews überprüft.

Dies geschieht in zwei Schritten. Zunächst sollen die Teilnehmer der GRV einen Stellenwert im Rahmen ihrer Altersvorsorge beimessen. Abbildung 31 zeigt das Ergebnis auf diese Frage.

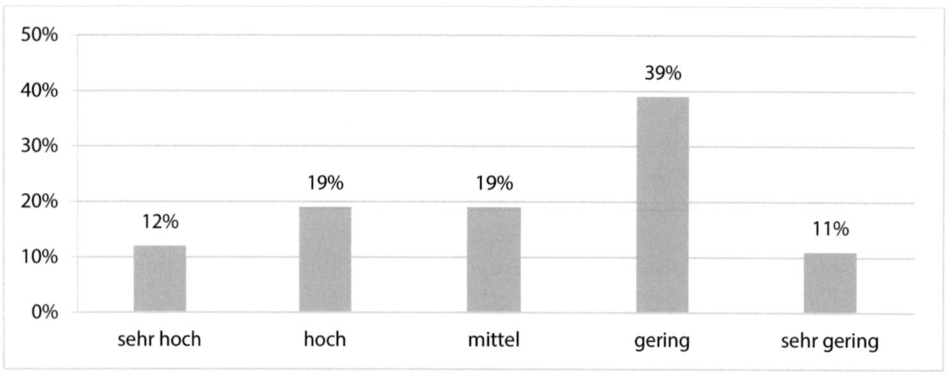

Abbildung 31: Einschätzung der Arbeitnehmer zum Stellenwert der GRV[464]

Insgesamt geben 50 Prozent der Interviewten an, dass die GRV lediglich einen geringen oder sogar einen sehr geringen Stellenwert einnimmt. Nur knapp ein Drittel misst der GRV einen mindestens hohen Stellenwert im Rahmen der Altersvorsorge hat. Dies zeigt, dass tendenziell Skepsis in Bezug auf die GRV besteht. Die Mehrheit der interviewten Personen scheint davon auszugehen, dass die Leistungen der GRV nur einen geringen Teil ihrer Altersvorsorge ausmachen werden. Es kann daher davon ausgegangen werden, dass steigende Ansprüche in der GRV, wie sie durch Reformüberlegung 1 resultieren würden, von den Arbeitnehmern nur teilweise positiv wahrgenommen würden.

463 Arbeitnehmer, die bereits aktuell einen Arbeitgeberzuschuss in Höhe der Sozialversicherungsersparnis erhielten, würden sich durch den Pflichtzuschuss nicht verbessern, sich aber auch nicht schlechter stellen.

464 Quelle: Modifiziert entnommen aus Kiesewetter et al. (2016a), S. 215.

In einem zweiten Schritt sollen die Arbeitnehmer sodann entscheiden, ob sie einen Arbeitgeberzuschuss in die GRV[465] oder in einen bAV-Vertrag bevorzugen würden. Mit 82 Prozent wünscht sich der Großteil der interviewten Arbeitnehmer einen Arbeitgeberzuschuss in die bAV anstatt in die GRV. Die nachfolgenden Abbildungen zeigen die genannten Gründe, weshalb ein Arbeitgeberzuschuss in die bAV (Abbildung 32) bzw. in die GRV (Abbildung 33) gewünscht wird.

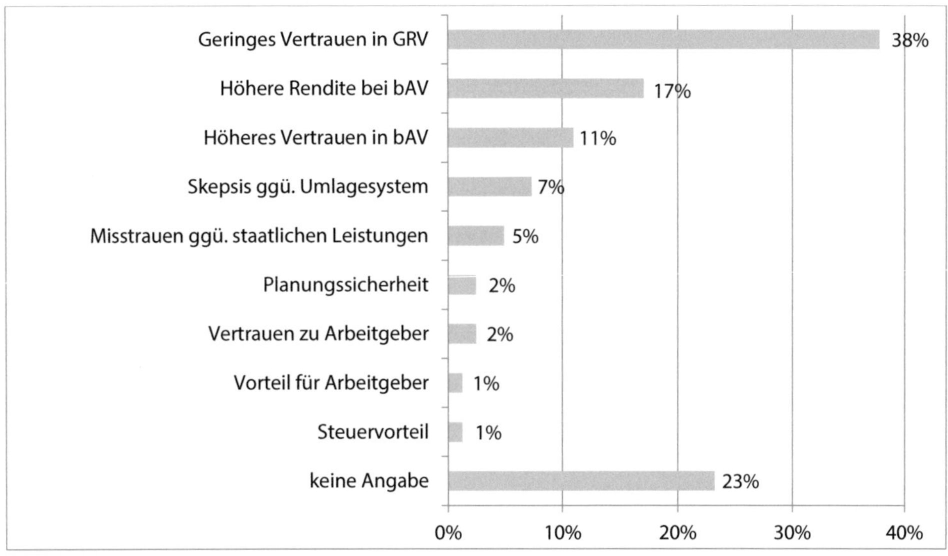

Abbildung 32: Gründe für Bevorzugung eines Arbeitgeberzuschusses in die bAV[466]

[465] Dies ist so nach geltender Rechtslage offensichtlich nicht möglich. In diesem Zusammenhang ist dieser „Arbeitgeberzuschuss“ als Arbeitgeberanteil zur Sozialversicherung zu interpretieren, aufgrund dessen der Arbeitnehmer höhere Ansprüche in der GRV erwirbt.

[466] Quelle: Modifiziert entnommen aus Kiesewetter et al. (2016a), S. 217.

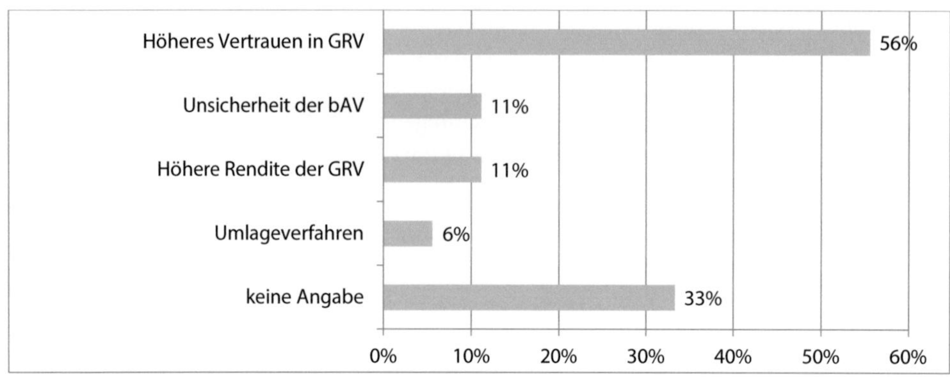

Abbildung 33: Gründe für Bevorzugung eines Arbeitgeberzuschusses in die GRV[467]

Es wird ersichtlich, dass das geringe Vertrauen der Arbeitnehmer in die GRV der Hauptgrund ist, weshalb sie einen Arbeitgeberzuschuss in die bAV bevorzugen. Dies deckt sich mit dem Ergebnis der vorherigen Frage nach dem Stellenwert der GRV, der insgesamt als gering eingeschätzt wird. Außerdem vermuten die Arbeitnehmer teilweise, dass die Rendite der bAV diejenige aus der umlagefinanzierten GRV übersteigt. Die Arbeitnehmer, die einen Arbeitgeberzuschuss in die GRV bevorzugen, geben hingegen an, dass sie in diese Einrichtung höheres Vertrauen haben als in die kapitalgedeckte bAV. Wie bereits oben erwähnt, handelt es sich hierbei mit insgesamt 18 Prozent der interviewten Arbeitnehmer aber um die Minderheit. In Bezug auf die Reformüberlegungen legen diese Erkenntnisse den Schluss nahe, dass auch ein verpflichtender Arbeitgeberzuschuss im System der bAV positiv bewertet würde. In diesem Sinne ist folglich auch Reformüberlegung 2 aus Arbeitnehmersicht als wirksam zu beurteilen.

8 Die Änderungen durch das Betriebsrentenstärkungsgesetz

In diesem Kapitel werden die zentralen Änderungen, die die bAV-Landschaft durch das BRSG erfahren hat, dargelegt. Analog zur Darstellung der Rechtslage vor BRSG[468] wird dabei auf das Arbeits-, Steuer- und Sozialversicherungsrecht eingegangen.[469] Die Regelungen der bAV, die keine Änderung erfahren haben, werden nicht erneut dargestellt.[470] Dieses Kapitel beschränkt sich auf eine Beschreibung der neuen Rechtslage. Eine erste Würdigung des BRSG findet sich im Folgekapitel C 9.

[467] Quelle: Modifiziert entnommen aus Kiesewetter et al. (2016a), S. 217.

[468] Vgl. Abschnitt C 2.

[469] Ein ausführlicher Überblick sämtlicher Änderungen des BRSG kann Droßel (2018) entnommen werden.

[470] Eine zusammenfassende Darstellung der Rechtslage der bAV nach BRSG ist Menzel/Tschinkl (2018) zu entnehmen.

Das BRSG wurde vom Bundestag am 1. Juni 2017 beschlossen. Die Zustimmung des Bundesrats folgte am 7. Juli 2017.[471] Der Großteil der Änderungen trat zum 1. Januar 2018 in Kraft. Sofern die unten angesprochenen Normen durch das BRSG geändert wurden und in ihrer nunmehr geltenden Fassung angesprochen sind, werden sie mit dem Zusatz „n.F." gekennzeichnet.[472]

8.1 Arbeitsrechtliche Änderungen

8.1.1 Einführung der reinen Beitragszusage

Mit dem BRSG wurde die reine Beitragszusage eingeführt. Diese ist in § 1 Abs. 2 Nr. 2a BetrAVG n.F. kodifiziert und stellt eine neue Zusageart im Betriebsrentenrecht dar. Im Rahmen der reinen Beitragszusage beschränkt sich die Verpflichtung des zusagenden Arbeitgeberunternehmens einzig auf die Zahlung der Beiträge an die Versorgungseinrichtung während der Anwartschaftsphase·[473] Es ist nicht notwendig, eine Leistung zu definieren. Daher hat sich die Begrifflichkeit „pay and forget" etabliert. Damit soll ausgedrückt werden, dass der Arbeitgeber seine arbeitsrechtlichen Verpflichtungen mit Zahlung der Beiträge gänzlich erfüllt. Denn die Höhe der Leistungen darf bei dieser Zusageart nicht garantiert werden (§ 22 Abs. 1 Satz 2 BetrAVG n.F.). Vielmehr kann nunmehr lediglich eine Zielrente[474] festgelegt werden. Der Versorgungsträger muss dem Arbeitnehmer dabei lediglich eine voraussichtliche Höhe der (Renten-)Leistungen mitteilen, wobei er sich an versicherungsmathematische Grundsätze halten und realistische Annahmen zu biometrischen Risiken treffen muss.[475] Gerade vor dem Hintergrund der aktuellen Niedrigzinsphase kann der vollständige Verzicht auf Garantien eine Chance eröffnen, durch entsprechend angepasste Anlagepolitik höhere Renditen zu erzielen. Hiervon würden wiederum die Arbeitnehmer profitieren.[476]

Gem. § 1 Abs. 2 Nr. 2a BetrAVG n.F. kann die reine Beitragszusage nur in Anspruch genommen werden, wenn der Arbeitgeber durch Tarifvertrag oder aufgrund eines Tarifvertrags in einer Betriebs- oder Dienstvereinbarung verpflichtet wird, Beiträge an einen Pensionsfonds, eine Pensionskasse oder eine Direktversicherung zu leisten. Diese Formulierung im Gesetz macht deutlich, dass die reine Beitragszusage ausschließlich in den externen Durchführungswegen Anwendung finden kann.[477] Zusätzlich bedarf es einer tarifvertraglichen Verpflichtung. Letzteres ist der Grund, weshalb im Kontext der reinen Beitragszusage auch der Begriff „Sozialpartnermodell" verwendet wird. So ist in § 21 Abs. 1 BetrAVG n.F. explizit vorgeschrieben, dass sich die Tarifparteien an der Durchführung und

---

[471] Vgl. Harder-Buschner (2017), S. 2417.

[472] Wie bereits in Kapitel C 2 steht „a.F." für die Fassung vor und „n.F." für die Fassung nach Inkrafttreten des BRSG.

[473] Diese Beiträge sind gem. § 22 Abs. 2 Satz 1 BetrAVG n.F. sofort unverfallbar.

[474] Vgl. zum Begriff „Zielrente" Hanau/Arteaga (2016), S. 42 ff.

[475] Vgl. Höfer (2018b), Rz. 31.

[476] Vgl. dazu auch Kiesewetter et al. (2016c), S. 651. Natürlich gehen mit einem vollständigen Garantieverzicht höhere Risiken einher. Diese erscheinen vor dem Hintergrund des langen Anlagehorizonts und der weiterhin gegebenen Anlagebeschränkungen von Versorgungseinrichtungen hinnehmbar.

[477] Dies galt und gilt auch für die Beitragszusage mit Mindestleistung.

Steuerung der bAV-Maßnahme zu beteiligen haben. Begründet wird diese Regelung mit einem stärkeren Arbeitnehmerschutz.[478]

Zwar wird eine tarifvertragliche Regelung für die Nutzung der reinen Beitragszusage vorausgesetzt. Gem. § 24 BetrAVG n.F. können jedoch auch nichttarifgebundene Arbeitgeber und Arbeitnehmer die Anwendung der einschlägigen tariflichen Regelungen vereinbaren.[479] Dies soll dadurch ermöglicht werden, dass gem. § 21 Abs. 3 BetrAVG n.F. die Tarifvertragsparteien den nichttarifgebundenen Arbeitgebern und Arbeitnehmern den Zugang zu der durchführenden Versorgungseinrichtung nicht verwehren sollen. Im Hinblick auf die Zielsetzung des BRSG ist diese Regelung von großer Relevanz, soll die bAV doch in KMU gefördert werden. Gerade in KMU, die nicht tarifvertraglich gebunden sind, besteht jedoch häufig noch keine bAV, sodass hier der größte Bedarf besteht. Es ist daher wünschenswert, dass die Tarifparteien die Sollvorschrift des § 21 Abs. 3 BetrAVG n.F. weit auslegen und nichttarifgebundenen Unternehmen tatsächlich den Zugang zu ihrer Versorgungseinrichtung und damit zu einer reinen Beitragszusage ermöglichen.[480]

Da bei einer reinen Beitragszusage keine Mindest- bzw. Garantieleistungen der Versorgungseinrichtung mehr vorgesehen sind, wurde mit § 23 Abs. 1 BetrAVG n.F. der Sicherungsbeitrag eingeführt. Dieser soll zur Absicherung der reinen Beitragszusage vereinbart werden. Da es sich um eine Sollvorschrift handelt, müssen die Tarifparteien keinen Sicherungsbeitrag vereinbaren. Entscheiden sie sich jedoch dazu, sind sie in der Ausgestaltung und Kalkulation weitgehend frei.[481]

8.1.2 Einführung eines Pflichtzuschusses bei Entgeltumwandlung

Mit dem BRSG wurde ein Pflichtzuschuss des Arbeitgebers bei Entgeltumwandlung eingeführt. Dieser entspricht in weiten Teilen dem in dieser Arbeit als Reformüberlegung 2 diskutierten Pflichtzuschuss, auch wenn die konkrete Ausgestaltung teilweise abweicht.[482]

Grundsätzlich gilt der Pflichtzuschuss gem. § 1 Abs. 1a BetrAVG n.F. unabhängig von der Zusageart, sofern die Entgeltumwandlung über einen externen Durchführungsweg abgewickelt wird. Für die Durchführungswege Direktzusage und Unterstützungskasse ist kein Pflichtzuschuss vorgesehen. Hinsichtlich des zeitlichen Anwendungsbereichs ist jedoch § 26a BetrAVG n.F. zu beachten. Demnach gilt der Pflichtzuschuss für den Bestand an Entgeltumwandlungen, die vor dem 01.01.2019 vereinbart werden, erst ab dem 01.01.2022. Für

---

478 Vgl. Rolfs (2018d), Rz. 1.

479 In dem besonderen Teil des Gesetzesentwurfs zum BRSG ist der Begriff der Einschlägigkeit definiert. So können die nichttarifgebundenen Arbeitgeber und Arbeitnehmer nur auf einen „(...) räumlich, zeitlich, betrieblich-fachlich und persönlich maßgebenden Tarifvertrag Bezug [nehmen] (...), der bei gegebener Tarifbindung ohnehin zwischen den Arbeitsvertragsparteien gelten würde." (BT-Drucksache 18/11286 vom 22.02.2017, S. 47).

480 Vgl. zu diesem Aspekt auch Kiesewetter et al. (2016c), S. 650.

481 Vgl. Höfer (2018a), Rz. 5, 13 f. Gem. § 3 Nr. 63a EStG n.F. ist der Sicherungsbeitrag für den Arbeitnehmer steuerfrei. Da die Steuerfreiheit nicht über § 3 Nr. 63 EStG n.F. gewährt wird, bleibt der dortige Dotierungsrahmen unangetastet.

482 Die Tatsache, dass es zur Einführung eines Pflichtzuschusses bei Entgeltumwandlung kam, bedeutet im Umkehrschluss, dass die in dieser Arbeit vorgestellte Reformüberlegung 1 nicht im BRSG umgesetzt wurde. Als Hauptgrund hierfür kann der tiefe Eingriff in das Sozialversicherungsrecht angesehen werden, der mit Reformüberlegung 1 einhergegangen wäre. Ferner wäre für Arbeitgeber keinerlei Sozialversicherungsvorteil in der Anwartschaftsphase verblieben, was die bAV aus Arbeitgebersicht unattraktiver gemacht hätte.

alle ab dem 01.01.2019 neu abgeschlossenen Entgeltumwandlungen tritt die Pflicht zur Weitergabe der eingesparten Sozialversicherungsbeiträge mit Abschluss der Vereinbarung ein. Diese Regelungen sind unabhängig von der Zusageart. Zu beachten ist jedoch, dass der Pflichtzuschuss in § 23 Abs. 2 BetrAVG n.F. explizit für die reine Beitragszusage geregelt ist. Da die reine Beitragszusage bereits ab 01.01.2018 in Anspruch genommen werden kann, ist bei Entgeltumwandlungen, die auf einer reinen Beitragszusage beruhen, ab diesem Zeitpunkt der Pflichtzuschuss gem. § 23 Abs. 2 BetrAVG n.F. zu leisten.[483] Ferner ist eine Unterscheidung dahingehend gegeben, dass die Regelung des § 1a Abs. 1a BetrAVG n.F. tarifvertragsdispositiv ist, diejenige des § 23 Abs. 2 BetrAVG n.F. hingegen nicht. Abgesehen hiervon unterscheiden sich die beiden Regelungen zum Pflichtzuschuss jedoch nicht und es treten die gleichen Rechtsfolgen ein.[484]

Dies gilt insbesondere auch für die Höhe des Pflichtzuschusses. Dieser ist grundsätzlich auf 15 Prozent des Entgeltumwandlungsbetrags festgelegt. Der Gesetzgeber hat daher von der Möglichkeit einer Pauschalierung Gebrauch gemacht. Der Pflichtzuschuss ist jedoch nur zu leisten, soweit der Arbeitgeber durch die Entgeltumwandlung tatsächlich Sozialversicherungsbeiträge einspart. Durch diese Regelung kommt es dazu, dass die Höhe des Pflichtzuschusses je nach Arbeitnehmer unterschiedlich sein kann. Liegt das Bruttoarbeitsentgelt des entsprechenden Arbeitnehmers vor und nach Entgeltumwandlung unterhalb der Beitragsbemessungsgrenze der KV und PV (in 2018: 53.100 Euro jährlich), erspart sich der Arbeitgeber bei den in 2018 geltenden Beitragssätzen 19,375 Prozent des Umwandlungsbetrags. In diesen Fällen greift die Pauschalierung, sodass lediglich 15 Prozent des Umwandlungsbetrags als Arbeitgeberzuschuss zu leisten sind. Damit bleibt dem Arbeitgeber eine Ersparnis in Höhe von 4,375 Prozent erhalten. Sofern das Bruttoarbeitsentgelt des Arbeitnehmers vor und nach Entgeltumwandlung zwischen den Beitragsbemessungsgrenzen zur KV und zur GRV liegt, belaufen sich die eingesparten Sozialversicherungsbeiträge lediglich auf 10,8 Prozent (in 2018) des Umwandlungsbetrags. Entsprechend ist auch der Pflichtzuschuss auf diesen Betrag beschränkt. Oberhalb der Beitragsbemessungsgrenzen zur GRV (in 2018: West 78.000 Euro und Ost 69.600 Euro, jeweils jährlich) kommt es zu keiner Einsparung von Sozialversicherungsbeiträgen mehr, sodass auch der Pflichtzuschuss entfällt. Daneben sind Fälle möglich, in denen das sozialversicherungspflichtige Bruttogehalt vor Entgeltumwandlung über und nach Entgeltumwandlung unter einer der Beitragsbemessungsgrenzen liegt. Der Arbeitgeber kann in derartigen Situationen entweder spitz abrechnen, die Sozialversicherungsersparnis und den resultierenden Pflichtzuschuss also exakt bestimmen, oder aber den pauschalen Zuschuss in Höhe von 15 Prozent des Umwandlungsbetrags leisten.

Nachfolgende Abbildung 34 zeigt die Höhe des Pflichtzuschusses sowie die tatsächliche Ersparnis des Arbeitgebers in Abhängigkeit des Bruttolohns vor Entgeltumwandlung. Es wird angenommen, dass der betrachtete Arbeitnehmer jährlich 1.000 Euro seines Bruttolohns umwandelt. Ferner ist die Beitragsbemessungsgrenze zur GRV West zugrunde gelegt.

---

483 Vgl. auch Höfer (2018a), Rz. 20.

484 Vgl. Höfer (2018c), Rz. 41.3.

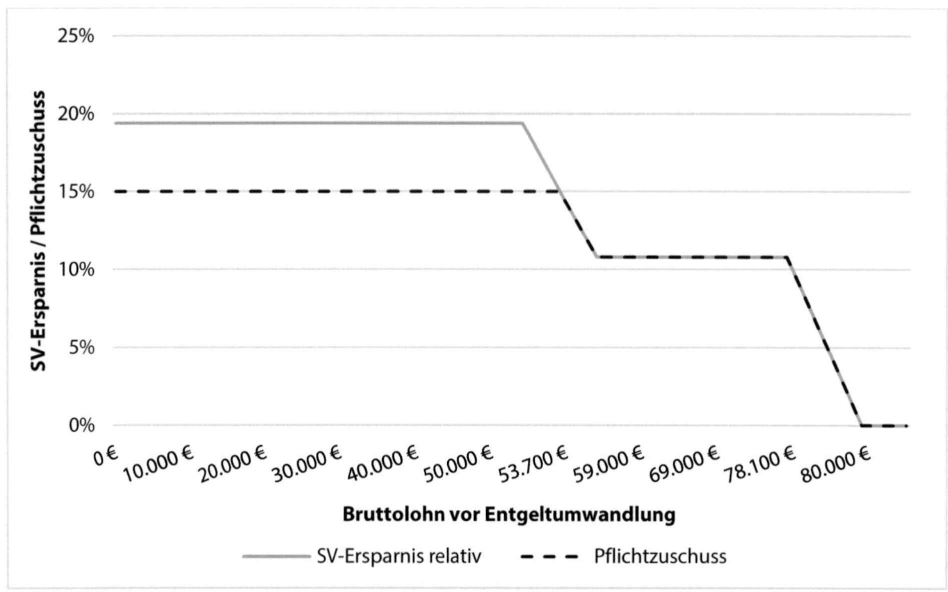

Abbildung 34: Verlauf der Sozialversicherungsersparnis und des Pflichtzuschusses bei Entgeltumwandlung[485]

Bis zur Beitragsbemessungsgrenze der KV verläuft die Sozialversicherungsersparnis horizontal bei 19,375 Prozent. Sodann sinkt sie ab, bis sie bei einem Bruttolohn vor Entgeltumwandlung in Höhe von 54.100 Euro konstant bei 10,8 Prozent liegt.[486] Der Pflichtzuschuss verläuft zunächst auf dem Niveau von 15 Prozent. Ab einem Bruttolohn von ca. 53.600 Euro unterschreitet die tatsächliche Sozialversicherungsersparnis den Wert von 15 Prozent des Umwandlungsbetrags, sodass der Pflichtzuschuss absinkt, bis auch dieser 10,8 Prozent beträgt. Auf diesem Niveau verlaufen Pflichtzuschuss und Sozialversicherungsersparnis bis zum Erreichen der Beitragsbemessungsgrenze der GRV (West) konstant. Dort kommt es zu einem erneuten Absinken, bis ab einem Bruttolohn vor Entgeltumwandlung in Höhe von 79.000 Euro[487] keine Sozialversicherungsersparnis mehr besteht und damit auch kein Pflichtzuschuss mehr zu leisten ist.

8.1.3 Weitere Änderungen

Die zentralen arbeitsrechtlichen Neuerungen, die durch das BRSG erfolgt sind, sind sicherlich die Einführung der reinen Beitragszusage sowie des Pflichtzuschusses bei Entgeltumwandlung. Dennoch werden zwei weitere Änderungen zumindest knapp dargestellt.

Zum einen können nunmehr Optionsmodelle in Tarifverträge oder in Betriebs- und Dienstvereinbarungen aufgenommen werden (§ 20 Abs. 2 Satz 1 BetrAVG n.F.). Derartige

---

[485] Quelle: Eigene Darstellung.

[486] Dies ergibt sich aufgrund der Annahme, dass genau 1.000 Euro umgewandelt werden.

[487] Dieser Wert ergibt sich aufgrund der Annahme, dass 1.000 Euro umgewandelt werden.

Modelle sehen vor, dass ein Arbeitgeber für sämtliche Arbeitnehmer oder auch eine bestimmte Gruppe von Arbeitnehmern automatisch eine Entgeltumwandlung vornimmt, wenn der Arbeitnehmer dieser nicht aktiv widerspricht.[488]

Zum anderen wurde in § 4 Abs. 3 Satz 5 BetrAVG n.F. eine Regelung zur Portabilität von Anwartschaften eingefügt. So ist es nunmehr möglich, bei einem Arbeitgeberwechsel den Übertragungswert in eine reine Beitragszusage zu überführen, vorausgesetzt, der neue Arbeitgeber bietet eine solche an. Der umgekehrte Fall ist jedoch nicht möglich.[489]

8.2 Steuerrechtliche Änderungen

8.2.1 Einführung des Förderbetrags zur betrieblichen Altersversorgung

Die zentrale Neuerung, die das BRSG im Rahmen des Steuerrechts mit sich bringt, ist die Einführung des Förderbetrags zur betrieblichen Altersversorgung (BAV-Förderbetrag). Dieser ist in § 100 EStG n.F. gesetzlich kodifiziert. In weiten Teilen entspricht er dem in dieser Arbeit als Reformüberlegung 4 diskutierten bAV-Förderbetrag, auch wenn die konkrete Ausgestaltung teilweise abweicht.[490]

Gem. § 100 Abs. 1 Satz 1 EStG n.F. dürfen Arbeitgeber einen Teilbetrag des Arbeitgeberbeitrags zu einer kapitalgedeckten bAV entnehmen und bei der nächsten Lohnsteueranmeldung gesondert absetzen. Voraussetzung ist, dass der Arbeitnehmer, für den der Arbeitgeberbeitrag zu einer bAV geleistet wird, in einem ersten Dienstverhältnis zum Arbeitgeber steht. Bereits an dieser Stelle wird deutlich, dass die Abwicklung des BAV-Förderbetrags über das Lohnsteuerabzugsverfahren erfolgt.

Die Inanspruchnahme des BAV-Förderbetrags bedarf der Erfüllung weiterer Voraussetzungen, die insbesondere in § 100 Abs. 3 und 4 EStG n.F. geregelt sind. So kann der BAV-Förderbetrag nur gewährt werden, wenn es sich bei dem entsprechenden Arbeitnehmer um einen Geringverdiener handelt. Die Abgrenzung des Geringverdieners in § 100 Abs. 3 Nr. 3 EStG n.F. weicht von der im Rahmen dieser Arbeit verwendeten Definition ab. So darf der laufende Arbeitslohn des Arbeitnehmers maximal 26.400 Euro jährlich betragen, damit der BAV-Förderbetrag genutzt werden kann.[491] Ferner hat der Gesetzgeber einen Mindestbetrag eingeführt. So muss der Arbeitgeber gem. § 100 Abs. 3 Nr. 2 EStG n.F. zusätzlich zum

---

488 Derartige Modelle wurden auch vor dem BRSG bereits praktiziert, nunmehr besteht jedoch Rechtssicherheit, dass Optionsmodelle betriebsrentenrechtlich zulässig sind, vgl. auch BT-Drucksache 18/11286 vom 22.02.2017, S. 44.

489 Vgl. Höfer (2018d), Rz. 100.1. § 22 Abs. 3 Nr. 1 lit. b) BetrAVG n.F. räumt dem Arbeitnehmer lediglich das Recht ein, seine bisherige reine Beitragszusage auf eine neue Versorgungseinrichtung zu übertragen, die ihrerseits eine reine Beitragszusage praktiziert, vgl. Höfer (2018d), Rz. 100.3.

490 Während im Rahmen dieser Arbeit, insbesondere bei Diskussion von Reformüberlegung 4 in Abschnitt C 6.4, bisher die Schreibweise „bAV"-Förderbetrag verwendet wurde, wird in der Gesetzesbegründung zum BRSG sowie in Verwaltungsanweisungen die Schreibweise „BAV"-Förderbetrag benutzt. Da in diesem Abschnitt auf die tatsächliche Neuregelung eingegangen wird, wird fortan „BAV"-Förderbetrag verwendet.

491 Bei täglichen, wöchentlichen oder monatlichen Lohnzahlungszeiträumen findet eine entsprechende Umrechnung des Jahresbetrags statt. So darf das monatliche Arbeitsentgelt 2.200 Euro nicht überschreiten. Im Rahmen dieser Arbeit wurden Geringverdiener als Arbeitnehmer, die maximal 1.500 Euro monatlichen Bruttolohn erhalten, und Niedrigverdiener als Arbeitnehmer, die maximal 2.500 Euro monatlichen Bruttolohn erhalten, definiert. Die Grenze im Rahmen des § 100 EStG n.F. liegt folglich zwischen diesen Definitionen.

ohnehin geschuldeten Arbeitslohn mindestens 240 Euro im Kalenderjahr an einen Pensionsfonds, eine Pensionskasse oder eine Direktversicherung zahlen. Der BAV-Förderbetrag ist folglich nur im Rahmen der externen Durchführungswege zulässig. Des Weiteren muss es sich bei diesem Arbeitgeberbeitrag gem. § 100 Abs. 2 Satz 2 EStG n.F. um einen zusätzlichen Beitrag handeln. Dies ist bedeutend für Fälle, in denen der Arbeitgeber bereits vor Inkrafttreten des BRSG einen Arbeitgeberbeitrag geleistet hat. Insoweit bildet das Jahr 2016 die Referenz. Arbeitgeber, die bereits 2016 einen Zuschuss zur bAV gezahlt haben, müssen diesen entsprechend erhöhen, damit es sich um einen zusätzlichen Arbeitgeberbeitrag handelt und der BAV-Förderbetrag beansprucht werden kann.[492] Weder der Pflichtzuschuss gem. § 1a Abs. 1a bzw. § 23 Abs. 2 BetrAVG n.F. noch der Sicherungsbeitrag nach § 23 Abs. 1 BetrAVG n.F. gelten in diesem Sinne als zusätzlicher Arbeitgeberbeitrag. Eine Inanspruchnahme des BAV-Förderbetrags kommt für diese Zahlungen daher nicht in Frage.[493]

Zwei zusätzliche Voraussetzungen sind in § 100 Abs. 3 Nr. 4 und 5 EStG n.F. festgehalten. So muss zum einen die Auszahlung der zugesagten Leistungen[494] in Form einer Rente oder eines Auszahlungsplans erfolgen.[495] Zum anderen ist sicherzustellen, dass von den Beiträgen jeweils derselbe prozentuale Anteil zur Deckung der Vertriebskosten herangezogen wird. Diese Bedingung schreibt folglich vor, dass der Vertrag, in dessen Rahmen der BAV-Förderbetrag beansprucht werden soll, keine Zillmerung von Vertriebsprovisionen vorsehen darf. Hier zeigt sich die Verbindung zu der im Rahmen dieser Arbeit erläuterten Nebenbedingung 2. Die steuerliche Förderung durch den BAV-Förderbetrag wird nur gewährt, wenn die für die Arbeitnehmer unvorteilhafte Zillmerung ausgeschlossen ist.[496]

Sind all diese Voraussetzungen kumulativ erfüllt, kann der Arbeitgeber den BAV-Förderbetrag in Anspruch nehmen. Dieser ist der Höhe nach beschränkt. So beträgt er gem. § 100 Abs. 2 Satz 1 EStG n.F. im Kalenderjahr 30 Prozent des zusätzlichen Arbeitgeberbeitrags, höchstens jedoch 144 Euro.[497] Bis zu einem zusätzlichen Arbeitgeberbeitrag in Höhe von 480 Euro kommt es folglich zu dem Ergebnis, dass dieser Betrag zu 70 Prozent vom Arbeitgeber und zu 30 Prozent vom Fiskus finanziert wird.

Da mit dem BAV-Förderbetrag ein gänzlich neues Förderinstrument geschaffen wurde, hat der Gesetzgeber einen neuen steuerfreien Dotierungsrahmen geschaffen. So ist der Arbeitgeberbeitrag gem. § 100 Abs. 6 Satz 1 EStG n.F. bis zu einem Betrag von 480 Euro im

---

492 Damit sollen Mitnahmeeffekte verhindert werden. Wäre beispielsweise das Jahr 2017 als Referenzjahr herangezogen worden, hätten Arbeitgeber in Antizipation des BRSG, dessen Entwürfe in 2017 bereits ausführlich diskutiert wurden, ihre Zuschüsse entsprechend absenken und ab 2018 wieder erhöhen können.

493 Vgl. BMF-Schreiben vom 06.12.2017, Rz. 112.

494 Dies können Alters-, Invaliditäts- oder Hinterbliebenenversorgungsleistungen sein.

495 Diese Voraussetzung ist bereits aus § 3 Nr. 63 EStG bekannt, der die gleiche Formulierung enthält. Ferner wird ebenfalls auf § 1 Abs. 1 Satz 1 Nr. 4 AltZertG verwiesen. Vgl. zu dieser Voraussetzung außerdem BMF-Schreiben vom 06.12.2017, Rz. 136.

496 Während bei Nebenbedingung 2 ein Verbot der Zillmerung allgemein diskutiert wurde, hat sich der Gesetzgeber im BRSG dazu entschieden, lediglich den BAV-Förderbetrag hieran zu knüpfen. Die übrigen Förderwege, beispielsweise über § 3 Nr. 63 EStG, stehen daher auch weiterhin offen, wenn die zugrundeliegenden Verträge gezillmert sind.

497 In Fällen, in denen Arbeitgeber im Referenzjahr 2016 bereits Arbeitgeberbeiträge geleistet haben, ist der BAV-Förderbetrag gem. § 100 Abs. 2 Satz 2 EStG n.F. zusätzlich auf den Betrag beschränkt, den der Arbeitgeber nunmehr über seinen ursprünglichen Arbeitgeberbeitrag hinaus leistet.

Kalenderjahr steuerfrei. Der Dotierungsrahmen des § 3 Nr. 63 EStG bleibt gem. § 100 Abs. 6 Satz 2 EStG n.F. hiervon unberührt.[498]

8.2.2 Erhöhung des Dotierungsrahmens

Eine zweite steuerliche Änderung betrifft den Dotierungsrahmen des § 3 Nr. 63 EStG. So sind nunmehr gem. § 3 Nr. 63 Satz 1 EStG n.F. Beiträge zu einem Pensionsfonds, einer Pensionskasse oder einer Direktversicherung bis zur Höhe von acht Prozent der Beitragsbemessungsgrenze in der GRV (West) steuerfrei. Dies bedeutet für Altzusagen[499] eine Verdopplung des Dotierungsrahmens. Für Neuzusagen gewährte § 3 Nr. 63 Satz 3 EStG a.F. einen zusätzlichen steuerfreien Betrag in Höhe von jährlich 1.800 Euro. Dieser entfällt seit BRSG. Eine Unterscheidung in Alt- und Neuzusagen ist fortan in Bezug auf den steuerfreien Dotierungsrahmen nicht mehr notwendig. Damit können im Kalenderjahr 2018 maximal 6.240 Euro steuerfrei an einen externen Versorgungsträger geleistet werden. Vor BRSG wären für Altzusagen lediglich 3.120 Euro und für Neuzusagen 4.920 Euro steuerfrei gestellt worden.[500]

8.3 Sozialversicherungsrechtliche Änderungen

8.3.1 Abschaffung der Doppelverbeitragung bei Riester-bAV

Im Zuge des BRSG wurde die sozialversicherungsrechtliche Behandlung der Riester-geförderten bAV geändert. Die bislang geltende Doppelverbeitragung wurde dadurch abgeschafft, dass auf eine rein vorgelagerte Verbeitragung umgestellt wird.[501] Dies wurde gesetzestechnisch dadurch umgesetzt, dass § 229 Abs. 1 Satz 1 Nr. 5 SGB V n.F. geändert wird. Dieser regelt grundsätzlich, dass bAV-Leistungen in der gesetzlichen KV als Versorgungsbezüge beitragspflichtig sind. Fortan gilt hier eine Ausnahme für Leistungen aus Altersvorsorgevermögen im Sinne des § 92 EStG. Damit gelten Leistungen aus Riester-geförderten bAV-Verträgen künftig nicht mehr als beitragspflichtige Versorgungsbezüge. Über die Verknüpfung des § 57 Abs. 1 SGB XI gilt dies auch für die PV. Im Ergebnis sind die Leistungen damit in der Rentenphase sozialversicherungsfrei, sodass künftig betriebliche und private Riester-Verträge sozialversicherungsrechtlich gleich behandelt werden.

---

498 Auch sozialversicherungsrechtlich folgte eine Änderung aufgrund des BAV-Förderbetrags. So zählt der gem. § 100 Abs. 6 EStG steuerfreie Arbeitgeberbeitrag gem. § 1 Abs. 1 Nr. 9 SvEV n.F. nicht zum beitragspflichtigen Arbeitsentgelt.

499 Altzusagen bedeutet hier Zusagen vor dem 01.01.2005, da für diese der zusätzliche Freibetrag von 1.800 Euro in § 3 Nr. 63 S. 3 EStG a.F. nicht gewährt wurde.

500 Eine zusätzliche Neuerung durch das BRSG betrifft die „Vervielfältigerregelung" des § 3 Nr. 63 Satz 4 EStG a.F., die besagte, dass beispielsweise Abfindungen bis zu einem Betrag von 1.800 Euro vervielfältigt mit der Anzahl der Dienstjahre steuerfrei an einen externen Versorgungsträger geleistet werden können. Gem. § 3 Nr. 63 Satz 3 EStG n.F. wird diese Regelung nunmehr dynamisiert, indem anstelle des Fixbetrags von 1.800 Euro auf vier Prozent der Beitragsbemessungsgrenze in der GRV abgestellt wird. Zusätzlich wurde mit § 3 Nr. 63 Satz 4 EStG n.F. die Möglichkeit geschaffen, in Folge eines ruhenden Arbeitsverhältnisses Dotierungen steuerfrei nachzuholen.

501 Vgl. zu einer Gegenüberstellung von vor- und nachgelagerter Verbeitragung Reformüberlegung 3 in Abschnitt C 6.3 dieser Arbeit.

8.3.2 Freibetrag für Zusatzrenten bei der Grundsicherung

Auch wenn es sich bei der Grundsicherung nicht im engeren Sinn um einen Aspekt des Sozialversicherungsrechts, sondern des Sozialhilferechts handelt, wird in diesem Abschnitt auf eine Änderung diesbezüglich eingegangen. So wurde mit dem BRSG ein Freibetrag für die Anrechnung von bestimmten Leistungen auf die Grundsicherung geschaffen. Konkret sieht § 82 Abs. 4 SGB XII n.F. künftig vor, dass ein Betrag in Höhe von 100 Euro monatlich (Sockelbetrag) aus einer zusätzlichen Altersvorsorge bei der Hilfe zum Lebensunterhalt und der Grundsicherung im Alter und bei Erwerbsminderung abzusetzen ist. Dieser Freibetrag erhöht sich zusätzlich um 30 Prozent des den Sockelbetrag übersteigenden Einkommens aus einer zusätzlichen Altersvorsorge. Insgesamt ist der Freibetrag jedoch auf 50 Prozent der Regelbedarfsstufe nach der Anlage 1 zu § 28 SGB XII begrenzt. Dieser Höchstbetrag beläuft sich in 2018 auf 208 Euro.

Der Begriff der zusätzlichen Altersvorsorge wird in § 82 Abs. 5 SBG XII n.F. definiert. Insbesondere fallen darunter laufende Zahlungen aus einer bAV sowie aus Riester- und Rürup-Verträgen. Der bereits in Abschnitt C 6.5.1 diskutierte Aspekt, dass ein Freibetrag bei der Grundsicherung nicht nur auf Leistungen aus der bAV beschränkt werden kann, ist daher vom Gesetzgeber derart gelöst worden, dass der Freibetrag auch für bestimmte private Zusatzvorsorge gilt.

9 Fazit und Ausblick

9.1 Beantwortung der Forschungsfragen

In Teil C dieser Arbeit wurden drei zentrale Forschungsfragen beantwortet. Zunächst wurden Ursachen für die unterdurchschnittliche Verbreitung der bAV bei Gering- und Niedrigverdienern ausgemacht. Dabei wurde der Fokus insbesondere auf die steuer- und sozialversicherungsrechtlichen Regelungen der bAV gelegt. Nach einem Literaturüberblick wurde sich durch den Einsatz qualitativer Methoden, darunter Experten- und Arbeitnehmerinterviews, diesen Fragen genähert. Es wurden dadurch Hemmnisse identifiziert, die Gering- und Niedrigverdiener von einer Teilnahme an der bAV abhalten. Diese lassen sich in allgemeine sowie in steuer- und sozialversicherungsrechtliche Hemmnisse einteilen. Ein zentraler Aspekt ist, dass Arbeitgeber gerade Gering- und Niedrigverdienern nur selten aktiv ein bAV-Angebot unterbreiten. Dies ist problematisch, da der Kenntnisstand der Arbeitnehmer zum Themenkomplex bAV als gering anzusehen ist. Dies zeigt auch die Tatsache, dass der arbeitsrechtliche Anspruch auf Entgeltumwandlung kaum bekannt ist. Es bedarf daher einer besseren Aufklärung und Information zur bAV allgemein, damit diese Probleme abgemildert werden können. Eine allgemeine Ablehnung von zusätzlicher Altersvorsorge kann den Gering- und Niedrigverdienern nämlich nicht attestiert werden, wie die Interviews gezeigt haben. Vielmehr betreiben diese verhältnismäßig häufig private Zusatzvorsorge, obwohl ihr finanzieller Spielraum gering ist. Dies bedeutet, dass die bAV in der Zielgruppe noch nicht ausreichend bekannt ist. Auch scheint sie nicht als sehr attraktiv und lukrativ von den Arbeitnehmern wahrgenommen zu werden.

Dieser Punkt führt zu der Frage nach der steuer- und sozialversicherungsrechtlichen Förderung der bAV und damit zu Forschungsfrage (2). Die bisherigen Ausführungen lassen einerseits die Schlussfolgerung zu, dass die Förderregelungen zur bAV nicht ausreichend verständlich sind und die Arbeitnehmer die bestehenden steuer- und sozialversicherungsrechtlichen Vorteile folglich nicht (er)kennen. Andererseits verzichten aber auch Arbeitnehmer auf die Teilnahme an der bAV, denen die rechtlichen Regelungen zumindest in Grundzügen bekannt sind. Daraus lässt sich schließen, dass mögliche Reformüberlegungen die rechtlichen Rahmenbedingungen der bAV auf der einen Seite verständlicher machen sollten. Auf der anderen Seite sollten die Förderregelungen jedoch auch effektiver und zielgenauer sein. Hierbei ist insbesondere die Zielgruppe der Gering- und Niedrigverdiener in den Fokus zu rücken.

Diesbezüglich wurden zur Beantwortung von Forschungsfrage (3) vier Reformüberlegungen diskutiert, welche die bAV durch Anpassung ihrer steuer- und sozialversicherungsrechtlichen Behandlung für Gering- und Niedrigverdiener attraktiver machen würden. Da eine Förderung nicht „ins Uferlose“ ausarten darf, wurden die Reformüberlegungen 1 und 2 substitutiv ausgestaltet. Es könnte einerseits die Beitragslast in der Sozialversicherung derart modifiziert auf Arbeitnehmer und Arbeitgeber aufgeteilt werden, dass in der Anwartschaftsphase der Arbeitgeberanteil erhoben, der Arbeitnehmer in der Rentenphase jedoch nur noch mit dem halben Beitragssatz belastet würde. Wenn hingegen auf die vorgelagerte Erhebung des Arbeitgeberanteils verzichtet würde, könnte andererseits ein verpflichtender Zuschuss des Arbeitgebers bei Entgeltumwandlung in Höhe der im Vergleich zu einer Lohnzahlung eingesparten Sozialversicherungsbeiträge eingeführt werden.

Zusätzlich könnte die Riester-geförderte bAV dadurch verbessert werden, dass die Doppelverbeitragung in der Sozialversicherung abgeschafft wird. Hierzu kommen grundsätzlich zwei Möglichkeiten in Betracht. Entweder wird auf eine rein vorgelagerte oder eine rein nachgelagerte Verbeitragung umgestellt (Reformüberlegung 3). Schließlich könnte mit dem bAV-Förderbetrag auch ein gänzlich neues Fördersystem in der bAV-Landschaft geschaffen werden, das auf eine gezielte Förderung von Gering- und Niedrigverdienern ausgerichtet ist (Reformüberlegung 4).

Damit diese Reformüberlegungen ihre gewünschte Wirkung entfalten können, wären zwei weitere, im Rahmen dieser Arbeit als Nebenbedingungen bezeichnete, Maßnahmen empfehlenswert. So sollte zum einen die Anrechnung von bAV-Renten auf die Grundsicherung begrenzt werden. Zum anderen wäre die als Zillmerung bezeichnete Vorabverprovisionierung bei versicherungsförmigen bAV-Verträgen zu versagen. Dass mit dieser Maßnahme zumindest bei modelltheoretischer Betrachtung sowohl für die Arbeitnehmer als auch für die Versicherungsanbieter positive Effekte einhergehen können, zeigt der Exkurs in Abschnitt C 6.5.3.

9.2 Erste Würdigung des Betriebsrentenstärkungsgesetzes

Mit dem BRSG wurde ein Maßnahmenkatalog umgesetzt, der die rechtlichen Rahmenbedingungen der bAV umfassend ändert. Aus arbeitsrechtlicher Perspektive ist die Einführung der reinen Beitragszusage im Zusammenhang mit dem Sozialpartnermodell die zentralste Änderung. Mit dieser neuen Zusageart ist es Arbeitgebern künftig möglich, nach dem

Motto „pay and forget" Leistungen der bAV zuzusagen, ohne Haftungsrisiken fürchten zu müssen. Auch wenn die Arbeitgeberhaftung bereits vor BRSG durch entsprechende Wahl von Zusageart und Durchführungsweg auf ein Minimum beschränkt werden konnte, stand das Thema Haftung gerade in KMU stets im Vordergrund.[502] Durch die reine Beitragszusage wurde dieser Problematik begegnet. Voraussetzung für die Inanspruchnahme der reinen Beitragszusage ist grundsätzlich eine tarifvertragliche Bindung. Dies ist insoweit zu begrüßen, als Tarifparteien in Bezug auf die bAV langjährige Erfahrung haben und dementsprechend leistungsfähige Einrichtungen der bAV schaffen können. Jedoch ist darauf hinzuweisen, dass ein großer Teil der Unternehmen in Deutschland nicht tarifgebunden ist. Die Folge ist, dass auch eine Vielzahl der Arbeitnehmer nicht von einem Tarifvertrag erfasst ist.[503] Diesbezüglich sieht das BRSG in § 21 Abs. 3 Satz 1 BetrAVG n.F. vor, dass die Tarifvertragsparteien auch nichttarifgebundenen Arbeitgebern und Arbeitnehmern den Zugang zu ihrer Versorgungseinrichtung und damit zu einer reinen Beitragszusage nicht verwehren sollen. Es bleibt an dieser Stelle fraglich, wie diese Sollvorschrift ausgelegt und gehandhabt wird. In Bezug auf eine höhere Verbreitung der bAV wäre es jedenfalls wünschenswert, dass die Tarifvertragsparteien hier großzügig agieren. Ansonsten bestünde die Gefahr, dass dieser Teil der Reform an den Zielgruppen des BRSG, nämlich KMU sowie Gering- und Niedrigverdiener, vorbei zielt.[504]

In der Gesetzesbegründung zum BRSG wird ausgeführt, dass bei einer reinen Beitragszusage kein sachlicher Grund mehr dafür besteht, dass ein Arbeitgeber von einer Entgeltumwandlung seiner Arbeitnehmer durch Einsparung von Sozialversicherungsbeiträgen profitiert.[505] Daher wurde gem. § 23 Abs. 2 BetrAVG n.F. ein Pflichtzuschuss des Arbeitgebers bei Entgeltumwandlungen im Rahmen einer reinen Beitragszusage eingeführt. Durch die Beschränkung der Höhe nach verbleibt beim Arbeitgeber in Fällen, in denen der umwandelnde Arbeitnehmer unterhalb der Beitragsbemessungsgrenze der KV verdient, eine Restersparnis, durch die er laut Gesetzesbegründung für seinen Verwaltungsaufwand entschädigt werden soll. Dieser Argumentation kann man folgen. Im endgültigen Gesetz wurde der Pflichtzuschuss zusätzlich auf die übrigen Zusagearten ausgedehnt.[506] Die Begründung des Pflichtzuschusses aus dem Gesetzentwurf zum BRSG kann für diese Zusagearten folglich nicht gelten. Dessen ungeachtet ist festzuhalten, dass aus Sicht der Arbeitnehmer ein genereller Pflichtzuschuss positiv zu werten ist. Ein solcher wurde auch im Rahmen dieser Arbeit als Reformüberlegung 2 diskutiert. Die Ausgestaltung im BRSG kommt dieser sehr nahe. Dies bedeutet im Umkehrschluss, dass Reformüberlegung 1 keine Berücksichtigung im BRSG fand. Der Gesetzgeber hat sich folglich dazu entschieden, keinen tiefen Eingriff in grundsätzliche Regelungen der Abgabenerhebung in der Sozialversicherung vorzunehmen. Ein solcher wäre bei Umsetzung von Reformüberlegung 1 nötig gewesen, da es in

---

502 Vgl. Kiesewetter et al. (2016a), S. 194 f.

503 Laut Verdienststrukturerhebung 2014 waren lediglich 15 Prozent aller Betriebe in Deutschland tarifgebunden. In Bezug auf die Beschäftigten wurde festgestellt, dass 55 Prozent aller Arbeitnehmer in nicht tarifgebundenen Betrieben beschäftigt sind, vgl. Statistisches Bundesamt (2016), S. 7.

504 Vgl. hierzu auch die Anmerkungen zum Gesetzentwurf des BRSG in Kiesewetter et al. (2016c), S. 650.

505 Vgl. BT-Drucksache 18/11286 vom 22.02.2017, S. 46.

506 Auf die zeitliche Anwendungsbeschränkung sowie die Tarifdispositivität dieser Regelung sei hingewiesen.

der Folge zu einem Auseinanderfallen der Erhebung des Arbeitgeber- und Arbeitnehmerbeitrags in der Anwartschaftsphase gekommen wäre.

Die Vorteile des Pflichtzuschusses für Arbeitnehmer gehen offenbar mit Nachteilen für den Arbeitgeber einher. Dieser kann fortan nicht mehr bzw. nur noch in sehr geringem Maße von einer Entgeltumwandlung seiner Arbeitnehmer profitieren. Während dies in der Sache konsequent erscheint, kann es in Bezug auf die stärkere Verbreitung der bAV kritisch betrachtet werden. So ist mit dem Wegfall der Sozialversicherungsersparnis ein Anreiz für Arbeitgeber entfallen, die bAV aktiv zu fördern. Auch wenn dieser Anreiz nicht sehr groß und sichtbar war,[507] ist sein Wegfall zumindest zu diskutieren. Dies gilt umso mehr, da im Rahmen des BRSG außer der reinen Beitragszusage kein weiterer, insbesondere kein monetärer Anreiz, für Unternehmen geschaffen wurde. Ein solcher wäre aber gerade für KMU wünschenswert gewesen.[508] Es bleibt daher abzuwarten, ob diese Regelung tatsächlich zu einer gesteigerten Verbreitung der bAV führt.

Zusätzlich ist darauf hinzuweisen, dass durch den Pflichtzuschuss für die Anbieter externer bAV-Lösungen Probleme einhergehen können. So kann es einerseits dazu kommen, dass die Höhe der Beiträge in Folge eines schwankenden Pflichtzuschusses ebenfalls (z.B. monatlich) variieren. Derartig variable Beiträge sind beispielsweise in (Direkt-)Versicherungsverträgen in der Regel nicht vorgesehen, die Anbieter müssen damit jedoch künftig umgehen. Andererseits ist der Pflichtzuschuss ab dem Jahr 2022 auf den gesamten Bestand an Entgeltumwandlungen anzuwenden. Diesen Verträgen liegt häufig kein Arbeitgeberzuschuss zugrunde, nun wird ein solcher jedoch verpflichtend. Auch hierauf müssen sich die Anbieter einstellen. Zusätzlich geht mit diesem Aspekt die Problematik einher, dass diese älteren Verträge noch einen teilweise hohen Garantiezins beinhalten. Folglich haben die Anbieter im aktuellen Zinsumfeld keinerlei Interesse, dass in derartige Verträge künftig höhere Beiträge fließen. Mögliche Folge wird sein, dass in solchen Fällen neue und gegebenenfalls zusätzliche Verträge abgeschlossen werden. Zu einer Vereinfachung der Rahmenbedingungen trägt dies jedoch sicher nicht bei.

In Bezug auf die steuerlichen Änderungen, die das BRSG mit sich bringt, ist die Einführung des BAV-Förderbetrags in § 100 EStG n.F. die zentralste Neuerung. Entsprechend der Zielsetzung des BRSG wird hiermit versucht, eine zielgenaue Förderung von Gering- und Niedrigverdienern zu erreichen und diese so in das bAV-System zu integrieren. Bei Inanspruchnahme der Förderung werden die Beiträge an die Versorgungseinrichtung zu 30 Prozent vom Fiskus getragen. Damit besteht für Arbeitgeber die Möglichkeit, auch den weniger gut verdienenden Teilen ihrer Belegschaft kostengünstig eine bAV anzubieten. Diese Angestellten sind aufgrund ihres geringen finanziellen Spielraums oftmals nicht in der Lage, eigenständig Zusatzvorsorge zu betreiben. Zumindest nehmen sie ihre wirtschaftliche Situation so wahr. Da der BAV-Förderbetrag von jeglichen Eigenbeiträgen der Arbeitnehmer absieht, erhalten diese ohne finanzielle Belastung Zugang zum System der bAV. Es ist denkbar, dass auch diese Arbeitnehmer durch ein „Kennenlernen" der bAV fortan eher bereit sind, mittels Entgeltumwandlung ihre bAV-Anwartschaft zusätzlich zu erhöhen.

---

507 Vgl. dazu Kiesewetter et al. (2016a), S. 99 f.

508 Vgl. zu möglichen Anreizen die in Kiesewetter et al. (2016a), S. 167 ff. diskutierte Steuerermäßigung für KMU und die dort als bAV-Abzugsbetrag bezeichnete Fördermöglichkeit.

Die Voraussetzungen für die Inanspruchnahme des BAV-Förderbetrags sind nicht allzu restriktiv. Zwar wurde eine Obergrenze in Bezug auf den Bruttoverdienst eingeführt, dies ist vor dem Hintergrund der Zielsetzung aber folgerichtig. Bei einem Überschreiten dieser starren, als Absolutbetrag ausgestalteten Grenze entfällt die Förderung gänzlich. Durch dieses „Schwarz-Weiß-Prinzip" sind Härtefälle nicht auszuschließen, scheinen jedoch vertretbar. Da keine Dynamisierung der Obergrenze vorgesehen ist, sollten zukünftige Anpassungen nach oben erfolgen. Die Voraussetzung, dass der BAV-Förderbetrag nur gewährt wird, wenn der zugrundeliegende Vertrag keine gezillmerte Erhebung von Provisionen vorsieht, ist aus Arbeitnehmersicht zu begrüßen. Dadurch werden die ersten Beiträge und die Rendite nicht durch hohe Kosten des Vertrags zunichtegemacht. Abzuwarten bleibt, wie die Versicherungswirtschaft auf diesen Punkt reagiert. Jedoch wird sie sich der neuen Förderung kaum gänzlich verschließen können, sodass sie entsprechende Produkte anbieten wird.

Die Anpassungsregelungen in Bezug auf den steuerfreien Dotierungsrahmen sind aus Sicht der Zielgruppe dieser Arbeit nur von geringer Bedeutung. Gering- und Niedrigverdiener werden in aller Regel auch die bisher geltende Grenze der steuerfreien Zuführung zu externen bAV-Lösungen nicht erreicht bzw. gar überschritten haben. Dennoch sind aus allgemeinerer Perspektive die Erhöhung und die Vereinfachung des steuerfreien Dotierungsrahmens positiv zu würdigen. Dies gilt auch aus Sicht der Arbeitgeber, die oftmals zusätzliche, interne Durchführungswege anbieten müssen, damit ihre besserverdienenden Arbeitnehmer entsprechend hohe Beiträge zur bAV steuerfrei leisten konnten. Durch die Neuregelung ist es möglich, künftig nur noch einen externen Durchführungsweg anzubieten, wodurch der administrative Aufwand, der mit dem Angebot und der Durchführung einer bAV einhergeht, im Unternehmen gering gehalten werden kann.

Kritisch ist diesbezüglich jedoch anzumerken, dass keine entsprechende Anhebung des sozialversicherungsrechtlichen Dotierungsrahmens stattgefunden hat. Hier bleibt es vielmehr bei dem bisherigen Freibetrag in Höhe von vier Prozent der Beitragsbemessungsgrenze in der GRV. Dadurch kommt es zu einem recht deutlichen Auseinanderfallen von steuer- und sozialversicherungsrechtlichem Dotierungsrahmen.[509] So kann es dazu kommen, dass bei entsprechend hohen bAV-Beiträgen zwar Steuer-, nicht aber Sozialversicherungsfreiheit eintritt. Da in der Rentenphase jedoch die gesamte Leistung verbeitragt wird, kommt es in derartigen Fällen zu einer Doppelverbeitragung in KV und PV. Man kann nun argumentieren, dass derartige Beiträge nur von Personen aufgebracht werden können, deren Bruttolohn über den Beitragsbemessungsgrenzen liegt. Entgeltumwandlungen in diesen Bereichen beeinflussen die Höhe der Sozialversicherungsbeiträge ohnehin nur gering bzw. bei Überschreiten der Beitragsbemessungsgrenze in der GRV sogar überhaupt nicht. Zu einer Doppelverbeitragung kann es in diesen Fällen daher nicht kommen. Im Hinblick auf eine Vereinfachung der Rahmenbedingungen wäre dennoch auch eine Erhöhung des sozialversicherungsrechtlichen Dotierungsrahmens wünschenswert gewesen.

Die Abschaffung der Doppelverbeitragung bei der Riester-geförderten bAV durch Umstellung auf eine rein vorgelagerte Verbeitragung ist offensichtlich positiv zu beurteilen. Bislang wurde von dieser Art der Zusatzvorsorge zu Recht kaum Gebrauch gemacht. Da die

509 Auch vor BRSG kam es bei Neuzusagen aufgrund des zusätzlichen Betrags von 1.800 Euro, der nur steuer-, nicht aber sozialversicherungsfrei war, zu einem entsprechenden Unterschied.

Kombination aus Riester-Förderung und Kollektivvorteilen der bAV jedoch gute Chancen für eine lohnende Zusatzvorsorge bietet, sollte diese zukünftig häufiger genutzt werden. Durch die Rechtsänderung wird künftig die Riester-geförderte bAV abweichend von den übrigen, nachgelagert verbeitragten, bAV-Maßnahmen behandelt. Jedoch kommt es dadurch zu einem sozialversicherungsrechtlichen Gleichlauf von privater und betrieblicher Riester-Förderung. Da auch die steuerlichen Regelungen keine Unterscheidung zwischen betrieblichen und privaten Riester-Verträgen vorsehen, kann diesbezüglich von einer Vereinfachung gesprochen werden. Außerdem führt die vorgelagerte Verbeitragung dazu, dass keine Ansprüche in der GRV verloren gehen.

Mit der Schaffung eines Freibetrags für Leistungen aus einer zusätzlichen Altersvorsorge bei der Grundsicherung wurde ein Fehlanreiz für Geringverdiener beseitigt. Die Ausgestaltung des Freibetrags scheint der Höhe nach angemessen. So verbleibt auch bei Personen, die davon ausgehen im Rentenalter auf Sozialhilfe angewiesen zu sein, ein Anreiz, eigenverantwortlich vorzusorgen.

9.3 Ausblick

Das Thema Altersvorsorge war in der Vergangenheit im politischen, gesellschaftlichen ebenso wie im wissenschaftlichen Diskurs stets präsent. Es ist davon auszugehen, dass sich hieran auch zukünftig nichts ändern wird. Die bekannten Probleme der GRV tragen ihr Übriges dazu bei. Auch für den betriebswirtschaftlichen Betrachter bleibt die Thematik der Altersvorsorge relevant. In Bezug auf die in dieser Arbeit im Fokus stehende bAV eröffnen sich aufgrund des BRSG neue Fragestellungen und damit auch Ansätze für weitergehende Forschung.

Aus Sicht der betriebswirtschaftlichen Steuerlehre bieten Steuerrechtsänderungen stets eine Gelegenheit für eine wissenschaftliche Auseinandersetzung. Dies gilt ebenso für Änderungen im Bereich der Sozialversicherung, denn häufig ist eine separate Betrachtung von „nur“ Steuerrecht bzw. „nur“ Sozialversicherungsrecht zu kurz gegriffen. Da mit dem BRSG zahlreiche Änderungen in diesen Rechtsgebieten einhergegangen sind, können diese nunmehr analysiert werden. In der Vergangenheit erfreute sich besonders die Modelltheorie großer Beliebtheit im Themenbereich der bAV bzw. Altersvorsorge allgemein. Diese Methodik scheint auch geeignet, einige Aspekte des BRSG zu untersuchen. So sind mit dem Pflichtzuschuss bei Entgeltumwandlung sowie dem BAV-Förderbetrag zwei neue Förderregelungen im System der bAV entstanden. Diese können auf ihre Vorteilhaftigkeit im Vergleich mit den herkömmlichen bAV- bzw. Altersvorsorgeformen hin analysiert werden. Eine erste Untersuchung diesbezüglich ist durch Kiesewetter/Menzel (2019) bereits vorgenommen worden. Sie zeigen modelltheoretisch, dass durch den bAV-Förderbetrag eine zielgenaue Förderung von geringverdienenden Arbeitnehmern ermöglicht wird. Außerdem weisen sie nach, dass aufgrund der Änderungen des BRSG die Riester-geförderte bAV nunmehr sinnvoll genutzt werden kann, da sie gegenüber alternativen Vorsorgeformen mit identischer Vorsteuerrendite meist vorteilhaft ist.[510]

Wie sowohl Teil B als auch Teil C dieser Arbeit gezeigt haben, ist der Themenbereich Ersparnisbildung bzw. Altersvorsorge jedoch einer, in dem Individuen nicht immer rational

[510] Vgl. Kiesewetter/Menzel (2019), S. 69 f.

entscheiden. Vielmehr spielen auch psychologische Aspekte eine entscheidende Rolle. Folglich bieten verhaltensökonomische Ansätze die Chance, ein tieferes Verständnis für diese Thematik zu gewinnen. Dabei erscheint vielversprechend, durch Einbezug der geänderten steuer- und sozialversicherungsrechtlichen Regelungen weitere Erkenntnisse zu deren Einfluss auf Altersvorsorgeentscheidungen zu erhalten.

Anhang

B1 Parametrisierung Teil 1 des Experiments zur Messung der Zeitpräferenzen

Zeithorizont 12 Monate:

Nr.	OPTION A: Frühe Auszahlung (in einem Monat)	OPTION B: Späte Auszahlung (in 13 Monaten)	Zins p.a. (nominal)	Zins p.a. (effektiv)
1	3.000 €	3.076 €	2,50 %	2,52 %
2	3.000 €	3.153 €	5,00 %	5,09 %
3	3.000 €	3.231 €	7,50 %	7,71 %
4	3.000 €	3.311 €	10,00 %	10,38 %
5	3.000 €	3.393 €	12,50 %	13,10 %
6	3.000 €	3.476 €	15,00 %	15,87 %
7	3.000 €	3.560 €	17,50 %	18,68 %
8	3.000 €	3.647 €	20,00 %	21,55 %
9	3.000 €	3.734 €	22,50 %	24,47 %
10	3.000 €	3.823 €	25,00 %	27,44 %
11	3.000 €	3.914 €	27,50 %	30,47 %
12	3.000 €	4.006 €	30,00 %	33,55 %
13	3.000 €	4.100 €	32,50 %	36,68 %
14	3.000 €	4.196 €	35,00 %	39,87 %
15	3.000 €	4.293 €	37,50 %	43,11 %
16	3.000 €	4.392 €	40,00 %	46,41 %
17	3.000 €	4.493 €	42,50 %	49,77 %
18	3.000 €	4.595 €	45,00 %	53,18 %
19	3.000 €	4.700 €	47,50 %	56,65 %
20	3.000 €	4.805 €	50,00 %	60,18 %

Tabelle 30: Messung Zeitpräferenzen – Auszahlungen bei zwölfmonatigem Zeithorizont[511]

[511] Quelle: Eigene Darstellung.

Zeithorizont 24 Monate:

Nr.	OPTION A: Frühe Auszahlung (in einem Monat)	OPTION B: Späte Auszahlung (in 25 Monaten)	Zins p.a. (nominal)	Zins p.a. (effektiv)
1	3.000 €	3.153 €	2,50 %	2,52 %
2	3.000 €	3.313 €	5,00 %	5,09 %
3	3.000 €	3.481 €	7,50 %	7,71 %
4	3.000 €	3.655 €	10,00 %	10,38 %
5	3.000 €	3.837 €	12,50 %	13,10 %
6	3.000 €	4.027 €	15,00 %	15,87 %
7	3.000 €	4.226 €	17,50 %	18,68 %
8	3.000 €	4.432 €	20,00 %	21,55 %
9	3.000 €	4.648 €	22,50 %	24,47 %
10	3.000 €	4.873 €	25,00 %	27,44 %
11	3.000 €	5.107 €	27,50 %	30,47 %
12	3.000 €	5.350 €	30,00 %	33,55 %
13	3.000 €	5.604 €	32,50 %	36,68 %
14	3.000 €	5.869 €	35,00 %	39,87 %
15	3.000 €	6.144 €	37,50 %	43,11 %
16	3.000 €	6.431 €	40,00 %	46,41 %
17	3.000 €	6.729 €	42,50 %	49,77 %
18	3.000 €	7.039 €	45,00 %	53,18 %
19	3.000 €	7.362 €	47,50 %	56,65 %
20	3.000 €	7.697 €	50,00 %	60,18 %

Tabelle 31: Messung Zeitpräferenzen – Auszahlungen bei 24-monatigem Zeithorizont[512]

[512] Quelle: Eigene Darstellung.

B2 Screenshot Entscheidungssituation in Teil 1 des Experiments

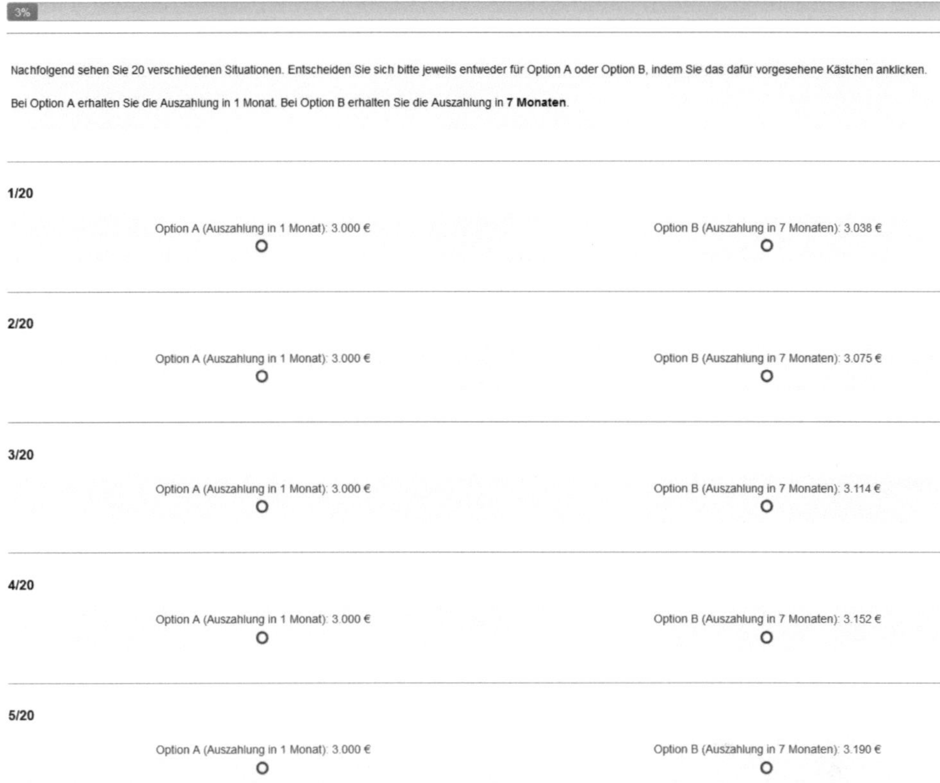

Abbildung 35: Screenshot Entscheidungssituationen in Teil 1 des Experiments[513]

[513] Quelle: Eigene Darstellung. Aus Gründen der Übersichtlichkeit erfolgt lediglich eine Darstellung von zehn Entscheidungssituationen.

B3 Instruktionen real effort task

In Teil 1 treffen Sie insgesamt 60 theoretische Entscheidungen. Versetzen Sie sich hierbei bitte in die Lage, dass Ihnen in diesen Entscheidungssituationen jeweils die zwei Auszahlungsmöglichkeiten „Option A“ und „Option B“ zur Verfügung stehen. Die beiden Optionen werden nachfolgend erklärt:

Wenn Sie sich für **Option A** entscheiden, erhalten Sie einen bestimmten Geldbetrag in **1 Monat** ausbezahlt.

Wenn Sie sich für **Option B** entscheiden, erhalten Sie einen bestimmten Geldbetrag in **7, 13 oder 25 Monaten** ausbezahlt, wobei dieser Betrag höher ist als der Betrag von Option A.

In jeder der 60 Entscheidungssituationen wählen Sie bitte durch Anklicken aus, ob Sie lieber den geringeren Geldbetrag in 1 Monat (Option A) oder den höheren Geldbetrag in 7, 13 oder 25 Monaten (Option B) erhalten möchten.

Durch Klicken auf „Continue“ gelangen Sie zu den dreimal jeweils 20 Entscheidungssituationen.

B4 Screenshot Entscheidungssituation Teil 2

Treatment Keine Steuer:

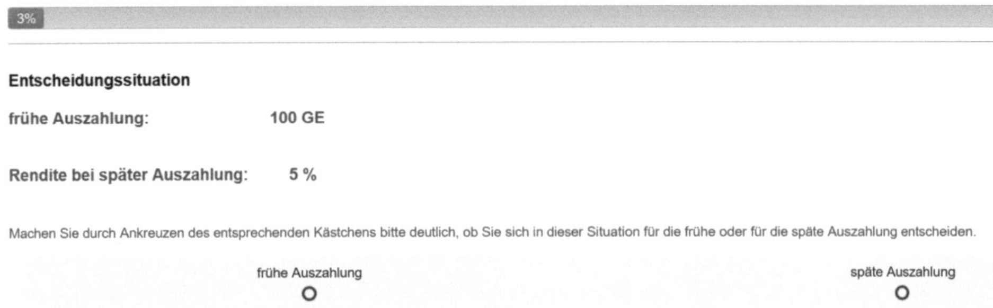

Abbildung 36: Screenshot Entscheidungssituation in Teil 2 des Experiments im Treatment Keine Steuer[514]

Steuer-Treatments:

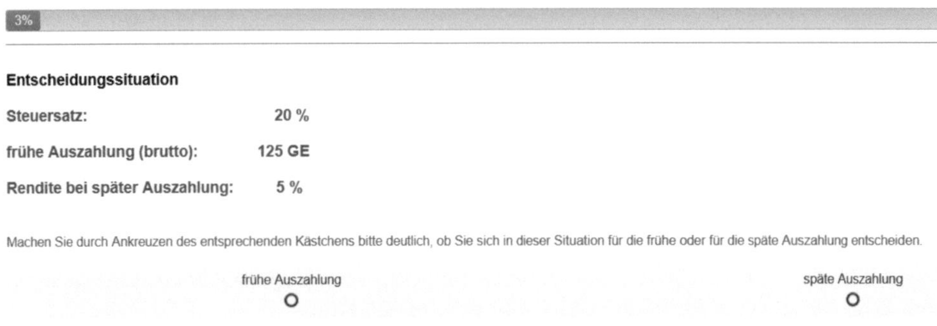

Abbildung 37: Screenshot Entscheidungssituation in Teil 2 des Experiments in den Steuer-Treatments[515]

[514] Quelle: Eigene Darstellung.
[515] Quelle: Eigene Darstellung.

B5 Instruktionen der einzelnen Treatments

Treatment Keine Steuer

Wenn Sie die **frühe Auszahlung** wählen, bekommen Sie diese komplett ausgezahlt.

Wenn Sie stattdessen die **späte Auszahlung** wählen, wird der Betrag der frühen Auszahlung angelegt. Dieser Anlagebetrag erwirtschaftet die angegebene Rendite, woraus sich die Höhe der späten Auszahlung ergibt.

Folgendes Beispiel verdeutlicht dies:
Beispiel:
Angenommen, die folgende Entscheidungssituation würde als diejenige Entscheidungssituation gezogen, die Ihre zusätzliche Auszahlung bestimmt.

Geldbetrag bei Entscheidung für „Frühe Auszahlung"	160 GE
Rendite bei Entscheidung für „Späte Auszahlung"	30 %
Frühe Auszahlung = Anlagebetrag	160 GE
+ Rendite	48 GE (= 30 % von 160 GE)
=Späte Auszahlung	**208 GE**

Wenn Sie sich in dieser Entscheidungssituation für die **frühe Auszahlung** entschieden haben, erhalten Sie **160 GE.**

Da 1 GE exakt 0,10 Euro-Cent entspricht, erhalten Sie in diesem Fall also **16 €** in zwei Wochen (Fälligkeitsdatum der Überweisung ***„Entsprechendes Datum"***) auf Ihr Bankkonto überwiesen.

Wenn Sie sich in der Entscheidungssituation hingegen für die **späte Auszahlung** entschieden haben, ergibt sich für Sie eine **Auszahlung von 208 GE.**

Da 1 GE exakt 0,10 Euro-Cent entspricht, erhalten Sie in diesem Fall also **20,80 €** in vier Monaten (Fälligkeitsdatum der Überweisung ***„Entsprechendes Datum"***) auf Ihr Bankkonto überwiesen.

Treatment Klassische Einkommensteuer

Steuerpflicht der frühen Auszahlung:

Bei dem angegebenen Wert für die **frühe Auszahlung** handelt es sich um einen Bruttowert. Sie bekommen diesen also nicht komplett ausgezahlt, sondern es fallen noch Steuern an. Der Steuersatz beträgt entweder 20 % oder 40 %. Die Höhe des Steuersatzes ist bei der jeweiligen Entscheidungssituation angegeben. Der nach Steuern verbleibende Betrag ist folglich der Nettobetrag bei früher Auszahlung, der Ihnen ausgezahlt wird.

Steuerpflicht der späten Auszahlung:

Wenn Sie stattdessen die **späte Auszahlung** wählen, wird der Betrag der frühen Auszahlung angelegt (= Brutto-Anlagebetrag). Auf diesen Anlagebetrag sind Steuern zu bezahlen. Der Steuersatz beträgt **entweder 20 % oder 40 %.** Die Höhe des Steuersatzes ist bei der jeweiligen Entscheidungssituation stets angegeben. Der nach Steuern verbleibende Betrag (= Netto-Anlagebetrag) erwirtschaftet die angegebene Rendite. Die Rendite ist steuerpflichtig und unterliegt ebenfalls dem angegebenen Steuersatz von 20 % oder 40 %. Nach Abzug dieser Steuern ergibt sich der Nettobetrag der späten Auszahlung. Auf die späte Auszahlung selbst müssen Sie keine Steuern bezahlen.

Nachfolgendes Beispiel verdeutlicht diese für einen Steuersatz von 20 %:

Angenommen, die folgende Entscheidungssituation würde als diejenige Entscheidungssituation gezogen, die Ihre zusätzliche Auszahlung bestimmt.

Geldbetrag bei Entscheidung für „Frühe Auszahlung“		200 GE
Rendite bei Entscheidung für „Späte Auszahlung“		30 %
Frühe Auszahlung (Brutto)		200 GE
Steuer		40 GE (= 20 % von 200 GE)
=	**Frühe Auszahlung (Netto)**	**160 GE**

Brutto-Anlagebetrag		200 GE
-	Steuer	40 GE = 20 % von 200 GE
=	Netto-Anlagebetrag	160 GE
+	Rendite	48 GE = 30 % von 160 GE
-	Steuer auf Rendite	9,60 GE = 20 % von 48 GE
=	**Späte Auszahlung (Netto)**	**198,40 GE**

Wenn Sie sich in dieser Entscheidungssituation für die **frühe Auszahlung** entschieden haben, erhalten Sie also **160 GE.**

Da 1 GE exakt 0,10 Euro-Cent entspricht, erhalten Sie in diesem Fall also **16 €** in zwei Wochen (Fälligkeitsdatum der Überweisung ***„Entsprechendes Datum“***) auf Ihr Bankkonto überwiesen.

Wenn Sie sich in der Entscheidungssituation hingegen für die **späte Auszahlung** entschieden haben, ergibt sich für Sie eine **Auszahlung von 198,40 GE.**

Da 1 GE exakt 0,10 Euro-Cent entspricht, erhalten Sie in diesem Fall also **19,84 €** in vier Monaten (Fälligkeitsdatum der Überweisung ***„Entsprechendes Datum“***) auf Ihr Bankkonto überwiesen.

Treatment Vorgelagerte Besteuerung

Steuerpflicht der frühen Auszahlung:

Bei dem angegebenen Wert für die **frühe Auszahlung** handelt es sich um einen Bruttowert. Sie bekommen diesen also nicht komplett ausgezahlt, sondern es fallen noch Steuern an. Der Steuersatz beträgt entweder 20 % oder 40 %. Die Höhe des Steuersatzes ist bei der jeweiligen Entscheidungssituation angegeben. Der nach Steuern verbleibende Betrag ist folglich der Nettobetrag bei früher Auszahlung, der Ihnen ausgezahlt wird.

Steuerpflicht der späten Auszahlung:

Wenn Sie stattdessen die **späte Auszahlung** wählen, wird der Betrag der frühen Auszahlung angelegt (= Brutto-Anlagebetrag). Auf diesen Anlagebetrag sind Steuern zu bezahlen. Der Steuersatz beträgt **entweder 20 % oder 40 %.** Die Höhe des Steuersatzes ist bei der jeweiligen Entscheidungssituation stets angegeben. Der nach Steuern verbleibende Betrag (= Netto-Anlagebetrag) erwirtschaftet die angegebene Rendite, woraus sich der Nettobetrag der späten Auszahlung ergibt. Auf die späte Auszahlung selbst müssen Sie keine Steuern bezahlen.

Nachfolgendes Beispiel verdeutlicht diese für einen Steuersatz von 20 %:

Angenommen, die folgende Entscheidungssituation würde als diejenige Entscheidungssituation gezogen, die Ihre zusätzliche Auszahlung bestimmt.

Geldbetrag bei Entscheidung für „Frühe Auszahlung“		200 GE
Rendite bei Entscheidung für „Späte Auszahlung“		30 %
Frühe Auszahlung (Brutto)		200 GE
Steuer		40 GE (= 20 % von 200 GE)
=	**Frühe Auszahlung (Netto)**	**160 GE**
Brutto-Anlagebetrag		200 GE
-	Steuer	40 GE = 20 % von 200 GE
=	Netto-Anlagebetrag	160 GE
+	Rendite	48 GE = 30 % von 160 GE
=	**Späte Auszahlung (Netto)**	**208 GE**

Wenn Sie sich in dieser Entscheidungssituation für die **frühe Auszahlung** entschieden haben, erhalten Sie also **160 GE.**

Da 1 GE exakt 0,10 Euro-Cent entspricht, erhalten Sie in diesem Fall also **16 €** in zwei Wochen (Fälligkeitsdatum der Überweisung ***„Entsprechendes Datum“***) auf Ihr Bankkonto überwiesen.

Wenn Sie sich in der Entscheidungssituation hingegen für die **späte Auszahlung** entschieden haben, ergibt sich für Sie eine **Auszahlung von 208 GE.**

Da 1 GE exakt 0,10 Euro-Cent entspricht, erhalten Sie in diesem Fall also **20,80 €** in vier Monaten (Fälligkeitsdatum der Überweisung ***„Entsprechendes Datum“***) auf Ihr Bankkonto überwiesen.

Treatment Nachgelagerte Besteuerung

Steuerpflicht der frühen Auszahlung:

Bei dem angegebenen Wert für die **frühe Auszahlung** handelt es sich um einen Bruttowert. Sie bekommen diesen also nicht komplett ausgezahlt, sondern es fallen noch Steuern an. Der Steuersatz beträgt entweder 20 % oder 40 %. Die Höhe des Steuersatzes ist bei der jeweiligen Entscheidungssituation angegeben. Der nach Steuern verbleibende Betrag ist folglich der Nettobetrag bei früher Auszahlung, der Ihnen ausgezahlt wird.

Steuerpflicht der späten Auszahlung:

Wenn Sie stattdessen die **späte Auszahlung** wählen, wird der Betrag der frühen Auszahlung angelegt. Dieser Anlagebetrag erwirtschaftet die angegebene Rendite, woraus sich die späte Auszahlung (Brutto) ergibt. Auf die späte Auszahlung müssen Sie Steuern bezahlen. Der Steuersatz beträgt ebenfalls 20 % oder 40 % und ist bei der Entscheidungssituation jeweils angegeben. Der nach Steuern verbleibende Betrag ist folglich der Nettobetrag bei später Auszahlung.

Nachfolgendes Beispiel verdeutlicht diese für einen Steuersatz von 20 %:

Angenommen, die folgende Entscheidungssituation würde als diejenige Entscheidungssituation gezogen, die Ihre zusätzliche Auszahlung bestimmt.

Geldbetrag bei Entscheidung für „Frühe Auszahlung“		200 GE
Rendite bei Entscheidung für „Späte Auszahlung“		30 %
Frühe Auszahlung (Brutto)		200 GE
Steuer		40 GE (= 20 % von 200 GE)
=	**Frühe Auszahlung (Netto)**	**160 GE**
	Anlagebetrag	200 GE
+	Rendite	60 GE = 30 % von 200 GE
=	Späte Auszahlung (Brutto)	260 GE
-	Steuern	52 GE = 20 % von 260 GE
=	**Späte Auszahlung (Netto)**	**208 GE**

Wenn Sie sich in dieser Entscheidungssituation für die **frühe Auszahlung** entschieden haben, erhalten Sie also **160 GE.**

Da 1 GE exakt 0,10 Euro-Cent entspricht, erhalten Sie in diesem Fall also **16 €** in zwei Wochen (Fälligkeitsdatum der Überweisung ***„Entsprechendes Datum“***) auf Ihr Bankkonto überwiesen.

Wenn Sie sich in der Entscheidungssituation hingegen für die **späte Auszahlung** entschieden haben, ergibt sich für Sie eine **Auszahlung von 208 GE.**

Da 1 GE exakt 0,10 Euro-Cent entspricht, erhalten Sie in diesem Fall also **20,80 €** in vier Monaten (Fälligkeitsdatum der Überweisung ***„Entsprechendes Datum“***) auf Ihr Bankkonto überwiesen.

B6 Fragebogen im Anschluss an das Experiment

1.

Wie fanden Sie die Arbeitsaufgabe vor Teil 2 des Experiments auf einer Skala von 1 = sehr unangenehm bis 7 = sehr angenehm?

1	2	3	4	5	6	7
O	O	O	O	O	O	O

2.

Wie kompliziert fanden Sie die notwendigen Berechnungen in Teil 2 des Experiments auf einer Skala von 1 = sehr einfach bis 7 = sehr kompliziert?

1	2	3	4	5	6	7
O	O	O	O	O	O	O

3.

Wie schwierig war es für Sie, die Regeln zur Besteuerung in Teil 2 des Experiments zu verstehen von 1 = sehr einfach bis 7 = sehr schwierig?

1	2	3	4	5	6	7
O	O	O	O	O	O	O

Anmerkung: Im Treatment Keine Steuer wurde diese Frage übersprungen.

4.

Wie sehr hat die Besteuerung Ihre Entscheidungen in Teil 2 des Experiments auf einer Skala von 1 = gar nicht bis 7 = sehr stark beeinflusst?

1	2	3	4	5	6	7
O	O	O	O	O	O	O

Anmerkung: Im Treatment Keine Steuer wurde diese Frage übersprungen.

5.

Wie würden Sie Ihre steuerlichen Kenntnisse auf einer Skala von 1 = gar keine Kenntnisse bis 7 = Expertenwissen einschätzen?

1	2	3	4	5	6	7
O	O	O	O	O	O	O

6.

Wie würden Sie Ihre Kenntnisse in Bezug auf Altersvorsorge (gesetzliche Rente, private Vorsorge, betriebliche Altersversorgung) auf einer Skala von 1 = gar keine Kenntnisse bis 7 = Expertenwissen einschätzen?

1	2	3	4	5	6	7
O	O	O	O	O	O	O

7.

Betreiben Sie aktuell zusätzliche, das heißt gegebenenfalls neben der gesetzlichen Rentenversicherung, Altersvorsorge? Haben Sie z.B. eine private Rentenversicherung, einen Riester-Vertrag, eine betriebliche Altersversorgung oder ähnliches?

Ja	Nein
O	O

8.
Wenn ja, über welche Altersvorsorgeprodukte bzw. -verträge verfügen Sie aktuell?

O Privater Riester-Vertrag
O Rürup-Vertrag
O Betriebliche Altersversorgung (z.B. Direktversicherung)
O Private Renten- oder Lebensversicherung
O Immobilie oder andere Sachwerte
O Sparbuch oder Banksparplan
O Andere: ______________________________

9.
Stellen Sie sich vor, dass Sie aktuell etwas Geld übrighaben, das Sie investieren möchten. Sie können sich zwischen zwei verschiedenen Anlagen entscheiden. Beide haben gleich hohes Risiko und eine Laufzeit von 10 Jahren.
Die erste Anlage liefert eine jährliche Zahlung von 400 €, aber es müssen jährlich 100 € Steuern gezahlt werden.
Die Rendite der zweiten Anlage ist geringer, nämlich nur 300 € pro Jahr, aber sie ist steuerfrei.
In welche Anlage würden Sie investieren?

O Ich würde mein Geld in die erste Anlage investieren.
O Ich würde mein Geld in die zweite Anlage investieren.

10.
Entscheiden Sie für die folgenden Aussagen, inwieweit diese auf Sie zutreffen bzw. für Sie charakteristisch oder uncharakteristisch sind auf einer Skala von 1 = sehr uncharakteristisch bis 7 = sehr charakteristisch:

	1	2	3	4	5	6	7
Ich erledige grundsätzlich alles auf den letzten Drücker.	O	O	O	O	O	O	O
In der Regel gehe ich bei eingehenden Anrufen direkt ans Telefon.	O	O	O	O	O	O	O
Geburtstags- und Weihnachtsgeschenke besorge ich immer erst kurz vor knapp.	O	O	O	O	O	O	O
Rechnungen über Kleinbeträge überweise ich in der Regel sofort.	O	O	O	O	O	O	O
Mit der Klausurvorbereitung beginne ich immer erst kurz vor der Klausurenphase.	O	O	O	O	O	O	O

11.
Wie alt sind Sie?

____

12.
Sind Sie weiblich oder männlich?

Weiblich	Männlich
O	O

13.
Geben Sie bitte Ihren Familienstand an:

Verheiratet/ Verlobt	In einer Beziehung	Geschieden/ Verwitwet	Single
O	O	O	O

14.
Haben Sie Kinder?

Ja	Nein
O	O

15.
Wie hoch ist Ihr monatliches Einkommen, das Ihnen nach Ihren regelmäßigen Ausgaben (z.B. Miete) zur Verfügung steht?

O < 500 €
O 500 € - 1.000 €
O 1.001 € - 1.500 €
O 1.501 € - 2.000 €
O > 2.000 €

16.
In welchem Studiengang sind Sie eingeschrieben?
(Wenn Sie kein Student sind, überspringen Sie diese Frage bitte.)

____

17.
Welchen Studienabschluss streben Sie aktuell an?
(Wenn Sie kein Student sind, überspringen Sie diese Frage bitte.)

O Bachelor
O Master
O Diplom
O Magister
O 1. Staatsexamen
O 2. Staatsexamen
O Doktorgrad
O Anderen: ______________________________________

18.
In welchem Fachsemester sind Sie?
(Wenn Sie kein Student sind, überspringen Sie diese Frage bitte.)

____

C1 Leitfaden Experteninterviews

Einleitung

Vielen Dank für die Gelegenheit zu diesem Gespräch. Bevor wir mit dem eigentlichen Interview beginnen, möchte ich kurz ein paar allgemeine Informationen zu unserem Projekt geben:

Wir vom Lehrstuhl für betriebswirtschaftliche Steuerlehre der Universität Würzburg führen derzeit im Auftrag des Bundesministeriums der Finanzen ein Forschungsprojekt zu Optimierungsmöglichkeiten bei den bestehenden steuer- und sozialversicherungs-rechtlichen Rahmenbedingungen der bAV durch. Insbesondere kleine und mittlere Unternehmen als Arbeitgeber und geringverdienende Arbeitnehmer sind hierbei die Zielgruppen, da bei diesen eine unterdurchschnittliche Verbreitung der bAV zu beobachten ist.

In der aktuellen Projektphase möchten wir deshalb Bereiche im Steuer- und Sozialversicherungsrecht identifizieren, die Hemmnisse für die weitere Verbreitung der bAV insbesondere in den genannten Zielgruppen darstellen. Hierzu benötigen wir Ihr Wissen und Ihre Erfahrungen als Experte im Bereich der bAV.

Unser heutiges Gespräch wird ca. 30 - 45 min dauern. Wenn Sie damit einverstanden sind, würden wir das Gespräch zur späteren Auswertung gerne aufzeichnen. Ist dies für Sie in Ordnung?

Haben Sie noch Fragen? Dann beginnen wir nun mit unserem Interview.

Hauptteil

Arbeitnehmersicht

Im Folgenden geht es um die Arbeitnehmersicht, insbesondere um diejenige eines unterdurchschnittlich verdienenden Arbeitnehmers, das heißt ein Arbeitnehmer mit einem Bruttomonatsgehalt von weniger als 2.500 Euro.

a) Was hält unterdurchschnittlich verdienende Arbeitnehmer Ihrer Erfahrung / Meinung nach davon ab, eine bAV abzuschließen?
   - aa) Wenn der Arbeitgeber eine bAV aktiv anbietet: Wieso nimmt der Arbeitnehmer das Angebot nicht an?
   - bb) Wenn der Arbeitgeber keine bAV aktiv anbietet: Wieso macht der Arbeitnehmer seinen Anspruch auf Entgeltumwandlung nicht geltend?
   - cc) Sofern unter aa) oder bb) noch nicht genannt, gezielt nachfragen:
     - i) Zu wenig finanzieller Spielraum bzw. Präferenz zu heutigem Konsum?
     - ii) Anrechnung der Leistungen aus bAV auf Grundsicherung?
     - iii) Antizipieren unterdurchschnittlich verdienende Arbeitnehmer ihre geringere Lebenserwartung und haben daher keinen Anreiz, vorzusorgen?

b) Inwieweit stellen die geltenden steuer- und sozialversicherungsrechtlichen Rahmenbedingungen für diese Arbeitnehmer ein Hemmnis dar?

Anmerkungen:
Bei zu allgemeinen Antworten (z.B. „zu komplex") nachfragen, ob bestimmte Regelungen konkret benannt werden können. Ggf. gleich auf Verbesserungsvorschläge eingehen, wenn sich dies aus der Antwort des Interviewten ergibt.
Sofern noch nicht genannt, gezielt nachfragen:

i) Stellt die volle Beitragspflicht zur Sozialversicherung (KVdR, PVdR) in der Leistungsphase ein Hemmnis dar?
ii) Stellt die Regelung des § 3 Nr. 63 EStG ein Hemmnis dar, da der steuerfreie Dotierungsrahmen zu niedrig und / oder zu statisch ist?
iii) Stellt die fehlende Berücksichtigung von Kindern in der bAV-Förderung ein Hemmnis dar?
iv) Stellt die Sozialversicherungspflicht von Abfindungen, die in die bAV fließen, ein Hemmnis dar?

c) Haben Sie konkrete Verbesserungsvorschläge insbesondere in Bezug auf die steuer- und sozialversicherungsrechtlichen Rahmenbedingungen aus Arbeitnehmersicht? Diese können dazu geeignet sein, bestehende Hemmnisse zu beseitigen und / oder zusätzliche Anreize für Arbeitnehmer zu schaffen.

Riester-geförderte bAV

Im Folgenden soll es noch explizit um die Regelungen zur Riester-geförderten bAV gehen:

Wie sind Ihrer Meinung nach die geltenden steuer- und sozialversicherungsrechtlichen Regelungen zur Riester-Förderung in der bAV zu bewerten?

Sofern noch nicht genannt, gezielt nachfragen:

i) Sehen Sie die doppelte Verbeitragung in Anwartschafts- und Leistungsphase als Hemmnis bei der Riester-geförderten bAV?
ii) Führt die Riester-geförderte bAV zu einem (zu) hohen Verwaltungsaufwand für Arbeitgeber?
iii) Haben Sie konkrete Verbesserungsvorschläge in Bezug auf die Riester-geförderte bAV?

Schluss

a) Bevor wir zum Ende kommen, möchte ich gerne wissen, ob aus Ihrer Sicht eine wichtige Frage ungestellt blieb? Ist Ihnen während des Interviews z.B. irgendein offener Punkt aufgefallen, der zusätzlich beachtet werden sollte?
b) Für die Auswertung wäre es noch interessant zu erfahren, wie genau Sie in Ihrer Position im Unternehmen mit bAV zu tun haben?

C2 Leitfaden für Interviews mit Arbeitnehmern ohne bAV

Einleitung

Wir führen derzeit im Auftrag des Bundesfinanzministeriums ein Projekt zur Förderung der „Betrieblichen Altersversorgung" für Arbeitnehmer durch. Würden Sie sich hierfür einige Minuten Zeit nehmen und mir wenige Fragen zum Thema betriebliche Altersversorgung beantworten?

Allgemeine Fragen

a) Sind Sie Arbeitnehmer außerhalb des Öffentlichen Dienstes?
   Ja → Interview führen
   Nein → ENDE

b) Haben Sie eine betriebliche Altersversorgung, z.B. eine Direktversicherung über Ihren Arbeitgeber?
   Ja → Leitfaden für Arbeitnehmer mit bAV nehmen
   Nein → Interview führen

Hauptteil

a) Sorgen Sie zusätzlich für Ihr Alter vor *(neben der Gesetzlichen Rentenversicherung)*? Ggf. Aufzählung nennen:
   i) Sparvertrag
   ii) Private Rentenversicherung
   iii) Riestervertrag
   iv) Immobilie

b) Sind Sie Ihrer Meinung nach ausreichend für das Alter abgesichert?
   Ja O
   Nein O

c) Haben Sie schon einmal etwas von betrieblicher Altersvorsorge gehört?
   Ja O
   Nein O
   i) Wenn ja, eher Positives oder Negatives?
      Positives O
      Negatives O
   ii) Wenn ja: Wie gut sind Sie Ihrer Meinung nach über die betriebliche Altersversorgung allgemein informiert?

Sehr gut	Gut	Weniger gut	Gar nicht
O	O	O	O

   iii) Wenn ja: Wissen Sie, wie die betriebliche Altersversorgung staatlich gefördert wird?
      Ja O
      Nein O

iv) Wenn ja: Hat Ihnen Ihr Arbeitgeber schon einmal eine betriebliche Altersversorgung angeboten?

Ja

Wie wurde sie Ihnen angeboten?

- Bei Einstellungsgespräch?
- Bei Gehaltsgespräch?
- Aushang am „Schwarzen Brett“?

Hätte sich Ihr Arbeitgeber finanziell an Ihrer betrieblichen Altersversorgung beteiligt?

Ja O
Nein O

Wieso haben Sie das Angebot abgelehnt?

- Finanzieller Spielraum?
- Kein AG-Zuschuss?
- Befristeter Vertrag?
- Negative Presse?
- Nicht rentabel?
- Kein Verständnis?

Wissen Sie, wie die spätere Rente aus einer betrieblichen Altersversorgung besteuert wird und welche Sozialabgaben daraus bezahlt werden müssen?

Ja O
Nein O

Haben sonst irgendwelche steuer- und sozialversicherungsrechtlichen Regelungen Einfluss auf Ihre Entscheidung genommen, sich gegen die betriebliche Altersvorsorge zu entscheiden?

Ja O
Nein O

→Inwiefern?

Nein

Wissen Sie, dass Sie einen gesetzlichen Anspruch auf betriebliche Altersversorgung durch Entgeltumwandlung haben?

Bei Ja:
Wieso machen Sie den Anspruch nicht geltend?

- Finanzieller Spielraum?
- Kein AG-Zuschuss?
- Befristeter Vertrag?
- Negative Presse?
- Nicht rentabel?
- Kein Verständnis?

d) Angenommen, Sie hätten die Wahl zwischen folgenden Alternativen:
Entweder
50 Euro netto Lohnerhöhung im Monat ausbezahlt (überwiesen) zu bekommen
oder
100 Euro monatlich in einen Altersversorgungvertrag eingezahlt zu bekommen.
Welche Alternative würden Sie wählen?

Lohnerhöhung	Altersvorsorge
O	O

e) Welchen Betrag müsste Ihnen Ihr Arbeitgeber beisteuern, damit Sie monatlich 50 Euro in Ihre Altersvorsorge investieren?

f) Wenn Sie drei Wünsche hätten, mit denen Sie die bAV verändern könnten, was würden Sie ändern? (nur falls angebracht; Personen mit sehr geringen Kenntnissen nicht fragen)

Schluss

Soziodemographische Merkmale:

a) Geschlecht

Männlich	Weiblich
O	O

b) Alter
c) Familienstand
d) Anzahl Kinder
e) Ausgeübter Beruf (ausschließlich „Minijob"?)
f) Höchster Schulabschluss
g) Zusätzliche Weiterbildung
h) Bruttomonatsverdienst in Euro:

< 1.500	1.499 < Einkommen < 2.500	> 2.499
O	O	O

C3 Leitfaden für Interviews mit Arbeitnehmern mit bAV

Einleitung

Wir befragen derzeit Arbeitnehmer zum Thema „Betriebliche Altersversorgung". Würden Sie sich hierfür einige Minuten Zeit nehmen und mir wenige Fragen zum Thema betriebliche Altersversorgung beantworten?

Allgemeine Fragen

a) Sind Sie Arbeitnehmer außerhalb des Öffentlichen Dienstes?
   Ja → Interview führen
   Nein → ENDE
b) Haben Sie eine betriebliche Altersversorgung, z.B. eine Direktversicherung über Ihren Arbeitgeber?
   Ja → Interview führen
   Nein → Leitfaden für Arbeitnehmer ohne bAV nehmen

Hauptteil

a) Sorgen Sie neben der betrieblichen Altersversorgung (und der gesetzlichen Rentenversicherung) zusätzlich für Ihr Alter vor?
   i) Sparvertrag
   ii) Private Rentenversicherung
   iii) Riestervertrag
   iv) Immobilie
b) Sind Sie Ihrer Meinung nach ausreichend für das Alter abgesichert?
   Ja O
   Nein O
c) Seit wann haben Sie eine betriebliche Altersversorgung?
d) Um welchen Durchführungsweg handelt es sich bei Ihrer betrieblichen Altersversorgung?
   Direktzusage O
   Unterstützungskasse O
   Direktversicherung O
   Pensionskasse O
   Pensionsfonds O
   Keine Angabe O
e) Handelt es sich bei Ihrer betrieblichen Altersversorgung um eine reine Entgeltumwandlung, das heißt, der Beitrag zur betrieblichen Altersversorgung wird Ihnen direkt vom Bruttogehalt abgezogen? Oder gibt Ihr Arbeitgeber noch einen Zuschuss bzw. finanziert Ihre betriebliche Altersversorgung allein?
   Nur Entgeltumwandlung O
   Mischfinanzierung O
   Nur Arbeitgeberfinanzierung O
   Keine Angabe O

f) Wie kam es dazu, dass Sie eine betriebliche Altersversorgung abgeschlossen haben?
Aktives Angebot des Arbeitgebers O
Eigeninitiative O
Hinweis von Versicherer o.ä. O
Sonstiges ______________________________

g) Was waren die Gründe, die Sie überzeugt haben, eine betriebliche Altersversorgung abzuschließen?

h) Hatten Sie auch Bedenken beim Abschluss Ihrer betrieblichen Altersversorgung? Wenn ja, welche?
Hohe finanzielle Belastung O
Hohe Komplexität O
Negative Berichterstattung O
Sonstiges ______________________________

Welche dieser Bedenken *(sofern welche geäußert wurden)* haben sich im Nachhinein bewahrheitet?

i) Haben steuerliche und/oder sozialversicherungsrechtliche Aspekte Ihre Entscheidung für eine betriebliche Altersversorgung beeinflusst?

Ja	Nein
Eher als Hemmnis, das gegen die bAV gesprochen hat? • Komplexität? • Förderung zu gering? • Volle Beitragspflicht in Rentenphase? Einbußen in der GRV? Sonstiges: Oder eher als Anreiz für den Abschluss der bAV? • Steuer- und SV-rechtliche Vorteile? • Gezielte Förderung? • Sonstiges:	Weiter bei Frage j)

j) Wenn Sie drei Wünsche frei hätten, mit denen Sie die betriebliche Altersversorgung verändern könnten: Was würden Sie sich wünschen?

Schluss

Soziodemographische Merkmale:

a) Geschlecht

Männlich	Weiblich
O	O

b) Alter

c) Familienstand

d) Anzahl Kinder

e) Ausgeübter Beruf (ausschließlich „Minijob“?)

f) Höchster Schulabschluss

g) Zusätzliche Weiterbildung

h) Bruttomonatsverdienst in Euro:

< 1.500	1.499 < Einkommen < 2.500	> 2.499
O	O	O

C4 Logit-Regressionen Arbeitnehmer mit bzw. ohne bAV

In Abschnitt C 4.2.2.2.1 wurde untersucht, ob individuelle Merkmale der Arbeitnehmer Einfluss darauf nehmen, ob ihnen ein bAV-Angebot unterbreitet wurde oder nicht. Zusätzlich zu den dort präsentierten nichtparametrischen Tests wurden zwei logistische Regressionsanalysen durchgeführt. Im Speziellen handelt es sich dabei um Logit-Regressionen, da es sich bei der abhängigen Variablen „bAV-Angebot" um eine kategoriale Variable handelt, die genau zwei Ausprägungen annehmen kann.[516] Die abhängige Variable wird dabei mit 0 für „kein bAV-Angebot erhalten" und 1 für „bAV-Angebot erhalten" kodiert. Es werden zwei Logit-Modelle berechnet: In Modell 1 werden als unabhängige Variablen die auch für die statistischen Tests verwendeten Variablen herangezogen. In Modell 2 gehen lediglich die Variablen Alter, Geschlecht und Geringverdiener als unabhängige Variablen ein, da aufgrund der bisherigen Ergebnisse davon ausgegangen werden kann, dass weder Schul- noch Bildungsabschluss die abhängige Variable „bAV-Angebot" erklären. Es handelt sich bei beiden Modellen um eine multiple logistische Regression. Diese ermöglicht es, die Wahrscheinlichkeiten für das Eintreffen der beiden alternativen Zustände der abhängigen Variablen in Abhängigkeit der erklärenden Variablen zu bestimmen[517] und hat im Vergleich zu den zuvor durchgeführten Tests den Vorteil, dass Interkorrelationen zwischen den unabhängigen Variablen berücksichtigt werden. Die folgende Tabelle zeigt das Ergebnis der beiden Logit-Regressionsmodelle.

[516] Als Alternative zur Logit-Regression wurde auch eine Probit-Regression durchgeführt. Der Unterschied besteht in der der Modellierung zugrunde liegenden Funktion. Die Ergebnisse weichen jedoch kaum von denjenigen der Logit-Regression ab, weshalb auf die Dokumentation der Probit-Regression verzichtet wird.

[517] Vgl. Backhaus et al. (2018), S. 271.

Erhalt eines bAV-Angebots	Modell (1)	Modell (2)
Alter	0,022	0,021
	(0,195)	(0,194)
Geringverdiener	0,965*	0,945*
	(0,538)	(0,532)
Geschlecht	-0,300	-0,240
	(0,532)	(0,515)
Schulabschluss	0,008	-
	(0,326)	
Bildungsabschluss	-0,226	-
	(0,504)	
Konstante	-2,277*	-2,483***
	(1,277)	(0,920)
Anzahl Beobachtungen	100	100
Pseudo-R-Quadrat	0,0544	0,0525
p-Wert des Modells	0,3332	0,1370

Dabei gilt: *** p ≤ 0,01, ** p ≤ 0,05, * p ≤ 0,1

Tabelle 32: Logit-Regressionen – Arbeitnehmer mit bzw. ohne bAV-Angebot[518]

Da es sich bei der logistischen Regressionsanalyse um ein nicht-lineares Modell handelt, weicht deren Auswertung von der einer herkömmlichen OLS-Regression ab. Insbesondere lassen sich die Koeffizienten nicht dahingehend interpretieren, dass sie als Maß für die Wirkung der erklärenden Variablen herangezogen werden können. Es kann lediglich abgelesen werden, in welche Richtung sich die abhängige Variable bei Änderung einer unabhängigen Variable ändert, das Ausmaß dieser Änderung jedoch nicht.[519]

Betrachtet man Tabelle 32 ist zu erkennen, dass der Koeffizient der Variable „Anteil Geringverdiener" in beiden Modellen signifikant zum 10 %-Niveau ist. Der Koeffizient ist zudem positiv (Modell 1: 0,965, Modell 2: 0,945). Dies bedeutet, dass die Wahrscheinlichkeit, ein bAV-Angebot unterbreitet zu bekommen, steigt, wenn es sich um einen Niedriganstelle eines Geringverdieners handelt. Die vermutete und im zuvor durchgeführten Fisher's Exact Test nachgewiesene Wirkrichtung wird demnach auch in den Regressionsmodellen bestätigt. Alle anderen unabhängigen Variablen sind auch in der Logit-Regression nicht signifikant. Diese Schlussfolgerungen gelten für beide Modelle der Logit-Regression.

518 Quelle: Eigene Darstellung. Standardfehler in Klammern.

519 Vgl. Backhaus et al. (2018), S. 290 ff.

C5 Weitere Erkenntnisse zur Entscheidung „bAV oder Lohnerhöhung"

Im Rahmen der Interviews mit Arbeitnehmern ohne bAV (Abschnitt C 4.2.2) wurde untersucht, ob die Arbeitnehmer ein bAV-Angebot einer Lohnerhöhung vorziehen würden. Es zeigt sich dabei, dass nach Erläuterung der Wirkungsweise die Mehrzahl der Interviewten die bAV wählen.

Nachfolgend wird der Frage nachgegangen, ob es bestimmte Merkmale der Gering- und Niedrigverdiener gibt, die deren Entscheidung „bAV oder Lohnerhöhung" beeinflussen, wenn angenommen wird, dass die Wirkungsweise der bAV bekannt ist. Diese Fragestellung unterscheidet sich damit von den bisherigen, da nun ein höherer Kenntnisstand vorausgesetzt werden kann. Dazu wird eine Einteilung der interviewten Arbeitnehmer in zwei Gruppen vorgenommen. Abgrenzungskriterium ist hierbei, ob sich die jeweilige Person für die bAV oder die Lohnerhöhung entschieden hat. Nachfolgende Tabelle zeigt eine Übersicht über bestimmte Merkmale der Arbeitnehmer getrennt nach den beiden Gruppen.

	Wahl der bAV		Wahl der Lohnerhöhung		Gesamt	
Anzahl	61		39		100	
Alter	Arithm. Mittel	37,10	Artihm. Mittel	39,97	Arithm. Mittel	38,22
	Median	35	Median	36	Median	35,5
Schulabschluss[520]	Median	3	Median	3	Median	3
Bildungsabschluss[521]	Median	1	Median	1	Median	1
Geringverdiener	47,54 %		56,41 %		51,00 %	
Ausreichend Abgesicherte[522]	49,18 %		28,21 %		41,00 %	

Tabelle 33: Deskriptive Statistik – Entscheidungssituation „bAV oder Lohnerhöhung"[523]

[520] Zur Erklärung der Kodierung der Variable „Schulabschluss" siehe Fn. 355.

[521] Zur Erklärung der Kodierung der Variable „Bildungsabschluss" siehe Fn. 356.

[522] Als ausreichend Abgesicherte gelten die Personen, die im Interview angaben, dass sie davon ausgehen, mit ihren aktuellen Vorsorgebemühungen ausreichend für das Alter abgesichert zu sein.

[523] Quelle: Eigene Darstellung.

Die erste mögliche Einflussgröße ist das Alter der Arbeitnehmer. Wie bereits erläutert, ist eine bAV für jüngere Personen in der Regel lohnender. Ein steigendes Alter sollte sich damit negativ auf die Entscheidung für eine bAV auswirken. Bei Betrachtung der deskriptiven Statistik ist zu erkennen, dass das Durchschnittsalter der Personen, die sich für die bAV entscheiden, knapp drei Jahre geringer ist. Dies bestätigt den eben erläuterten Zusammenhang, jedoch ist der Unterschied verhältnismäßig gering. Die Mediane unterscheiden sich kaum.[524] Das Bildungsniveau einer Person könnte ebenfalls auf die Entscheidung „bAV oder Lohnerhöhung" Einfluss nehmen. Besser ausgebildete Arbeitnehmer erkennen die Wirkungsweise einer bAV und deren Vorteile womöglich eher und sollten daher öfter eine bAV der Lohnerhöhung vorziehen. Betrachtet man Tabelle 33, ist jedoch zu erkennen, dass sowohl der mittlere Schul- als auch Bildungsabschluss der beiden Gruppen identisch sind. Ein Zusammenhang kann folglich nicht unterstellt werden.[525]

Zusätzlich kann es in Bezug auf die Entscheidung „bAV oder Lohnerhöhung" relevant sein, ob es sich um einen Gering- oder Niedrigverdiener handelt. Es ist anzunehmen, dass Geringverdiener aufgrund ihres knapperen finanziellen Spielraums häufiger die Lohnerhöhung wählen als Niedrigverdiener. In Tabelle 33 ist zu erkennen, dass der Anteil der Geringverdiener in der Gruppe derjenigen, die die Lohnerhöhung wählen, ca. 56 Prozent beträgt. In der Gruppe der Personen, die sich für die bAV entscheiden, sind nur knapp 48 Prozent Geringverdiener. Diese Werte unterstützen den soeben erläuterten Zusammenhang. Zur statistischen Überprüfung wird Fisher's Exact Test herangezogen, der folgende Vier-Felder-Tafel zugrunde legt.

	Wahl der bAV	Wahl der Lohnerhöhung	Σ
Geringverdiener	29 (56,86 %)	22 (43,14 %)	51
Niedrigverdiener	32 (65,31 %)	17 (34,69 %)	49
Σ	61	39	100

Tabelle 34: Vierfelder-Tafel – Zusammenhang „bAV oder Lohnerhöhung" und „Geringverdiener"[526]

In Tabelle 34 wird deutlich, dass ca. 43 Prozent der Geringverdiener die Lohnerhöhung wählen, während sich dieser Anteil bei der Gruppe der Niedrigverdiener lediglich auf knapp 35 Prozent beläuft. Auch diese Werte sprechen für den oben beschriebenen Zusammenhang. Der Fisher's Exact Test weist diesen jedoch als nicht signifikant aus *($p = 0{,}418$).*

524 Eine statistische Überprüfung mithilfe des Mann-Whitney-U-Tests (zweiseitig) für unverbundene Stichproben zeigt zusätzlich, dass kein signifikanter Unterschied hinsichtlich des Alters zwischen den beiden Gruppen besteht ($p = 0{,}268$).

525 Dies bestätigen auch entsprechende Chi^2-Tests (Schulabschluss: $p = 0{,}918$; Bildungsabschluss: $p = 0{,}323$).

526 Quelle: Eigene Darstellung.

Als letzte Variable wird der Anteil der ausreichend Abgesicherten betrachtet. Insgesamt halten sich 41 der 100 befragten Arbeitnehmer für ausreichend für das Alter abgesichert. Betrachtet man Tabelle 33, zeigt sich, dass der Anteil der ausreichend Abgesicherten in der Gruppe derer, die sich für die bAV entscheiden, mit ca. 49 Prozent deutlich höher ist als in der Gruppe derjenigen, die die Lohnerhöhung wählen (ca. 28 Prozent). Ein ähnliches Bild zeigt auch folgende Tabelle, die den Zusammenhang der beiden Variablen „ausreichend abgesichert“ und „bAV oder Lohnerhöhung“ genauer darstellt und auch dem nachfolgend durchgeführten Fisher's Exact Test zugrunde liegt.

	Wahl der bAV	Wahl der Lohnerhöhung	Σ
Ausreichend abgesichert	30 (73,17 %)	11 (26,83 %)	41
Nicht ausreichend abgesichert	31 (52,54 %)	28 (47,46 %)	59
Σ	61	39	100

Tabelle 35: Vierfelder-Tafel – Zusammenhang „bAV oder Lohnerhöhung“ und „ausreichend abgesichert“[527]

Es ist zu erkennen, dass ca. 73 Prozent der ausreichend Abgesicherten die bAV wählen, während dieser Anteil bei denjenigen Personen, die sich nicht für ausreichend abgesichert halten, lediglich knapp 53 Prozent beträgt. Dies bedeutet, dass ausreichend Abgesicherte häufiger die bAV wählen. Ein Fisher's Exact Test weist diesen Zusammenhang als signifikant zum 10 %-Niveau aus *($p = 0{,}060$)*. Dieses Ergebnis mag zunächst überraschen. Ex ante wäre zu erwarten gewesen, dass Personen, die ihre Altersvorsorgebemühungen bislang als nicht ausreichend einschätzen, häufiger die bAV wählen als diejenigen, die sich bereits ausreichend abgesichert fühlen. Es zeigt sich jedoch das umgekehrte Bild. Eine mögliche Begründung hierfür ist, dass die ausreichend abgesicherten Personen grundsätzlich vorsorgeaffin sind und daher auch in der fiktiven Entscheidungssituation die bAV wählen. Auf der anderen Seite kann vermutet werden, dass es den Arbeitnehmern der anderen Gruppe grundsätzlich an Vertrauen in zusätzliche Vorsorge mangelt oder die Hemmnisse, wie ein geringer finanzieller Spielraum, überwiegen.

[527] Quelle: Eigene Darstellung.

C6 Leitfaden für Interviews mit Arbeitnehmern zur Überprüfung der Reformüberlegungen

Einleitung

Wir befragen derzeit Arbeitnehmer zum Thema „Betriebliche Altersversorgung". Würden Sie sich hierfür einige Minuten Zeit nehmen und mir wenige Fragen zum Thema betriebliche Altersversorgung beantworten? Für Ihre Teilnahme erhalten Sie nach dem Interview 20 Euro in bar.

Einordnung in Zielgruppe

a) Sind Sie selbständig oder in einem Angestelltenverhältnis tätig?
Angestelltenverhältnis → Weiter bei b)
Selbständig → ENDE

b) Sind Sie im Öffentlichen Dienst beschäftigt?
Ja → ENDE
Nein → Weiter bei c)

c) Haben Sie bereits eine betriebliche Altersversorgung?
Ja → ENDE
Nein → Weiter bei d)

d) Übersteigt Ihr Bruttomonatsverdienst aktuell 2.500 Euro?
Ja → ENDE
Nein → Interview führen

Hauptteil

a) Stellen Sie sich bitte vor, Sie erhielten von Ihrem Arbeitgeber monatlich 100 Euro mehr Bruttogehalt (Lohnerhöhung):
   i) Bitte schätzen Sie ein, wie viel mehr Abgaben, das heißt Steuern und Sozialabgaben, Sie in Folge der Lohnerhöhung zahlen müssen:
   ii) ________________________ Euro
   Bitte schätzen Sie zusätzlich ein, wie sich dieser Betrag auf Steuern und Sozialabgaben verteilt:
   Steuern: ____________ Euro Sozialabgaben: ____________ Euro

b) Angenommen, Sie können nun wählen zwischen folgenden Alternativen:
   i) Die Lohnerhöhung aus Frage a), also 100 Euro höheres Bruttogehalt, das heißt ein höheres Nettogehalt in Höhe von
   ii) ________________________ Euro *(100 € abzüglich Angabe bei Frage a)*
   iii) Verzicht auf diese Lohnerhöhung und Sie bekommen stattdessen diese 100 Euro in einen betrieblichen Altersversorgungsvertrag eingezahlt, das heißt diese 100 Euro werden angelegt und Sie erhalten dafür ab Renteneintritt eine Rente aus diesem Vertrag.

Wofür würden Sie sich entscheiden?

Lohnerhöhung	O
bAV	O

c) Bitte begründen Sie Ihre Antwort auf Frage b)!

d) Nachfolgend möchte ich Ihnen zwei Arten der betrieblichen Altersversorgung vorstellen. Danach möchte ich Sie bitten, sich für eine der beiden Möglichkeiten zu entscheiden.
(Zur Erklärung der beiden Möglichkeiten wurden Schaubilder verwendet. Diese sind in Anhang C7 abgedruckt.)

Entscheidung für Alternative 1	O
Entscheidung für Alternative 2	O

e) Bitte begründen Sie Ihre Antwort auf Frage d)!

Positiv bei Alternative 1	Positiv bei Alternative 2
Geringere Sozialabgaben?	Arbeitgeberzuschuss?
Höhere Nettorente?	Höherer Anlagebetrag?
Sonstiges:	Höhere Bruttorente?
	Sonstiges:
Negativ bei Alternative 1	**Negativ bei Alternative 2**
Geringerer Anlagebetrag?	Höhere Sozialabgaben?
Geringere Bruttorente?	Sonstiges:
Sonstiges:	

Welche der genannten Punkte waren letztlich für Sie entscheidend?

f) Welchen Stellenwert messen Sie der gesetzlichen Rentenversicherung im Rahmen Ihrer Altersvorsorge bei?

Sehr hoch	Hoch	Mittel	Gering	Sehr gering
O	O	O	O	O

g) Angenommen, Sie erhielten von Ihrem Arbeitgeber zusätzlich zu Ihrem Gehalt 20 Euro für Ihre Altersvorsorge. Würden Sie diese 20 Euro lieber in eine betriebliche Altersversorgung oder die gesetzliche Rentenversicherung investieren?

bAV	O
GRV	O

h) Für wie wahrscheinlich halten Sie es, dass Sie nach Ihrem Erwerbsleben als Rentner Grundsicherung beziehen werden?

Sehr wahrscheinlich	Wahrscheinlich	Keine Tendenz	Unwahrscheinlich	Sehr unwahrscheinlich
O	O	O	O	O

Schluss

Soziodemographische Merkmale:

a) Geschlecht

Männlich	Weiblich
O	O

b) Alter
c) Familienstand
d) Anzahl Kinder
e) Ausgeübter Beruf (ausschließlich „Minijob“?)
f) Höchster Schulabschluss
g) Zusätzliche Weiterbildung
h) Bruttomonatsverdienst in Euro:

< 1.500	1.499 < Einkommen < 2.500	> 2.499
O	O	O

C7 Schaubilder zur Erläuterung der bAV-Alternativen in den Arbeitnehmerinterviews

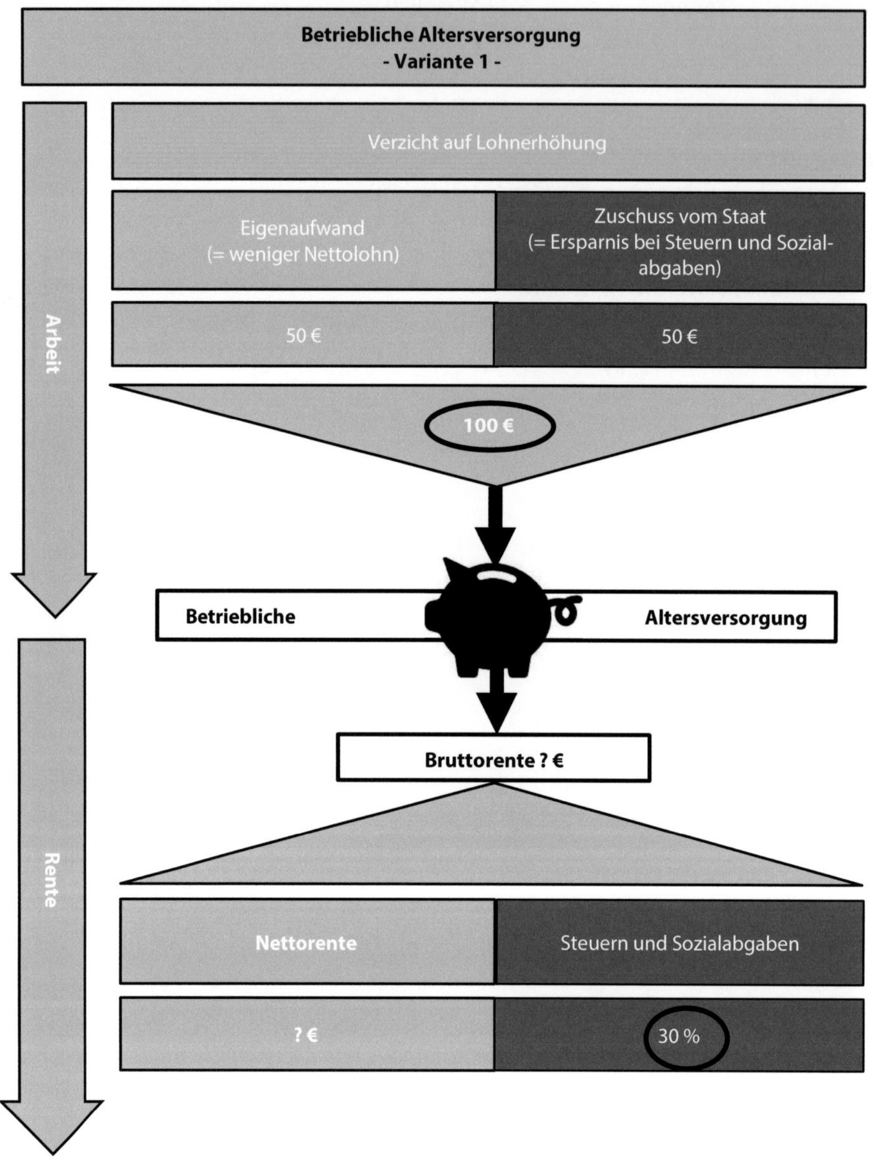

Abbildung 38: Schaubild 1 zur Erläuterung der bAV-Alternativen in den Arbeitnehmerinterviews[528]

528 Quelle: Eigene Darstellung.

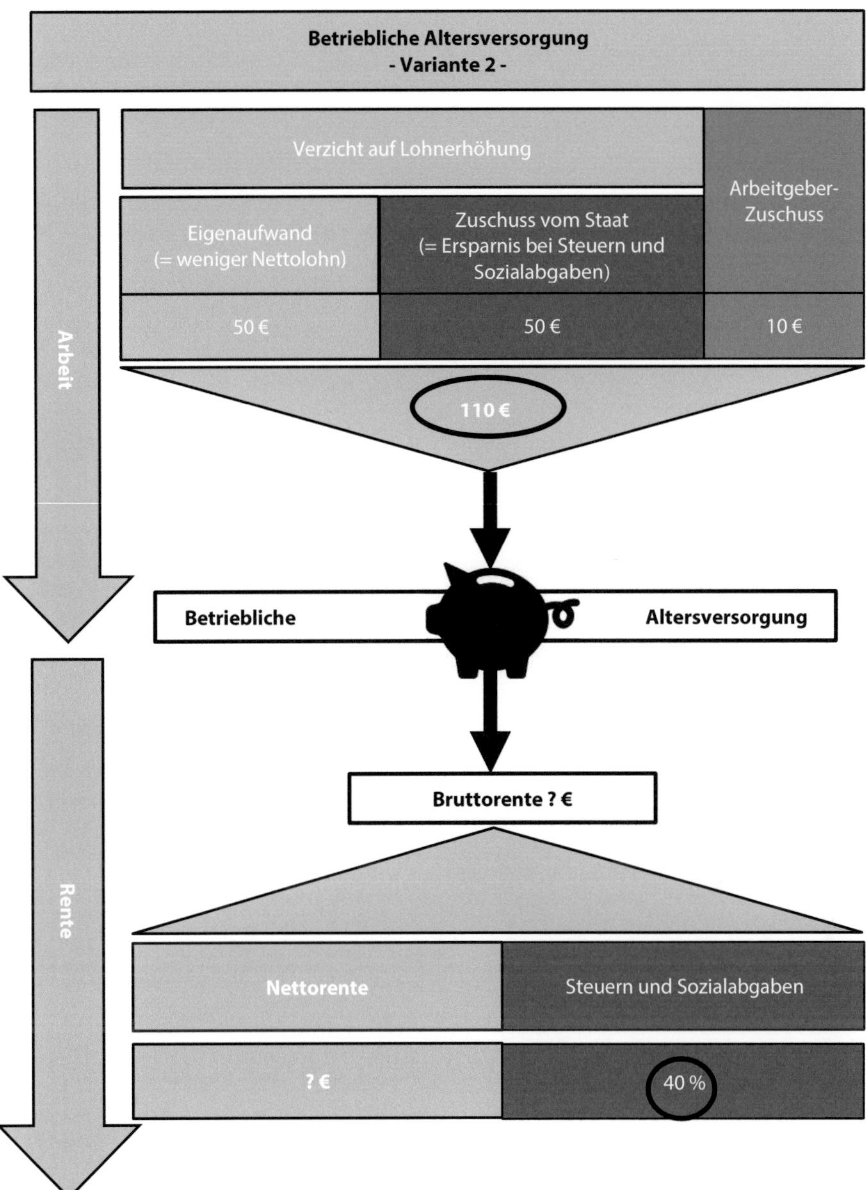

Abbildung 39: Schaubild 2 zur Erläuterung der bAV-Alternativen in den Arbeitnehmerinterviews[529]

529 Quelle: Eigene Darstellung.

Literaturverzeichnis

ACKERMANN, HAGEN; FOCHMANN, MARTIN; MIHM, BENEDIKT (2013): Biased Effects of Taxes and Subsidies on Portfolio Choices. In: Economics Letters 120 (1), S. 23-26.

AHREND, PETER; FÖRSTER, WOLFGANG; RÖßLER, NORBERT (2017a): Steuerrecht der betrieblichen Altersversorgung – Teil II, Köln.

AHREND, PETER; FÖRSTER, WOLFGANG; RÖßLER, NORBERT (2017b): Steuerrecht der betrieblichen Altersversorgung – Teil I, Köln.

ALM, JAMES; BLOOMQUIST, KIM; MCKEE, MICHAEL (2015): On the External Validity of Laboratory Tax Compliance Experiments. In: Economic Inquiry 53 (2), S. 1170-1186.

ANDO, ALBERT; MODIGLIANI, FRANCO (1963): The Life-Cycle Hypothesis of Saving: Aggregate Implications and Tests. In: American Economic Review 53 (1), S. 55-94.

AUERBACH, ALAN; KOTLIKOFF, LAURENCE; HAGEMANN, ROBERT; NICOLETTI, GUISEPPE (1989): The Dynamics of an Aging Population: The Case of Four OECD Countries. In: OECD Economic Studies 12, S. 97-130.

BACKHAUS, KLAUS; ERICHSON, BERND; PLINKE, WULFF; WEIBER, ROLF (2018): Multivariate Analysemethoden, Eine anwendungsorientierte Einführung, 15. Aufl., Berlin, Heidelberg.

BERG, JOYCE; DALEY, LANE; DICKHAUT, JOHN; O'BRIEN, JOHN (1986): Controlling Preferences for Lotteries on Units of Experimental Exchange. In: Quarterly Journal of Economics 101 (2), S. 281-306.

BESHEARS, JOHN; CHOI, JAMES; LAIBSON, DAVID; MADRIAN, BRIGITTE (2017): Does Front-Loading Taxation Increase Savings? Evidence from Roth 401(k) Introductions. In: Journal of Public Economics 151 (July 2017), S. 84-95.

BIRK, DIETER; WERNSMANN, RAINER (1999): Die Besteuerung der betrieblichen Altersversorgung – Reformbedarf und Gestaltungsmöglichkeiten des Gesetzgebers. In: Der Betrieb 52 (4), S. 166-172.

BLAUFUS, KAY; MILDE, MICHAEL (2020): Tax Misperceptions and the Effect of Informational Tax Nudges on Retirement Savings. In: Management Science, vorab online veröffentlicht, DOI: https://doi.org/10.1287/mnsc.2020.3761.

BLAUFUS, KAY; MÖHLMANN, AXEL (2014): Security Returns and Tax Aversion Bias: Behavioral Responses to Tax Labels. In: Journal of Behavioral Finance 15 (1), S. 56-69.

BOGNER, ALEXANDER; LITTIG, BEATE; MENZ, WOLFGANG (2002): Das Experteninterview, Theorie, Methode, Anwendung, Wiesbaden.

BOGNER, ALEXANDER; LITTIG, BEATE; MENZ, WOLFGANG (2014): Interviews mit Experten, Eine praxisorientierte Einführung, Wiesbaden.

BÖRSCH-SUPAN, AXEL (1991): Implications of an Aging Population: Problems and Policy Options in West Germany and the United States. In: Economic Policy 6 (12), S. 103-139.

BÖRSCH-SUPAN, AXEL (1994): Savings in Germany – Part 2: Behavior. In: Poterba (Hrsg.): International Comparisons of Household Savings, Chicago, University of Chicago Press.

BÖRSCH-SUPAN, AXEL (1998): Zur deutschen Diskussion eines Übergangs vom Umlage- zum Kapitaldeckungsverfahren in der Gesetzlichen Rentenversicherung. In: FinanzArchiv 55 (3), S. 400-428.

BRACHT, GLENN; GLASS, GENE (1968): The External Validity of Experiments. In: American Educational Reserach Journal 5 (4), S. 437-474.

BRASSAT, MARCEL (2011): Besteuerung und Finanzierung der betrieblichen Altersversorgung, Eine finanzwirtschaftliche Analyse unmittelbarer und mittelbarer Pensionszusagen, Wiesbaden.

BROWN, DAVID; CEDERBURG, SCOTT; O'DOHERTY, MICHAEL (2017): Tax Uncertainty and Retirement Savings Diversification. In: Journal of Financial Economics 126 (3), S. 689-712.

BRUSSIG, MARTIN (2009): Erwerbsverläufe vor dem Rentenbeginn – Eine Analyse mit der VVL. In: DRV-Schriften (55), S. 231-249.

BRYMAN, ALAN (1988): Quantity and Quality in Social Research, London, Unwin Hyman.

BUNDESAGENTUR FÜR ARBEIT (Hrsg.) (2018): Beschäftigungsstatistik – Sozialversicherungspflichtig Beschäftigte nach Altersgruppen, Stichtag 31. März 2018, Nürnberg.

BUNDESMINISTERIUM FÜR ARBEIT UND SOZIALES (Hrsg.) (2007): Situation und Entwicklung der betrieblichen Altersversorgung in Privatwirtschaft und öffentlichem Dienst 2001 - 2006, Endbericht, München.

BUNDESMINISTERIUM FÜR ARBEIT UND SOZIALES (Hrsg.) (2008): Situation und Entwicklung der betrieblichen Altersversorgung in Privatwirtschaft und öffentlichem Dienst 2001 - 2007, Endbericht, München.

BUNDESMINISTERIUM FÜR ARBEIT UND SOZIALES (Hrsg.) (2012a): Verbreitung der Altersvorsorge 2011, Endbericht, Berlin.

BUNDESMINISTERIUM FÜR ARBEIT UND SOZIALES (Hrsg.) (2012b): Situation und Entwicklung der betrieblichen Altersversorgung in Privatwirtschaft und öffentlichem Dienst 2001 - 2011 (BAV 2011), Endbericht, München.

BUNDESMINISTERIUM FÜR ARBEIT UND SOZIALES (Hrsg.) (2014): Machbarkeitsstudie für eine empirische Analyse von Hemmnissen für die Verbreitung der betrieblichen Altersversorgung in kleinen und mittleren Unternehmen (Machbarkeitsstudie BAV in KMU), Endbericht, Berlin.

BUNDESMINISTERIUM FÜR ARBEIT UND SOZIALES (Hrsg.) (2016): Arbeitgeber- und Trägerbefragung zur Verbreitung der betrieblichen Altersversorgung (BAV 2015). Endbericht.

BUNDESMINISTERIUM FÜR ARBEIT UND SOZIALES (Hrsg.) (2017a): Rentenversicherungsbericht 2017.

BUNDESMINISTERIUM FÜR ARBEIT UND SOZIALES (Hrsg.) (2017b): Verbreitung der Altersvorsorge 2015 (AV 2015). Forschungsbericht 476, München.

BUNDESMINISTERIUM FÜR ARBEIT UND SOZIALORDNUNG (Hrsg.) (2001): Alterssicherung in Deutschland 1999 (ASID ‚99), Zusammenfassung wichtiger Untersuchungsergebnisse, Bonn.

BUNDESMINISTERIUM FÜR GESUNDHEIT UND SOZIALE SICHERUNG (Hrsg.) (2005): Situation und Entwicklung der betrieblichen Altersversorgung in Privatwirtschaft und öffentlichem Dienst 2001 - 2004, Endbericht, München.

CAMERER, COLIN; HOGARTH, ROBIN (1999): The Effects of Financial Incentives in Experiments: A Review and Capital-Labor-Production Framework. In: Journal of Risk and Uncertainty 19 (1-3), S. 7-42.

CHARNESS, GARY; KUHN, PETER (2011): Lab Labor: What Can Labor Economists Learn from the Lab? In: Ashenfelter/Card (Hrsg.): Handbook of Labor Economics. Volume 4A, Amsterdam, S. 229-339.

CHETTY, RAJ (2015): Behavioral Economics and Public Policy: A Pragmatic Perspective. In: American Economic Review 105 (5), S. 1-33.

CISCH, THEODOR (2014): § 1 BetrAVG. In: Förster/Cisch/Karst (Hrsg.): Betriebsrentengesetz. Kommentar. 14. Aufl., München.

CISCH, THEODOR; KARST, MICHAEL (2014): Einführung. In: Förster/Cisch/Karst (Hrsg.): Betriebsrentengesetz. Kommentar. 14. Aufl., München.

CLARK, JEREMY (2002): House Money Effects in Public Good Experiments. In: Experimental Economics 5 (3), S. 223-231.

COLLER, MARIBETH; WILLIAMS, MELONIE (1999): Eliciting Individual Discount Rates. In: Experimental Economics 2 (2), S. 107-127.

CORGNET, BRICE; HERNAN-GONZALEZ, ROBERTO; RASSENTI, STEPHEN (2011): Real Effort, Real Leisure and Real-time Supervision: Incentives and Peer Pressure in Virtual Organizations (Working Paper). Online verfügbar unter https://www.chapman.edu/ESI/wp/Corgnet-Hernan-Rassenti_%20RealEffortRealLeisure.pdf, zuletzt geprüft am 23.02.2019.

DAVIS, DOUGLAS; HOLT, CHARLES (1993): Experimental Economics, Princeton, Princeton University Press.

DERNBERGER, MATTHIAS (2018): § 6a EStG. In: Frotscher/Geurts (Hrsg.): Kommentar zum Einkommensteuergesetz (EStG). 203. Erg.-Lfg., Haufe.

DEUTSCHE RENTENVERSICHERUNG BUND (Hrsg.) (2018): Betriebliche Altersversorgung, 12. Aufl., Berlin.

DOMAR, EVSEY; MUSGRAVE, RICHARD (1944): Proportional Income Taxation and Risk-Taking. In: Quarterly Journal of Economics 58 (3), S. 388-422.

DROßEL, SEBASTIAN (2018): Das neue Betriebsrentenrecht, Betriebsrentenstärkungsgesetz und Umsetzung der Mobilitätsrichtlinie, Baden-Baden.

DUTCHER, GLENN; SALMON, TIMOTHY; SARAL, KRISTA (2015): Is "Real" Effort More Real? (Working Paper). Online verfügbar unter https://mpra.ub.uni-muenchen.de/68394/1/MPRA_paper_68394.pdf, zuletzt geprüft am 23.02.2019.

ERGO (Hrsg.) (2010): Die Betriebsrente wird massiv unterschätzt – Ergebnisse einer repräsentativen Studie im Auftrag der ERGO Versicherungsgruppe, Düsseldorf.

FALK, ARMIN; HECKMAN, JAMES (2009): Lab Experiments Are a Major Source of Knowledge in the Social Sciences. In: Science 326 (5952), S. 535-538.

FIDELITY INTERNATIONAL (Hrsg.) (2011): Fidelity-Studie: Deutsche verschenken trotz Vorsorgelücke ihre Rente, Kronberg im Taunus.

FOCHMANN, MARTIN; HEMMERICH, KRISTINA (2018): Income Taxes and Risky Investment Decisions, An Experiment on Behavioral Tax Biases. In: Journal of Institutional and Theoretical Economics 174 (4), S. 651-688.

FOCHMANN, MARTIN; KIESEWETTER, DIRK; SADRIEH, ABDOLKARIM (2012): Investment Behavior and the Biased Perception of Limited Loss Deduction in Income Taxation. In: Journal of Economic Behavior and Organization 81 (1), S. 230-242.

FÖRSTER, WOLFGANG (2005): Konsequenzen der steuerlichen Änderungen des Alterseinkünftegesetzes für die betriebliche Altersversorgung. In: Der Betrieb 58 (23), S. 6-12.

FÖRSTER, WOLFGANG; RECHTENWALD, STEFAN (2008): Die betriebliche und private Altersvorsorge. In: Ruland/Rürup (Hrsg.): Alterssicherung und Besteuerung, Wiesbaden, S. 136-172.

FRAEDRICH, INGRID (2012): Sozialversicherungsrechtliche Grundlagen der betrieblichen Altersversorgung. In: Neue Zeitschrift für Arbeitsrecht, S. 129-134.

FRANKE, GÜNTER; HAX, HERBERT (1988): Finanzwirtschaft des Unternehmens und Kapitalmarkt, Berlin, Springer.

FRANKE, GÜNTER; HAX, HERBERT (1989): Pensionsrückstellungen und Steuerersparnisse. In: Der Betrieb (38), S. 1881-1882.

FRANKE, GÜNTER; HAX, HERBERT (1990): Steuerbegünstigung direkter Pensionszusagen? In: Die Betriebswirtschaft 50, S. 414-417.

FREDERICK, SHANE; LOEWENSTEIN, GEORGE; O'DONOGHUE, TED (2002): Time Discounting and Time Preference: A Critical Review. In: Journal of Economic Literature 40 (2), S. 351-401.

FREDERICK, SHANE; READ, DANIEL (2002): The Empirical and Normative Status of Hyperbolic Discounting and Other DU Anomalies, London School of Economics (Working Paper).

FUEST, WINFRIED; BRÜGELMANN, RALPH (2003): Rentenbesteuerung, Einstieg in ein konsumbasiertes System. In: Steuer und Wirtschaft 80 (4), S. 338-343.

GATELY, DERMOT (1980): Individual Discount Rates and the Purchase and Utilization of Energy-Using Durables: Comment. In: The Bell Journal of Economics 11 (1), S. 373-374.

GESERICH, STEPHAN (2018): § 19 EStG. In: Blümich/Heuermann/Brandis (Hrsg.): EStG, KStG, GewStG. Kommentar. 141. Erg.-Lfg., München.

GILL, DAVID; PROWSE, VICTORIA (2013): A Novel Computerized Real Effort Task Based on Sliders (Working Paper). Online verfügbar unter https://mpra.ub.uni-muenchen.de/48081/1/MPRA_paper_48081.pdf, zuletzt geprüft am 23.02.2019.

GLASER, BARNEY; STRAUSS, ANSELM (1967): The Discovery of the Grounded Theory. Strategies for Qualitative Research, Chicago.

GLÄSER, JOCHEN; LAUDEL, GRIT (2010): Experteninterviews und qualitative Inhaltsanalyse als Instrumente rekonstruierender Untersuchungen, 4. Aufl., Wiesbaden.

GOTHAER (Hrsg.) (2011): Betriebliche Altersvorsorge – Die unbekannte Größe, Köln.

GRÄBER, BERRIT (2015): Aus diesen Gründen sollten Sie auf eine betriebliche Altersvorsorge verzichten. Online verfügbar unter http://www.focus.de/finanzen/altersvorsorge/mit-dem-chef-in-die-sparfalle-vorsicht-bei-der-betrieblichen-altersvorsorge-die-meisten-angebote-lohnen-sich-nicht_id_4728523.html, zuletzt geprüft am 23.02.2019.

GUNKEL, ALEXANDER (2015): Versprochene Stärkung der betrieblichen Altersvorsorge nun auch umsetzen. In: Betriebliche Altersversorgung 3/2015, S. 193-194.

HAEGERT, LUTZ; SCHWAB, HARTMUT (1990): Die Subventionierung direkter Pensionszusagen nach geltendem Recht im Vergleich zu einer neutralen Besteuerung. In: Die Betriebswirtschaft 50 (1), S. 85-102.

HAGEMANN, THOMAS; OECKING, STEFAN; REICHENBACH, RITA (2015): Betriebliche Altersversorgung, 5. Aufl., Freiburg.

HANAU, PETER; ARTEAGA, MARCO (2016): Rechtsgutachten zu dem „Sozialpartnermodell Betriebsrente" des Bundesministeriums für Arbeit und Soziales.

HARDER-BUSCHNER, CHRISTINE (2017): Steuerliche Förderung der betrieblichen Altersversorgung. In: NWB Steuer- und Wirtschaftsrecht, S. 2417-2428.

HARRISON, GLENN; LAU, MORTEN; WILLIAMS, MELONIE (2002): Estimating Individual Dicsount Rates in Denmark: A Field Experiment. In: The American Economic Review 92 (5), S. 1606-1617.

HAUSMAN, JERRY (1979): Individual Discount Rates and the Purchase and Utilization of Energy-Using Durables. In: The Bell Journal of Economics 10 (1), S. 33-54.

HEGER, HEINZ-JOSEF (2018a): § 4d EStG. In: Schmidt (Hrsg.): EStG. Kommentar. 37. Aufl., München.

HEGER, HEINZ-JOSEF (2018b): § 4e EStG. In: Schmidt (Hrsg.): EStG. Kommentar. 37. Aufl., München.

HEGER, HEINZ-JOSEF (2018c): § 4c EStG. In: Schmidt (Hrsg.): EStG. Kommentar. 37. Aufl., München.

HERZIG, NORBERT; BRIESEMEISTER, SIMONE (2010): Reichweite und Folgen des Wahlrechtsvorbehalts des § 5 Abs. 1 EStG – Stellungnahme zum BMF-Schreiben vom 12.3.2010 – IV C 6 – S 2133/09/10001. In: Der Betrieb (17), S. 917-924.

HEY, JOHANNA; STEFFEN, SASCHA (2016): Steuergesetzliche Zinstypisierungen und Niedrigzinsumfeld, Insbesondere zur Gleichheitssatzwidrigkeit der Abzinsung von Pensionsrückstellungen gemäß § 6a Abs. 3 Satz 3 EStG. In: ifst-Schrift (511).

HÖFER, REINHOLD (2018a): § 23. In: Höfer/Groot/Küpper/Reich (Hrsg.): Betriebsrentenrecht (BetrAVG). Band I. Arbeitsrecht.

HÖFER, REINHOLD (2018b): § 22. In: Höfer/Groot/Küpper/Reich (Hrsg.): Betriebsrentenrecht (BetrAVG). Band I. Arbeitsrecht.

HÖFER, REINHOLD (2018c): § 1a. In: Höfer/Groot/Küpper/Reich (Hrsg.): Betriebsrentenrecht (BetrAVG). Band I. Arbeitsrecht.

HÖFER, REINHOLD (2018d): § 4. In: Höfer/Groot/Küpper/Reich (Hrsg.): Betriebsrentenrecht (BetrAVG). Band I. Arbeitsrecht.

HURRELMANN, KLAUS; KARCH, HERIBERT (Hrsg.) (2013): MetallRente Studie 2013 – Jugend, Vorsorge, Finanzen, Weinheim/Basel.

KAEMPFE, JUTTA (2005): Die Systemfunktionen privater Altersvorsorge im Gesamtsystem sozialer Alterssicherung, Großbritannien, Deutschland und die Schweiz im Rechtsvergleich.

KAHNEMAN, DANIEL; TVERSKY, AMOS (1979): Prospect Theory, An Analysis of Decision under Risk. In: Econometrica 47 (2), S. 263-292.

KALTENBACH, HELMUT (1990): Die Rentenversicherung im Konzept der „Drei-Säulen". In: Ruland (Hrsg.): Handbuch der gesetzlichen Rentenversicherung. Festschrift aus Anlass des 100jährigen Bestehens der gesetzlichen Rentenversicherung, Neuwied, Luchterhand, S. 425-450.

KIESEWETTER, DIRK (2018): Ökonomische Überlegungen zur Reform des § 6a EStG. In: Betriebliche Altersversorgung 4/2018, S. 287-292.

KIESEWETTER, DIRK; GROM, MICHAEL; MENZEL, MORITZ; TSCHINKL, DOMINIK (2016a): Optimierungsmöglichkeiten bei den bestehenden steuer- und sozialversicherungsrechtlichen Förderregelungen der betrieblichen Altersversorgung, Würzburg, Würzburg University Press.

KIESEWETTER, DIRK; GROM, MICHAEL; MENZEL, MORITZ; TSCHINKL, DOMINIK (2016b): Optimierungsmöglichkeiten bei den Förderregelungen der betrieblichen Altersversorgung, Kurzfassung zum Gutachten im Auftrag des Bundesministeriums der Finanzen. In: Betriebliche Altersversorgung 4/2016, S. 290-293.

KIESEWETTER, DIRK; GROM, MICHAEL; MENZEL, MORITZ; TSCHINKL, DOMINIK (2016c): Entwurf eines Betriebsrentenstärkungsgesetzes – Was lange währt, wird endlich gut? In: Betriebliche Altersversorgung 8/2016, S. 650-653.

KIESEWETTER, DIRK; MENZEL, MORITZ (2019): Die Neuerungen des Betriebsrentenstärkungsgesetzes – Eine zielgenaue Förderung von Geringverdienern in der betrieblichen Altersversorgung? In: Steuer und Wirtschaft 29 (1), S. 52-70.

KIESEWETTER, DIRK; MENZEL, MORITZ; TSCHINKL, DOMINIK; WEIKERT, NATHALIE (2019): Die Förderung der individuellen Altersvorsorge und kollektiven Altersversorgung durch Steuervorteile. In: Perspektiven der Wirtschaftspolitik 20 (4), S. 304-327.

KIESEWETTER, DIRK; NIEMANN, RAINER (2002): Eine Erhöhung der Ertragsanteile bei der Rentenbesteuerung ist ökonomisch geboten. In: Betriebs-Berater 57 (17), S. 857-860.

KIMMEL, HERBERT (1957): Three Criteria for the Use of One-Tailed Tests. In: Psychological Bulletin 54 (4), S. 351-353.

KING, RONALD.; WALLIN, DAVID (1990): Individual Risk-Taking and Income Taxes: An Experimental Examination. In: Journal of the American Taxation Association 12 (1), S. 26-38.

KIRBY, KRIS; MARAKOVIC, NINO (1995): Modeling Myopic Decisions: Evidence for Hyperbolic Delay-Discounting within Subjects and Amounts. In: Organizational Behavior and Human Decision Processes 64 (1), S. 22-30.

KOHLER, ULRICH; KREUTER, FRAUKE (2012): Datenanalyse mit Stata, Allgemeine Konzepte der Datenanalyse und ihre praktische Anwendung, 4. Aufl., München.

KOLB, H. (2013): Stärkung der Attraktivität der betrieblichen Altersversorgung. In: Betriebliche Altersversorgung 6/2013, S. 471-472.

KOLODZIK, CHRISTIAN; PAHL, DETLEV (2012): Minderung gesetzlicher Sozialleistungen durch die Entgeltumwandlung in der betrieblichen Altersversorgung (bAV). In: Deutsches Steuerrecht (24), S. 1188-1195.

KRÜGER, ROLAND (2018): § 19 EStG. In: Schmidt (Hrsg.): EStG. Kommentar. 37. Aufl., München.

KUNZ, ANNE (2015): So sehen Sie, ob Riester das Richtige für Sie ist. Online verfügbar unter https://www.welt.de/finanzen/verbraucher/article140601711/So-sehen-Sie-ob-Riester-das-Richtige-fuer-Sie-ist.html, zuletzt geprüft am 23.02.2019.

LANDSBERGER, MICHAEL (1971): Consumer Discount Rate and the Horizon: New Evidence. In: Journal of Political Economy 6 (6), S. 1346-1359.

LOEWENSTEIN, GEORGE (1987): Anticipation and the Valuation of Delayed Consumption. In: The Economic Journal 97 (387), S. 666-684.

MADRIAN, BRIGITTE; SHEA, DENNIS (2001): The Power of Suggestion: Inertia in 401(k) Participation and Savings Behavior. In: The Quarterly Journal of Economics 116 (4), S. 1149-1187.

MARSCHNER, ANDREAS (2014): § 14. In: Kreikebohm (Hrsg.): Sozialgesetzbuch. Gemeinsame Vorschriften für die Sozialversicherung. SGB IV. 2. Aufl, München.

MARX, GÜNTER (2012): Handbuch der Entgeltumwandlung, Reutlingen.

MEADE, JANET (1995): The Effects of Income and Consumption Tax Regimes and Future Tax Rate Uncertainty on Proportional Savings and Risk-Taking. In: The Accounting Review 70 (4), S. 635-653.

MENZEL, MORITZ (2016): Zum Begriff der „Doppelverbeitragung“ bei der Riester-Förderung in der betrieblichen Altersversorgung. In: Betriebliche Altersversorgung 7/2016, S. 578-583.

MENZEL, MORITZ (2017): Vor- oder nachgelagerte Verbeitragung der Riester-Förderung in der bAV? In: Betriebliche Altersversorgung 1/2017, S. 4-9.

MENZEL, MORITZ; TSCHINKL, DOMINIK (2017): Ein Verbot der Zillmerung – Eine Win-Win-Situation für Versicherung und Versicherten? In: Betriebliche Altersversorgung 4/2017, S. 325-334.

MENZEL, MORITZ; TSCHINKL, DOMINIK (2018): Betriebliche Altersversorgung – Steuer-, sozialversicherungs- und arbeitsrechtliche Grundlagen. In: Steuer und Studium 11/2018, S. 774-784.

MODIGLIANI, FRANCO; BRUMBERG, RICHARD (1954): Utility Analysis and the Consumption Function: An Interpretation of Cross-Section Data. In: Kurihara (Hrsg.): Post-Keynesian Economics, New Brunswick, Rutgers University Press, S. 388-436.

ÖCHSNER, THOMAS (2014): Betriebliche Altersvorsorge – Schlechter als der Sparstrumpf. Online verfügbar unter http://www.sueddeutsche.de/geld/betriebliche-altersvorsorge-schlechter-als-der-sparstrumpf-1.1921177, zuletzt geprüft am 23.02.2019.

OLSON, MANCUR; BAILEY, MARTIN (1981): Positive Time Preference. In: Journal of Political Economy 89 (1), S. 1-25.

ORTMANN, MARK (2010): Kostenvergleich von Altersvorsorgeprodukten, Baden-Baden.

OTTO, KLAUS (2018): Teil 4. Steuerrechtliche Vorschriften. In: Blomeyer/Rolfs/Otto (Hrsg.): Betriebsrentengesetz. Arbeits-, Zivil- und Steuerrecht; Kommentar. 7. Aufl., München.

PIGOU, ARTHUR C. (1932): The Economics of Welfare, London.

PWC (Hrsg.) (2015): Betriebliche Altersversorgung, Studie, Düsseldorf.

RATHJE, MICHAEL (2007): Die betriebliche Altersversorgung in KMU nach Altersvermögensgesetz und Alterseinkünftegesetz, Köln-Lohmar.

ROELOFSMA, PETER (1994): Intertemporal Choice, Amsterdam.

ROLFS, CHRISTIAN (2018a): Teil 3. Kommentierung der arbeitsrechtlichen Vorschriften, § 1b BetrAVG. In: Blomeyer/Rolfs/Otto (Hrsg.): Betriebsrentengesetz. Arbeits-, Zivil- und Steuerrecht; Kommentar. 7. Aufl., München.

ROLFS, CHRISTIAN (2018b): Teil 5. Sozialversicherungsrecht. In: Blomeyer/Rolfs/Otto (Hrsg.): Betriebsrentengesetz. Arbeits-, Zivil- und Steuerrecht; Kommentar. 7. Aufl., München.

ROLFS, CHRISTIAN (2018c): Teil 3. Kommentierung der arbeitsrechtlichen Vorschriften, § 1 BetrAVG. In: Blomeyer/Rolfs/Otto (Hrsg.): Betriebsrentengesetz. Arbeits-, Zivil- und Steuerrecht; Kommentar. 7. Aufl., München.

ROLFS, CHRISTIAN (2018d): Teil 3. Kommentierung der arbeitsrechtlichen Vorschriften, § 21 BetrAVG. In: Blomeyer/Rolfs/Otto (Hrsg.): Betriebsrentengesetz. Arbeits-, Zivil- und Steuerrecht; Kommentar. 7. Aufl., München.

RUDERMAN, HENRY; LEVINE, MARK; MCMAHON, JAMES (1987): The Behavior of the Market for Energy Efficiency in Reisdential Appliances Including Heating and Cooling Equipment. In: The Energy Journal 8 (1), S. 101-124.

RÜRUP-KOMMISSION (2003): Abschlussbericht der Sachverständigenkommission zur Neuordnung der steuerrechtlichen Behandlung von Altersvorsorgeaufwendungen und Altersbezügen, Berlin.

SCHANZ, THOMAS (2013a): Entgeltumwandlung in der betrieblichen Altersversorgung (Teil 2). In: Der Betrieb 66 (28), S. 1501-1508.

SCHANZ, THOMAS (2013b): Entgeltumwandlung in der betrieblichen Altersversorgung (Teil 1). In: Der Betrieb 66 (26/27), S. 1425-1432.

SCHÄTZLEIN, UWE (2018): Herabsetzung des Rechnungszinsfußes für Pensionsrückstellungen in § 6a Abs. 3 S. 3 EStG. In: Betriebliche Altersversorgung 3/2018, S. 175-181.

SCHNEIDER, DIETER (1989a): Steuerfreie Kapitalbildung in dreistelliger Milliardenhöhe durch Pensionsrückstellungen? In: Der Betrieb (18), S. 889-895.

SCHNEIDER, DIETER (1989b): Steuerersparnisse bei Pensionsrückstellungen allein durch die Aufwandsvorwegnahme?, Replik zu der Erwiderung von Franke/Hax, DB 1989 S. 1881. In: Der Betrieb (38), S. 1883-1887.

SCHNEIDER, DIETER (1990): Subventionierung bei Pensionsrückstellungen? In: Die Betriebswirtschaft 50, S. 406-410.

SCHWERDTFEGER, HEIKE (2015): Vom gemachten Nest ins Ungewisse. In: Wirtschaftswoche, 04.04.2015, S. 72-76.

SCHWIND, JOACHIM (2014): BAV in der Zeitenwende – Die Politik muss jetzt die notwendigen Signale richtig setzen! In: Betriebliche Altersversorgung 1/2014, S. 1-2.

SIEGEL, SIDNEY (2001): Nichtparametrische statistische Methoden, 5. Aufl., Eschborn bei Frankfurt am Main.

SMITH, VERNON (1976): Experimental Economics: Induced Value Theory. In: The American Economic Review 66 (2), S. 274-279.

SMITH, VERNON (1982): Microeconomic Systems as an Experimental Science. In: The American Economic Review 72 (5), S. 923-955.

SÖHN, HARTMUT; MÜLLER-FRANKEN, SEBASTIAN (2000): Vorgelagerte und/oder nachgelagerte Besteuerung von Altersbezügen? In: Steuer und Wirtschaft 30 (4), S. 442-451.

STATISTISCHES BUNDESAMT (Hrsg.) (2016): Verdienste und Arbeitskosten, Tarifbindung in Deutschland, Wiesbaden.

STEGMANN, MICHAEL (2009): Übergang in Rente im Biografiekontext und Versicherungs- und Erwerbsbiografien im Ehepaarkontext (soeb-Arbeitspapier 2009-4). Online verfügbar unter http://www.soeb.de/fileadmin/redaktion/downloads/arbeitspapier_stegmann_2.pdf, zuletzt geprüft am 23.02.2019.

STUBBEN, HANS-DIETER (2008): Riester-Rente in der betrieblichen Altersversorgung, Zulässig aber wenig sinnvoll. In: BVW-Info (08-02).

SUSSMAN, ABIGAIL; OLIVOLA, CHRISTOPHER (2011): Axe the Tax: Taxes are Disliked More than Equivalent Costs. In: Journal of Marketing Research 48 (Special Issue), S91-S101.

SWENSON, CHARLES (1989): Tax Regimes and the Demand for Risky Assets: Some Experimental Market Evidence. In: Journal of the American Taxation Association 11 (1), S. 54-76.

TENHAGEN, HERMANN-JOSEF (2016): Geld verbrennen leicht gemacht. Online verfügbar unter http://www.spiegel.de/wirtschaft/service/lebensversicherungen-und-garantiezins-das-sollten-sie-beachten-a-1091094.html, zuletzt geprüft am 23.02.2019.

THALER, RICHARD (1980): Toward a Positive Theory of Consumer Choice. In: Journal of Economic Behavior & Organization 1 (1), S. 39-60.

THALER, RICHARD; JOHNSON, ERIC (1990): Gambling with the House Money Effect and Trying to Break Even: The Effects of Prior Outcomes on Risky Choice. In: Management Science 36, S. 643-660.

TOBIN, JAMES (1958): Liquidity Preference as Behavior towards Risk. In: Review of Economic Studies 25 (2), S. 65-86.

TORGLER, BENNO (2002): Vertical and Exchange Equity in a Tax Morale Experiment (Working Paper). Online verfügbar unter https://pdfs.semanticscholar.org/b5c9/10008f223980fdd77ab23a7a878c0bbadf9b.pdf, zuletzt geprüft am 23.02.2019.

TOWERS WATSON (Hrsg.) (2012): Betriebliche Altersversorgung: Was Mitarbeiter wollen, Frankfurt am Main.

TSCHINKL, DOMINIK (2018): Der Einfluss von Steuern auf individuelle Sparentscheidungen – Eine experimentalökonomische Untersuchung (SSRN Working Paper). Online verfügbar unter https://papers.ssrn.com/sol3/papers.cfm?abstract_id= 3269823, zuletzt geprüft am 23.02.2019.

UCKERMANN, SEBASTIAN; HEILCK, BJÖRN; EVERSLOH, UDO (2014): Sozialversicherungsrechtliche Behandlung der betrieblichen Altersversorgung. In: Deutsches Steuerrecht (20), S. 1009-1015.

VISCUSI, WILLIAM; MOORE, MICHAEL (1989): Rates of Time Preference and Valuations of the Duration of Life. In: Journal of Public Economics 38 (3), S. 297-317.

WARNER, JOHN; PLEETER, SAUL (2001): The Personal Discount Rate: Evidence from Military Downsizing Programs. In: American Economic Review 91 (1), S. 33-53.

WEBER, MARTIN; ZUCHEL, HEIKO (2005): How Do Prior Outcomes Affect Risk Attitude?, Comparing Escalation of Commitment and the House-Money Effect. In: Decision Analyses 2 (1), S. 30-43.

WECKERLE, THOMAS (2018): Zum Abzinsungszinssatz des § 6a Abs. 3 Satz 3 EStG. In: Der Betrieb (23), S. 1284-1289.

WESTERHEIDE, PETER (2001): Kosten der privaten Altersvorsorge, Private Rentenversicherungen und Fondssparpläne im Vergleich (ZEW Discussion Papers 01-02). Online verfügbar unter http://ftp.zew.de/pub/zew-docs/dp/dp0102.pdf, zuletzt geprüft am 23.02.2019.

Verzeichnis der Rechtsprechung, Verwaltungsanweisungen, Rechtsverordnungen und Parlamentaria

BMF-Schreiben vom 06.12.2017, Steuerliche Förderung der betrieblichen Altersversorgung, IV C 5-S 2333/17/10002.

BMF-Schreiben vom 10.04.2015, Einkommensteuerrechtliche Behandlung von Vorsorgeaufwendungen und Altersbezügen; Zeitpunkt des Versorgungsbeginns für die Berechnung der Freibeträge für Versorgungsbezüge (§ 19 Absatz 2 Satz 3 EStG), IV C 5 – S 2345/08/10001 :006, BStBl. I 2015, S. 256.

BMF-Schreiben vom 10.07.2015, Betriebliche Altersversorgung; Übertragung von Versorgungsverpflichtungen und Versorgungsanwartschaften auf Pensionsfonds, Anwendung der Regelungen in § 4d Absatz 3 EStG und § 4e Absatz 3 EStG i. V. m. § 3 Nummer 66 EStG, IV C 6 – S 2144/07/10003, BStBl. I 2015, S. 544.

BMF-Schreiben vom 11.11.2004, Steuerliche Förderung der privaten Altersvorsorge und betrieblichen Altersversorgung; Aufteilung von Leistungen bei der nachgelagerten Besteuerung nach § 22 Nr. 5 EStG, IV C 3 – S 2257b – 47/04, BStBl. I 2004, S. 1061.

BMF-Schreiben vom 12.03.2010, Maßgeblichkeit der handelsrechtlichen Grundsätze ordnungsmäßiger Buchführung für die steuerliche Gewinnermittlung; Änderung des § 5 Absatz 1 EStG durch das Gesetz zur Modernisierung des Bilanzrechts (Bilanzrechtsmodernisierungsgesetz - BilMoG) vom 15. Mai 2009, IV C 6 – S 2133/09/10001, BStBl. I 2012, S. 239.

BMF-Schreiben vom 14.03.2012, Steuerliche Förderung der betrieblichen Altersversorgung; Aufteilung von Leistungen bei der nachgelagerten Besteuerung nach § 22 Nummer 5 EStG, IV C 3 – S 2257b/11/10003, BStBl. I 2012, S. 311.

BMF-Schreiben vom 21.12.2017, Steuerliche Förderung der privaten Altersvorsorge, IV C 3-S 2015/17/10001:005.

BMF-Schreiben vom 24.07.2013, Steuerliche Förderung der privaten Altersvorsorge und betrieblichen Altersversorgung, IV C 3 – S 2015/11/10002, IV C 5 – S 2333/09/10005, BStBl. I 2013, S. 1022.

BMF-Schreiben vom 26.10.2006, Übertragung von Versorgungsverpflichtungen und Versorgungsanwartschaften auf Pensionsfonds; Anwendung der Regelungen in § 4d Abs. 3 EStG und § 4e Abs. 3 EStG i. V. m. § 3 Nr. 66 EStG, IV B 2 – S 2144 – 57/06, BStBl. I 2006, S. 709.

BR-Drucksache 2/04 vom 02.01.2004, Entwurf eines Gesetzes zur Neuordnung der einkommensteuerrechtlichen Behandlung von Altersvorsorgeaufwendungen und Altersbezügen (Alterseinkünftegesetz - AltEinkG).

BR-Drucksache 540/07 vom 10.08.2007, Entwurf eines Gesetzes zur Förderung der betrieblichen Altersversorgung.

BR-Drucksache 605/97 vom 15.08.1997, Entwurf eines Gesetzes zur weiteren Fortentwicklung des Finanzplatzes Deutschland (Drittes Finanzmarktförderungsgesetz).

BR-Drucksache 764/00 vom 23.11.2000, Entwurf eines Gesetzes zur Reform der gesetzlichen Rentenversicherung und zur Förderung eines kapitalgedeckten Altersvorsorgevermögens (Altersvermögensgesetz – AVmG).

BT-Drucksache 14/4595 vom 14.11.2000, Gesetzentwurf der Fraktionen SPD und BÜNDNIS 90/DIE GRÜNEN, Entwurf eines Gesetzes zur Reform der gesetzlichen Rentenversicherung und zur Förderung eines kapitalgedeckten Altersvorsorgevermögens (Altersvermögensgesetz – AVmG).

BT-Drucksache 14/5068 vom 12.01.2001, Entwurf eines Gesetzes zur Reform der gesetzlichen Rentenversicherung und zur Förderung eines kapitalgedeckten Altersvorsorgevermögens (Altersvermögensgesetz – AVmG).

BT-Drucksache 15/2150 vom 09.12.2003, Entwurf eines Gesetzes zur Neuordnung der einkommensteuerrechtlichen Behandlung von Altersvorsorgeaufwendungen und Altersbezügen (Alterseinkünftegesetz – AltEinkG).

BT-Drucksache 16/11061 vom 21.11.2008, Ergänzender Bericht der Bundesregierung zum Rentenversicherungsbericht 2008 (Alterssicherungsbericht 2008) und Gutachten des Sozialbeirats zum Rentenversicherungsbericht 2008 und zum Alterssicherungsbericht 2008.

BT-Drucksache 16/6539 vom 28.09.2007, Entwurf eines Gesetzes zur Förderung der betrieblichen Altersversorgung.

BT-Drucksache 16/906 vom 09.03.2006, Ergänzender Bericht der Bundesregierung zum Rentenversicherungsbericht 2005.

BT-Drucksache 18/11286 vom 22.02.2017, Gesetzentwurf der Bundesregierung, Entwurf eines Gesetzes zur Stärkung der betrieblichen Altersversorgung und zur Änderung anderer Gesetze (Betriebsrentenstärkungsgesetz).

BT-Drucksache 18/4364 vom 18.03.2015, Die Rolle der betrieblichen Altersversorgung im Drei-Säulen-Modell.

BT-Drucksache 18/6364 vom 14.10.2015, Gerechte Krankenversicherungsbeiträge für Direktversicherungen und Versorgungsbezüge - Doppelverbeitragung vermeiden.

BAG-Urteil vom 10.03.1972, 3 AZR 278/71.

BAG-Urteil vom 17.02.1998, 3 AZR 783/96.

BFH-Urteil vom 09.12.2010, VI R 57/08, BStBl. II 2011, S. 978.

BFH-Urteil vom 20.09.2016, X R 23/15, BStBl. II 2017, S. 347.

BSG-Urteil vom 14.07.2004, B 12 KR 10/02 R, BSGE 93, S. 109-119.

BSG-Urteil vom 21.08.1997, 12 RK 44/96, BSGE 81, S. 21-29.

Studien zu Rechnungslegung, Steuerlehre und Controlling
Studies in financial, managerial and tax accounting

Herausgeber*innen
Michael Ebert, Dirk Kiesewetter, Urska Kosi, Hansrudi Lenz, Caren Sureth-Sloane und Andrea Szczesny

ISSN 2627-1281 (print), 2627-129X (online)

Band 1: Beck, Kilian: Hebesatzpolitik und Beitragsplanung. Empirische Befunde zu den Steuern und Beiträgen auf lokaler Ebene. Würzburg, 2019. XXV, 298 Seiten. ISBN 978-3-95826-084-9
Online verfügbar unter: https://doi.org/10.25972/WUP-978-3-95826-085-6

Band 2: Stier, Matthias: Der Einfluss des EuGH auf die ökonomische Effizienz der ertrag steuerlichen Behandlung grenzüberschreitender Investitionen. Würzburg, 2020. X, 288 Seiten. ISBN 978-3-95826-132-7
Online verfügbar unter: https://doi.org/10.25972/WUP-978-3-95826-133-4

Band 3: Günther, Johannes: Die Unabhängigkeit des Abschlussprüfers bei privaten Unternehmen in Deutschland. Eine empirische Analyse im Kontext der Honorare für Prüfung und Beratung. Würzburg, 2020. XXVIII, 315 Seiten. ISBN 978-3-95826-116-7
Online verfügbar unter: https://doi.org/10.25972/WUP-978-3-95826-117-4

Band 4: Menzel, Moritz: Das Betriebsrentenstärkungsgesetz und seine Auswirkungen auf Geringverdiener. Eine modelltheoretische Analyse. Würzburg, 2020. XXIV, 201 Seiten. ISBN 978-3-95826-126-6
Online verfügbar unter: https://doi.org/10.25972/WUP-978-3-95826-127-3

Studien zur Rechnungslegung, Steuerlehre und Controlling